제2판

2024 개정 표준보육과정(0~2세) 실행을 위한

일상과 놀이에 기반한 영아중심의 발현적 보육과정

제2판

2024 개정 표준보육과정(0~2세) 실행을 위한

일상과 놀이에 기반한 영아중심의 발현적 보육과정

한종화

KNOWLEDGE COMMUNITY 공동체

제2판 머리말

2022년 2월 초판 출간 당시, 제4차 어린이집 표준보육과정이 시행된 지 얼마 지나지 않아 영아보육 현장에서는 영아중심, 놀이중심 보육과정이 무엇인지 또 어떻게 실천해야 할지, 대학에서는 영아 보육에 대해 예비교사에게 무엇을 어떻게 가르쳐야 할지 혼란스러웠던 시점이었다. '영아중심, 놀이중심'은 유아교육자라면 너무나 당연하게 받아들여졌던 명제이기에 오히려 지금까지 생각해 왔던 개념과 다른, 그러니까 우리의 삶과 동떨어진 천상에 존재하는 그 무엇인 것처럼 느껴지기도 했다.

이후 3년의 세월 동안 많은 사건과 변화가 일어났다. 학계에서는 영아라는 존재, 영아 보육, 영아의 놀이와 배움에 관심이 집중되었다. 영아를 관계 속에서 능동적으로 삶을 살아가는 어린 학습자로 바라보며 그들의 삶과 배움에 주목하는 다수의 학술대회나 세미나가 개최되었다. 영아 보육 현장에서도 작지만 꿈틀거리는 변화를 접할 수 있었다. '처음엔 매우 어려웠는데, 이게 참 묘하게 재미있는 것 같아요', '이건 가짜로 할 수가 없어요, 우리 반 애들한테 관심을 가질 수밖에 없어요', '선생님들끼리 이야기를 많이 하게 되는 것 같아요', '이게 현실적으로 가능할까? 의심도 했었는데, 이게 되긴 되더라고요'와 같은 현직 영아 교사의 이야기는 현장과 한 발짝 떨어져 가르치고 연구하는 저자에게도 반가운 소식이었다.

본 저자는 초판에서도 영유아중심, 놀이중심이 2019년에 처음 시도되는 것이 아님을 명시했다. 교(보)육과정이 새롭게 고시되었다고 유아교육기관의 교(보)육과정이 하루아침에 달라질 것이라 기대하고, 영아중심, 놀이중심의 보육과정이 충만하게 획기적으로 변화하였다고 판단하는 것은 경계해야 한다. 그러나 학계나 현장의 이러한 변화는 작지만 의미 있는 움직임이 아닐 수 없다.

또 하나의 큰 변화는 유치원과 어린이집으로 이원화되었던 영유아교육기관의 체제를 통합하는 유보통합일 것이다. 물론 아직 유보통합은 미완의 상태이지만, 교육부에서는 제4차 어린이집 표준보육과정을 일부 개정하여 2024년 12월 2024 개정 표준보육과정(0~2세)을 발표하였고, 2025년 3월 그 시행을 앞두고 있다. 금번 개정 보육과정에서 가장 눈에 띄는 부분은 '배움 읽기'이다. '잘 놀았는데 무엇을 배웠다는 말인가요?'와 같은 현장의 목소리에 대한 응답과 '놀이는 어디까지나 보육과정을 실행하는 축으로 놀이가 곧 보육과정은 아니라는 점'을 드러내려는 노력으로 읽힌다.

이러한 변화에 맞춰 개정판 작업에 착수하였다. 초판 발행 이후 변화된 환경, 특히 2024 개정 표준보육과정(0~2세)을 참고하고, 저자 자신의 신물질론, 관계적 존재론, 세상 속에서 얽힌 존재로서 자신, 영아, 일상, 놀이, 영아보육과정에 대한 철학적 관점과 이해의 변화를 토대로, 독자의 이해를 위해 쉽게 풀이할 수 있는 선이 무엇인지 고민하며 개정 작업에 임했다.

제2판의 주요 개정 내용을 소개하면, 제1장에서는 영아, 영아 양육, 영아 교(보)육에 대한 사회적 변화를 기술하였고, 제2장에서는 영아에 대한 존재론적 관점을 관계적 존재론까지 확장하여 기술하였다. 영아보육과정을 실행하는 데 이해하기 쉽지 않은 철학 내용까지 알아야 할까? 하는 의구심을 가질 수 있지만, 영아를 바라보는 관점은 영유아 교(보)육의 중요한 출발점이기에, 그러나 본 서의 독자 대부분이 영유아 교육자이고 저자 자신도 이해하기 어려운 부분인지라, 영유아 교육자에게 꼭 필요하고 저자가 이해하고 설명할 수 있는 수준에서 기술하려 노력했다. 결과적으로 추가되거나 변경된 내용은 많지 않지만, 고민 속에 썼다

지우기를 여러 번 반복했다. 제3~8장에서는 내용 전달의 명료성을 높이기 위해 일부 수정·보완하였다. 제3장의 사회성 발달과 정서 발달에 수록되었던 교사와 양육자의 역할과 제8장의 자신과 타인에 대한 이해에 관련된 내용은 제9장으로 이동하여 기존 내용과 통합하여 재정리하였다.

초판 출간 당시 포부가 컸다. 개정판에서는 영아 보육에 대한 저자 자신의 학문적 성장을 토대로 깊이 있는 내용을 가독성 있는 문장으로, 독자에게 감응을 일으킬 실천 사례를 다수 수록할 것을 다짐했었다. 그러나 개정 작업을 마친 현재, 다소 부족한 부분이 없지 않다. 다만, 이 책의 내용이 영아보육과정에 대한 유일한 해제나 모범 가이드가 아니며, '배움이란 완성되지 않는 것이고, 항상 지속적이며 지속적 물질화와 세계 재형상화의 일부이며(Barad, 2021), 그렇다고 부족한 것에서 더 나은 더 성숙한 것으로의 진보가 아님'을 위안 삼으며, '영아의, 영아를 위한, 영아에 의한 보육과정'으로 나아감에 있어 한 발짝 보탬이 되길 희망하는 마음으로, 2024 개정 표준보육과정(0~2세) 실행을 위한 일상과 놀이에 기반한 영아중심의 발현적 보육과정 제2판을 출간한다.

초판에 이어 이 책이 출간되기까지 많은 분의 도움이 있었다. 초판에 이어 제2판에 등장한 여러 이야기의 주인공인 영아들, 그들의 모습을 포착하거나 정리하여 이 책에 수록되도록 도움을 준 이보라, 이진희, 곽은심 선생님과 출판사 공동체 가족들께 감사드린다.

2025. 2.
한 종 화

초판

머리말

유아교육 전공자들에게 '아동중심'이라는 단어만큼 친근한 단어는 없을 것이다. 그런데 2019 개정 누리과정과 제4차 어린이집 표준보육과정의 개정으로 그 어느 때보다 유아교육계는 아동중심이라는 단어에 주목하고 있다.

필자의 경우 대학을 졸업할 때, 학부 4년 내내 '아동중심'이라는 교육철학만 공부한 것 같은 마음이었다. 그래서 어떤 내용을 어떻게 아이들과 함께해야 할지 준비하지 못한 채 첫 번째 유아교육현장에 발을 디뎠다고 생각했고, 이러한 부족함을 채우고자 이후 20년 이상 영유아에게 무엇을 어떻게 가르칠 것인지에 대한 연구와 실천을 이어왔다. 그러나 이러한 교육 내용과 방법의 탐구는 언제나 아동중심 철학의 실천을 기본 전제로 하였다.

금번 국가 수준의 교육과정 개정 작업이 진행되면서 접하게 된 '가르치지 말아야 한다', '교사용 지도서가 상세하여 현장에서 이를 그대로 재현하려 한다' 등의 표현은 매우 낯설게 들렸다. 가르침에는 여러 유형이 존재하여 직접 설명하고 시연하는 방법도 있지만, 쳐다보지도 않고 기다려 주는 것도 포함된다고 생각하고, 국가 수준의 교육과정이나 특정인이 연구하여 제안하는 프로그램을 그대로 따라야 한다고 생각해 본 적이 결단코 없으며, 교사가 교수 계획을 세우더라도 영유아의 현재의 호기심이나 흥미에 따라 언제나 물러서고, 변형하고, 포기할 마음을 함께 가져야 한다고 생각해 왔기에 당혹스러운 부분이 없지 않았다.

다시 생각해 보았다. 우리에게 국가 수준의 교육과정이나 프로그램 개발 연구들은 불필요하고, 오히려 아동중심 철학 실천에 방해가 되는 자료이며, 따라서 사라져야 하나? 아니면 전국의 모든 유아교육기관에서 똑같이 따라야 하는 금과옥조들인가? 이도 아니라면 참고자료로 존재할 수 있는 것인가?

꽤 오랫동안 혼란스러웠고 아직도 교육과정과 보육과정에 대한 충분한 해안을 갖지 못한 상황이다. 다만, 최근 유아교육계에서 주목하고 있는 들뢰즈를 비롯한 현대철학자들, 양자역학, 신유물론 등과 기존의 교육학과 유아교육학에서 제안하고 탐구하는 교육과정 관련 내용들의 접점을 찾기 위해 노력했다. '어린이에게서 출발하는 교육', '어린이를 만나면 오직 실험뿐', '아이들이 세상을 배우는 길에 대해 아는 것이 없었다'는 말은 어쩌면 우리가 이미 알고 있는 말일지 모르지만, 큰 울림으로 다가왔다. 홈 파인 공간, 평평한 공간, 탈주, 특개성, 영토화, 탈영토화, 차이와 반복, 리좀적 사고, 욕망, 실존, 존재론적 인식론, 이기와 되기, 생성, 내부작용, 행위주체성, 물질, 회절 등 다소 생소한 용어뿐 아니라 유아교육과정과 교육과정의 개념과 유형, 재개념주의자들의 견해들, 교사의 교육과정 문해력, 교육과정 실행에 대한 관점 등의 의미를 다시 새겨보았다. 현대철학의 낯선 개념에 대해 어린 철학도와 이야기도 나누며 개인적으로 흥미로운 시간을 가졌지만, 예비교사와 현장의 영아교사들에게 이 내용을 얼마나 또 어떻게 소개해야 할지 조심스럽기도 하고, 아직 부족한 부분이 많다.

그러나 이상적인 해답이 따로 존재하고 우리가 이를 발견하는 것이 아니기에 영아를 위한 보육과정이 무엇이고 어떤 방향으로 실천될 수 있을지 지금까지의 생각을 정리하여 제안하고자 한다. 영아의 삶, 즉 그들의 경험을 지켜보며 그들과 함께 삶을 살아가는 교사들에게 도움을 줄 수 있는 작은 제안들이 조각조각 흩어져 날아가지 않도록, 현재까지의 내 생각을 모아 이 책으로 물질화하였다. 이 책이 다시 행위주체성을 발휘하여 영아보육과정에 대한 더 많은 논의가 이어지길 희망한다.

유아교육과정은 여러 연구자들에 의해 좋은 책이 하나둘 출간되고 있지만, 제4차 어린이집 표준보육과정의 실천을 위해 예비교사뿐 아니라 현장의 영아교사들이 참고할 만한 교재, 학부와 교육대학원 수업에서 사용할 만한 교재가 부족하다는 점이 이 책을 출간하는 데 더 크게 작용한 현실적인 이유이기도 하다. 이 책의 전체 내용을 소개하면 다음과 같다.

1장에서는 영아보육의 필요성을 영아 차원과 영아 이외 차원에서 살펴보고, 영아 양육 지원책으로서 보육의 필요성을 다시 확인해 보았다. 2장에서는 영아나 영아보육에 대한 관점에 따라 영아보육과정의 내용과 접근방법에 차이가 존재함을 시작점으로 하여, 영아보육과정이 일상과 놀이에 기반한 영아중심의 발현적 보육과정이 되어야 하며, 이를 실천하기 위한 방향을 영아를 실존적 삶의 주체로 인정하고 존중하기, 영아에게서 출발하는 보육과정 실천하기, 관찰·성찰·지원이 순환적으로 이어지는 발현적 보육과정 실행하기, 영아의 자유로운 삶을 위한 시간과 공간이 되도록 일과와 환경 구성하기, 일상을 놀이와 교육의 기회로 삼기라는 다섯 가지로 제안하였다.

3장에서는 영아 발달 특성에 대해 살펴보는데, 이 내용에 대해서는 특별한 주의가 필요하다. 영아의 특정 행동을 이해하고 이를 토대로 보육하기 위해 발달과정이나 특성을 이해하는 것이 필요하지만, 발달지식을 지나치게 맹신하거나 이에 국한하여 영아를 관찰하거나 평가한다면 오히려 해가 될 소지가 다분하다. 이 책에서 소개하는 영아의 발달 과정과 특성은 지금까지 우리 학문영역에서 지식으로 어느 정도 합의된 내용이지만, 영아의 모든 행동을 설명할 수 없고 앞으로 변화될 수 있다는 점을 반드시 기억해야 한다.

4장과 5장에서는 2장에서 소개한 영아보육의 방향인 일상과 놀이에 기반한 영아중심의 발현적 보육과정의 실행 과정, 실행 결과를 기록하는 방법에 대해 소개하였다. 이 책에서 강조하는 발현적 보육과정이란 어떤 이상적인 보육의 실제가 존재하고 이를 그대로 재현하는 것에서 벗어나 현재 해당 학급 영아의 일상과 놀이에서 발생하는, 어쩌면 돌발적일 수 있는 맥락과 상황을 토대로 실천하는 보육과정이다. 따라서 발현적 보육과정의 실천을 위해서는 무엇을 어떻게 가르칠 것인가를 계획하기보다 영아의 현재의 관심사가 무엇인지 발견하고 해석함이 중요하고, 따라서 영아를 관찰하고 기록함이 핵심적 부분이다. 관찰과 기록에 대한 내용도 상세히 소개하였다.

6장에서는 영아보육기관의 환경구성에 대해 알아보았고, 7장과 8장에서는 영아의 일상과 놀이를 지원할 수 있는 내용과 방법을 소개하였다. 현재 영아의 일상적 삶과 영아의 흥미와 놀이를 이해하고, 그 지점에서 출발하여 영아가 보다 의미 있는 체험을 할 수 있도록 돕기 위해 교사가 알아두기 바라는 내용과 방법을 기술한 것으로, 한 가지씩 차례대로 영아에게 가르치려는 의도로 수업을 계획하고 실천해야 하는 내용이 아니라는 점을 분명히 밝히고 싶다. 특히 8장의 내용이 교과별로 영아들이 배워야 할 내용으로 해석되지 않길 바란다. 9장에서는 영아의 심리적 측면을 지원할 방법으로 어린이집 적응, 사회적 관계와 거친 행동을 지도하는 방법에 대해 기술하였다.

영아와의 상호작용에서 가장 중요한 점은 영아가 자유롭게 자신의 삶을 살아가도록 한 발짝 떨어져서 지켜보고 기다리는 것이다. 이를 기본 전제로 하지만, 교사가 활용할 수 있는 다양한 상호작용 방법이 존재한다. 예비교사의 경우 영아와의 언어적·비언어적 상호작용 방법에 익숙하지 않아 어려움을 겪을 수 있기에, 7·8·9장에서 영아와 상호작용에 활용할 수 있는 언어 모델을 강조하여 제시하였다.

깊이 있는 내용, 매끄럽게 읽기 편한 서술이라는 점에서 부족한 부분이 많다. 다만, 영아보육에 대한 유일한, 최상의 안내 가이드란 존재하지 않으며, 이 책을 읽는 독자분이 영아보육에 대한 자신만의 철학을 만들고, 영아중심의 보육을 실천하는 데 밑거름이 되길 바라는 마음에, 제4차 어린이집 표준보육과정 실행을 위한 일상과 놀이에 기반한 영아중심의 발현적 보육과정을 제안한다. 독자 여러분의 피드백과 영아들과 함께한 보육과정 실천 사례를 기다린다.

이 책이 출간되기까지 많은 분의 도움이 있었다. 이 책에 소개된 일상과 놀이 사례의 주인공인 영아들의 사랑스러운 모습에 감탄하며 감사의 마음을 전한다. 다음으로 영아들의 이러한 모습을 포착하거나 정리하여 이 책에 수록되도록 도움을 주신 이상임, 이진희, 배경희, 박정수, 이금숙, 이선경, 김순영, 권경희, 문선영, 박은실, 안현주, 이상일 선생님과 출판사 공동체 가족들께 감사드린다.

2022. 2.

한 종 화

차례

제1장

영아보육의 필요성

영아(infant)가 '아직 말하지 못함'의 뜻을 가진 라틴어 단어에서 유래되었다는 점을 고려한다면 영아기는 출생에서 18개월까지 정도의 시기라고 할 수 있지만(유효순·원혜경·김정희, 2013), 유아기 이전의 시기라는 점으로 볼 때, 영영아(infant)기는 출생에서 18개월경까지, 걸음마(toddler)기는 18개월부터 36개월까지로 볼 수 있다. 여기에 유치원의 경우, 3월 1일 3세를 입학 기준으로 삼고, 어린이집 역시 같은 기준으로 3세 이상을 유아 학급으로 편성한다는 점을 고려한다면, 실제 어린이집 영아 학급의 보육 대상으로서 영아는 출생에서 약 48개월가량의 아동을 의미한다. 영아의 집단 보육에 대해서는 아직도 찬반 의견이 존재하고 있다. 어린 영아의 양육 환경과 보육에 대해 영아와 영아 외부 차원의 쟁점들을 살펴보고, 영아 양육 지원책으로서 영아보육의 필요성에 대해 알아보고자 한다.

1. 영아 차원
2. 영아 외부 차원
3. 영아 양육 지원책으로서 보육

제1장

영아보육의 필요성

1. 영아 차원

영아는 많은 능력을 지니고 태어나며, 영아기 동안 다방면에서 급격히 발달한다. 생후 1개월경에는 부모가 자신에게 빨리 반응하는지 그렇지 않은지에 따라 다르게 대처하고, 4~6개월경에는 어떤 것(엄마 옷)은 변하지만 어떤 것(엄마 얼굴)은 변하지 않는다는 것을 이해한다. 3세경이 되면 달리고 뛰어다니며, 유창한 의사소통자가 되고, 자신과 타인을 존중하며 관계를 형성할 수 있다. 한마디로 영아는 풍부한 잠재력을 지닌, 강하고 유능한 존재이다(Lenz Taguchi, 2010/2018).

유능한 영아에 대한 인식은 뇌 발달 연구로 더욱 주목받고 있다. 두뇌의 기본 구성요소는 중추신경계를 이루는 신경세포 '뉴런'이며, 뉴런을 서로 연결하는 신경 통로, 즉 시냅스라는 회로를 형성하여 두뇌 발달이 이루어진다. 인간은 성인이 지닌 뉴런의 두 배 가량을 가지고 태어나며, 출생 후 오감각을 통한 자극을 받으며 화학물질 호르몬을 분비해서 다른 신경세포로 전달하며 시냅스가 형성된다. 시냅스의 형성과 소멸은 출생 후 갖게 되는 경험의 차이에 기인한다. 시냅스가 왕성하게 생성되는 영아기는 두뇌 발달에 매우 중요한 시기이며, 조기 보육 및 교육 경험이 인간의 발달, 학습 능력, 정서 조절 능력에 결정적이고 지속적인 영향을 준다는 것이 과학적으로 증명되고 있다(Families and

Work Institute, 2000/2001). 이러한 연구 결과들은 영아가 경험하는 보호와 교육, 즉 영아의 양육 환경의 질이 매우 중요함을 보여준다.

또한 영아는 행복을 추구하고 인간다운 생활을 할 권리와 균등하게 교육받을 권리를 지니고 있다(헌법 제10조, 제31조, 제34조). UN이 제정한 아동 권리 헌장에 따르면 모든 어린이는 태어난 사회, 경제적 지위, 문화적 특성과 상관없이 누구나 최상의 발달을 할 수 있는 '잘 자랄 권리'를 가지고 있다. 모든 영아는 태어나면서 공동체의 구성원으로 존중받고 평등한 출발선에서 성장하고 배울 권리를 가진 존재이다. 따라서 영아가 행복하고 건강하게 자랄 수 있는 권리를 바탕으로 안전한 환경에서 따뜻한 보살핌을 받으며 성장할 수 있도록 보장해야 한다.

2. 영아 외부 차원

영아 양육의 주체나 방법은 시대에 따라 변해왔지만, 근대에는 주로 가정 내의 친부모, 조부모 또는 친인척에 의해 이루어져 왔다. 이들은 영아와 애정적인 관계를 형성하며, 양육과 교육을 담당했다. 그러나 최근 가족 형태의 변화, 맞벌이 증가, 가치관의 변화, 다양한 가족 형태의 출현, 저출산, 조기 사교육 등으로 양육은 이제 가정의 문제를 넘어 사회와 국가가 함께 해야 할 문제로 대두되고 있다.

부모와 자녀 2대로 구성된 핵가족은 단순히 가족 구성원의 수가 줄어듦을 의미하는 것이 아니라 가정의 양육과 교육의 기능이 약화함을 의미한다. 부모에 의해서만 양육이 해결되어야 하며, 부모는 대가족제도에 비해 윗세대의 자녀 양육의 모델이나 지혜를 얻기 어려워졌다. 게다가 자녀 수도 감소하여 가정 내에서의 형제자매 관계가 약화하고 있다. 예전에 비해 사례가 줄었지만, 조모에 의한 양육이 간혹 이루어지기도 하는데, 이 경우 세대 간 양육과 교육에 대한 철학, 신념, 실제 등의 차이가 있어 갈등이 발생하기도 하고, 또 다른 여성에게 희생을 요구하는 불편한 관계를 만들 수 있다. 결국 친족 공동체로부터 양육 관련 지원을 받기 어려워져 부부가 온전히 자녀 양육을 책임져야 하므로 부모는 자녀 양육에 대한 물리적·심리적 어려움을 겪고 있다.

맞벌이 가정의 증가도 양육 문제를 심화시키는 원인 중의 하나이다. 맞벌이 부모들은 자녀 양육을 위한 물리적 시간뿐 아니라 자녀 양육 관련 정보와 역량 부족을 호소하고 있다. 가족 내에서도 가족, 결혼, 양육에 대한 인식의 변화로 자녀 양육의 책임 소재의 혼란이 야기되고 있다. 과거와 비교한다면 양성평등에 대한 인식이 높아져, 가사노동이나 양육을 부부가 함께 분담하는 경우가 많아지고 있지만, 여전히 갈등의 소지가 남아 있다. 맞벌이 가정의 취업 여성뿐 아니라 비취업 기혼 여성도 취미 생활이나 능력 개발을 통한 자아실현의 욕구가 높아 취업하지 않았다는 이유만으로 육아를 전담할 때 물리적·심리적 어려움을 호소하고 있다. '독박 육아'라는 신조어처럼 양육을 공유하지 못해 발생하는 문제가 나타나고 있다.

이 외에도 이혼, 사별, 별거, 재혼, 외국인 이주 등으로 한부모 가정, 조손 가정, 소년 소녀 가장 가정, 다문화 가정 등 다양한 유형의 가족 형태가 증가하고 있다. 가정마다 다소 차이가 있겠지만 일과 양육을 함께 하기 어렵다는 공통적인 문제를 안고 있다.

우리나라는 2023년 합계출산율 0.72이라는 세계 어디에서도 찾아보기 어려운 저출산을 기록하고 있다. 저출산은 연애, 결혼, 출산 세 가지를 포기한 세대라는 의미의 '3포 세대', 이보다 더 나아가 수없이 포기한 세대라는 의미의 'N포 세대'라는 신조어가 생길 만큼 비혼과 출산 포기, 만혼(늦은 결혼), 딩크족 등으로 인한 결과라고 하겠다. 경쟁이 치열하여 '생존본능'이 앞선 젊은 세대에게 결혼도 출산도 본인의 선택이라는 인식은 어쩌면 당연하기도 하다. 결혼했어도 젊은 부부들에게 자녀 양육은 출산 전부터 어려운 일로 받아들여져, 자녀를 적게 출산하거나 아예 출산을 회피하는 현상을 초래하고 있다. 이들은 자녀를 출산하고 양육하며 경험하는 기쁨과 행복은 다른 어떤 것으로 대신할 수 없다는 양육에 대한 긍정적 측면보다는 자녀 양육과 교육으로 인한 경제적 어려움, 맞벌이 시 대리 양육의 어려움, 일과 가정 양립의 어려움을 가깝게 느끼고 있다.

결혼이나 출산은 개인적 선택의 문제이지만, 국가 경쟁력 측면에서 볼 때 출산율 저하는 매우 위험한 문제이다. 영국 시사주간지 이코노미스트(2013)는 인구의 감소로 한국은 세계 무대에서 존재감이 없는(global irrelevance) 나라가 될 것이라 예상하기도 하였다. 인구 감소는 경제성장을 비롯한 사회 전반의 문제를 일으킬 수 있기 때문이다.

한편 저출산과 맞물려 한편으로는 하나뿐인 자녀에 관한 관심이 높고 교육에 대한 투자의 욕구가 높아지면서 영아 사교육이 심각한 수준이다. 두 살배기 10명 중 3명이 사교육 중이며(김은영·최효미·최지은·장미경, 2016), 영아 대상 놀잇감, 교재·교구, 학습지 등이 기관형 또는 가정 방문형 프로그램으로 운영되고 있다. 조기 사교육 문제는 우리나라의 출세 지상주의, 학력 위주의 사회적 분위기와도 관련이 있다. 조기 사교육은 부모에게 경제적 부담이나 양육에 대한 불안이나 어려움을 가중할 뿐 아니라 영아의 발달 측면에서 바람직하지 못한 결과를 가져올 수 있어 심각한 문제라고 하겠다.

3. 영아 양육 지원책으로서 보육

영아와 영아 외부의 가정과 사회적 차원에서 살펴본 바와 같이 이제 양육은 개별 가정의 책임이 아닌 사회 공동의 책임으로, 영아가 안전하고 건강하게 자랄 권리를 보장해 주어야 한다. 즉, 영아가 잘 자랄 권리를 보장하면서 잠재된 능력을 개발하도록 도울 수 있는 양질의 영아 양육 지원책이 시급하다.

우선 부모가 자신의 어린 자녀를 가정에서 양육할 수 있는 지원책이 시급하다. 부모는 어린 자녀를 모두 어린이집에 맡겨 키워야 할까? 부모는 자녀 인생의 첫 페이지가 아름답게 채워질 수 있도록 환경을 마련하고, 그 장면에 함께하기를 희망할 수 있다. 영아기 부모가 직접 양육과 어린이집 보육 중 자신에게 적합한 양육 방법을 선택할 수 있는 권리가 보장되어야 한다.

정부는 이러한 문제를 해결하기 위해 출산과 양육지원 제도를 다양하게 신설하고 지속적으로 개선하고 있다. 재정적 지원으로는 2025년 1월을 기준으로 출생지원금(첫만남 이용권)을 바우처 포인트로 200만 원 지급하고, 2022년까지 영아수당이라는 이름으로 지급되었던 부모급여를 0세의 경우 100만 원, 1세의 경우 50만 원 지급하는데, 어린이집을 이용하면 월보육료를 제외하고 지급한다. 24개월 이상 86개월 미만의 영유아가 유치원이나 어린이집을 다니지 않고 가정에서 양육될 경우, 양육수당을 월 10만 원씩 지급하고, 이와 별도로 0~7세까지 매달 10만 원씩 8년간 총 960만 원의 아동수당을 지급한다. 자녀 세액공제 규모도 확대하고, 기업이 임직원에게 지급하는 출산지원금 전액을 비과세 처리한다. 시·도에 따라 2025년부터 자녀를 출산한 무주택가구에 월 30만 원씩 2년간 총 720만 원의 무주택가구 주거비를 지급하기도 하고, 산후조리경비를 지급하기도 한다. 재정적 지원 이외 지역사회 내 부모교육과 상담, 장난감 대여 및 시간제 보육 등 종합적인 양육 서비스를 제공하는 육아종합지원센터도 운영하고 있다. 부모가 함께하는 양육문화 정착을 위해 출산휴가, 육아휴직제, 근로 시간 단축제, 유연 근무제의 시행 기준이나 사용의 편리성도 개선하고 있다.

이러한 개선책들은 기업문화 등 사회 전반적 변화가 필요하므로 현재 모든 기업에서 일제히 시행되어 누구나 제약 없이 사용할 수 있는 것은 아니다. 그러나 아직 부분적이지만 사회적 인식의 변화로 양육에 참여하는 아빠의 모습이 미디어를 통해 긍정적으로 그려지고 있고, 어린이집의 경우 학기 초 적응 프로그램, 어린이집 등·하원, 부모 상담이나 교육, 참여 수업 등에 과거에 비하면 아빠의 참여 비율이 매우 높아졌으며, 아빠의 육아휴직제 사용 비율도 증가하고 있다.

둘째, 영아의 양육과 관련된 문제를 해결하기 위해서는 부모의 입장에서 안심하고 맡길 수 있고, 영아의 입장에서는 건강하고 행복하게 자랄 수 있는 영아보육기관이 필요하다. 즉, 질적으로 우수한, 영아를 따뜻하고 건강하게 보육할 수 있는 영아보육기관이 확충되어야 한다. 현재 어린이집 취원 연령이 하향화되고, 취원율도 급격히 높아져 영아의 어린이집 취원율은 약 50%에 달하며, 많은 영아가 어린이집에서 교사와 더 많은 시간을 함께하고 있다. 따라서 영아가 어린이집에서 갖게 되는 경험은 더욱 중요한 의미를 지닌다.

영유아보육법 제2조 제2항에서 정의한 보육이란 영유아를 건강하고 안전하게 보호·양육하고 영유아의 발달 특성에 맞는 교육을 제공하는 어린이집 및 가정 양육 지원에 관한 사회복지서비스를 말한다. 영유아보육법 제3조에서 보육 이념은 영유아의 이익을 최우선적으로 고려하여 제공되어야 하고, 영유가 안전하고 쾌적한 환경에서 건강하게 성장할 수 있도록 하여야 하며, 영유아 자신이나 보호자의 성, 연령, 종교, 사회적 신분, 재산, 장애, 인종 및 출생지역 등에 따른 어떠한 종류의 차별도 받지 아니하고 보육되어야 한다고 명시되어 있다.

한마디로 보육은 보호와 교육을 포함하는 개념이며, 단순한 영유아의 안전과 보호의 개념에서 벗어나 교육과 보호, 양육이 떨어질 수 없는 개념이라는 것을 강조하고 있다. 부모가 자녀에게 신체적 세계, 심리적 세계, 물리적 세계를 만들어 주는 역할을 한다면, 영아보육기관도 부모처럼 영아가 이 세상에 자기 세계를 만들도록 도와야 한다. 영아보육을 통해 영아가 또래와 함께 세상을 배워가는 건강하고 행복한 기회를 가질 수 있도록 도와야 할 것이다.

이러한 흐름에 발맞추어 어린이집 보육의 질적 제고를 위한 노력이 정부 차원에서도 이어지고 있다. 가장 큰 노력은 그동안 유치원과 어린이집으로 이원화되었던 영유아 교(보)육 체계를 통합하는 유보통합일 것이다. 2023년 12월 정부조직법 개정안이 국회 본회의를 통과하여, 2024년 6월 27일을 기점으로 유치원과 어린이집의 관할 부처가 교육부로 통합되었다. 그러나 아직 실질적인 통합을 위한 후속 작업이 상당히 남아 있는 상태이다. 한마디로 유보통합은 아직 미완 상태이다.

그러나 2020년에 2019 개정 누리과정과 연계하여 제4차 어린이집 표준보육과정이 개정·고시된 데 이어, 2024년 12월 9일에는 2024 개정 표준보육과정(0~2세)이 개정·고시되었다. 교육부 담당으로 진행된 첫 사업 격인 2024 개정 표준보육과정(0~2세)은 3–5세 누리과정과의 연계성을 강화하면서도 제4차 어린이집 표준보육과정을 일부 개정하여 현장의 혼란을 최소화하려 노력하였다. 구체적인 개정 내용을 살펴보면, 0~1세와 2세로 구분된 연령 체계는 그대로 유지하였고, '기본생활 영역'과 '신체운동 영역'을 '신체운동·

건강 영역'으로 통합해 기존 6개 영역을 누리과정과 동일하게 5개 영역으로 조정하였다. 0~1세, 2세로 나누어진 영역별 목표는 0~2세로 통합하였고, 발달적 구분이 모호한 부분을 포괄적으로 기술하는 등 일부 내용을 조정하였다. 또한 개정된 표준보육과정에 대한 이해를 돕기 위해 개정된 표준보육과정 해설서(교육부, 2025c)와 현장 지원 자료(교육부, 2025a; 2025b)를 개발·보급하고, 교사 연수를 통해 교사의 전문성과 역량 강화를 돕고 있다. 또한 학습공동체 운영도 지원하고 있다.

이 외에도 무상보육 정책을 확대 시행하고, 국·공립어린이집을 확충하며, 어린이집 학급담임뿐 아니라 보조교사, 시간 연장 전담 교사의 인건비 지원을 늘리는 등 다양한 보육 지원책을 마련하여 시행하고 있다.

이러한 노력에도 불구하고 아직 영아가 행복하고 건강하게 자랄 수 있는, 부모가 안심하고 맡길 수 있는 질 좋은 영아보육 실제가 어느 곳에서나 실천되고 있다고 보기는 어려운 형편이다. 따라서 질적으로 우수한 영아보육, 영아보육과정에 대한 더 많은 관심과 노력이 필요하다.

제2장

영아보육과정의 방향

영아, 교(보)육, 일상(돌봄), 놀이에 대한 관점에 따라 영아보육과정의 방향은 크게 달라진다. 영아보육과정은 어떤 방향이어야 할까? 단순히 유아나 아동을 위한 보육과정의 축소판이나 약간 낮은 수준이 될 수 없다. 유아에게도 필요하겠지만 영아에게는 양육을 위한 기본적인 보살핌이 큰 비중을 차지한다. 그러나 영아보육이라고 양육과 보살핌만이 전부가 되어서는 안 된다. 이 장에서는 영아보육과정은 일상과 놀이에 기반한 영아중심의 발현적 보육과정이 되어야 함을 다섯 가지로 구분하여 제안하고자 한다. 영아를 자신의 삶을 능동적으로 살아가는 실존적, 관계적 존재로 바라보고 존중하기, 영아에게서 출발하는 보육과정 실천하기, 관찰·성찰·지원이 순환적으로 이어지는 발현적 보육과정 실행하기, 영아의 자유로운 삶을 위한 시간과 공간이 되도록 일과와 환경 구성하기, 일상을 놀이와 교육의 기회로 삼기이다.

1. 영아를 자신의 삶을 능동적으로 살아가는 실존적, 관계적 존재로 바라보고 존중하기
2. 영아에게서 출발하는 보육과정 실천하기
3. 관찰 · 성찰 · 지원이 순환적으로 이어지는 발현적 보육과정 실행하기
4. 영아의 자유로운 삶을 위한 시간과 공간이 되도록 일과와 환경 구성하기
5. 일상을 놀이와 교육의 기회로 삼기

제2장
영아보육과정의 방향

1. 영아를 자신의 삶을 능동적으로 살아가는 실존적, 관계적 존재로 바라보고 존중하기

영아보육과정의 방향 설정에 있어 영아를 어떤 존재로 바라보느냐는 중요한 출발점이다. 영아를 유능하고 능동적인 존재로 인식한다면 영아보육과정은 어떤 방향이 될까? '유능한 영아'를 받아들인다면 영아가 자신이 흥미를 지닌 대상을 선택하고 자신의 속도에 맞춰 탐구하고 알아가도록 도울 것이다. 영아를 자신의 삶을 재구성하는 강하고 능력 있는 유능한 존재로 바라보면 영아가 가진 시각을 존중하게 될 것이다(Sellers, 2013/2018). 반대로 미숙하고 수동적인 존재로 인식한다면 어떨까? '수동적인 영아'를 받아들인다면 성인의 계획과 직접적인 지도에 따라 영아가 발달한다고 생각하여 교수를 계획하고 실천할 것이다. 그렇다면 영아는 어떤 존재인가?

영아는 자신을 둘러싼 주변 세계에 대해 궁금해하고 알아가려는 욕망을 지니고 있으며 자기 주도적으로 자신을 형성해 나가는 존재이다(조상식, 2019; Dewey, 1938/2002). 즉, 자신의 삶을 자신의 방식으로 살아가는 실존적 존재이다. 또한 영아는 풍부한 잠재성을 지닌 강하고 유능한 존재이며, 자신의 주변에 있는 모든 물질이 내뿜는 기호를 민감하게 감각하고, 서로 얽혀 배움을 생성하는 관계적 존재이다(Lenz Taguchi,

2010/2018; Murris, 2016/2021).

자조 능력이 부족한 영아, 타인과 나누기나 협상이 어려운 영아, 언어적 의사소통이 명확하지 못한 의존적인 영아를 생각하며 영아를 무능하다고 생각할 수 있다. 무능하다고 생각하지는 않더라도 스스로 탐구하는 유능한 존재라고는 확신하기 어려울 수 있다. 그러나 영아는 비언어적 몸짓과 표정으로 자기 의사를 표현하고, 타인과 관계를 맺고 싶어 하고, 또 긍정적인 관계를 맺으며, 자발적으로 세계를 탐색한다.

태어난 지 얼마 되지 않아 누워 지내는 영아라고 할지라도 누가 시키지 않아도 분주하게 무언가를 열심히 탐색한다. 지치지도 않고, 반복하는 모습을 쉽게 만날 수 있다. 영아의 탐색과 탐구는 누군가에 의해, 또 누군가를 위해 행해지는 것이 아니다. 영아의 자발적인 의지와 흥미로 유발되는, 영아 자신에게 의미 있는 경험이다. 영아는 현재 자신에게 의미 있는 문제를 해결하기 위해 몰입한다.

> 우연히 각티슈를 한 장 잡았더니 뽑혀 나왔고 다음 장이 뒤따라 나왔다. 한 장, 한 장, 또 한 장 뽑았다. 마침내 한 통의 티슈를 모두 뽑아 방 전체가 휴지로 가득 찼다.

이러한 영아의 행동을 문제 행동으로 볼 수도 있지만 반대로 자신의 관심사와 문제에 몰두하는 모습으로 볼 수도 있다. 문제 행동이나 사고뭉치가 아니라 세상을 자발적으로 그리고 매우 열심히 탐구하는 존재가 아닌가? 이 영아의 관심은 자신의 손 움직임이라는 원인에 대한 결과로 티슈가 뽑힘, 한 장 뽑았을 때 따라 나오는 또 한 장의 티슈, 티슈를 뽑을 때 손목을 움직이며 느끼는 경쾌한 감각, 아니 또 다른 그 무엇일지 모른다.

장갑을 끼기 위해 여러 번 반복하여 시도하는 영아, 누가 하라고 해서 행할까?
감각을 포함한 온몸으로 자발적으로 세상을 배우고 있는 영아

영아는 다양한 방법으로 세계와 끊임없이 소통하며 배움을 이어 나간다. 자신이 가진 모든 감각을 열어 느끼고 생각하며 세상을 배워 나간다. 즉, 스스로 배우는 힘을 가진 존재이다. 영아는 성인과 동일하게 삶 속에서 되어가는 중인 존재이며, 역동적인 행위자로서 삶을 살아가고 있으며, 능동적으로 세계에 참여하며 학습하는 존재이다(Dahlberg, Moss, & Pence, 2013/2016).

논리적 합리성으로 규명되는 성인의 이성적 사고가 어린이의 직관적 사고보다 우월하다고 말하기 어렵다(이화도, 2014). 오히려 성인의 경험에 비해 상대적으로 경험의 양이 적은 어린이의 사고가 성인의 고정된 사고보다 유연하고, 자유롭고, 창의적일 수 있다(한솔보육재단·오문자, 2018). 인간은 자신의 사고체계를 지속해서 수정하고 재구성해 간다는 점에서 '비완결형'이면서 동시에 '완결형'의 속성을 지닌다(정선아, 2004). 영아는 성인이 되어가는 과정상의 존재이거나 성인으로부터 이해되어야 하는 대상이 아닌 그 자체로 완전한 인간이다(권동택, 2002).

그런데 만약 영아가 유능하지 못하다면 우리는 어떻게 해야 할까? 발달도 느리고 탐색에도 적극적이지 않고 놀이도 하지 않고 혼자 이리저리 빈둥거리기만 한다면 어떻게 해야 할까? 여기서 논하는 영아의 유능함이란 걸음을 빨리 걷고, 수를 빨리 세는 등 발달적으로 빠르게 진보하는 것과는 다른 차원의 유능함이다. 자신의 삶을 살아가는 실존적 존재로서의 유능함을 의미한다. 무엇을 잘하고 못하고 하는 능력에서의 유능함이라기보다는 자신의 삶을 자신의 방식으로 스스로 살아간다는 의미에서의 유능함을 의미한다.

'실존은 본질에 앞선다'는 말처럼 사물이 그 본질에 따라 쓰임새가 결정되는 것과 달리 인간은 자신의 실존을 살아간다. 영아 역시 '영아는 이래야 한다'는 고정관념에서 벗어나 독특한 특개성을 지닌 존재, 존재의 일의성[1]을 지닌 존재다.

---

1) 존재의 일의성이란 모든 존재가 각기 스스로 차이화하고 있다는 점에서 동일한 의미를 갖는다는 뜻임. 모든 존재가 차이생성의 존재로서 하나의 동일한 존재론적 의미를 지님을 뜻함. 우월하든 열등하든 크든 작든 우리는 계속해서 다르게 되어갈 수 있고 끊임없이 차이화할 수 있다는 점에서 모두가 일의적이고 동등한 존재들임.

인간은 만들 수 있거나 길러지는 존재가 아니라 자기 주도적으로 자신이 포함된 세계와 내부작용하며 스스로를 형성해 나가는 존재이기 때문이다. 현상학적 관점에서 영유아기의 발달과정은 세상에 집을 짓는 것이다(Vandenberg, 1987, Leavitt, 1994/2014 재인용). 영아는 다른 사람을 위한 존재가 아니라 자신을 위한 그 누군가가 되기 위해 자유라는 프로젝트를 추구한다(Polakow, 1992, Leavitt, 1994/2014 재인용).

교육의 기본 방향은 자신만의 색깔을 가지고 성장하도록 돕는 것이다. 미술교육을 예로 든다면, 색감에 대해 교육할 때 객관적인 색 지각에 앞서 주관적인 색감을 갖도록 조력한다. 예술교육의 목표는 데생이나 채색을 잘하는 미술 기법이 유능한 사람을 키우는 것이 아니라 자신만의 화풍이나 색감을 지닌 사람으로 성장하도록 돕는 것이기 때문이다.

영아는 무엇을 체험하고 있을까? 각자 무엇을 보고, 느끼고, 생각할까?

영아를 실존적 존재로 바라봄은 영아 입장에서 무엇을 경험하고 무엇이 의미 있는지 그 입장에서 생각하여 영아의 존재 자체를 존중함을 의미한다. 영아가 누구와 비교해서 사는 것이 아니라 자신의 스타일로 살아가도록 돕는 것을 의미한다.

영아는 또한 자신을 둘러싼 세상과 끊임없이 마주하며 삶을 살아가는 존재로, 수많은 관계와 상황 속에서 자신의 존재를 드러낸다. 영아는 관계적 존재[2)]이기 때문이다(Lenz Taguchi, 2010/2018; Murris, 2016/2021). 영아는 미리 결정되어 분리된 독립된 개체가 아니며, 불확실이 아닌 비결정이 내포된 '세계-의-존재(being-of-the-world)로(정선아, 2016; Barad, 2007; Lenz Taguchi, 2010/2018), 수많은 다른 존재와의 관계 속에서 내부-작용[3)]의 얽힘 현상 속에서 존재가 되어간다. 즉, 영아는 언제나 변함없는 정체성을 지닌 존재(be)가 아니라 다른 여러 존재들과 만나 관계를 맺으면서 자신의 정체성을 만들어 가는 존재(becoming)이다. 영아는 홀로 무엇인가를 경험하거나 단독으로 성장하는 것이 아니라, 자신을 포함한 세상의 많은 존재와 마주하며 관계를 맺고 그 속에서 끊임없이 새로운 존재가 되어간다. 여기서 세상의 많은 존재에는 교사, 또래와 같은 인간만이 아니라 교실의 놀잇감, 일상의 소품들, 디지털 기기, 멀리서 들리는 소리나

---

2) 관계적 존재론은 '신물질론(신유물론)', 특히 Barad(2007)의 '행위적 실재론'에 토대를 두고 있음. 이 관점에서 존재의 기본 단위는 독립된 개체가 아니라 얽힘의 관계임. 관계에 앞선 존재를 부정함. 즉, 만남 이전에 존재가 있는 것이 아니라 만남의 순간부터 존재가 출현함. 물질, 즉 존재하는 모든 것은 고정된 것이 아니라 매 순간 변하는 과정에 있는 현상임. 지금, 이 순간 특정 개체나 사물로 드러났다고 해서 그것이 다른 개체와 분리되어 독립된 상태로 있는 것이 아니라 다른 존재와의 행위, 즉 얽힘의 결과로 일시적 결정성(temporary deteminacy)을 만들어 실재하며, 이는 계속 변화하는 과정에 있음(Murris, 2022/2024).

소설가를 예로 들면, 태어날 때 이미 소설가로 태어났기에 소설을 쓰는 것이 아니라, 종이와 펜과 만나 소설을 쓰는 현상으로 소설가가 되어감. 물질은 고정된 속성을 가지는 것이 아니라 매 순간 변화하기에, 소설가라도 글을 쓰지 않으면 더 이상 소설가가 아님(심귀연, 2024). 글을 쓰는 현상이 그 중심에 있음. 만약 흰 종이와 펜 대신에 흰 종이와 붓과 물감을 만나면 어떻게 될까? 색종이였다면 또 어떻게 될까? 흰 종이와 펜을 만날 때 세밀화를 그리는 화가와 함께 만나면 또 어떻게 될까?

또 다른 예로 '여성'을 생각해 보면, 고정된 하나의 실체라기보다 다양한 관계 속에 존재를 드러내므로, 무엇과 어떤 관계냐에 따라 '아내하기', '엄마하기', '딸하기', '교사하기', '식집사하기'가 되어감.

3) 내부-작용(intra-action)은 Haraway(1992)가 소개하고 Barad가 발전시킨 신조어로, 구체적인 관계의 생성에 따라 미리 결정지어져 있지 않은 서로의 존재성이 생성되어 가는 관계를 가리킴. '얽힌 행위주체자 간의 상호적 구성'을 의미함. 실체가 상호작용에 앞서 개별적으로 존재하고, 별개의 실체 서로 간에, 서로를 향해, 서로의 사이에서 작용한다는 상호작용과 대비되는 개념임(Murris, 2022/2024).

향기, 꽃, 바람과 같은 자연물, 기계 등의 비인간 존재, 교실의 규칙, 분위기, 세상의 담론까지 포함된다. 영아는 끊임없이 누군가와 함께 생활하고, 함께 놀며, 함께 나누고, 함께 배운다. 영아는 자신을 둘러싸고 있는 다양한 물질과 우연히 마주치고 얽히는 관계적 존재로, 자신을 포함한 세계 안에서 내부-작용하며 세상을 만들어 가는 세계하기(worlding) 중이다(Lenz Taguchi, 2010/2018; Murris, 2016/2021, 2022/2024; Murris & Bozalek, 2023/2024).

따라서 교사는 영아를 행위주체성[4]을 지닌 유능한 존재로, 자신의 삶을 자신의 방식으로 살아가는 실존적 존재로, 자신이 포함된 세상과의 관계 속에서 존재를 드러내는 관계적 존재로 바라보고 존중하며, 영아와 함께 영아보육과정을 실천해 나가야 한다. 영아를 존중하는 교사의 시각은 영아보육의 그 어떤 부분보다 중요한 요소가 될 것이다. 교사는 영아가 자아와 타인에 대한 이해를 구성하는 데 결정적인 역할을 하기 때문이다(Leavitt, 1994/2014).

4) 행위주체성(agency, 행위성)이란 자신의 의도에 따라 어떤 선택을 할 수 있고, 그 선택을 세계에 부과할 수 있는 능력으로 정의되어, 자유 의지와 이성적 사고, 언어적 능력이 있는 능동적 주체인 인간만이 소유한 것으로 간주되어 왔음. 그러나 의식(의도)과 관계없이 세계에 차이와 변화를 가져올 수 있는 능력으로 재정의되어, 인간뿐 아니라 자연, 인공물과 같은 물질, 공간에도 이러한 힘이 있고, 일방적인 원인 결과보다는 '상호 수행성(mutual performativity)'으로 해석됨(Murris, 2022/2024).

2. 영아에게서 출발하는 보육과정 실천하기

교사가 영아에게 가치롭다고 판단한 지식, 태도, 기술을 전달함에 중점을 둘 것인가 아니면 영아가 실제 경험하는 영아의 체험 과정에 중점을 둘 것인가에 따라 영아보육과정에는 큰 차이가 발생한다. 제4차 어린이집 표준보육과정과 2024 개정 표준보육과정(0~2세)에서는 영아의 흥미, 관심사, 자발적 놀이를 보육과정으로 제안한다. 보육과정은 어린이의 주관성과 잠재성을 존중하고 이를 실현할 수 있어야 하며(Dewey, 1916/2007), 영아의 자아실현을 도모하는 방향으로 행해져야 한다. 어른이 이해하는 것이 아니라 어린이가 열망하는 '문제', 즉 영아의 삶 자체가 곧 보육과정이기 때문이다(Sellers, 2013/2018).

배움의 내용이란 성인들이 미리 발견해 놓은 지식의 세계를 재인식해 나가는 것이 아니라 영아가 세계와의 마주침(encounter) 속에서 부딪치고 감응하며 펼쳐나가는 세계와 나의 생성, 곧 새롭게 '되기(becoming)'이다(유혜령, 2020). 정해진 교육내용을 놀이를 통해 학습하는 것이 아니라 영아가 환경에서 마주치는 모든 사물에서 만들어 내는 놀이가 곧 학습의 내용이고 방식이다(임부연·곽승주·권혜진·김성숙......정선아, 2020). 따라서 교육적 상황에서 영아가 무엇을 배우게 될지 성인인 교사가 사전에 예측하기 어렵다.

교사가 사전에 계획하고 이를 실행하는 보육과정에서 영아는 교사가 사전 계획한 몇 가지 놀이 중에서만 선택권을 갖게 된다. 이것은 자칫 영아의 현재의 삶, 영아의 관심사, 영아의 놀이를 소홀히 하거나 제한하여 결과적으로 영아의 자유롭고 즐거운 탐색과 놀이, 영아의 선택권, 주도성, 자발성 등을 제한할 수 있다. 따라서 영아에게 무엇을 가르칠지 미리 결정함에서 벗어나 영아가 현재 관심을 보이는 바로 그곳에서 출발하여, 영아의 삶, 경험, 체험 자체가 보육과정이 되어야 한다. 교사는 사전에 계획하고, 사전에 정해진 코스에 따르기보다 상황을 '들으려고' 해야 하며, 그 상황에 잘 맞춰 리듬을 타는 법을 배워야 한다(Lenz Taguchi, 2010/2018).

영유아중심, 놀이중심 교(보)육과정이 시행되면서 영유아의 흥미나 자발적 놀이가 보육과정이라는 것은 당연한 이야기로 들리기도 하고, 과거 우리가 행해왔던 보육과정은 영아중심, 놀이중심이 아니었나 혼란스럽기도 하다. 영아의 흥미, 관심사, 자발적 놀이로 보육과정을 운영한다는 것이 말처럼 쉽지 않을 수 있다.

영아는 일상을 위해 성인의 많은 도움이 필요하다. 이러한 이유로, 영아가 주도적으로 놀이를 이끌지 못한다고 생각할 수 있다. 유아의 경우 능숙한 의사소통자로서, 자신의 놀이를 말로 표현할 수 있고, 즐겁게 또래나 교사에게 자신의 놀이를 설명한다. 영아도 몸짓이나 행동 등으로 비언어적인 의사소통을 하지만 유아처럼 자신의 관심사나 놀이 의도, 놀이 진행 과정을 말로 명확하게 표현하지 못하고 교사가 먼저 놀이를 제안하고 주도적으로 움직여야 할 때가 많기도 하다.

영아의 놀이는 단편적이고 짧아 하나의 맥락이나 주제로 길게 이어지지 못해, 이해하기 어렵고 그 안에 배움이 없다는 의견도 있다. 그러나 영아의 놀이는 끊어졌다 다시 나타나기도 하고 합쳐지거나 나뉘는 등 계속해서 변형되어 나타난다. 또한 영아는 같은 놀이를 무한 반복한다. 매일 점토만 가지고 놀이하는 영아나 자동차만 가지고 놀이하는 영아를 보면 '오늘 또 그 놀이를 하네'라고 생각하기 쉽다. 이러한 이유로 놀이에 기반한 보육과정은 유아에게 해당할 뿐 영아에게는 다소 적절하지 못하다고 생각할 수 있다. 그러나 영아 입장에서는 '오늘은 자동차 놀이해야지, 자동차 놀이!!'와 같이 놀이 주제를 정하고 이에 맞춰 놀이하는 것이 아니다. 놀이 주제나 이름은 성인의 편의에 따라 붙여진 것이 아닐까?

영아는 자신을 둘러싼 물질과 감각적으로 관계 맺으며 놀이를 생성하고 변형한다. 영아의 놀이를 가까이에서 들여다보면 매일 똑같은 놀이의 반복처럼 보이던 놀이에 미세한 차이가 있음을 발견할 수 있다. 물 조리개, 포크 삽, 바가지, 숟가락으로 모래 놀이하는 영아를 가까이에서 살펴보니, 손으로 물 조리개에 모래 담기, 모래 쏟기, 포크 삽으로 모래 담기, 모래 쏟기, 바가지로 모래 담기, 모래 쏟기, 숟가락으로 놀이하며 또래와 협상하여 모래 쏟기, 숟가락으로 모래 담기, 모래 쏟기를 이어가고, "선생님! 이거 포크레인이야, 포크레인"이라고 한다. 여기서 모래를 담고 쏟는 동일한 움직임이 반복되었지만, 모래를 담는 데 사용된 도구, 도구에 담기는 모래의 양, 물 조리개를 든 손이 느끼는 물의 무게, 물 조리개에서 떨어지는 모래의 움직임은 매 순간 차이를 만들어 낸다. 즉 영아는 새로운 놀이를 생성한다. 영아의 놀이 속 반복은 실험으로, 감각적인 경험으로, 몸과 힘의 만남으로, 우연으로 시공간을 넘나들며 끝없이 펼쳐지는 반복으로 나타난다(김상아, 2021).

자동차를 가지고 놀지만, 오늘은 앞으로 굴려보고, 또 다음 날은 뒤로 굴려보고, 점토가 주어지면 점토는 진흙탕이 되어 자동차가 진흙탕에 빠졌다 나오는 놀이가 되고, 어제는 혜승이 옆에서 놀았고, 오늘은 진구 옆에서 놀이하고 있다. 앞에 제시된 '티슈 뽑기' 사례도 지금 당장 영아의 눈빛, 표정, 어깻짓, 손 움직임, 터져 나오는 음성만으로 영아의 관심과 의도를 모두 이해할 수 없지만 이후 이어지는 영아의 몸짓이나 행동으로 그 의미를 이해할 수 있으며, 이를 토대로 영아의 흥미와 관심, 놀이를 보육과정의 기저로 삼을 수 있다.

영아의 흥미에서 출발한 자발적 놀이가 보육과정의 출발점이라는 관점은 2019년에 새롭게 등장한 개념이 아니다. 교육과정의 개념을 크게 두 가지로 나누면 교사가 가르칠 내용으로서의 교육과정, 학습자의 교육적 경험으로서의 교육과정으로 나눌 수 있다. 교과중심, 학문중심, 경험중심, 인간중심, 관계중심 교육과정을 교육과정 구성 중점에 따라 분류하면 교과중심이나 학문중심 교육과정은 가르칠 내용으로서의 교육과정, 경험중심, 인간중심, 관계중심 교육과정은 학습자의 교육적 경험으로서의 교육과정이라고 볼 수 있다. 2019 개정 누리과정, 제4차 어린이집 표준보육과정, 2024 개정 표준보육과정(0~2세)은 학습자의 교육적 경험으로의 보육과정을 강조하고 있으며, 이는 미리 계획된 보육과정보다는 만들어 가는 과정을 강조하는 발현적 보육과정에 해당한다.

교과중심 교육과정

- 교육과정의 개념을 교수요목으로 보는 견해
- 문화적 전통 가운데 항구적인 가치를 지닌 본질적 요소를 찾아 교육, 즉 문화유산의 전달 중심

경험중심 교육과정

- 학교의 지도하에 학습자가 갖게 되는 모든 경험
- 교과중심 교육과정에서 교과가 그 학문의 내용과 조직을 벗어나지 못함을 비판
- 진보주의 교육사상을 기반으로 하여 학습자의 실생활과 경험 강조

학문중심 교육과정

- 브루너의 지식의 구조, 발견학습에 근거
- 교육내용의 지식의 체계성 강조

인간중심 교육과정

- 학습자가 중심이 되어 학교생활을 하는 동안에 가지게 되는 모든 경험
- 교육의 본질을 자아실현으로 설정하고 인간다움의 회복을 중요하게 여김

관계중심 교육과정

- 학습자가 자신과 세계가 맺고 있는 관계에 대한 이해 및 관계 수행
- 개인의 자발성과 자율성의 존중과 실현을 넘어 자신과의 반성적 관계, 타인과의 배려적 관계, 자연과의 질서 이해적 관계 수립에 중점
- 인간과 인간, 인간과 자연 간의 상호존중, 상호의존을 통한 상생의 관계 형성

| 그림 2-1 | 교육과정 구성 방식의 역사적 변천

1982년 슈바르츠와 로빈슨(Schwartz & Robinson, 1982)은 다양한 유아교육과정을 검토한 후 교육과정의 유형을 다섯 가지로 제시하였다. 이 중 '우연히 일어난 것으로서의 교육과정'에서 교육내용은 교사가 미리 계획할 수 없으며, 교육과정은 유아의 요구와 흥미를 중심으로 운영되는 것으로, '교육기관에서 갖게 되는 모든 경험으로서의 교육과정'에서 교육과정에는 교사의 의도에 의한 경험뿐 아니라 유아가 은연중에 경험하게 되는 잠재적 교육과정까지 포함된 것으로 제시되었다. 2019 개정 누리과정, 제4차 어린이집 표준보육과정, 2024 개정 표준보육과정(0~2세)에서 제시하고 있는 보육과정과 완전히 일치한다고 볼 수는 없지만, 1982년 그때도 2019년 이후인 지금도 교사가 실천하고자 하는 영유아보육과정은 영유아와 그들의 요구와 흥미, 자발적인 놀이를 기반으로 한 영유아의 경험 자체로서의 보육과정일 것이다.

슈바르츠와 로빈슨(Schwartz & Robinson, 1982)의 유아교육과정의 유형

- **우연히 일어난 것으로서의 교육과정 :** 각 유아의 요구와 흥미를 중심으로 교육 경험이 결정되는 교육과정이다. 교육은 유아의 선택과 행동으로부터 시작되기 때문에 교사가 미리 계획할 수 없다고 보았다. 다만, 유아가 선택할 활동 내용은 교사의 환경구성에 의해 영향을 받으므로 교사는 유아의 다양한 요구와 흥미를 분석하여 체계적으로 교육환경을 마련해 주어야 한다고 제시하고 있다.
- **교육기관에서 갖게 되는 모든 경험으로서의 교육과정 :** 교육기관에서 갖게 되는 표면적 경험과 잠재적 경험을 포함하는 교육과정이다. 인간중심의 교육과정과 같이 교사가 의도한 경험뿐 아니라 의도하지 않았지만, 유아가 은연중에 경험하게 되는 잠재된 교육과정까지를 포함하는 개념이다. 따라서 교실의 분위기, 교사와 유아, 유아와 유아, 유아와 놀이자료의 상호작용, 언어적 의사소통 등과 같은 물리적·심리적 환경이 중요시된다.
- **교수계획으로서의 교육과정 :** 유아기에 적합한 지식의 구조 및 기본 아이디어가 유아의 자발적 탐구활동을 통해 형성되기 위해서는 교수계획이 잘 이루어져야 한다고 보는 교육과정이다. 학문중심 교육과정과 유사한 입장이나 교사가 유아의 욕구, 흥미, 활동을 예견하고 자료와 환경을 체계화함으로써 유아의 지적 탐구활동 및 교육활동 간의 연계성과 통합성을 높이는 데 의미를 둔다.
- **교수요목으로서의 교육과정 :** 유아들에게 가르칠 수 있는 교육목표, 내용, 순서를 일련의 문서로 작성한 교수요목을 교육과정이라고 보는 입장이다.
- **프로그램으로서의 교육과정 :** 몬테소리 프로그램, 프로젝트 접근법과 같이 한 가지의 특정한 접근 방법이나 이론에 기초한 프로그램으로서의 교육과정이다.

그동안 이처럼 영아중심, 놀이중심 보육과정이 시도되었음에도 불구하고, 2019 개정 누리과정, 제4차 어린이집 표준보육과정, 2024 개정 표준보육과정(0~2세)에서 새롭게 강조되는 이유는 무엇일까? 그동안 보육과정 실행의 기저가 되었던 생활주제를 중심으로 한 통합보육과정도 영아가 흥미롭게 느낄 수 있는 삶의 경험을 주제로 삼고, 이를 중심으로 다양한 활동과 놀이로 보육과정을 운영하였다. 현장의 교사들의 편리를 도모하고자 무엇을 가르쳐야 하는지 그 내용을 세부적으로 제시하였고,[5] 실행을 위한 참고 자료로 교사용 지침서를 제공하였다. 이러한 국가 수준의 교육과정은 최소한의 제안이며, 교사의 보육과정 문해력을 통해 재해석되어 학급 수준의 보육과정이 실행되어야 했다. 즉, 보육과정의 실행은 교실마다 차이가 있을 수 있고, 있어야 했다.

지금까지 우리 보육현장에서는 국가 수준의 보육과정인 표준보육과정이 교실 수준에 맞게 재해석되고 재구성되어 실행되기도 했지만, 주어진 보육과정으로 받아들여져 충실도 관점에 따라 실행되었다고 볼 수 있다. 물론 현장의 모든 교사가 충실도의 개념으로 보육과정을 실행했다고 보는 것은 부적절한 해석일 것이다. 많은 교사가 자신의 보육과정 문해력을 발휘하고 자율성과 책무성을 발휘하며 나름의 방식으로 교실마다 차이 나는 교육과정과 보육과정을 실행했다. 중앙대학교 사범대학 부속유치원의 활동중심 통합교육과정이나 프로젝트 접근법, 레지오에밀리아 접근법은 이런 보육과정 실천의 사례라고 볼 수 있다. 생성 관점으로 실행되지 못했다 하더라도 적어도 상호 적응 관점으로 실행해 온 보육 실제는 적지 않다.

그러나 국가 수준의 보육과정이라는 위상과 여기에 평가인증제가 더해지면서 표준보육과정은 이상적인 보육과정, 즉 그대로 재현되어야 하는 보육과정으로 인식되었던 것도 사실이다. 교사의 보육과정 수행을 돕기 위해 제공되었던 지도자료집을 이상적인 보육과정 실행의 유일한 실제로 인식하기도 하였고, 심지어 참고자료인 지도자료집을 표준보육과정 자체로 인식하기도 하였다.

5) 「제5차 유치원 교육과정」에서는 Ⅰ수준과 Ⅱ수준으로 내용을 제시했고, 2013년 「3–5세 연령별 누리과정」에서 이를 보다 세분화하여 3, 4, 5세 연령별 세부내용을 제시하였음

교육과정 실행의 세 가지 유형(Snyder, Bolin, & Zumwalt, 1992)

- **충실도(fidelity) 관점**은 교육과정이 계획한 대로 충실히 실행되었는가에 초점을 두는 관점이다. 이러한 관점에서 교사는 외부 전문가에 의해 개발된 교육과정의 사용자이며 전달자가 된다. 즉, 외부 전문가에 의해 개발된 교육과정을 교사가 그대로 수용하고 실행하는 것이다. 교육과정의 개발과 실행이 별개로 일어나며, 개발된 교육과정을 규정한 대로 잘 실천했을 때 성공적인 것으로 보고 개발된 교육과정의 실행을 촉진하거나 혹은 방해하는 요인이 무엇인지 규명하는 것에 초점을 둔다.

- **상호 적응(mutual adaptation) 관점**은 교육과정 개발자들이 만든 교육과정이 현장의 교사들에 의해 어떻게 조정되어 실행되는가에 초점을 두는 관점이다. 이러한 관점은 교육과정 실행을 교육과정 개발자에 의해 만들어진 교육과정과 교육 현장의 교사들 간의 상호조정의 과정으로 본다. 교육과정 개발자와 실행자 사이에 절충이 일어나고 교사는 외부 전문가가 개발한 교육과정을 필요와 상황에 따라 조정하려 한다(박승렬, 2008). 그러나 외부 전문가가 개발한 교육과정을 조정한다는 점에서 충실도 관점의 연장선이라 볼 수 있다(강현석, 2006).

- **생성(enactment) 관점**은 만들어진 교육과정이 어떻게 실행되는가보다는 교사와 학생들이 교실 현장에서 만들어 가는 교육과정에 관심을 두는 것이다. 교육과정은 '만들어진 것'이 아닌 '만들어 가는 것'이고, '결과물'이 아닌 '과정'이 되어, '계획으로서의 교육과정(curriculum-as-plan)'이 아닌 교사와 학습자의 삶이 녹아있는 '체험적 교육과정(lived curriculum)'(Aoki, 1993)을 교사와 학습자가 함께 만들어 가는 것이다. 즉, 교사와 학생이 교육과정을 만들어 가는 주체가 된다. 교사는 외부자가 만든 교육과정을 교실 수준에 맞게 재구성하는 교육과정 개발자의 역할을 넘어, 학습자와 함께 교육과정을 만들어 가는 '교육과정 개척자(curriculum maker)'(Clandinin & Connelly, 1992)로서의 역할을 하게 된다. 즉, 교육과정의 개발자이며 동시에 실행자가 된다. 교사는 다른 관점들보다 더 많은 자율성을 가지게 되며, 따라서 자신의 교육적 신념과 가치관, 전문적 판단 등을 적절하게 발휘할 수 있어야 한다.

지금까지 보육과정이 충실도 관점이나 상호 적응 관점으로 실행되었다면 2019 개정 누리과정, 제4차 어린이집 표준보육과정, 2024 개정 표준보육과정(0–2세)은 생성 관점의 실행을 강조하고 있다. 어떤 외부의 기준에 의해 규정된 이상적인 보육과정이 있고, 교실에서는 이를 가장 유사하게 구현해 내야 한다는 재현의 논리에서 벗어나 우리 교실에서 만들어 가는 보육과정으로의 전환을 의미한다.

충실도 관점, 상호 적응 관점, 생성 관점의 교육과정 실행의 차이를 여행에 비유하면, 패키지여행과 자유여행의 차이쯤이 되지 않을까? 여행기획자에 의해 개발된 여행 상품을 따라가는 패키지여행은 별 준비 없이 떠나지만 짧은 시간에 많은 유명 여행지를 여행할 수 있다. 똑같은 여행 상품을 선택하면 대개 똑같은 여행지에서 유사한 음식을 먹고, 유사한 명소에서 유사한 자세로 사진도 찍는다. 그러나 여행객의 개인적 취향을 고려하여 더 머물고 싶은 장소에서 여유롭게 여행지 자체의 맛을 흠뻑 느끼기는 부족한 부분이 많다. 여행 후 얼마 지나면 어디를 다녀왔고 무엇을 경험했는지 기억이 흐려지기도 한다.

이와 대조적으로 자유여행은 어떠한가? 물론 여행자의 안락함이 보장되지 못할 수 있다. 여행을 위해 교통편, 숙소, 볼거리, 체험 거리 등 알아보고 준비해야 할 것도 많다. 그러나 사전에 알아보고 계획했던 여정은 어디까지 가능성이며 실제 여행지에서 새로운 볼거리나 체험 거리로 여정은 변경되기 마련이다. 이러한 나만의 동선, 심지어 목적지 변경도 가능한 자유여행은 그 무엇보다도 자유롭고 여유롭게 흘러갈 수 있다. 여행은 여행지 자체도 중요하지만, 누구와 언제 떠나느냐에 따라 같은 장소를 여행해도 전혀 다른 경험을 하게 된다. 여행자는 사전에 계획대로 흘러가는 여행, 누구나 똑같은 여행이 될 것을 기대하지 않고, 사전 계획대로 흘러가지 않은 여행을 실패한 여행이라 생각하지도 않는다. 영아와 함께 만들어 가는 보육과정은 잘 짜인 여행 상품에 합류하는 여행보다는 영아와 함께 떠나는 자유여행과 유사해 보인다.

이것은 동일성을 전제한 차이가 아닌 차이 그 자체의 논의를 통해 자신만의 독특한 존재론과 인식론을 전개한 들뢰즈(G. Deleuze)의 철학을 토대로, 동일성의 재현을 추구하는 '동일성의 교육'(철로 모형)이나, 차이를 존중하지만 여전히 재현을 추구하는 '차이의 교육'(도로 모형)에서 벗어나 차이를 존재의 생성이나 창조의 원동력으로 바라보는 '차이 생성의 교육'(항해 모형), 새길 내기와 배움의 흔적 찾기를 제안한 김재춘, 배지현(2016)의 제안과도 유사한 개념이라 볼 수 있다. 새길 내기[6]는 학급마다 다른 항해와 같은 영아에게서 출발하는 영아와 함께 만들어 가는 보육과정, 배움의 흔적 찾기[7]는 영아의 놀이 기록과 상통하는 개념으로 읽힌다.

교육과정의 세 가지 모형(김재춘·배지현, 2016)

- **철로 모형 :** 모든 기차가 반드시 이 철로를 따라 달려야 한다는 점에서 동일성의 교육을 추구하는 교육과정 모형이다. 재현의 교육을 추구한다.
- **도로 모형 :** 철로와 비교할 때 도로는 목적지로 향하는 하나의 길만을 상징하는 철로와는 달리 목적지에 이르는 복수의 길이 있음을 가정한다. 교육의 내용과 방법에 대한 다양성을 인정하되 국가 교육과정이 미리 상정한 목표를 달성하는 데 이바지해야 함을 전재한다. 다양성은 목표 달성에 유용한 한에서 의미를 지닌다. 문제 중심 학습 등이 그 사례이며, 교육적 문제설정은 여전히 교사에 의해 행해진다. 이 역시 재현의 교육에 해당한다.
- **항해 모형 :** 차이 생성의 교육이 요청하는 교육과정 모형이다. 학습자들이 필연적으로 알아야 할 특정한 정답이나 가치가 존재하지 않는다. 학습자들은 기호와의 우연한 마주침을 통해 배움의 대상을 결정하고 이 대상을 둘러싼 문제-장의 특이성에 민감하게 반응하면서 배워간다. 배움의 계기로 우연적인 마주침을 강조하는 차이 생성의 교육은 미리 의도되거나 계획된 길을 따르지 않고 망망대해를 가로질러 횡단하는 배와 유사한 이미지로, 새길 찾기에 해당한다.

---

6) 새길 내기란 학습자로 하여금 사유와 삶의 무한한 가능성을 실험하도록 하는 교육과정이자 학습자가 창조의 기쁨을 누리도록 하는 데 목적을 두는 교육과정 모형임(김재춘·배지현, 2016).

7) 배움의 흔적 찾기란 학습자가 어떠한 기호와 만나고 어떠한 맥락에서 어떠한 차이를 생성해 내는지 세밀하게 분석함으로써 학습자의 현재적 배움이 지닌 함의를 보다 풍성하게 끌어내는 것이자, 이후의 배움이 지닌 함의를 보다 풍성하게 끌어내는 것이자, 이후의 배움을 보다 다질적으로 엮어갈 수 있도록 조력하는 접근 방식임(김재춘·배지현, 2016).

지금까지 아동중심이라는 명제를 실천하기 위해 영아의 흥미를 중요하게 생각하고 그들에게 선택권을 주었지만, 영아에게 제공된 선택권 역시 교사가 제안한 놀이나 활동 중에서 선택하는 제한된 선택권에 그치며, 영아의 관심과 흥미를 간과하지 않았나 되돌아볼 필요가 있다. 어쩌면 누가 누구에게 선택권을 허용한다는 말 자체가 영아를 동등하게 존중하지 못하고 있음을 보여줄 수도 있다. 교사는 지금, 이 순간 무엇이 영아의 흥미를 사로잡고 있는지, 영아들 간에는 어떠한 일이 발생하고 있는지 파악하고(Olsson, 2009/2017), 그 지점에서 출발하여 영아의 놀이 지원을 계획하고 실천해야 한다. 이제 영아의 관심으로 시작된 놀이, 우연한 기회에 시작된 놀이를 좀 더 중요하게 인식해야 한다. 영아의 삶과 경험이 바로 보육과정이므로, 교사는 영아를 보육과정 실행의 동반자로 인식하여 우리 학급만의 만들어 가는 보육과정을 실천해야 한다.

우연히 어린이집에 에어캡이 도착했다. 교사는 영아에게 에어캡을 제공했고, 영아들은 여러 방법으로 탐색했다. 에어캡을 바닥에 깔아주자 영아들은 에어캡의 질감을 탐색하였고, 그 위에서 자동차 놀이를 즐겼다. 이후, 영아들이 유성매직으로 그림을 그렸고, 자동차 길이라며 자동차를 가져와 놀이했다.

3. 관찰·성찰·지원이 순환적으로 이어지는 발현적 보육과정 실행하기

영아에게서 출발하는 보육과정은 교사가 미리 계획한 대로 실행하는 일방향적인 보육과정에서 벗어나야 한다. 보육과정은 영아와 분리되지 않아야 한다. 그러나 영아의 흥미, 관심사에서 출발하여 영아의 경험, 체험, 자발적 놀이가 곧 보육과정이라고 하여 교사가 아무런 준비나 계획 없이 보육과정을 실행하는 것은 아니다. 영아가 현재 관심을 보이는 바로 그 지점을 찾아 의미 있는 배움이 이루어질 수 있도록 교사는 섬세하게 지원해야 한다. 병아리가 껍데기 바깥 세상으로 나오기 위해서는 새끼는 안에서 부리로 쪼아야 하고 어미 닭은 그 소리를 듣고 밖에서 동시에 쪼아주어야 한다는 뜻의 '줄탁동시'처럼 현재 영아의 관심을 의미 있는 가르침의 순간으로 포착하여 이를 배움으로 이어갈 수 있도록 이끌어 가는 보육과정이 되어야 한다.

교사는 교실에서 현재 발생하는 발현적 상황을 반영한 계획과 실행을 실천해야 한다. 여기서 '발현적'이라는 단어는 무엇인가를 계획하지 않고, 자연스럽게 나타나는 것을 의미한다(Elizabeth & Nimmo, 1994). 즉 예측할 수 없는 즉시성이 내포된 단어이다. 따라서 발현적 보육과정이란 교사로 하여금 특정 학습자에 대해 특정 장소에서 특정 시간에 반응적이 되도록 요구하는 보육과정이다(염지숙·오채선, 2016). 어린이와 교사 간의 협력이 가능하고 모든 사람이 권한이 있는, 따라서 영아와 교사가 함께 만들어 가는 보육과정이 될 수 있다.

발현적 보육과정은 크게 다섯 가지 과정으로 실행될 수 있다(Stacey, 2009/2015). 영아를 위해 어떤 지원이나 활동을 계획하기 전에 영아를 관찰하고 지켜보며 이를 기록한 후(① 관찰과 기록), 현재 영아의 흥미, 놀이, 배움을 이해하고 이를 토대로 어떤 지원을 해야 할지 고민하고(② 성찰), 영아를 위한 지원 방법을 결정하고, 이를 실천하기 위한 물리적·심리적 지원을 준비한다(③ 의사결정과 준비). 교사의 준비에 영아를 초대하거나 영아의 반응을 지켜보고 이에 맞춰 상호작용하며(④ 실행, 상호작용), 뒤로 물러서서 자연스럽게 흘러가도록 지켜보고(⑤ 흘러가게 지켜보기), 영아의 반응을 다시 관찰하고 기록한다

(다시 ① 관찰과 기록). 다섯 가지 과정을 분리하여 소개하지만, 두세 과정이 동시에 일어날 수 있고, 순환적으로 일어난다. 관찰과 기록, 성찰, 의사결정과 준비, 상호작용, 흘러가게 지켜보기, 다음에는 다시 관찰과 기록, 성찰, 의사결정과 준비, 실행으로 이어진다. 또한 이 다섯 과정은 제4차 어린이집 표준보육과정, 2024 개정 표준보육과정(0~2세)에서 제안한 놀이의 관찰과 기록, 이해(배움 읽기), 지원, 다시 관찰과 기록에 상응하는 과정이기도 하다.

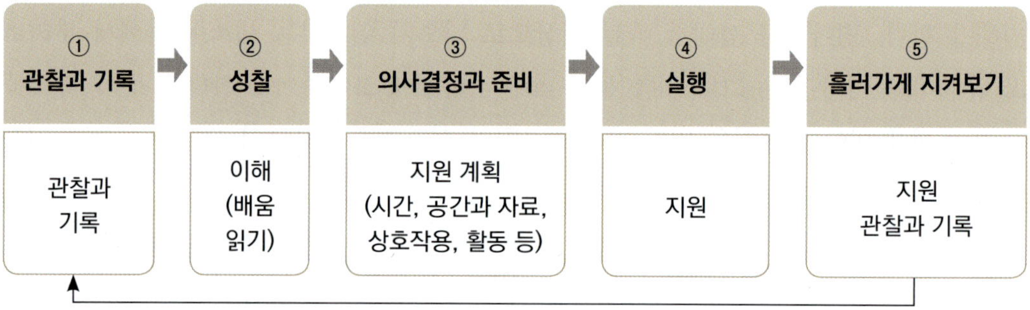

| 그림 2-2 | 발현적 보육과정의 실행과정

영아에게 의미 있는 배움이 일어나기 위해서는 어떤 활동이나 놀이를 했나 또는 하지 않았나보다는 '언제', '어떻게'가 더 중요할 수 있으므로 영아의 요구, 흥미, 놀이의 흐름을 따라가야 한다. 교사가 계획하고 준비한 놀이라도 영아가 흥미를 보이지 않을 수 있다. 때로는 교사의 계획이 영아에게 발달적으로 부적절할 수 있다. 이런 경우 교사는 영아의 흥미에 따라 융통성 있게 변형해야 한다. 영아의 반응을 따라가며 그 흐름을 타야 한다. 계획을 하되 영아에 대한 관찰을 토대로 계획을 세우며, 여유 있고 느슨하게 계획하고, 영아의 반응을 관찰하고 이에 따라 계획을 수정하기도 하고 철회하기도 하며, 영아가 변형하고 창조할 수 있도록 여백을 남기는 것이다. '어린이를 만나면 오직 실험뿐'(Olsson, 2009/2017)이라는 말처럼 준비하고, 영아의 특개성이 어떻게 펼쳐질지 기대하며 기다리는 것이다. 사실 우리는 그동안 아이들이 세상의 지식에 접근하는 그들만의

방식에 대해 거의 아는 바가 없었다. 우리는 무슨 일이 일어나고 있는지 모르며, 아이들의 다양한 학습 방식을 보려고도 하지 않았다(Olsson, 2009/2017).

교사가 분무기를 이용하여 화초에 물을 주는 놀이를 계획한 상황을 예로 들어보자. 영아들은 화초에는 전혀 관심을 보이지 않고 분무기로 물을 뿜어 대는 데만 관심을 보여 다른 영아에게 뿌리고 싶어 한다. 이런 상황에서 교사는 영아들이 분무기를 충분히 탐색할 수 있는 기회로 놀이를 변형할 수 있다. 실외로 나가면 더 좋고 실외로 나가기 어려운 상황이라면 화장실 등으로 자리를 옮겨 마음껏 분무기를 사용하도록 도울 수 있다. 영아들이 분무기를 처음 사용하는 경우라면 이런 상황은 자주 발생할 것이다. 놀이 계획을 할 때 분무기를 이용하여 무엇을 하겠다고 계획하기보다는 분무기를 제시하여 자유롭게 탐색할 수 있도록 한 후 분무기라는 사물에 대한 영아의 반응을 살피고 그들의 호기심이나 흥미에 따라 다음 활동이나 놀이를 계획하면 이러한 문제는 보다 쉽게 해결될 수 있을 것이다.

교사는 영아들이 우유병으로 우유를 잘 먹고 몇몇 영아들은 이미 빨대를 사용할 수 있어 무난히 진행될 수 있을 것으로 생각하고 빨대로 요구르트를 먹도록 계획했다. 그러나 영아들은 자꾸 빨대를 불기만 할 뿐 빨대 사용을 어려워한다. 이런 경우 교사는 어떻게 해야 할까? 영아들이 흥미를 갖지 않거나 준비가 되지 못한 경우, 교사들은 자신의 지원 계획이 부적절하고, 따라서 실패한 것으로 여겨 좌절감을 느낄 수 있다. 그러나 이것은 교사가 영아에 대해 배울 수 있는 기회이며, 빨대 사용을 계획하고 그 결과를 기록함으로써 다음 기회에 다시 시도해 볼 수 있는 기초가 될 수 있다.

최근 놀이중심 보육과정이 실행되면서 비구조화된 놀이자료가 도입되고 놀이공간의 변형을 실천한 사례가 보고되고 있다. 그러나 특정 놀이 실행 사례를 그대로 따라 한다면 놀이 역시 생활주제처럼 구조화되는 결과를 낳게 되고, 영아와 놀이가 중심이 되는 만들어 가는 보육과정에서 멀어지게 된다. 들뢰즈식의 용어를 빌리자면 이상적인 상이 존재하고 이를 똑같이 따라 해야 한다는 재현의 논리에 사로잡혀 아이들의 생명성 길들이기라는 결과를 초래한다. '우리도 당근, 홍시감, 상자, 공기청정기, 풀물감, 종이컵, 마스킹테이프, 끈, 털실 가지고 놀았다', '우리도 거미줄 놀이했다', 즉 어떤 놀잇감이나 소재로 놀았다는 것 하나만으로 어린이가 주체가 되는 영아중심 놀이중심 보육과정의 실행을 보장할 수 없다. 영아의 놀이는 예측할 수 없는 방향으로 끊임없이 뻗어나가고 다시 만난다. 놀이 안에는 영아의 과거, 현재, 미래가 모두 녹아 있다(임부연·손연주, 2019). 따라서 현재 우리 반 영아들의 관심사에서 출발할 뿐 아니라 그 놀이의 진행 과정 역시 우리 반 영아들과 교사에 의해서 만들어지고, 따라서 여타에 소개된 놀이 실천 사례와 일치하기 어렵다.

여기서 우리는 좀 더 근본적인 물음을 가질 수 있다. 같은 시간 같은 공간에서 같은 자료로 놀이하는 영아는 모두 똑같은 경험을 할까? 혹여 똑같은 자료를 가지고 똑같은 행동을 한다고 해도 똑같이 보고, 느끼고, 생각하고, 배울까? 영아는 각자 자신만의 고유한 방식으로 세상을 경험하고, 결국 자신만의 고유한 보육과정을 만들어 간다. 따라서 영아가 무엇인가를 만나 자신만의 방식으로 경험하도록 옆에서 지켜보고 함께 경험할 수는 있지만, 영아마다 고유한 경험을, 고유한 보육 경험을 예측할 수도, 똑같은 것을 느끼고 경험하도록 강제할 수도 없다.

진정한 교사란 스스로 발전하고자 하는 어린이의 열정에 응답하는 존재, 스스로 던질 수 없는 물음을 어린이 스스로 묻게 하는 존재, 이러한 물음에 대한 대답을 어린이 스스로 찾게 해주는 존재, 물음과 대답이 일관되게 그리고 건전한 방식으로 이루어졌는지 더불어 확인하고 점검해 주는 존재라고 한다(이승환, 2018). 영아에게도 이러한 교육이 이루어질 수 있도록 교사는 우리 학급 영아의 관심에서 출발하며 그들에게 의미 있는 배움이 일어날 수 있도록 발현적 보육과정을 실행해야 한다.

이전 보육과정에서 생활주제=보육과정, 지도서=보육과정이라는 오해를 넘어서야 했던 것처럼, 영아중심 놀이중심 보육과정 역시 놀이=보육과정이라는 오해를 넘어서야 한다(한종화, 2024). 다시 말해 교사가 영아의 놀이를 지원한다는 것은 영아의 놀이를 바라만 보며 아무것도 하지 않거나 안전만을 위한 최소한의 역할을 해야 함을 의미하는 것이 아니다. 보육과정이라는 큰 무대에 영아뿐 아니라 교사도 중요한 주인공이다. 영아중심 놀이중심 보육과정이 충만한 보육과정이 되기 위해 교사에게는 영아를 최우선으로 존중하고 영아에게 가장 적합한 보육과정이 실행되도록 최대한 고민하고 노력해야 할 책임이 있다. 책무성을 이행한다는 것은 영아의 놀이에 대한 진지한 고민과 자신의 교수 실천에 대한 성찰을 통해 놀이지원을 위해 보육과정을 재구성하면서 적극적으로 보육과정을 새롭게 만들고 생성해 내는 교육을 실천하는 것이다.

점토, 동물모형, 나뭇가지가 만나 이야기가 담긴 놀이가 이어졌다. 어떤 이야기일까? 영아학급이면 빠짐없는 점토 놀이지만, 모든 교실의 영아, 아니 같은 교실에서 생활하는 영아라도 똑같은 점토 놀이를 할까? 혹여 같은 시간에 함께 점토 놀이를 한다고 해도, 영아들이 모두 똑같이 보고 느끼고 배울까?

4. 영아의 자유로운 삶을 위한 시간과 공간이 되도록 일과와 환경 구성하기

영아가 느긋하고 편안하게 느끼며 주도적으로 놀이하고 생활할 수 있도록 물리적 환경뿐 아니라 심리적 환경을 마련해야 한다. 영아의 놀이가 활발하게 이루어지기 위해서는 영아의 생활 리듬에 맞춰 여유롭고 느긋하게 일과가 계획, 운영되어야 한다.

영아 학급의 일과는 기저귀 갈기나 화장실 가기, 수유와 이유, 간식과 식사, 낮잠 자기와 같은 일상생활과 실내·외 놀이시간으로 진행된다. 영아의 생리적 욕구를 충족시키기 위해 적절한 간격의 급·간식 시간, 휴식과 낮잠 시간, 기저귀 갈기나 화장실 가기 등의 시간을 일과에 반영하고, 영아가 몰입하여 놀이할 수 있도록 충분한 놀이시간을 편성한다.

어쩌면 어린이집 일과 운영을 위한 시간표는 교사를 위한 시간표일 수 있다. 영아의 입장에서 어린이집 일과는 짧게 또래와 모이기도 하고 정리정돈에 참여하고 기저귀를 갈거나 화장실도 가겠지만, 놀고, 간식 먹고, 놀고, 점심 먹고, 놀고, 낮잠 자고, 간식 먹고, 놀고, 집에 가는 것이다. 영아가 주도적이고 자율적으로 삶을 살아갈 수 있도록, 영아의 개별적 특성이 존중되고, 기다리는 시간이 최소화된 일과가 운영되어야 한다.

영아의 놀이시간은 짧게 여러 번보다는 긴 시간으로 편성하여 영아의 놀이가 끊기지 않아 영아가 놀이에 몰입하도록 돕는 것이 바람직하다. 오전, 오후 각각 1시간 이상의 실내 놀이와 함께 1시간 이상의 바깥 놀이를 계획하여 놀이시간을 매일 충분하게 갖도록 한다. 장시간 어린이집에서 생활하는 영아의 특성상 실내 놀이뿐 아니라 흙, 모래, 물, 나무, 꽃, 햇빛, 바람 등의 자연과 만날 수 있는 바깥 놀이도 매우 중요하다. 바깥 놀이에는 산책, 텃밭 가꾸기, 물·모래 놀이 등이 포함되며, 0, 1세의 경우, 베란다 등에서 일광욕을 하거나 외부 공기를 쐬는 등도 가능하다.

일과 운영은 영아의 특성, 기후, 놀이 환경, 자료, 안전, 기관의 상황이나 특성(운영시간, 규모, 학급의 크기, 학급 수, 학급당 영아의 수 등) 등을 고려하여 운영한다. 어느 정도 일관성 있게 규칙적으로 운영하여 영아가 하루 일과를 예측하도록 돕는다. 그러나 날씨, 영아의 건강 상태, 발현적 놀이나 돌발적 상황에 따라 융통성을 지닐 수 있고 또 융통성을 지녀야 한다. 영아가 놀이에 흠뻑 빠져 놀이의 흐름을 끊는 것이 부적절한 경우, 놀이시간을 계획보다 연장한다. 날씨가 화창한 날에는 실외 놀이 시간을 계획보다 연장할 수 있다. 대신 이런 날은 실내 놀이 시간을 약간 줄일 수 있다. 반대로 여러 영아가 피곤해할 때는 휴식 시간이나 전이 시간을 앞당긴다.

또한 어린이집에 장시간 머무는 영아가 편안하게 놀이하고 휴식할 수 있는 공간이 필요하다. 따라서 영아가 기저귀를 갈거나 화장실을 가고, 간식과 식사를 하고, 휴식을 취하거나 낮잠을 자는 일상생활의 공간과 탐색과 놀이가 활발하게 이루어질 수 있는 놀이 공간을 계획하고, 적절한 놀잇감을 준비하도록 한다. 놀이에 참여하는 영아의 발달, 흥미, 놀이의 흐름, 놀이 자료의 활용도 등에 따라 놀이 공간과 자료는 변형되어야 한다. 그러나 기존 놀이공간의 변형만으로 우리 학급만의 놀이가 만들어짐을 보장할 수 없다. 복도로 나가 놀았다는 것만으로 영아중심, 놀이중심 보육과정이 완성되는 것은 아니기 때문이다.

안전 문제, 1인 교사 체제 등으로 인하여 언제나 영아의 놀이를 허용할 수 없는 현실적인 한계가 있는 것이 사실이지만, 어떤 상황에서도 현재의 교실 운영 방식이나 규칙이 영아를 최우선으로 한 결정인지 끊임없이 심사숙고해야 한다. 물리적 공간뿐 아니라 심리적 공간을 어떻게 만드느냐도 중요한 문제이기 때문이다. 영아가 시간, 공간, 규칙의 제약에서 벗어나, 편안하고 자유로움을 느낄 수 있는 허용적인 분위기가 만들어져야 한다. 그렇다고 교실에 규칙이 전혀 존재하지 말아야 한다는 의미는 아니다. 그러나 그 규칙이 어디까지나 영아가 안전하게 놀이할 수 있도록 돕기 위한 규칙인지 되돌아봐야 한다. 모든 규칙은 영아를 위해 꼭 필요한 것인지 검토가 필요하다. 한마디로 교사가 교실에서 갖는 권력은 착취적 권력[8]이 아니라 발달적 권력[9]이 되어야 한다(Leavitt, 1994/2014).

---

8) 착취적 권력이란 영아를 소유할 수 있는 대상으로 간주하여 관리되어야 하고, 지시받아야 하며, 지배당해야 하고, 통제되어야 하는 존재로 간주하는 권력임(Smith, 1983, Leavitt, 1994/2014 재인용).

9) 발달적 권력이란 자신의 가능성을 발달시키려는 영유아의 능력을 지원하는 권력 혹은 힘임. 변혁적인 권력(transformative power)라고도 함(Kuykendall, 1983, Leavitt, 1994/2014 재인용). 이러한 권력은 양육적이고 치유적이며 창의적인 특성을 지니며, 영유아의 자율성 발달을 방해하지 않는 개념임(Smith, 1983, Leavitt, 1994/2014 재인용).

일과의 예

<table>
<tr><th>시간</th><th colspan="3">일과</th></tr>
<tr><td rowspan="8">기본
보육</td><td>~9:00</td><td>등원 및 놀이</td><td>영아와 보호자를 맞이하고 영아의 상태 확인
보호자와 헤어지고 교실로 들어가기
개별적인 놀이</td></tr>
<tr><td>9:00~9:30</td><td>오전 간식</td><td>손 씻기와 간식 준비
간식 먹기</td></tr>
<tr><td>9:30~10:50</td><td>실내자유놀이</td><td>영아 주도의 탐색과 놀이</td></tr>
<tr><td>10:50~11:05</td><td>전이</td><td>놀이를 마무리하고 실외로 나갈 준비</td></tr>
<tr><td>11:05~11:40</td><td>실외자유놀이</td><td>영아 주도의 탐색과 놀이</td></tr>
<tr><td>11:40~12:30</td><td>점심식사</td><td>손 씻기와 점심식사 준비
점심식사, 양치, 배변</td></tr>
<tr><td>12:30~15:30</td><td>낮잠 및 휴식</td><td>낮잠, 배변, 세수와 옷 입기, 조용한 놀이</td></tr>
<tr><td>15:30~16:00</td><td>오후 간식</td><td>손 씻기와 간식 준비
간식 먹기</td></tr>
<tr><td rowspan="3">연장
보육</td><td>16:00~18:00</td><td>실내외놀이</td><td>영아 주도의 탐색과 놀이</td></tr>
<tr><td>18:00~18:30</td><td>저녁식사</td><td>손 씻기와 저녁식사 준비
저녁식사, 양치, 배변</td></tr>
<tr><td>18:30~20:00</td><td>통합보육
귀가 준비와 귀가</td><td>조용한 놀이
귀가 준비와 귀가</td></tr>
</table>

5. 일상을 놀이와 교육의 기회로 삼기

영아보육과정은 일상을 중심으로 이루어져야 한다. 영아보육의 특성상 배변, 낮잠과 휴식, 수유나 이유, 간식과 식사와 같은 일상을 위한 시간이 일과의 많은 부분을 차지한다. 연령이 어릴수록 이 비중은 커진다. 이와 같은 시간은 교사에게 단순하고 귀찮은 잡일거리이며 가치 없는 일로 인식되기 쉽고, 따라서 영아의 생리적 욕구를 해결하는 데 그치기 쉽다. 그러나 이러한 일상을 위한 시간은 돌봄을 위한 시간뿐 아니라 영아와의 일대일의 상호작용을 토대로 한 의미 있는 교육적 상황이 될 수 있다.

영아와 실외놀이를 나가려면 준비 시간이 길어진다. 2세 영아들은 서툴기는 하지만 성인의 도움을 받으면 단추도 끼우고 지퍼도 올릴 수 있으며, 직접 하고 싶어 한다. 그러나 교사의 입장에서는 옷을 입혀주고 빨리 실외로 나가려고 할 수 있다. 그러나 이러한 상황을 활용하여 소근육 발달이나 자조 기술을 키우는 것이 교재·교구를 이용한 활동이나 놀이보다 결코 교육적 효과가 작다고 할 수 없다. 일상생활의 한 장면 한 장면이 모두 영아에게는 삶이며 생생한 배움의 기회가 될 수 있다. 다음은 한 연구자가 바나나를 먹으면서 영아가 경험할 것으로 예상되는 내용을 분석한 내용이다.

영아의 바나나 먹는 행동	영아의 경험
교사가 바나나의 껍질을 벗겨준다.	바나나는 껍질을 벗겨야 먹을 수 있다. (물리적 지식)
들고 먹는다.	나는 혼자서 먹을 수 있다. (자조 기술)
내뱉는다. 다 먹고 더 달라고 한다.	나는 바나나를 싫어한다. (정서, 자아개념) 나는 바나나를 좋아한다. (정서, 자아개념)
으깬다.	나는 힘이 세다. 변화시킬 수 있다. (자아개념, 인과관계)
바닥에다 떨어뜨리고 떨어지는 것을 본다.	내가 뭔가 떨어뜨리면 그것은 바닥에 닿는다. (공간개념, 인과관계, 물리적 지식)
교사에게 좀 떼어서 먹으라고 준다.	나는 선생님이 좋다. 선생님도 바나나를 좋아하시겠지. (교사와의 애착, 타인 인식)
교사가 바나나라고 부르는 것을 듣는다.	이것은 이름이 있다. (의사소통)
바나나라고 말하려고 한다.	대화할 수 있다. (의사소통)

출처 : 구수연(2005b). 적응적 측면을 고려한 1~2세 영아 프로그램 방향에 관한 연구. 유아교육학논집, 9(2), 191-210.

모든 순간을 이처럼 분석해야 한다는 의미는 아니다. 단지 일상의 한 장면 한 장면이 영아에게는 모두 의미 있는 경험, 즉 배움의 기회라는 점을 기억한다면 교사는 일상생활 지원에 의미를 부여하며 여유롭게 일과를 진행할 수 있을 것이다(구수연, 2005b).

특히 일상생활 지원은 개별 영아와 일대일의 상호작용 기회가 된다. 교사는 한 번에 두 아이의 기저귀를 갈 수는 없다. 이 순간 자신의 눈앞에 존재하는 한 영아와 눈을 맞추고 감정을 교류하며 상호작용을 한다면 일상생활을 위한 돌봄의 순간은 영아와의 애착을 강화하고 자아개념, 정서 발달, 언어 발달을 돕는 시간이 될 것이다.

신입 교사나 3세 이상의 유아들을 교육하다 영아반을 맡게 된 교사들은 어린 영아의 기저귀를 갈거나 세수를 하고 로션을 바르는 등의 일상적 상황에서 개별 영아와 일대일로 상호작용하는 데 익숙하지 못할 수 있다. 반대로 기저귀를 갈고, 옷을 입히는 일상생활 지원에 익숙해진 경력 교사의 경우, 일상생활 지원을 일사천리로 해치워버릴 수 있다. 일상생활 지원의 가치를 인식하고 이를 중요한 배움의 기회로 삼을 수 있다. 이를 위해 개별 영아와 함께 할 짧은 놀이나 노래 등을 준비하는 것도 방편이 될 것이다.

제3장

영아의 발달 특성

영아는 신체, 인지, 언어, 사회, 정서 발달 전반에 걸쳐 급격히 발달한다. 몸을 가누지 못하고 누워만 있던 신생아는 3년이 지나면 달리고, 계단을 올라가고, 공을 차고, 세발자전거를 탈 수 있다. 자신의 생각을 말로 표현하고, 자신이 누구인지 인식하고, 자기주장을 강하게 한다. 칭찬받고 싶어 하고, 친구를 도와주거나 양보하려 하지만, 신체 조절력, 언어적 표현력, 감정조절 능력이 부족하여 또래와 자주 갈등을 겪고 속상해한다. 교사와 양육자는 영아의 발달 특성을 이해하고 왜 영아가 이런 행동을 하는지 적절하게 해석하며, 이를 토대로 영아를 돌보고 교육해야 한다. 이를 위해 이 장에서는 출생 후 3년 동안 영아의 발달 특성과 변화 과정을 신체, 인지, 언어, 사회, 정서 발달로 나누어 살펴보고자 한다.

영아마다 개인차가 존재하여 발달의 속도나 특성의 강도는 매우 다양하다. 따라서 영아를 이해하기 위해 영아의 발달지식이 필요하기도 하지만 발달지식이 오히려 개별 영아를 이해하거나 영아를 그 존재 자체로 존중하는 데 장애가 될 수 있다며(한솔어린이보육재단·오문자, 2018), 발달지식을 경계하는 학자들도 있다. 발달지식에 국한된 관찰과 평가를 하거나 발달단계의 도달 여부에만 관심을 가져, 영아를 '정상', '비정상' 또는 '빠름', '느림' 등으로 판정한다면 이러한 우려가 현실이 될 것이다. 따라서 이 장에서 소개하는 영아의 발달 특성은 영아를 긍정적으로 바라보고, 영아의 행동을 이해하고, 영아와 따뜻하고 애정 어린 상호작용을 나누기 위한 자양분이 될 수 있도록 조심스럽게 활용해야 한다.

1. 신체 발달
2. 인지 발달
3. 언어 발달
4. 사회성 발달
5. 정서 발달

제3장

영아의 발달 특성

1. 신체 발달

영아기에는 신체 발달이 매우 급격하게 이루어진다. 신체 발달은 신장과 몸무게와 같은 외형적 성장뿐 아니라 신체 기능이 분화되고 능숙해지는 것을 의미한다. 치아나 골격의 발달, 대·소근육 발달과 이로 인한 운동기능 발달이 이루어진다.

1) 신체의 외형적 성장

출생 시 키는 50cm, 몸무게는 3.3kg 정도인 영아는 12개월경 약 75cm, 10kg, 24개월경 85cm, 12kg, 36개월경 95cm, 14.5kg, 48개월경 101cm, 16kg 정도로 성장한다. 출생 시 상대적으로 거대했던 머리 크기는 다른 부위에 비해 느리게 늘어 출생 시 1 : 4이었던 머리와 신체의 비율은 36개월경에는 1 : 5로 변한다.

영아는 성인에 비해 작고 부드러운 골격을 지녔고, 뼈와 뼈 사이의 공간이 넓다. 점차 뼈가 단단해지고, 뼈 사이 공간이 좁아지는 경화(=골화)현상이 나타난다. 신생아의 두개골에는 소천문과 대천문이라는 뼈 사이의 빈틈이 존재한다. 숨을 쉴 때마다 팔딱팔딱 뛰는 말랑말랑한 부분으로 출산 과정이나 이후 출생 초기에 뇌를 보호해 주는 역할을 하며 영아의 건강 상태를 파악하는 근거가 되기도 한다. 소천문은 보통 생후 4~8개월,

대천문은 1.5~2세에 닫힌다.

6개월경에는 치아가 나기 시작한다. 이가 날 때 영아는 매우 간지러워하여 손을 입에 물거나 물건을 물어뜯고 보채기도 한다. 첫니로 아래 중앙에 2개의 앞니가 나고, 20개의 유치가 생후 2년 반 정도까지 모두 난다. 유치는 6세경 영구치로 대체되는데, 유치는 영구치가 나는 자리뿐 아니라 영구치의 건강에 영향을 미치는 것으로 알려졌다.

치아발육기로도 사용 가능한 나무 소재 놀잇감들

2) 반사운동 능력

신생아는 자극에 대해 자동적이면서도 무의식적으로 반응하는 반사행동을 한다. 반사운동에는 입 주변에 자극을 주면 고개를 돌려 자극물을 찾아 빨려고 하는 근원 반사, 자극물이 입에 닿으면 자동으로 빨기를 시도하는 빨기 반사, 손바닥에 어떤 물체를 대주면 그 물체를 꽉 쥐는 쥐기 반사(=잡기 반사), 갑자기 큰 소리가 나거나 신체 위치가 바뀔 때 자신의 두 팔을 벌렸다가 살짝 오므리는 모로 반사, 발바닥을 뒤에서 앞쪽으로 간질이면 엄지발가락은 위로 다른 발가락들은 아래로 쫙 펼치는 바빈스키 반사, 몸을 잡고 발바닥이 땅에 닿게 하면 걷는 것처럼 오른쪽 발과 왼쪽 발을 번갈아 내딛는 걷기 반사 등이 있다. 이 외에 긴장성 목 반사, 기침 반사, 위축 반사, 재채기 반사 등도 있다.

반사행동은 생존 및 운동 발달에 기초가 되기 때문에 중요하다. 무릎 반사와 같이 성인기까지 남아 있는 반사도 몇 가지 있지만, 반사행동은 대체로 3~4개월경 사라진다. 점차 의식적 행동이 나타나기 때문이다.

3) 대근육 운동 능력

대근육 운동 능력은 걷기, 달리기와 같이 대근육을 사용하는 신체 능력을 말한다. 목도 가누지 못하고 누워만 지내던 신생아는 영아기 동안 목 가누기부터 시작하여 뒤집기, 앉기, 배밀이, 기기, 서기, 걷기, 달리기, 오르내리기, 뛰기(점프하기), 던지기, 차기 등의 대근육 운동 능력이 발달한다. 물론 발달의 속도 면에서는 개인차가 있지만 운동 발달의 순서는 대체로 유사하게 나타난다.

(1) 목 가누기

목 가누기란 목의 움직임을 조절하여 자기 의지대로 움직일 수 있는 능력을 말한다. 최근 태아의 발육상태가 좋아 갓 태어난 신생아도 목 근육이 발달하여 목을 가누는 것처럼 보이지만, 목에 힘이 들어가 있다가 갑자기 목에 힘이 빠져 처져버린다. 이런 경우 목을 가누었다고 볼 수 없다. 목을 가누게 되면 머리를 받쳐주지 않아도 영아 자신이 목을 조정할 수 있다. 목을 가누기 전 영아를 안을 때에는 반드시 머리를 받쳐주어야 한다.

1~2개월 영아는 엎드린 자세에서 머리를 약간 들 수 있다. 우리나라 영아를 대상으로 한 연구에서 생후 1개월에 30%의 영아들이 엎드린 자세에서 머리를 45도 들 수 있고, 생후 3.2개월경에 90%의 영아들이 90도 들 수 있었다(곽금주·성현란·장유경·심희옥·이지연·김수정·배기조, 2005).

영아를 엎드려 놓고 영아 앞쪽에 초점 맞추기 책을 펼치거나 딸랑이나 헝겊 공을 흔들어 소리를 내어 영아가 머리와 가슴을 들도록 유도하여 목과 가슴의 근육을 단련하도록 도울 수 있다. 그러나 이러한 놀이는 아주 짧은 시간 동안 진행하여, 영아에게 과도한 자극이 되지 않도록 유의해야 한다.

(2) 뒤집기

목을 가눈 후 영아는 몸통과 다리를 좌우, 앞뒤로 많이 움직인다. 마치 팔과 다리의 힘을 키우기 위한 운동을 하거나 누운 자세로 바삐 걷는 것과 같은 모습이다. 3~4개월이 되어 어깨와 허리에 힘이 생기면 몸을 뒤집는다. 영아가 뒤집으려 시도할 때 쉽게 뒤집을 수 있도록 살짝 몸통을 밀어줄 수 있다.

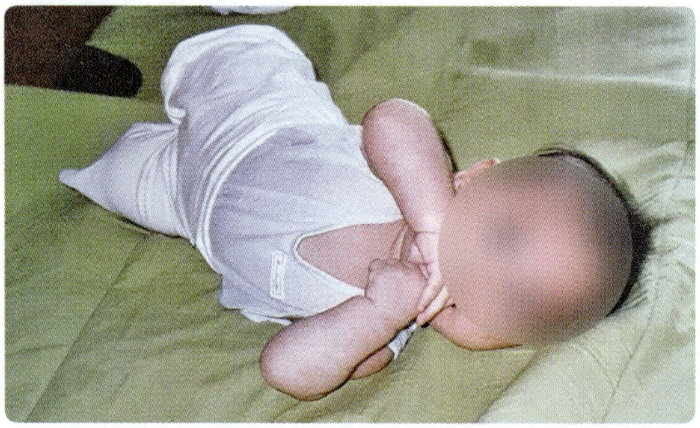

뒤집는 영아

(3) 앉기

3~4개월경 붙잡거나 방석을 받쳐주면 잠깐 앉을 수 있고, 5개월경에는 받쳐주지 않은 상태에서 잠시 앉을 수 있으며, 6~7개월경에는 혼자 앉을 수 있다.

(4) 배밀이와 기기

혼자 앉기를 시도할 시기에 배밀이와 기기도 나타난다. 배밀이는 배를 바닥 표면에 댄 상태에서 손과 팔꿈치에 의지하여 몸을 앞뒤로 움직이며 이동하는 동작이고, 기기는 바닥에서 배를 뗀 채 무릎과 손을 이용하여 이동하는 동작이다. 7~8개월경 배밀이를 시작하고 9~10개월경 무릎으로 길 수 있다. 팔과 다리에 힘이 생기면 점차 배밀이와 기기의 속도가 빨라져 순식간에 공간을 이동한다. 이 시기에는 안전한 바닥 환경이 확보되어야 한다.

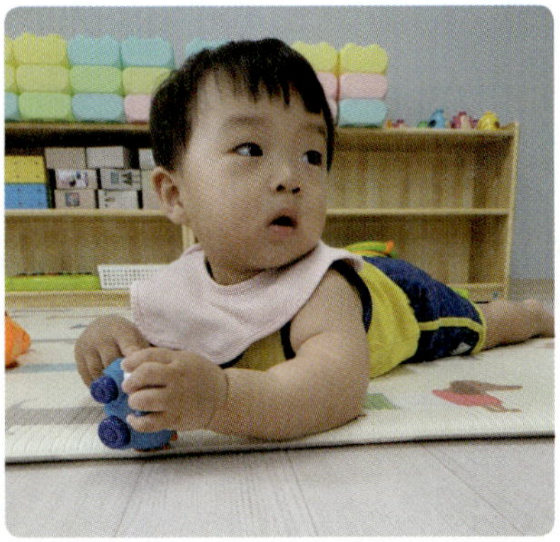
배밀이하는 영아

기는 영아

(5) 서기와 걷기

5~10개월경 영아는 성인이 잡아주거나 가구를 잡으면 설 수 있고, 11개월경에는 혼자 설 수 있으며, 11~14개월경이면 도움 없이 혼자 걸을 수 있다. 영아가 첫발을 떼면 비틀거리기도 하고 여기저기 부딪히고 잘 넘어지기도 한다. 또한 마치 평균대에서 중심을 잡으며 걷는 것처럼 양팔을 옆으로 올리고 걷기도 한다. 18개월경이 되면 자연스럽게 팔을 내리고 앞뒤로 팔을 움직이며 안정적으로 걸을 수 있다. 24개월이 지나면 보폭도 적당하고 리듬감 있게 걸을 수 있게 되고, 30개월 이후에는 발끝으로 걷기도 가능해진다.

막 걸음을 걷기 시작하여 팔을 올리고 걷는 영아

영아가 걷게 되었다는 것은 독립적으로 이동할 수 있게 되었고, 세상을 좀 더 능동적으로 탐색할 수 있게 되었다는 의미이다. 이런 자유를 만끽하듯이 1~2세 영아가 종일 무엇인가를 끌고 밀고 걷고 달리는 모습을 자주 관찰할 수 있다. 반드시 성별에 따른 차이를 보이는 것은 아니지만 남아들은 자동차를 끌거나 타고 다니고, 여아들은 놀잇감 유모차, 쇼핑 카트, 청소기를 끌고 다닌다. 이러한 신체 이동은 대근육 운동 능력 발달을 위한 연습의 기회를 제공할 뿐 아니라 이후 인지 발달이나 사회성 발달에도 긍정적인 영향을 미칠 수 있다. 영아가 건강하고 즐겁게 몸을 움직일 수 있도록 안전한 환경과 함께 끌고 다닐 만한 놀잇감을 지원해 주어야 한다.

처음 걷기 시작한 영아는 스스로 걷고자 하는 의지가 강하다. 성인은 서둘러 이동해야 할 때 영아를 안으려 하지만 영아는 안기기를 거부한다. 마치 온 힘을 다해 걸으려는 것처럼 보인다. 오히려 잘 걷게 되면 조금 걸은 후 힘들다며 안아달라고 하는 경우가 많다.

놀잇감을 끌고 밀고 다니는 영아들

(6) 달리기와 오르내리기

걷기 시작한 영아는 달리듯 빨리 걷기도 하고 달리기도 한다. 이는 걷기에 완전히 익숙해지기 전 시기에, 넘어지기 전에 균형을 잡기 위해 재빨리 발을 움직이기 때문이다. 걷거나 달리기 시작할 때 영아는 아직 균형 감각이나 신체 조절력이 부족하여 자주 넘어진다. 24개월경에는 비교적 잘 달려, 달리다가 스스로 멈출 수도 있게 된다. 그러나 속도를 바꿔가며 달리거나 달렸다 멈추었다 다시 달린다거나 하는 고난도의 달리기는 3세경에도 쉽지 않다.

기어오르기는 걷기와 비슷한 속도로 발달한다. 12~18개월경 손과 다리를 이용하여 계단을 기어가듯 올라갈 수 있다. 이후 걷기 시작하면 난간을 붙잡거나 다른 사람의 손을 잡고 선 자세로 계단을 올라가게 된다. 서서 올라가더라도 처음에는 한 발을 벌려 계단을 오른 후 다른 발을 다음 계단으로 옮기는 것이 아니라 같은 계단에 두 발을 모았다 다시 다음 계단을 올라가거나 옆으로 몸을 돌려 올라가기도 한다.

처음 계단을 내려올 때는 기어 올라갈 때처럼 계단을 바라보며 기어 내려오듯이 내려오거나 미끄러지듯이 내려오기도 한다. 영아가 두 발을 교대로 사용하여 다음 계단으로 이동하는 방식으로 계단을 오르내리는 것은 30개월 정도는 되어야 가능하다. 오르고 내리는 동작은 개인차가 매우 큰데, 이는 신체 운동능력뿐 아니라 공포심도 작용하기 때문인 것으로 보인다.

계단을 잡고 올라가는 영아

계단을 내려오는 영아

(7) 점프하기와 한 발로 서기

24개월경 영아는 두 발을 모아 위로 높이 뛰는 점프하기(높이 뛰기), 계단을 몇 개 올라가 뛰어내리기를 할 수 있다. 30~36개월경에는 한 발로 잠시 균형을 잡을 수 있고, 제자리에서 앞쪽으로 점프하기(멀리 뛰기)가 가능해지며, 물체를 건너뛰는 것도 가능해진다. 또한 낮은 장애물을 건너거나 징검다리를 건너는 동작도 할 수 있다.

(8) 던지기와 차기

공과 같은 도구를 조작하는 동작 능력도 발달한다. 12~18개월경 영아는 커다란 공을 굴리고 차기를 시도한다. 손에 가진 물체를 팔과 손목을 움직여 다른 곳으로 밀어내는 동작인 던지기의 경우, 18~24개월경 팔을 뻗어 머리 너머로 공을 던질 수 있지만, 목표물을 향해 공 던지기는 3세경에 가능하다.

2세 이후 다리를 곧게 펴 앞을 향해 공을 차지만 신체의 다른 부분이 함께 움직인다. 움직이지 않고 멈춰 세워진 공을 찰 수 있지만 굴러오는 움직이는 공을 차는 것은 영아에게 어려운 동작이다.

공을 굴리고, 던지고, 차는 영아

(9) 세발자전거 타기

영아는 바퀴 달린 자동차나 자전거의 움직임에 관심을 보여, 직접 타기를 즐긴다. 18개월경 세발자전거 타기를 시도한다. 세발자전거를 타기 위해서는 두 발에 교대로 힘을 주고 밀면서 움직이는 기술이 필요한데, 처음 자전거를 타는 영아는 한 발에 계속 힘을 주기도 한다. 2세아의 50%, 3세아의 90%가 세발자전거를 탈 수 있다.

세발자전거를 타는 영아

4) 소근육 운동 능력

소근육 운동은 신체 중에서 팔, 손, 손가락을 사용하는 운동으로, 뻗기, 잡기, 쥐기, 놓기, 담기, 쌓기, 꽂기, 끼우기, 돌리기, 접기, 자르기 등의 행동이 포함된다.

(1) 물체 잡기

물체 잡기는 물체에 다가갈 때 손을 펴고, 닿는 순간 손을 오므려야 하는 등 손과 손가락뿐 아니라 눈과 팔의 움직임도 관련된 동작이다. 5개월 이전 영아는 눈과 손의 협응이 잘 이루어지지 못해 앞의 각 동작을 때에 맞춰 적절하게 수행하지 못한다(박성연, 2006).

신생아는 어떤 물체를 보면 그것을 잡으려는 듯 무조건 손을 휘젓는 행동을 보이는데 이러한 행동은 아직 물건을 잡으려는 의도보다는 시각적 자극에 관한 관심을 나타내는 행동이라 볼 수 있다(von Hofsten, 1982). 이후 6~7주경부터 몸을 움직이며 잡으려는 듯한 행동은 현저히 감소하고, 자기 손을 바라보는 시간이 점점 많아지는 등 사물을 응시하는 행동이 증가한다(잡기 전 단계). 4~5개월경 영아는 눈으로 사물을 확인하고 손을 뻗는 행동을 보인다(잡는 단계). 이러한 경험이 반복되면서 눈과 손의 협응이 점차 정교해져 물체를 잡을 수 있게 된다(박성연, 2006).

(2) 물체 탐색하기

영아는 손에 쥔 물건을 이리저리 움직여 보며 탐색한다. 2개월경 영아는 물체를 쥐기만 하면 입으로 가져가고, 3개월경에는 쥐어준 물건을 꼼짝하지 않고 오래 쳐다본다. 4~5개월경에는 한 손에서 다른 손으로 물체를 옮겨 잡고, 4~7개월경에는 물체로 어떤 표면을 두드리거나 공중에서 휘젓거나 물건을 좌우로 흔들어 본다. 6~10개월경에는 사물을 이리저리 뒤집거나 찢고 누르거나 잡아당겨 보며, 이러한 자신의 행동으로 인한 결과를 탐색한다. 8~11개월경에는 사물을 떨어뜨리거나 던지면서 그것이 떨어진 모습, 소리에 흥미를 보인다(박성연, 2006). 이러한 과정은 눈과 손의 협응력, 손의 세밀한 근육 발달뿐 아니라 인지 발달과도 깊은 관련이 있다.

물건을 두드리고 만지며 탐색하는 영아

(3) 정교한 발달

소근육 운동 능력 발달에는 중심부터 말단으로 점차 세밀하고 정교하게 발달하는 발달의 원리가 적용된다. 3~4개월경 영아는 손 전체를 사용하여 물체를 움켜쥐지만, 9개월경 영아는 엄지와 검지를 사용하여 조그만 물건을 집을 수 있다.

세밀한 손가락 사용 능력이 발달하여, 13개월경 영아는 손가락으로 2~3개 정도의 사물을 쥘 수 있고, 낙서를 할 수 있게 되며, 책장 넘기기를 즐긴다. 15개월경에는 블록을 쌓을 수 있고, 18개월경에는 헐거운 병뚜껑을 돌려 열 수 있게 되며, 절반 정도의 영아들이 4개 정도의 블록을 쌓을 수 있다. 24개월 이후 양손을 따로 사용하거나 두 손을 함께 사용할 수 있게 된다. 책장을 한 장씩 넘길 수 있고, 연필이나 크레파스를 잘 쥘 수 있으며, 병을 돌려서 열거나 문고리를 돌릴 수 있다. 36개월경에는 수평선과 수직선을 서툴게 그리며, 가위를 사용하고, 조각 그림 맞추기를 할 수 있다.

영아의 소근육 발달을 돕기 위해 교사는 영아의 기질이나 적극성을 고려하여 도움의 시기와 양을 조절해야 한다. 어떤 영아는 소근육 조작이 필요한 놀이에 자발적이고 적극적으로 참여하지만, 어떤 영아는 이런 놀이에 적극적이지 않고, 일상생활에서 소근육을 사용해야 하는 일도 누군가 해주기를 바라며 느긋하게 기다린다. 영아의 소근육 운동 능력 발달은 얼마나 일찍 할 수 있느냐 없느냐보다 얼마나 반복하여 경험하느냐에 따라 세련되어진다. 롤러코스터 놀이의 경우 한쪽 끝에서 반대로 구슬을 옮기기 위해 양손을 함께 사용해야 한다. 몇 개월에 복잡한 롤러코스터를 사용할 수 있게 되었다는 것 자체보다는 얼마나 반복하여 놀이하느냐 하는 점이 이후 소근육 운동 능력 발달에 영향을 미치게 된다. 영아가 롤러코스터를 좋아하지 않는다면 종이 찢기, 점토 놀이, 가위질, 인형 옷 입히기, 구슬 담기, 구슬 끼우기 등 다양한 놀이를 통해 소근육 발달을 도울 수 있다.

롤러코스터를 만지작거리는 영아

교사의 도움을 받아 가위질하는 영아

혼자 가위질을 시도하는 영아

꾹꾹 찔러보기, 밀대로 밀기 등 점토를 여러 가지 방법으로 탐색하는 영아들

(4) 자조 능력 발달

소근육 운동 능력이 발달하면서 놀잇감을 만지고 조작하며 탐색하는 놀이뿐 아니라 숟가락과 포크 사용하기, 칫솔질하기, 컵 사용하기, 옷을 입고 벗기와 같은 자조 능력도 발달한다.

7~8개월경 영아는 손가락으로 집거나 숟가락으로 담아 입으로 음식을 가져가고 입에 넣는 행동을 보이기 시작한다. 그러나 손가락 사용에 필요한 손목의 조절력이 12~18개월경에 발달하여 12개월 전후 영아는 숟가락을 사용하여 음식을 입에 정확하게 가져가지는 못한다. 18개월경이면 포크를 혼자 사용할 수 있지만, 숟가락 사용은 24개월 이후가 되어야 정확해진다. 21개월경 영아 대부분이 컵을 사용하여 물을 마실 수 있고, 엉성하지만 칫솔질을 시도한다.

12~18개월경 영아는 입고 있는 옷을 벗는 데 관심을 보이고, 15개월 이후에는 스스로 양말이나 신발을 벗을 수 있다. 이후 점차 옷을 입고 벗는 기술이 발달한다. 소근육 운동 능력은 경험의 차이로 인한 개인차가 매우 크게 나타난다. 서투른 영아가 옷을 입고 벗고 단추를 끼울 수 있도록 느긋하게 기다려 주고, 입거나 벗는 데 어려운 부분을 도와주고, 점차 도움의 양을 줄여나가 독립적으로 옷을 입고 벗을 수 있도록 한다. 예를 들면, 지퍼의 아래 시작 부분을 끼워주고 맨 위를 잡아주기, 상의 겉옷의 소매에 쉽게 팔을 끼울 수 있도록 잡아주기, 바지를 도넛처럼 만들어 발을 넣기 좋게 도와주기, 여러 개의 단추 중 맨 위와 맨 아래 단추를 끼워주기 등의 도움을 줄 수 있다.

교사의 도움을 받아 옷을 입는 영아

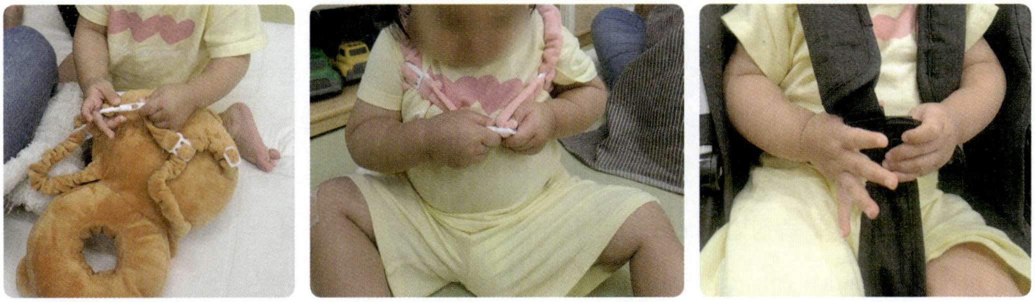

버클 끼우기를 무한 반복하는 영아

2. 인지 발달

영아는 감각과 운동으로 세상을 탐색하고 배운다. 영아는 언어나 추상적 개념보다는 직접 보고 듣고 느끼고 행동하는 것에 의존하여, 즉 감각기관을 통해 받아들인 정보를 토대로 세상을 탐색하고 배운다. 이 절에서는 영아의 감각과 지각 발달, 인지 발달과 개념 발달에 대해 알아보고자 한다.

1) 감각과 지각 발달

신생아는 대부분의 감각 능력을 지니고 태어난다. 출생 후 환경과의 상호작용을 통해 감각 능력은 지각 능력으로 발달해 가며, 이는 인지 발달이나 사회·정서 발달에 영향을 미친다. 감각과 지각은 구별이 쉽지 않은데, 환경에서 오는 여러 자극을 감각기관을 통해 받아들이는 것이 감각이라면 이러한 감각에 의미를 부여하는 과정을 지각이라 볼 수 있다. 즉, 엄마의 목소리가 청신경을 통해 내이로 전달되는 것이 감각이라면 전달된 소리가 엄마의 목소리인지 아닌지 구분하는 것은 지각에 해당된다.

영아는 자신이 보고 듣고 느낀 것을 말로 표현하지 못하기 때문에 영아의 능력에 관한 연구는 쉽지 않다. 연구자들은 제시된 자극에 익숙해지면 주의를 덜 기울이는 현상인 습관화와 이후 새로운 자극이 주어졌을 때 다시 주의를 기울이는 탈습관화를 이용하여, 영아가 어떤 냄새와 소리를 구별하는지, 어떤 사물을 구분하는지, 어떤 사고를 하는지 연구한다. 습관화 전·후 영아의 호흡, 심장박동, 눈동자의 움직임, 표정 등의 변화에 주목한다. 습관화 기제를 토대로 빨기 반응이나 기대위반 패러다임이 활용되며, 선호도 측정법, 뇌파 측정법(electroencephalogram : EEG), 기능적 뇌 촬영 기술(function Magnetic Resonance Image : fMRI), 타액 성분 분석법, 얼굴 피부 표면 온도 측정법도 활용된다.

(1) 시각

시각은 가장 늦게 발달하는 감각이다. 신생아 시각의 정확성은 성인의 $\frac{1}{30}$ 정도인데 이는 영아가 1m 거리에서 본 사물은 성인이 30m 거리에서 본 것과 비슷하게 보인다는 의미이다. 생후 2개월경 성인 시력의 $\frac{1}{5}$, 8개월경 $\frac{1}{4}$ 정도가 되며, 만 5세경 성인의 정상 시력과 유사하게 발달한다.

신생아는 반사적인 안구조절력이 부족하여 같은 곳을 응시하거나 시선 고정을 하지 못한다. 눈 움직임이 느리고 여러 번 움직여 목표에 초점을 맞춘다. 이러한 시각은 점차 발달하는데, 6주경에는 수평으로 움직이는 물체를 눈으로 쫓아가는 수평추시가 가능해지고, 2개월경에는 수직으로 움직이는 물체를 눈으로 쫓아가는 수직추시도 가능해진다. 4개월경에는 가까운 곳의 목표물을 응시하고, 눈의 근육을 돌려 눈으로 대상을 추적하는 시각 조절이 능숙해진다.

영아는 색깔의 이름을 알기 훨씬 전에 이미 색을 지각할 수 있다. 즉, 색을 구별할 줄 안다. 신생아는 빨간색과 녹색을 구분할 수 있고, 2개월경에는 삼원색을 구분할 수 있으며, 3개월경에는 선호하는 색이 나타난다.

영아는 사물보다 사람을 좋아하고, 사람의 얼굴 중에도 흑백의 대조를 이루는 눈을 가장 선호하지만 아직 눈을 눈으로 지각한다고 보기는 어렵다(Gibson, 1969). 1~2개월에는 윤곽을 지각하고, 2개월경에는 눈, 코, 입을 구별하며, 특히 입의 움직임에 주목하고, 6개월경이 되면 낯익은 얼굴과 낯선 얼굴을 구별하고 남녀의 얼굴도 구별할 수 있다.

깊이 지각은 사물과 사물 사이의 거리, 특히 깊이를 파악하는 능력이다. 영아가 가구에 부딪치거나 침대나 계단에서 굴러 떨어지는 것을 막는 데 도움이 되는 능력이다. 깁슨과 워커(Gibson & Walker, 1960)는 영아의 깊이 지각 능력을 알아보기 위해 시각절벽(=시각벼랑, visual cliff) 실험을 고안하였다. 연구 결과, 생후 6개월경 영아는 유리가 깔려 실제로는 안전하게 고안된 절벽 근처에서 머뭇거리는 모습을 보여, 깊이 지각을 할 수 있는 것으로 나타났다. 깊이 지각은 영아가 길 수 있게 되어 가끔 넘어지거나 떨어져 본 경험을 통해 획득되는 것으로 보인다. 길 수 있는 영아가 그렇지 못한 영아보다 시각절벽 실험에서 더 많이 두려워하는 것으로 나타났다(Campos, Bertenthal, & Kermoian, 1992).

영아의 시각 발달을 돕기 위해 영아가 주의를 기울이고 초점을 맞출 수 있도록 사람 얼굴이나 디자인, 색, 모양, 패턴이 대비를 이루는 모빌이나 사진을 제공해 준다. 모빌, 딸랑이, 천 공, 오뚝이 등의 놀잇감을 좌에서 우, 위에서 아래로 천천히 움직여 물체를 추적하며 초점을 맞추고 시각조절을 할 수 있도록 도울 수 있다. 영아와 모빌 함께 쳐다보기, (움직이는 놀잇감 등을 쳐다보며) 초점 맞춰보기, 색깔 있는 물체 쳐다보기 등의 놀이로 계획될 수 있다.

(2) 청각

신생아는 귓속에 양수 등의 점액이 가득 차 있어 소리에 반응하지 못한다. 그러나 태내에서 이미 청각이 어느 정도 발달한다. 태아는 4개월경부터 외부의 소리에 반응하여, 신생아는 출생 전 들었던 동화와 그렇지 않은 동화에 각기 다른 반응을 보이기도 한다(DeCasper & Spence, 1986). 영아는 어머니의 목소리나 모국어에도 민감한 것으로 나타났다. 빨기 반응 측정법을 이용한 연구 결과에 따르면, 낯선 여자의 목소리보다 어머니의 목소리를 들었을 때, 외국어보다 모국어를 들었을 때 젖꼭지를 더 많이 빠는 것으로 나타났다(Jusczyk, 1985; Mehler, Jusczyk, Lambertz, Halsted, Bertoncini, & Amiel-Tison,

1988).

신생아는 생후 2~4일만 지나도 큰 소리에 놀라거나 소리 나는 쪽을 쳐다본다. 1개월경 딸랑이를 흔들어 주면 울다가도 그치며 소리에 반응한다. 영아는 특히 사람의 말소리에 민감하여 발음의 차이를 구별할 수 있어, 생후 1개월경 B와 P와 같이 유사하지만 다른 음소를 구분할 수 있다(Aslin, Pisoni, & Jusczyk, 1983). 2개월경 영아는 가까이서 나는 소리의 방향을 변별하여, 딸랑이 소리가 나는 방향으로 고개를 돌리고, 서로 다른 사람의 목소리에 다르게 반응하며, 같은 사람이 내는 다른 음색의 목소리를 구분할 수 있다. 4~6개월경에는 소리가 나는 방향을 정확히 알아내며, 낯익은 목소리를 구별하고 음악을 들으면 좋아한다(Clarke-Stewart, Friedam, & Koch, 1985).

영아의 청각 발달을 돕기 위해 영아의 손과 발목에 방울을 달아주거나 흔들거나 치면 소리가 나는 부드러운 천에 싸인 공을 영아가 손이나 발을 뻗으면 닿을 수 있는 위치에 달아주어 팔과 다리를 움직일 때마다 소리를 들을 수 있도록 도울 수 있다. 또한 기저귀 갈 때나 수유 때 아기를 품에 안고 'ㅇㅇ아 배고프니? 잠깐만 기다리자. 얼른 우유 먹자'와 같이 일상적인 이야기를 사실적으로 해주고, 혀 차는 소리, 허밍 소리, 노래 소리, 낮은 소리, 높은 소리, 들뜬 소리, 차분한 소리 등 다양한 기분과 크기의 목소리를 들려줄 수 있다.

(3) 미각, 후각, 촉각

신생아는 이미 미각, 후각, 촉각이 발달되어 있다. 단맛에는 행복한 표정을 보이고(Steiner, Galser, Hawilo, & Berridge, 2001), 짠맛, 매운맛, 신맛, 쓴맛에는 얼굴을 찌푸리며 싫어한다(Kaijura, Cowart, & Beauchamp, 1992).

후각도 출생 시 거의 완전하게 발달되어 있다. 신생아는 초콜릿과 같은 좋은 냄새에 만족스러운 표정을 짓고, 썩은 달걀이나 암모니아 같은 불쾌한 냄새에 얼굴을 찌푸리고 고개를 돌리기도 한다(Mennella & Beauchamp, 1996). 모유 수유를 할 때 자신의 엄마의 젖 냄새와 다른 엄마의 젖 냄새를 구별할 수 있다.

영아는 촉각도 발달되어 있다. 신생아는 통각이 발달하여 아픔을 지각할 수 있어 주사를 맞을 때 울음을 터뜨리고 쉽게 진정되지 않는다. 피부와 지방층이 얇아 작은 온도 변화에도 민감하게 반응한다. 촉각은 인지 발달뿐 아니라 타인과의 관계 형성에 있어 매우 중요한 감각이다. 6개월경 영아는 촉각을 이용하여 주위 물체를 탐색하고, 첫돌 무렵에는 손의 감각만으로 익숙한 물체를 알아낼 수 있다.

영아의 미각, 후각, 촉각 발달을 돕기 위해 여러 가지 맛과 냄새를 맡을 수 있도록 이유식 등의 음식을 제공하며, '오늘은 어떤 음식이지? 감자구나. 어떤 맛일까?'라고 하면서 맛과 향을 언어로 표현하도록 한다. 이불, 쿠션, 돗자리, 다양한 소재의 놀잇감 등을 통해 다양한 촉각을 온몸으로 느끼도록 돕고, '○○아, 느낌이 어떠니? 부드럽지?' 등 촉각을 언어로 표현한다. 안아주고 쓰다듬어 주고 뽀뽀하는 등 신체접촉을 통한 촉각 발달 지원도 매우 중요하다.

(4) 통합 감각

통합 감각이란 두 가지 이상의 감각 관련 정보를 통합하는 능력으로, 해당 감각의 경험이 없어도 다른 감각 경험을 통합하는 능력이다. 멜조프와 보톤(Meltzoff & Borton, 1979)은 신생아에게 돌기가 달린 젖꼭지를 빨게 한 후 돌기가 달린 젖꼭지와 돌기가 없는 매끈한 젖꼭지를 보여주었더니 자신이 빨았던 돌기가 달린 젖꼭지를 더 많이 바라보았다고 하였다. 이는 신생아가 이전에 경험한 촉감 경험을 토대로 현재 제시된 시각 정보를 해석한다고 볼 수 있다. 영아가 생활 속에서 접하는 대부분의 자극은 하나의 감각에만 해당되지 않고 여러 감각과 관련되어 있다. 영아는 통합 감각을 통해 물체에 대한 다양한 감각 정보를 획득한다고 볼 수 있다.

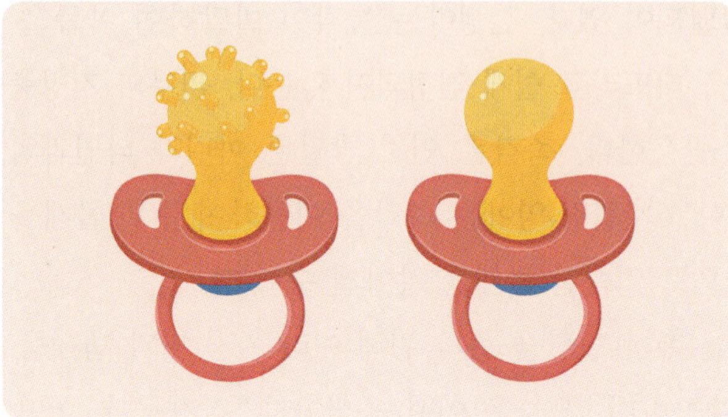

시각과 촉각 간의 통합 감각에 관한 실험에 사용된
돌기가 달린 젖꼭지와 그렇지 않은 젖꼭지
출처 : Meltzoff, A. N., & Borton, R. W.(1979), p. 403.

2) 인지와 개념 발달

(1) 행동의 의도성

자신과 외부 세계를 구분하지 못하고, 빨기, 잡기 등의 반사행동에 의존하던 신생아는 점차 초보적인 수준의 의도성을 띤 행동을 한다. 생후 1~4개월경 영아가 손가락을 우연히 빨았는데 즐거웠다면 반복하여 손가락을 빨 수 있다. 우연한 행동이 재미있는 결과를 초래했고, 이러한 재미있는 결과를 다시 경험하기 위해 영아가 행동을 의도적으로 반복한다고 볼 수 있다. 즉, 행동에 의도성이 생긴 것이다.

4~8개월경 영아는 자신의 행동으로 외부의 사건을 통제할 수 있음을 이해하게 되어, 행동을 되풀이하는 의도성이 더욱 확대된다. 우연히 두 개의 딸랑이가 부딪혀 소리가 날 경우 딸랑이 소리를 듣기 위해 반복하여 딸랑이를 부딪치는 행동을 관찰할 수 있다. 가제 손수건과 같은 작은 물체를 가지고 오랜 시간 만지작거리며 즐거워하는 영아의 모습도 이러한 맥락에서 해석될 수 있다. 이러한 행동의 의도성은 영아가 세상을 주체적으로 탐색하는 행동의 동력으로 작용한다.

(2) 인과관계를 이해하고 다양한 실험 시도

8개월 이후 영아는 점차 어떠한 일이 일어나는 데는 원인이 작용함을 이해하게 된다. 특정 결과를 일으키는 정확한 원인을 찾아낸다는 의미는 아니지만 초보적인 수준의 원인과 결과에 대한 인과관계 개념이 형성되기 시작한다. '아~ 소리가 났네? 어떻게 소리가 났을까? ○○이가 딸랑이 흔들었더니 소리가 났나? 아닌가?'와 같은 이야기로 원인과 결과의 관계를 생각하도록 지원할 수 있다.

12개월 이후 영아는 자신이 이전에 했던 행동을 반복하는 것에서 벗어나 새로운 행동을 다양하게 시도한다. 자신의 새로운 행동에 따라 어떠한 결과가 나타나는지 알아보기 위해 다양한 탐색을 한다. 즉, '실험적 사고'에 열중한다. 북을 북채로 쳐 소리가 나는 것을 들었다면 연필이나 블록이나 망치 등 다양한 물체를 이용하여 북을 쳐, 자신의 새로운 행동인 연필로 치기, 블록으로 치기, 망치로 치기의 결과를 지켜본다.

영아의 이러한 탐색은 매우 진지하게 이루어지므로 영아의 탐색을 방해하지 않도록 안전하고 청결한 환경을 제공해야 한다. 영아가 진지하게 탐색할 때 방해하지 말고 지켜본 후, '마라카스 흔드니까 재미있는 소리가 계속 나네? 재미있어? 이번에는 굴려볼까?'와 같이 다양한 방법으로 탐색을 이어갈 수 있도록 새로운 방법의 탐색을 제안한다.

플라스틱 병에서 막대를 끼우고 흔들고 빼보는 영아(0세)

(3) 다양한 통로의 문제해결 시도

영아는 자신이 만나는 문제를 스스로 해결하고자 시도한다. 12개월 이후 영아는 새로운 대상이 제시되면 시행착오를 통해 그 대상을 다각도로 탐색하며 문제를 해결하려 노력한다. 원하는 놀잇감이 높이 매달려 있어 손이 닿지 않을 경우 발돋움을 해보거나 점프를 하거나 막대기를 사용하여 밀어보는 시도를 한다. 이 경우 사전에 문제해결의 방법과 결과를 예상하지 않은 채 문제해결을 위한 다양한 방법을 시도한다. 실패를 거듭하기도 하지만 시행착오를 거듭한 계속적인 탐색을 통해 문제가 해결되기도 한다.

18개월 이후가 되면 영아는 시행착오를 거치지 않고 원인과 결과를 추론하고 문제를 해결하려 시도한다. 무턱대고 덤벼 이 방법, 저 방법을 시도하기보다 어떤 결과가 생길지 미리 생각해 보고 해결방법을 시도해 본다. 이러한 문제해결은 눈앞에 없는 사물이나 사건들을 정신적으로 그려내는 능력(=직접 해보지 않고도 정신적으로 추론할 수 있는 능력)인 '정신적 표상(=표상적 사고)'이 가능해져 행동을 실행하기 전에 결과를 미리 생각할 수 있기 때문에 가능해진다.

실생활에서 문제해결 방법으로 시행착오나 사전 계획의 활용은 인지 발달뿐 아니라 개인의 기질적 특성이 반영되어 나타난다. 개인에 따라 미리 생각을 차분히 하고 행동하는 경우도 있지만 생각할 능력이 생겼어도 적극적으로 몸으로 문제해결을 시도하기도 한다.

(4) 대상영속성

대상영속성이란 물체가 눈에 보이지 않거나 소리가 들리지 않아도 여전히 존재함을 이해하는 능력이다. 대상이 눈으로 식별되지 않거나 탐지될 수 없을 때 그 대상이 계속 존재하며 그 사물과 사물을 인지하는 영아가 독립적으로 공존한다고 믿는 것을 지칭한다. 엄마가 보이지 않을 때 엄마를 찾는 행동은 대상영속성이 획득되었음을 보여주는 예가 된다.

9, 10개월경 영아는 어떤 사물이 감춰지는 것을 보았을 때, 숨겨진 곳에 가 찾으려고 시도하지만 숨긴 장소를 옮긴 경우 이를 보았어도 다시 처음 장소만 기억하고 그곳으로

찾으러 간다. 12~18개월경 영아는 사물이 사라져도 어딘가 존재한다는 것을 이해할 뿐 아니라 숨겨진 마지막 장소에서 사물을 찾을 수 있다. 그러나 영아의 눈에 안 보이게 물건을 감출 경우 이동 경로를 상상하지 못하므로 물건을 찾는 데 어려워한다. 18~24개월경 영아는 대상영속성 개념이 완전히 발달하여 물건 숨기는 것을 보지 못하였어도 눈에 보이지 않는 이동 과정을 머릿속으로 그려 마지막으로 숨겨진 장소에서 사물을 찾을 수 있다. 피아제(Piaget) 연구 전통에 따르면 대상영속성은 8개월경에 발달하기 시작하여 24개월경에 완성되는 것으로 보고 있지만 최근 연구들은 더 일찍 대상영속성이 획득되는 것으로 보고 있다. 영아의 대상영속성과 관련된 놀이로 까꿍 놀이, 숨기 놀이, 보물찾기 놀이 등이 있다.

편백나무 속에서 놀잇감을 찾는 영아들

(5) 기억

기억이란 이전에 경험했던 것을 특정한 형태로 저장하였다 이후 재생 혹은 재구성하는 현상이다. 정보를 기억 속에 넣는 부호화(encoding), 정보를 오랜 시간 보유하는 저장(storage), 저장소에서 정보를 꺼내는 인출(retrieval)의 과정을 거친다.

보통 3세 이전 경험을 기억하는 사람은 많지 않다. 영아기 기억상실증(infantile amnesia)이라는 현상인데, 이는 두뇌가 충분히 발달하지 못해서 또는 자기 개념이 미숙하여, 말을 할 수 있기 전까지 기억할 수 없기 때문이라고 한다(Nelson, 1992, 박성연, 2006 재인용). 그러나 어린 영아도 단기간의 감각적 기억이나 이미지를 가지고 있다.

3개월 된 영아는 약 24시간 정도, 12개월 된 영아는 며칠 정도의 기억을 가지고 있으며, 사람의 얼굴 사진과 같이 특정 자극에 대한 기억은 몇 주 정도 지속되는 것으로 나타났으며, 단순히 본 것보다 직접 자신이 해본 것을 더 오래 기억하였다(Courage & Howe, 2004; Fagan, 1973; Pascalis, de Haan, Nelson, & de Schonen, 1998).

3개월 된 영아의 침대 위에 흥미로운 모빌을 달아두고 아기의 발에 끈을 매어 모빌과 연결하면 영아가 발로 차고 그 결과 모빌이 움직이는 것을 보게 하였더니, 영아는 모빌을 움직이려고 계속 발로 차는 행동을 반복하였다. 며칠 뒤 모빌을 다시 달아두자 발에 끈을 매어 두지 않았는데도 영아가 발로 모빌을 여러 번 차 이전 경험을 기억하고 있음이 입증되었다(Rovee-Coller, 1999). 이러한 방식의 실험에서, 2개월 된 영아는 하루 동안 기억하고 3개월 된 영아는 일주일 정도 후까지 기억하고, 6개월 된 영아는 2주 후에도 기억하는 것으로 나타났다.

앞의 실험과 같이 상황적 단서가 제공되어 현재 경험하는 사건이나 사물 등에 관한 정보가 과거의 경험을 통해 기억 속에 저장되어 있는 정보와 같은지 다른지를 판단하는 인지과정을 재인기억(recognition memory)이라 한다. 재인기억과 달리 단서 없이 무언가를 기억하는 것은 회상기억(recall memory)이라 하는데, 영아의 기억은 상황과 맥락에 의존하는 경향이 있기에 재인기억보다 어렵다. 과거에 경험했던 일을 회상하여 현재 그 경험을 재현하는 능력인 지연모방은 기억뿐 아니라 상징적 사고(정신적 표상)가 필요하므로 18개월경 이후에 나타나는 것으로 보고되었다.

상황과 맥락에 의존하는 영아 기억의 경향성은 점차 줄어들고, 영아가 좀 더 일찍 사물, 장소, 행동에 대한 회상이나 지연모방을 할 수 있다는 연구결과들도 보고되었다. 좋아하는 놀잇감을 항상 같은 곳에 두다가 치워버렸더니 7개월 된 영아가 '어!' 하며 놀란 표정을 보여 해당 장소에 있던 물건을 기억하고 있음이 증명되었다(Mandler, 1998). 달걀을 흔들거나 버튼을 누르는 성인의 행동을 관찰한 후 즉시, 그리고 24시간 후 관찰한 행동을 재인시킬 지각 단서가 없는 상태에서 9개월 된 영아가 재생해 낼 수 있었다(Meltzoff, 1988). 또한 13개월 된 영아가 인형을 통 속에 집어넣고 스펀지에 비누칠해서 인형을 씻기고 수건으로 인형의 몸을 말리는 일련의 행동을 빠짐없이 재연하였다(Bauer & Mandler, 1992). 14개월 된 영아가 다른 영아가 장난감을 가지고 노는 모습을 관찰한 이틀 후에 그 놀잇감을 그 영아가 놀이한 방식으로 놀았다(Hanna & Meltzoff, 1993).

기억은 영아의 인지 발달에 매우 중요한 역할을 한다. '어떤 일이 있었지? 왜 그랬지?'와 같은 질문으로 영아가 경험을 회상할 수 있도록 도울 수 있다. 영아의 기억은 꽤 일찍부터 발달하는 것으로 밝혀졌다. 그러나 상황이 달라질 때 어린 영아는 잘 기억하지 못하고, 연령이 증가하면서 점차 장기기억이 발달한다는 점은 여전히 피아제(Piaget)의 견해가 지지되고 있음도 기억할 필요가 있다.

(6) 상징 이해

상징(symbol)이란 어떠한 대상, 사건, 개념 등에 대하여 그것을 상기시키거나 연상시키는 구체적인 사물이나 감각적인 말로 바꾸어 나타내는 일을 뜻한다(DeLoache, 2004). 예를 들면, 강아지라는 단어는 털이 복실하고, 낯선 사람에게 멍멍 짖고, 가족을 보면 반갑다고 뛰어오르는 동물을 상징한다. 영아는 일상생활에서 언어, 사진, 그림, 문자, 수 등 다양한 상징을 접하게 되며 상징에 대한 이해를 넓혀간다. 특히 대상을 보지 않더라도 이러한 상징을 머릿속에 떠올릴 수 있는 능력인 정신적 표상(=표상적 사고)이 발달함에 따라 그림의 상징적 의미를 이해하고, 상상 놀이의 가작화가 가능하게 된다.

상징에 대한 이해는 영아기 전반에 걸쳐 점진적으로 발달한다. 관련 연구들을 살펴보면, 9개월 된 영아에게 실물과 매우 유사한 사물의 컬러 그림을 보여주었더니 지면에서 떼어내려 하거나 입을 가져다 대기도 했다. 묘사된 사물이 실제와 유사하면 유사할수록 이러한 반응은 더욱 자주 나타났다. 이러한 반응은 월령이 증가하면 점차 감소하여 묘사된 사물이 실제와 매우 유사한 그림이더라도 19개월경에는 이러한 행동이 거의 나타나지 않았다. 나이 든 영아들은 젖병 그림을 보았을 때 그것을 가리키거나 이름을 이야기한다. 어린 영아들처럼 젖병 그림을 떼어내려고 하거나 입을 가져가지 않는다(DeLoache, Pierroutsakos, Uttal, Rosengren, & Gottlieb, 1998). 영아들은 점차 그림 속 사물을 조작하려 하는 것이 소용이 없다는 것과 그림이라는 상징에 대해 문화적으로 적절한 행동이 무엇인지, 곧 손으로 만지는 것이 아니라 바라보는 것이 적절함을 깨닫게 된다(DeLoache, 2004).

15~24개월경 영아는 그림으로 본 것과 유사한 실물을 지적할 수 있다(Ganea, Allen, Butler, Carey, & DeLoache, 2009). 책 속의 그림의 이름을 알고 지적하고 그림에 대하여 이야기를 하는 등 책 속에 있는 그림에 대하여 알게 된 것들을 실제 사물에 적용하거나 실제 사물에 대하여 안 것을 책 속의 그림에 적용한다.

정신적 표상이 가능해지면서 영아는 가작화가 가능해진다. 가작화란 '~인 체하는 행동'으로, 예를 들면 자지 않으면서 자는 척하는 행동이다. 가상적인 사물이나 상황을 실제 사물이나 상황으로 상징화하는 놀이인 가장 놀이(make-believe play) 중 가장 단순한 행동이다. 영아의 가상 놀이는 대체로 타인의 행동을 따라 하는 데서 시작한다. 초기에는 물이 없는 컵을 들고 소리를 내며 마시는 척하는 단순한 가상행동에서 시작하며 차츰 자기 자신을 벗어나 다른 대상을 향한 가상 놀이를 하게 된다. 인형에게 음식을 먹이고 침대에 눕히거나 업고 다니는 놀이를 한다. 또한 초기에는 사실적인 놀잇감을 가지고 놀지만 긴 막대기를 전화기로 생각하고 통화하는 흉내를 내는 것처럼 점차 사실적이지 않은 사물을 가지고 놀이한다.

(7) 호기심을 충족시키기 위한 탐색과 질문

영아들은 세상을 궁금해한다. 호기심에 가득 차 있다. 이러한 궁금증 해결을 위해 무언가 열심히 탐색하며, 이 경우 주의집중 시간도 길게 나타난다. 영아는 간장병을 머리에 쏟아 보거나 값비싼 화장품을 바닥에 뿌리거나 책 모서리의 코팅 종이를 하나씩 모두 벗기거나 티슈 한 통을 한 장씩 모두 뽑는 행동을 하기도 한다. 이러한 행동은 호기심의 발로로 영아가 집중하여 적극적으로 탐색하는 행동이지만 위험하거나 사고를 일으키는 행동으로 이어지기도 한다.

영아가 궁금증을 해결하는 또 다른 방법은 질문이다. 영아는 성인의 관심을 끌기 위해서도 질문하지만, 주변 세계에 대한 궁금증을 해결하기 위해 질문한다. 2세경 영아는 '뭐(what)?'에 이어 '왜(why)?'의 질문을 끊임없이 한다. '이거 뭐야?', '이건?', '왜 엄마야?', '왜 좋아?', '왜 아침이야?'와 같은 영아의 질문은 영아의 호기심을 보여주는 표현이다.

영아의 질문에 답하기 어려운 성인은 영아에게 어떻게 생각하는지 되물어 볼 수 있다. 이유를 되물어 보아 영아의 생각을 들어봄으로써 영아가 궁금해하는 진의를 파악하고 대답한다. 물론 이러한 되물음과 대답으로 영아가 만족하도록, 즉 영아의 궁금증이 해결되도록 돕는 것은 쉽지 않다. 그러나 적어도 영아의 호기심이나 궁금증을 인정하고 있음을 보여줄 수 있다.

(8) 개념 발달

생후 초기 영아도 물리적 대상과 수량에 대한 기초적인 이해 능력을 지닌 것으로 나타났다. 3개월경 영아는 시각, 청각 등 지각적 특성에 따라 범주화할 수 있고, 4개월경 영아는 2~3개의 적은 양을 지각적으로 인식한다(Starkey & Cooper, 1980). 4개월 반 된 영아가 공이 바닥으로 떨어지지 않고 허공에 떠 있는 현상과 같이 일상생활에서 나타날 수 없는 불가능한 사태에 대해 깜짝 놀라는 모습도 관찰되었다(Baillatgeon, 1987),

그러나 이러한 연구 결과를 영아가 수 개념, 과학 개념을 지닌 것으로 분석하는 것은 지나친 확대 해석이다. 영아는 상당한 지식을 가지고 태어나지만, 생득적인 지식은 전혀 완전하지 않으며 경험을 통해 발달한다. 즉, 영아는 초기 능력을 지니고 태어났으며, 출생 이후 호기심을 가지고 세상을 탐색하는 경험을 통해 탐구하는 태도와 기초적인 개념이 발달한다고 볼 수 있다.

자기 몸을 움직일 때마다 그림자의 변화를 발견한 2세 영아가 계속해서 몸을 움직이며 그림자를 살펴보는 모습이 관찰되었다. 영아는 뭔가 자신이 움직일 때마다 바닥에 검은 것이 따라 움직이는 것을 발견하였다. 영아는 몸을 이쪽으로 또 저쪽으로, 다리를 올리기도 하고 팔을 움직이기도 하며 자기 몸의 움직임에 따라 검은 것이 어떻게 변하는지 살펴보았다. 영아는 매우 즐거워했다. 이 사례의 영아가 빛과 그림자에 대한 개념을 형성하였다고 볼 수는 없지만 적어도 주변 사물이나 자연 현상에 대해 탐구하는 태도를 배우고 빛과 그림자에 대한 아주 기초적인 개념을 경험했다고 볼 수 있다.

그림자를 관찰하는 영아들

이처럼 일상생활의 경험을 통해 2~3세경 영아는 수 이름, 모양 이름, 있다와 없다, 많다와 적다, 위와 아래, 길다와 짧다, 양과 크기와 같은 기초적인 수학 개념을 알게 된다. 또한 바퀴, 얼음, 비누 거품과 같은 물체와 물질의 특성, 나비, 꽃, 나뭇잎, 지렁이와 같은 동식물, 흙, 돌, 물과 같은 자연물과 바람, 구름과 같은 자연 현상의 특성과 관계 등에 대한 기초적인 개념을 형성한다.

많다, 적다라 말하며, 물체의 양을 비교하는 영아들

물체의 수를 세는 영아

수 만큼 돌멩이를 놓는 영아들

(9) 자신의 논리와 이론 주장

30개월경 영아는 원인과 결과를 나름대로 연결 지어 자기중심적 논리를 주장하기도 한다. 엄마가 감기에 걸린 것은 내가 엄마 말을 듣지 않아서, 어린 동생이 아픈 것은 내가 미워해서라고 생각하며 죄책감을 느끼기도 하고, 누군가 머리를 쓰다듬어 주면 자기를 때렸다고 생각하기도 한다. 엉뚱하고 비논리적인 주장이기도 하지만 영아 나름대로의 이론으로, 영아는 자신의 이론을 확인하기 위한 탐색을 진지하게 이어가기도 한다.

'어떤 일이 생겼지? 왜 이렇게 되었을까?'와 같은 질문을 하여, 영아가 원인과 결과 등의 논리적 관계를 나름대로 생각해 보도록 돕는다. 그러나 안전을 위협할 수 있는 상황에 대해서는 '미끄러워 넘어지면 어떻게 될까? 아~ 다칠 수 있겠구나. 그럼 어떻게 할까? 그래 천천히 걸어가자', '의자에서 뛰다 떨어지면 다칠 수 있단다. 앉아서 놀이하자'와 같이 영아가 자기 행동 결과를 적절하게 예측하도록 도와야 한다.

피아제(J. Piaget)의 감각운동기

피아제는 생후 2년 정도까지의 시기를 감각운동기라 하였고, 이를 6개의 하위 단계로 분류하였다.

1. 반사운동기(출생~약 1개월)

자신과 외부세계 간의 구분이 없으며, 빨기, 잡기 등의 반사행동에 의존한다.

2. 1차 순환 반응기(1~4개월)

반사행동이 점차 사라지며 초보적인 수준의 의도성을 띤 행동이 나타나기 시작한다. 우연한 행동이 재미있는 결과를 초래하면 그 행동을 반복하여 한다(예 배고픔의 손가락 빨기가 아니라 우연히 손가락을 빨았는데 재미있어 계속 손가락을 빪). 여기서 '1차'는 영아의 흥미 유발 대상이 외부가 아니라 자신의 신체이며, '순환 반응'은 반복하여 시도함을 의미한다(Berk, 2001).

3. 2차 순환 반응기(4~8개월)

행동을 되풀이하는 의도성이 나타나기 시작한다. 흥미 있는 결과를 기대하며 반복하여 행동한다. 이는 영아가 수단과 목적의 관계에 대한 초보적 지식이 생겼음을 의미하며, 따라서 영아는 자신의 행동으로 외부의 사건을 통제할 수 있음을 이해하기 시작했다고 볼 수 있다(㈜ 우연히 두 개의 딸랑이가 부딪혀 소리가 날 경우 딸랑이 소리를 듣기 위해 반복하여 딸랑이를 부딪힘). 여기서 '2차'는 영아의 흥미 유발 대상이 자신의 신체뿐 아니라 외부세계임을 의미한다.

4. 2차 순환 반응의 협응기(8~12개월)

목적을 달성하기 위해 두 가지 행동을 협응하고, 수단과 목표를 구분한 의도적 행동을 통해 문제해결을 시도한다. 이러한 행동은 인과 개념의 초보적 이해의 흔적이라고 볼 수 있다(㈜ 영아가 자신이 원하는 놀잇감을 얻기 위해 중간에 놓여 있는 방해물을 치우고 손을 뻗음).

5. 3차 순환 반응기(12~18개월)

새로운 원인과 결과 간의 관계에 대한 가설을 설정하고 이를 탐색하는 실험적 사고가 나타난다(㈜ 북채로 북을 쳐서 소리가 났다면 연필, 블록, 망치 등으로도 두드려 보며 소리가 나는지 실험). 새로운 대상이 제시되면 시행착오를 통해 그 대상을 다각도로 탐색한다. 즉, 자신이 원하는 목표를 달성하기 위해 새로운 수단을 발견하고 시도한다(㈜ 팔이 닿지 않을 경우 원하는 놀잇감을 갖기 위해 막대기를 사용하여 밀어보는 시도를 함).

6. 정신적 표상(18~24개월)

대상이 눈에 보이지 않더라도 대상의 이미지를 상상할 수 있는 능력인 정신적 표상이 발달한다. 따라서 어떤 행동을 하기 전에 생각을 한 후 행동한다. 즉, 시행착오를 거치지 않고 원인과 결과를 추론한다(㈜ 병뚜껑을 열 때 무조건 이리저리 당기며 병뚜껑을 열려고 덤벼들기보다는 '이걸 어떻게 하면 열 수 있을까?' 하고 잠시 생각한 후 다음 행동을 함). 또한 목격한 행동을 일정한 시간이 지난 후 그 모델이 존재하지 않아도 재현하는 지연모방이 나타난다. 이는 행동을 정신적으로 표상하는 능력, 정확하게 표현하는 능력이 필요하다(㈜ 아버지가 세차하는 것을 형이 도와드리는 것을 목격한 영아가 다음날 걸레를 들고 자기 세발자전거를 닦는 시늉을 함).

3. 언어 발달

영아는 태어나면서부터 타인과의 의사소통을 시도한다. 신생아도 자신의 불편함을 울음으로 나타내고 점차 옹알이하고, 생후 1년쯤에는 첫 단어를 말하며, 18개월경에는 일상적인 언어를 대부분 이해하고, 3세경에는 유능한 의사소통자가 된다.

1) 이해 언어

영아는 자신의 생각을 음성 언어인 말로 표현하는 표현 언어에 앞서 소리, 특히 사람의 목소리를 지각하고, 그 의미를 이해하는 이해 언어가 발달한다.

(1) 음성의 지각과 이해

태내에서 어머니의 목소리를 들을 수 있어, 신생아도 모국어의 음소, 억양을 선호하는 경향이 있다(Werker & Tees, 2005). 한 연구에서 신생아들이 모국어를 듣기 위해 젖꼭지를 더 세게 빨았는데(Mehler et al., 1988), 이는 신생아도 모국어와 외국어를 구분할 수 있음을 보여주는 결과로 해석된다. 또한 사람의 말소리와 말소리가 아닌 소리를 구별할 수 있고(Reich, 1986), 엄마의 목소리와 다른 사람의 목소리를 구별할 수 있다(Butterfield & Siperstein, 1974).

생후 1~2개월경에는 친숙한 사람과 낯선 사람의 목소리를 구별하고, 2~3개월경에는 B와 P와 같이 유사한 자음의 소리를 구별하는 범주적 지각(categorical perception)과 엄밀하게 보면 서로 다른 소리인 여러 사람이 발음하는 P를 같은 소리로 분류하는 등가분류(equivalance classification)가 가능해진다(Eimas, 1975; Kuhl, 1987). 4~5개월경에는 특정 단어에 대해 선택적으로 반응할 수 있어 자신의 이름을 들을 때 반응을 보이고(주영희, 2001), 7~8개월경에는 문장 속에 특정 단어가 반복적으로 들리면 그 단어에 주목한다.

신생아는 인류가 사용하는 모든 음소를 변별할 수 있지만, 음소 축소 과정으로 인해 생후 10개월경에는 모국어에서 사용되는 음소만 구별할 수 있게 된다. 또한 생후 1년 동안 '엄마가우유줄게'와 같은 문장을 듣고 '엄마가/우유/줄게'와 같이 의미 단위에 따라 단어를 분절하는 능력이 상당히 발달하게 된다(Boysson-Bardies, 1996/2005). 이러한 능력은 음성 언어를 이해하는 데 매우 중요한 부분이다.

(2) 이해 언어 증가

영아는 자기 의사를 말로 나타내는 표현 언어보다 말의 의미를 이해하는 이해 언어의 폭이 넓다. 보통 자신이 발화하는 표현 언어의 3배 정도를 이해하는 것으로 알려졌다. 13~14개월경에는 100개 정도를 이해하고, 18개월경에는 300개 정도의 단어를 이해하여, 일상생활에서 사용되는 간단한 어휘들을 대부분 이해한다. 표현 언어는 여아가 남아보다 빠르게 발달하지만 이해 언어에서는 성차가 나타나지 않았다(장유경, 2004).

영아의 음성지각과 이해 언어 발달을 돕기 위해 교사나 양육자는 영아에게 다양한 소리를 들려주도록 한다. 일상생활의 소리나 다양한 장르의 음악을 들려주고, 교사나 양육자의 목소리를 짧은 소리와 긴 소리, 짧은 소리를 반복해서, 굵은 소리와 가는 소리, 높은 소리와 낮은 소리 등 다양하게 변화를 주며 들려주는 것도 좋다.

일상생활에 필요한 간단한 언어를 거의 다 이해하는 18개월경 영아에게는 주의 깊게 들을 수 있도록 자극하는 것이 필요하다. 예를 들면, 머리 흔들기, 엉덩이 흔들기와 같은 지시어에 따라 몸을 움직이도록 하거나, 발음이 비슷한 '공'과 '곰' 인형을 주고 '공 들기', '곰 흔들기' 등의 말을 듣고 지시대로 하는 게임을 할 수 있다(서동미 외, 2010).

2) 초기 표현 언어

(1) 울음

울음은 인간의 첫 번째 의사 표현 수단이다. 말하지 못하는 영아는 울음으로 자신의 욕구를 표현한다. 출생 초기의 미분화된 울음(undifferentiated crying)은 점차 분화되어 울음의 고저, 억양, 강도를 듣고 영아가 우는 이유를 알아낼 수 있는 분화된 울음

(differentiated crying)으로 변한다. 낮은 신음은 놀아달라고 칭얼거리는 울음이고, 날카로운 소리는 신체적 고통을 호소하는 소리이다. 양육자는 영아의 울음소리를 구분하여 민감하게 반응하도록 한다. 음성 언어 능력이 발달하면서 의사 표현의 첫 수단인 울음은 점차 감소한다.

(2) 쿠잉과 옹알이

생후 1~2개월경 영아는 '아~', '오~' 등 일정한 모음을 반복하면서 노는데, 이 목울림 소리를 쿠잉(cooing)이라고 한다. 이는 기분이 좋을 때 혀를 입의 뒤쪽으로 향하고 입술을 둥글게 만들면서 내는 소리로 '해피사운드(happy sound)'라 불리기도 한다. 영아의 쿠잉은 점차 소리의 억양, 고저, 크기가 다양해진다.

대체로 모음으로 구성된 소리인 쿠잉과 달리 옹알이(babbling)는 자음과 모음이 결합한 소리가 반복되는 것을 말한다. 옹알이는 생후 2개월경부터 시작하는데, 6~8개월에 가장 활발하다가 점차 감소하여, 첫 단어를 말하게 되는 돌 전후에 사라지게 된다.

옹알이의 자음은 언어권에 상관없이 순음(b, m, p)이 가장 먼저 나타나는데, 우리말뿐 아니라 영어의 '마마, 파파', 이탈리아어의 '맘마, 파파'와 같이 여러 언어에서 엄마와 아빠를 의미하는 단어에 공통적으로 순음이 들어가는 것은 우연이라고 보기 어렵다. 옹알이는 처음에는 제한된 소리로 나타나지만, 점차 인간이 내는 모든 소리를 낼 수 있는 '음소의 확장' 현상이 나타났다가 다시 모국어에 없는 음소는 소멸하고 모국어에 있는 음소만 남는 '음소의 축소' 현상이 나타난다. 영아가 옹알이할 때 모국어에 포함된 소리는 주위 사람들로부터 강화를 받지만 그렇지 않은 소리는 강화를 받지 못하기 때문이라고 할 수 있다.

옹알이는 발음을 관장하는 뇌와 성대의 성숙에 의해 나타나는 유전적 현상이다. 모든 언어권에서 음성기관에 결함이 없는 영아라면 누구나 옹알이를 한다. 영아 자신이 청각 장애가 있거나 부모가 청각 장애가 있어 영아의 소리에 반응하지 못하는 경우도 처음에는 옹알이를 한다. 그러나 이후 좀 더 발전된 옹알이는 듣기 능력에 영향을 받아 정상아의 경우 7개월경이면 말소리와 매우 흡사한 옹알이가 가능하지만, 청각 장애 영아는 이것이 불가능하다. 따라서 옹알이는 유전에 의해 나타나지만, 환경의 영향을 받아 발전한다고 볼 수 있다(Owens, 2001).

옹알이는 처음에는 '다다다', '바바바'와 같이 단음의 반복으로 나타나다 점차 '바라바라', '우아부비'와 같이 복음의 반복으로 나타난다. 5~6개월경 영아의 옹알이는 영아 자신이 낸 소리를 반복한다고 하여 자기 소리 모방(lallation)이라고 불린다. 9~10개월경 영아는 이해하지도 못하면서 어른의 말소리를 의식적으로 모방하는데, 메아리처럼 그대로 모방한다고 하여 반향적 모방(echolalia)이라 불린다.

영아들은 마치 대화를 하는 것처럼 성인의 말에 옹알이로 답하기도 한다. 이러한 옹알이는 사회적 옹알이라고 불리기도 하는데, 주변의 부모나 성인을 의식하여 발성하는 옹알이로 자신의 욕구를 전달하고 양육자와의 사회 정서적 결합의 기초를 다진다. 성인이 영아에게 말을 걸고, 영아가 옹알이로 대답하고, 다시 성인이 말하는 경험을 통해 영아는 실제 대화에서 요구되는 차례 지키기를 연습하게 된다(곽금주 외, 2005).

옹알이는 이후 언어 발달에 큰 영향을 미친다. 영아는 옹알이를 통해 발성 연습을 한다. 옹알이함으로써 복잡한 언어기술을 습득하는 데 필요한 음성기관의 조절력을 증진하게 된다. 또한 영아는 옹알이하다가 다른 사람의 반응이 없으면 중단해 버린다. 반대로 옹알이를 할 때 주변 사람이 반응해 주면 더 활발하게 옹알이한다. 이런 경험을 통해 타인과 의사소통하려는 욕구가 촉진된다. 옹알이하면서 주변 사람과 상호작용을 하여 자신이 사회집단의 일원임을 느끼게 되고 점차 다양한 의사소통 방법을 사용하여 적극적으로 교류하게 된다.

교사와 양육자는 영아가 유능한 의사소통자가 되도록 돕기 위해, 영아의 비언어적·언어적 의사소통에 귀 기울이고 적극적으로 반응해야 한다. 영아의 울음에 민감하게 반응하고, 영아와 얼굴 표정이나 소리를 모방하고 옹알이에 반응하도록 한다. 음성 언어를 산출하지 못하는 영아도 의사소통 자체를 못 하는 것은 아니다. 영아의 시선을 따라 함께 쳐다보고, 영아가 말할 때 영아를 바라보며 잘 듣고, 영아가 표현하는 것이 무엇인지 이해하고 있음을 드러내도록 한다. 한마디로 영아와 적극적으로 대화를 나누도록 한다. 영아에게 부드러운 소리와 표정으로 다양한 단어와 간결한 문장을 사용하며 자주 대화하는 것이 바람직하다.

영아 지향 언어(infant-directed speech)

성인이 영아에게 하는 말을 지칭하는 용어로, '아↗그랬구나~↗', '어~ 놀고 싶어요?'와 같이 문장이 짧고 목소리의 크기나 높이가 과장되게 변화되는 언어다. 대체로 단순한 문장을 반복적으로 말하고, 모음을 연장하여 어조를 높여 말하며, 목소리의 크기를 과장하여 변화시키고, 영아의 단편적 표현을 완정한 문장으로 확장해 말해주는 특징을 지녔다.

아기말(baby talk), 모성어(motherese)라 불리기도 하는데, 아기를 돌보는 대부분의 성인에게 나타나는 것으로 확인되어 영아 지향 언어(또는 아기를 향한 말)로 불리게 되었다.

영아는 성인 언어보다 영아 지향 언어에 더 민감한 반응을 보여, 영아 지향 언어는 영아의 발화 흥미를 북돋고(Fernald, 1985), 음소 변별력을 키우며(Karzon, 1985), 문장 이해를 위해 필요한 구 사이의 경계에 대한 이해를 돕는다고 알려졌다(Nelson, Hirsh-Pasek, Jusczyk, & Cassidy, 1989, 조정숙·김은심, 2003 재인용). 영아의 주의를 끌 수 있는 대상물과 사건에 대해 영아가 쉽게 이해할 수 있는 방식으로 영아와 대화를 나누기 때문에 영아의 언어 발달을 촉진한다.

영아와 이야기를 나누는 교사

3) 몸 짓

영아는 의사소통의 많은 부분을 '베이비사인(baby sign)'이라 불리는 몸짓(gesture)에 의존한다. 몸짓은 말로 자신의 의사를 유능하게 표현하지 못하는 영아가 말하고 싶은 의미를 동작으로 상징화하는 신체언어(body language)로 숨겨진 언어(secret language)라고 불리기도 한다. 몸짓은 거의 모든 문화권에서 나타난다. 언어를 사용하기 위해서는 언어적 표상 능력이 있어야 하고 조음기관이 성숙해야 하는데, 조음기관보다 손동작의 발달이 빠르기 때문에 말하기 전의 영아에게 몸짓이 나타난다고 볼 수 있다. 또한 몸짓은 음성 언어를 대신하거나 보충하는 기능을 하기 때문에, 말을 할 수 있게 된 이후에도 불완전한 언어 능력을 보완하기 위해 계속 사용되기도 한다.

몸짓은 지시적 몸짓(deictic gesture)과 표상적 몸짓(representational gesture)으로 나뉠 수 있다. 지시적 몸짓은 성인의 관심을 끌기 위해 어떤 사물을 보여주거나 무언가를 달라고 그것을 가리키는 행동과 같이 몸짓의 형태가 아니라 맥락과 상황에 따라 의미가 달라지는 몸짓으로, 생후 9~13개월경에 나타난다. 표상적 몸짓은 안녕, 만세의 몸동작과 같이 관습적인 손과 몸의 움직임이나 안면 표정으로 지시적 몸짓에 비해 맥락에 덜 의존적이다. 영아가 표상적 몸짓을 하는 것은 사물이나 생각이 상징적으로 표현될 수 있음을 이해하기 시작했음을 보여주는 것이다.

영아의 몸짓은 보통 첫 단어를 발화할 때 나타나 18개월경에 절정을 이루며, 음성 언어가 발달하면서 점차 사라진다. 10~16개월 영아들이 많이 사용하는 몸짓으로는 짝짝꿍, 잼잼, 안녕, 만세, 까꿍, 빠이빠이, 뽀뽀, 박수쳐, 사랑해 주세요, 지지, 전화, 아니, 누워, (모자) 써, 앉아, 똑똑 등이 있다(장유경·최윤영·김소연, 2005).

몸짓으로 의사소통하는 영아

한때 몸짓은 음성 언어를 배우는 데 방해가 된다고 생각되었다. 그러나 몸짓은 영아를 수동적인 관찰자에서 능동적인 의사소통자가 되도록 돕고, 음성 언어 발달에 도움을 주는 것으로 밝혀졌다. 영아는 이야기할 때 부족한 어휘를 몸짓으로 보충하고, 양육자의 말을 몸짓에 의존하여 이해하기도 한다. 영아의 몸짓과 이후 표현 언어의 하나인 어휘 수 간에 정적인 상관관계가 보고되기도 하였다(김의향, 2006). 교사와 양육자는 영아의 몸짓을 유심히 관찰하고 의미를 이해하도록 노력하며, 영아의 몸짓을 적절한 말로 바꾸어 제시하도록 한다(㉄ 아~ 밖에 나가고 싶다고?).

4) 표현 언어

(1) 한 단어 시기

① 첫 단어 출현과 어휘 폭발기

영아는 첫 단어를 생후 10~13개월경에 말한다. 이후 초기 어휘 목록의 증가 속도는 매우 느려 50개 정도를 말하는 데 평균 5~6개월이 소요된다. 영아의 초기 단어는 발음하기도 쉽고 일상생활과 밀접하게 관련된 '엄마, 아빠, 맘마, 놀잇감, 그림책' 등이다. 품사로는 명사가 대부분이며, 그다음으로 행위를 묘사하는 동사(㉄ 어부바, 빠빠, 쉬 등), 상태의 변화와 물체의 속성을 나타내는 형용사(㉄ 뜨거, 없더, 앗추 등), 대답과 사회적 의사표시를 나타내는 부사(㉄ 응, 아이 등), 감탄사 순이다(주영희, 2001).

50개의 단어를 말하는 18개월경 이후 언어 발달이 급속도로 이루어져, 18개월경부터 몇 달간을 '어휘 폭발기(word spurt)'라 부른다(주영희, 2001). 이 시기 영아는 사물의 이름에 관심이 많아 손가락으로 사물을 가리키며 '어?'라고 하여 '(이거) 뭐야?, (저거) 뭐야?' 하는 의미의 질문을 끊임없이 한다. 24개월경에는 300여 단어를 말한다.

② 어휘와 개념 발달

영아의 어휘 발달은 개념 발달과 분리될 수 없다. 영아의 어휘와 개념은 과잉 확대와 과잉 축소, 수평적 발달과 수직적 발달을 통해 확장되어 간다.

과잉 확대(overextension)란 단어의 의미를 일반적으로 사용되는 개념보다 확대하여 사용하는 것을 말한다. 과잉 축소(underextension)란 반대로 의미를 축소하여 사용하는 것을 의미한다. 예를 들어, 동그란 것을 모두 공이라고 확대하거나 우리 집에서 기르는 강아지만 강아지로 축소해서 생각할 수 있다. 이처럼 영아가 주관적으로 유사성을 인정하여 정의한 개념을 전 개념(pre-concept)이라고 하는데, 전 개념은 살아가면서 일반적인 개념으로 수정되어 간다(이지현·마송희·김수영·정정희, 2020).

수평적 발달이란 자신이 알고 있는 어휘의 의미에 새로운 속성을 추가해 가는 것을 말한다. '하얀 강아지'만 강아지라고 과잉 축소해서 생각하다가 털이 길 수도 있고 짧을 수도 있고, 털 색도 하얀색 이외의 색이 될 수 있다는 것을 알게 된다. 즉, 단어의 개념이나 쉐마(schema)를 형성한 후 여기에 새로운 속성을 추가해 가는 것을 말한다. 수직적 발달이란 어떤 개념을 습득하고 나서 그와 유사한 개념의 어휘들을 계속해 습득한 후 유사성을 갖는 어휘들을 군집화하여 새로운 범주의 개념을 획득하게 되는 것을 말한다. '개'에 대한 속성을 습득하고 '개'와 유사한 속성을 지닌 다른 동물들의 속성과 명칭에 대해 알게 되고 동물의 범주를 이루게 된다. '동물'이라는 인지구조가 생기고 나면 그 범주에 '소'와 '말' 등 다른 개념들을 추가시킬 수 있다(주영희, 2001).

③ 단어 하나가 문장

이 시기 영아가 말하는 단어는 어휘 자체뿐 아니라 성인이 사용하는 한 문장의 역할을 하여 일어문(holophrase)이라고 불린다. 단어 하나가 맥락에 따라 다양한 의미를 지닌다. 예를 들어, '신'이라는 단어 하나가 '신이 예쁘다'라는 의미일 수 있고, '엄마, 신 신겨줘. 나 밖에 나가고 싶어'라는 의미일 수 있다. 또한 이 시기 영아의 발음은 대체로 불분명하여 영아의 발음을 알아듣기가 쉽지 않을 수 있다. 따라서 교사나 양육자는 영아가 발음한 단어가 무엇을 의미하는지 상황과 맥락을 고려하여 파악해야 한다. 영아가 사용한 언어를 완전한 문장으로 수정, 확장해서 반응하도록 한다. 예를 들면, 영아가 '물'이라고 하면 '물 먹고 싶다고?' 하며 영아의 의도를 질문하기도 하고, '물이 먹고 싶구나'처럼 완전한 문장으로 바꿔서 다시 말하여 영아가 정확한 문장을 접하도록 돕는다. 문장은 간결하지만, 이유를 설명해 주는 것도 좋다. 영아가 밖에 나가고 싶어 할 때, '안 돼'라는 한 단어보다는 '지금 밖에는 눈이 많이 와요. 추워서 못 나간단다'라고 이야기한다.

(2) 두 단어 시기

한 단어 시기에서 두 단어 시기로의 발달은 생각만큼 빨리 이루어지지 않는다. 18개월경 영아는 어휘 수와 기억력이 증가하여 두 단어를 결합하여 자기 생각을 보다 의미 있게 표현할 수 있게 된다(한유미·김혜선·권희정·양연숙·백은정, 2013). 두 단어 시기에는 '엄마 우유', '사과 좋아'와 같이 관사, 전치사, 접속사, 조동사 등의 기능어는 생략된, 핵심적인 내용어만으로 구성된 문장이 사용된다. 이와 같은 특성을 토대로 두 단어 문장은 전보식 문장이라 불리기도 한다. 이 외 두 단어 문장은 중심을 이루는 주축어와 이에 따르는 개방어의 관계로 해석되기도 하고, 행위자–행위(엄마 간다), 소유자–소유(아빠 책), 지시하기–실체(요거 불) 등의 의미론적 관계로 분석되기도 한다.

(3) 문장 사용기

두 단어를 연결하여 사용하기 시작한 지 2개월 정도 지나면 세 단어 이상의 문장으로 말할 수 있게 된다. 영아가 사용하는 문장은 점차 길어지고 정교해진다. 명사, 동사, 형용사 등의 내용어뿐 아니라 조사와 같은 기능어도 포함된, 성인이 사용하는 문장과 유사한 문장을 말한다. 문법과 문장 구조도 발달하고, 문법 규칙을 독창적으로 적용하지만, 발음은 아직 불명확하다. 교사는 영아가 한 말을 듣고, 어휘와 개념, 발음, 문법이나 문장 구조에 대한 영아의 발달 정도를 구체적으로 파악하고, 완성도를 높여 다시 들려주는 등의 방법으로 영아가 어휘와 문장의 적절한 용례를 자연스럽게 배우도록 도울 수 있다.

① 문법 규칙의 과잉 일반화

문장을 사용하면서 영아는 들어본 적 없는 문장을 스스로 만들어 내기도 한다. 창조적으로 문장을 만들면서 과잉 일반화라는 문법의 오류가 나타나기도 한다. 이는 영아가 언어를 습득해 나가는 과정에서 나름대로 추론해 낸 어떤 규칙을 과도하게 적용함으로써 발생하는 오류로, '안 밥 먹어요(부정 표현)', '선생님이가(주격조사)', '선생님, 내가 이 그림 그렸다요(존대종결어미)' 등이 그 예이다.

② 문법의 발달

문장을 사용하는 시기 영아는 단어를 조합하여 구문을 만드는 개념 이외에 조사, 시제와 같은 기본 문법에 대해 이해하기 시작한다. 영아의 문법 발달에 대해 상세히 살펴보면(조명환, 1982), 영아가 가장 먼저 습득하는 형태소는 호칭 어미(야–엄마야, 내 꺼야)이다. 이후 명사 어미에서 그 명사의 기능을 나타내는 격조사는 생후 1년 9개월에서 2년 5개월 사이에 발달한다. 격조사 중 공존격조사(같이, 랑, 하고), 처소격조사(에, 에게, 한테), 주격조사(이, 가), 목적격조사(을, 를), 도구격조사(로, 으로) 순으로 나타났다.

동사의 어미는 서술형(다, 이다, 야, 라, 자), 과거형(ㄴ, 았, 었), 미래형(ㄹ), 수동형(이, 히), 현재형(ㄴ다) 순으로 출현한다. 동사의 어미 습득은 비교적 조기에 이루어지고 실수가 많이 나타나지 않는 것으로 보고되었다. 그러나 간혹 실수하는 예를 보면 서술문 어미 '다'를 의문문에 과잉 적용하기도 한다. 24개월경 영아는 '갔다', '갈 거야'와 같은 과거시제와 미래시제의 동사를 이해하기 시작하고, 존칭어미 '시', 공손어미 '요' 등 존댓말과 관련된 어미도 사용하기 시작한다.

③ 문장 구조의 발달

문장 구조도 발달하는데, 부정문, 의문문, 복문을 중심으로 알아보면 다음과 같다. 부정문의 경우 생후 1년 7개월경에 사용하기 시작한다. 영아가 자주 사용하는 부정문은 부재, 거부, 부정, 금지, 무능이다. 부재를 나타내기 위해 19개월에 '아빠 없더'(강명재, 1991), 거부를 나타내기 위해 2년 2개월에 '실러'(이인섭, 1986), 부정을 나타내기 위해 2년 2개월에 '아니야'(이인섭, 1986), 금지와 무능을 나타내기 위해 36개월에 '안 돼', '나 밥 못해'를 사용한 예들이 보고되었다. 3세경에 '안 밥 먹어', '안 바보야'와 같이 부정을 나타내는 요소를 잘못된 위치에 놓는 경우도 많다.

의문문의 경우 의문문에 대답을 할 수 있게 된 다음 의문문을 산출할 수 있다. 14개월경 영아는 문장의 끝 단어를 올려서 의문문을 표현한다(엄마 가방?). 이후 의문형 어미와 의문사를 사용하여 의문문을 만든다. 의문형 어미로는 '~지'(이게 뭐지?), '~까'(이게 뭘까?), '~니'(이게 뭐니?), '~냐'(이게 뭐냐?) 등이 있는데, 2세경에는 이들을 모두 사용한다. 의문사는 '무엇'과 '어디'가 먼저 사용되고, 시간 개념의 의문사인 '언제'가 가장 늦게 사용된다(김승렬, 1968, 주영희, 2001 재인용).

2~3세경에는 한 가지 이상의 명제를 연결하는 문장인 복문도 사용한다. 명제가 순차적으로 연결되는 접속문과 하나의 명제가 다른 명제 안에 포함되는 내포문 모두 사용된다. 접속문의 경우, 대등(그리고), 역접(그러나), 순서(그러고 나서), 원인(그래서)이 먼저 나타나고, 이후 한정조건(~한다면), 동시성(~할 때)이 나타난다(이인섭, 1986; 조명한, 1982). 이인섭(1986) 등의 연구를 토대로 정리한 접속문과 내포문의 예는 다음 표와 같다.

〈표 3-1〉 접속문과 내포문의 예

접속문	내포문
나는 안 주고, 언니만 준다. (1년 11개월) 뜨거서 안 먹어. (1년 11개월) 아빠, 언니가 커, 현영이가 더 커? (2년 3개월) 물 먹구 와야 자지, 엄마 하구. (3년 2개월)	이걸루 이러커는 거야. (2년 3개월) 엄마, 아빠 시계 안 가지고 갔어. (2년 3개월) 오빠하고 장난 노는 거야. (3년 2개월)

출처 : 주영희(2001). 유아언어발달과 교육. 교문사, pp. 115-116.

④ 불분명한 발음

영아의 발음은 대체로 불분명하지만, 개인차가 매우 커 처음 문장으로 말하는 시기부터 정확하게 발음하는 영아도 있다. 반면 양육자나 담임교사도 영아의 말을 알아듣기 어려울 정도로 발음이 불분명한 경우도 있다. 대체로 ㅁ, ㅂ, ㅍ의 발음이 쉽고, ㅅ,

ㅆ, ㄹ이나 중모음, 이중모음의 발음이 어렵다. 이러한 어려움도 개인차가 커, 어떤 영아는 ㄹ이나 ㅅ과 같은 자음을 탈락시키거나 변형시키고, 또 어떤 영아는 ㅣ와 같은 모음을 추가시키기도 한다(예 일어나-이어나, 김승일-김뜽일, 틀어줘-트여줘). 영아기 동안 점차 발음이 정확해진다.

5) 문어 발달

구어 발달이 문어 발달에 선행한다는 관점이 오랫동안 받아들여져 왔다. 그러나 구어와 문어는 독립적인 관계라기보다 서로 연계되어 있고 상호보완적으로 발달한다. 즉, 문어 발달은 구어 발달이 완전히 이루어진 후 시작되는 것이 아니라 구어 발달과 상호작용하며 일련의 발달과정을 거치며 이루어진다. 음성 언어로 자신의 의사를 표현하기 전부터 울음, 옹알이, 몸짓으로 구어 발달의 초보 과정을 경험하듯 정확하게 문자를 읽고 쓸 수 있기 전에도 문자와 책에 관심을 가지고 그 기능을 이해하고, 읽어주는 글을 듣고 이에 반응하고, 그림만 보고 이야기를 하고 긁적거리는 등 초보적인 문어 발달이 이루어진다.

(1) 읽기에 대한 관심

한글을 읽을 수 있고, 맞춤법에 맞게 글을 쓸 수 있는 것으로 한정짓지 않고, 문자와 관련된 경험을 하고 이와 관련된 정보를 이해하는 과정을 문해력으로 보는 발생적 문해력의 관점으로 볼 때, 어린 영아기부터 문어 발달이 이루어진다.

영아는 책을 놀잇감처럼 이리저리 들고 다니며 책에 대한 관심을 보인다. 또한 읽기에 관심을 보여 교사나 양육자와 함께 책 읽기를 즐긴다. 영아는 같은 그림책을 반복해서 읽어주기를 바라며, 성인이 읽어주는 책을 조용히 앉아 듣기도 하지만 춤을 추거나 책 속의 물체를 가져오는 등 다양한 반응을 보인다. 그림책을 읽어줄 때 보이는 1~2세 영아의 행동을 분석한 이영자, 이종숙(1996)의 연구에 따르면, 영아들은 말없이 그림 쳐다보기, 단순한 소리내기, 손으로 책의 그림 지적하기, 성인이 하는 대로 따라 명명하기,

명명하기, 책 옹알이, 그림을 보고 마음대로 이야기하기, 그림을 보고 비슷하게 이야기 꾸며 말하기, 단어와 구절을 기억하여 이야기하기의 반응을 보였다.

글자에 대한 개념은 2세경에 형성되는데, 자신이 손으로 가린 부분을 읽을 수 없다는 것을 알거나 그 부분을 다 읽기 전에 책장을 넘기지 않는다. 영아의 책과 읽기에 대한 관심을 지원하기 위해 교사는 매일 다양한 장르의 영아용 그림책을 반복해서 읽어주도록 한다.

책을 들고 다니는 영아

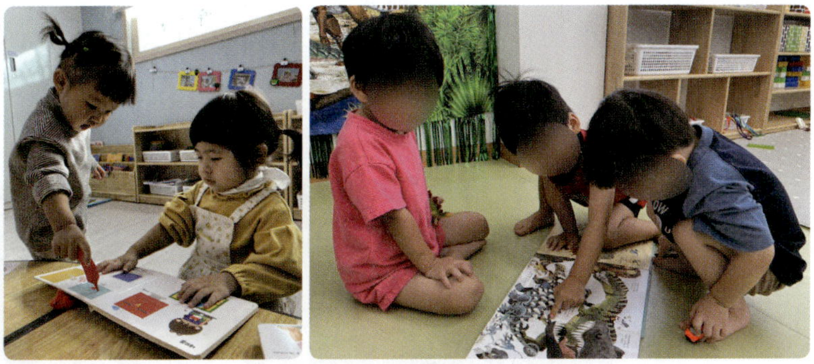

책을 보며 이야기를 나누는 영아들

발생적 문해력

문어 발달을 한글을 읽을 수 있고, 맞춤법에 맞게 글을 쓸 수 있는 것으로 한정짓지 않고, 문자와 관련된 경험을 하고 이와 관련된 정보를 이해하는 과정으로 보는 관점이다.

발생적 문해력이라는 관점에서 문어 발달은 어린 영아가 책을 놀잇감처럼 이리저리 들고 다니며 책에 대한 관심을 보이고, 글자를 모르지만 자신의 생각대로 읽는 척하는 책 옹알이를 하고, 자신의 생각을 표현하기 위해 끼적이는 것에서 시작하여 문자의 의미를 이해하는 능력인 독해, 자신의 생각을 논리적으로 기술하는 작문(composition)까지의 연속적이고 광범위한 발달과정을 의미한다.

(2) 끼적이기

다른 사람의 말을 듣고 그대로 글로 옮기기(받아쓰기)나 쓰인 글자를 보고 따라 쓰기와 같은 관례적인 글자 쓰기만을 쓰기로 인정하는 전통적 견해에서 벗어난 발생적 문해력 관점에서 볼 때, 어린 영아도 자신의 생각을 표현하기 위해 끼적이며 자발적인 쓰기 행동을 한다. 영아의 끼적이기는 성인이 보기에는 그림인지 글인지 구별하기 어렵지만, 영아는 그림과 글자가 별개로 존재한다는 것을 이해해 나간다.

12개월경부터 쓰기 도구 자체를 탐색하고 월령이 증가하면서 수직선, 수평선, 원형이 우연히 나타났다가 점차 의도적으로 나타나게 되고 자모의 알파벳과 유사한 모양이 나타나기도 한다.

끼적이는 영아들

영아의 끼적이기를 격려하기 위해 영아가 원하면 언제든지 끼적일 수 있는 자료와 공간을 마련해 주도록 한다.

4. 사회성 발달

영아는 자기 자신이 독특한 존재임을 이해하고, 자기주장과 소유권 인식이 강해져 때로는 또래와 갈등하지만, 타인과 또래에 관심을 보이고, 초보적인 우정을 발전시킨다. 이 절에서는 영아의 자아개념, 타인에 대한 관심과 이해, 친사회적 행동과 공격적 행동 발달에 대해 알아보고자 한다.

1) 자아개념

자아개념(self-concept)이란 개인이 자신의 신체, 행동, 태도, 사고 등이 독특하며 타인과 다름을 깨닫는 것을 의미한다. 자신이 주변의 물체나 사람들과 독립된 존재로, 시간이 지나도 지속되는 존재임을 인식하는 것을 의미한다.

(1) 자아개념

연구자들은 자아개념을 자기 스스로 인식하고 활동적으로 생각하는 주관적 자기(subjective self, I-self라고도 함)와 타인과의 관계에서 외현적인 자신을 인식하는 객관적 자기(objective self, me-self라고도 함)로 구분한다. 영아의 자기 인식은 주관적 자기가 먼저 발달하고 이를 기초로 객관적 자기로 발달한다(Gross, 2008). 또한 범주적 자기도 발달한다.

① 주관적 자기

주관적 자기(I-self)는 행위 주체자로서 자기에 대한 인식을 말한다. 자신이 환경과 분리되어 있으며, 자신의 생각과 행동을 조절할 수 있다는 것을 인식하는 것이다. 주관적 자기 개념은 영아들이 자신의 행동이 사물과 사람을 예견할 수 있는 방향으로 반응하게 한다는 사실을 인식하는 것으로부터 시작된다(Harter, 1998). 양육자가 영아의 탐색을 격려해 주고 영아의 신호에 민감하게 반응할 때 영아는 행위자로서 자아에 대한 인식을 빨리 하는 경향이 있다. 나의 역할과 타인의 역할을 구분하는 것은 자아지각을 위한 중요한 초기 과정이 된다. 사물을 가지고 노는 것도 영아가 자신의 손과 팔의 움직임이 물리적 세계와 어떻게 관련되는지를 탐구할 수 있는 기회를 제공하기 때문에 영아의 자아 인식에 기여한다(Keller, Yovsi, Borke, Kartner, Jesen, & Papaligoura, 2004).

② 객관적 자기

객관적 자기(me-self)는 자신을 다양한 특성, 즉 신체적·심리적·사회적 특성을 지니고 있는 평가의 대상으로서 인식하는 것을 의미한다. 신체적 특성, 소유물, 태도나 신념, 성격 등을 포함한다. 객관적 자기를 인식하는 초기에는 신체적 특성이 매우 중요하다. 영아가 자신의 신체적 특성에 대해 얼마나 인식하고 있는지 알아보기 위해 연구자들은 거울, 비디오, 사진 등을 활용하여 연구해 왔다.

영아의 자기 재인 능력을 측정하기 위하여 루이스와 브룩스-건(Lewis & Brooks-Gunn, 1979)은 '루주 테스트'로 알려진 자기 재인 검사를 개발하였다. 루주 테스트는 영아의 코에 루주를 바른 다음 영아에게 거울을 보여주고 반응을 관찰하는 방법이다. 만일 영아에게 자기 재인 능력이 있다면, 즉 거울 속의 아기가 자기 자신이라는 것을 안다면 코에 묻은 루주를 지우기 위해 자기 코를 닦아낼 것이다. 반면 자기 재인 능력이 없을 경우 거울의 코를 만질 것이다. 실험 결과, 12개월 이하의 어린 영아들은 거울 속 루즈를 코에 묻히고 있는 아기가 자신임을 인식하지 못했다. 15~17개월 영아 중 소수만 자신을 알아보고, 18~24개월 영아 대부분이 자신임을 인식하고 루주를 닦아냈다. 이러한 결과에 비추어 보면 대략 15개월 전후 자기 재인이 시작됨을 알 수 있다(Courage, Edison, & Howe, 2004). 이러한 실험 결과를 거울에 대한 이해 발달로 오해할 수도 있겠지만, 한 번도 거울을 본 적이 없는 원시 부족의 영아들에게서도 유사한 결과가 발견되었다. 이스라엘 사막 공동체에 사는 영아들을 대상으로 같은 실험을 한 결과, 6~12개월 영아들은 자기 코를 만진 영아가 한 명도 없었고, 13~19개월의 영아 중 몇 명만이 코를 만졌으며, 20~26개월 영아들은 거의 모두 코를 만졌다(Priel & de Schonen, 1986).

우리나라 영아를 대상으로 한 연구를 보면, 24개월 영아의 59.5%가 자신의 코에 묻은 루주를 지우려고 했다. 33개월 영아들은 대부분 거울에 비친 자신의 모습을 보고 '나'라고 반응하고, 사진을 보고 자신을 가리키거나 자신의 이름을 말하는 것으로 나타나 자기 개념이 명확해짐을 알 수 있다(곽금주 외, 2005).

자기 재인을 보이기 시작할 무렵 영아는 자신의 이름을 사용하고 인칭대명사를 이전보다 빈번히 말한다(Pipp, Fisher, & Jennings, 1987). 15, 18, 21개월의 영아를 대상으로 한 연구(Lewis & Ramsay, 2004)에서는 루주 테스트에서 자기 재인을 보인 영아들이 그렇지 않은 영아들보다 일상에서 1인칭 대명사를 더욱 많이 말했다. 18~24개월 영아들은 다른 영아의 사진보다 자신의 사진을 더 많이 들여다보고 이름이나 '나', '나를'로 자신을 지칭했다.

거울에 비친 자신을 바라보는 영아

③ 범주적 자기

범주적 자기(categorical self)란 연령, 성별, 신체적 특징 등 눈에 보이는 다양한 특성들을 바탕으로 자기를 분류하는 것을 의미한다. 1세가 끝날 무렵 영아는 낯선 아기와 낯선 성인 혹은 낯선 여성과 낯선 남성을 구별할 수 있다(Brooks-Guun & Lewis, 1981). 생후 18개월 이전에 영아는 사진에서 자신과 동성의 다른 영아를 구별하지는 못하지만 자신과 성별이 다른 영아를 구별하고 자신과 더 나이 많은 타인을 구별할 수 있다. 18~24개월 사이에 이르면 사진 속의 동성의 영아와 자신을 구별할 수 있을 뿐 아니라 특정한 연령, 성별 등의 범주에 속하는 범주적 자기로서 자신을 인식한다. 즉, 연령(아기, 형, 아저씨), 성(여자, 남자), 신체적 특성(키가 큰, 힘이 센), 심지어 선과 악(나는 착해) 등의 기준으로 자신과 다른 사람을 범주화한다(Stipek, Gralinski, & Kopp, 1990).

자아개념 발달은 인지 발달, 사회적 상호작용, 애착과 관련이 있어 보인다. 지적장애 아동의 경우 일반 아동보다 거울에 비치는 자신을 인식하는 능력에서 뒤떨어진다. 힐과 톰린(Hill & Tomlin, 1981)은 자아개념이 형성되기 위해서는 적어도 18~20개월의 정신연령을 획득해야 한다고 제안했다. 고립되어 성장한 침팬지는 루주 테스트에서 자기 재인에 실패하는 경향이 있다(Gallup, 1977). 영아의 경우도 양육자와의 상호작용이 중요한데, 3개월경 양육자와의 상호작용에서의 차이는 18~20개월경의 자기 재인과 관련이 있었다(Borke, Lamm, Eickhorst, & Keller, 2007). 또한 안정되게 애착된 영아들은 불안정하게 애착된 또래보다 거울에 비친 자신을 더 잘 인식하였고, 자신의 이름과 성을 더 잘 알고 있었다(Pipp, Easterbrooks, & Harmon, 1992).

(2) 자기주장과 소유 개념

영아는 자아개념이 발달하면서 점점 더 자율적으로 행동하려 한다. 2세경 영아는 자기주장이 매우 강하여, '내가', '안 해', '싫어'를 자주 외친다. 무엇이든지 도움을 받기보다는 서툴지만 자신이 스스로 하고 싶어 하고 성인이 도와주려 하면 이를 뿌리치기도 한다. 또한 소유권에 대한 인식이 매우 강해, 또래와 함께 놀이할 때 '내 거야'라는 말을 자주 한다. 이로 인해 또래와 갈등이 자주 발생된다.

(3) 자기조절

자기조절력이란 자신의 행동을 조절하고 통제하는 능력을 의미한다. 사회에서 받아들여지지 않는 행동을 억제하는 능력으로 도덕적 행동의 필수요건이다. 자기조절이 이루어지기 위해서는 먼저 자아 인식이 이루어져야 한다. 즉, 자기 스스로 자기 행동을 지시하는 독립된 개체라고 인식해야 자기조절이 가능하다. 자기조절은 순종(compliance)으로 나타나기 시작하는데, 12~18개월경 부모가 원하는 것, 기대하는 것을 명확히 인식하기 시작하며, 간단한 요구와 명령에 자발적으로 따를 수 있다(Kaler & Kopp, 1990). 이후 자기조절력은 계속 증가하여 일정 시간 동안 하지 말라는 행동을 하지 않고 기다리는 능력이 계속 증가한다. 한 연구에 의하면, 13~30개월 영아들은 월령이 높아지면서 소망하는 대상물을 얻기 위해 혹은 유혹적인 행위에 가담하지 않고 일정 시간 동안 기다리는 만족지연도 함께 증가하는데, 이러한 만족지연 능력이 증가할수록 자기조절을 잘 하는 것으로 보인다.

자아 인식 이후 자기주장이 강해지면서 성인의 지시에 따르지 않기도 하지만, 애정적 태도와 적절한 수준의 지시를 경험해 온 영아는 성인의 지시를 잘 받아들인다. 따뜻하고 민감한 양육과 성숙한 행동에 대한 합리적 기대를 경험하는 영아들은 반항적 행동을 훨씬 적게 나타냈고, 어머니가 반응적이고 지지적이면 자기조절력이 높게 나타났다(Kochanska, Murray, & Harlan, 2000). 따라서 영아의 자기조절력 형성을 돕기 위해 애정적 태도를 유지하면서 합리적인 행동 양식을 부드럽지만 단호하게 요구해야 할 것이다. 그러나 영아기의 자기조절은 아직 사소한 것에 이르기까지 지속적인 관심과 격려가 필요하며 언제나 자기조절이 잘 이루어질 것으로 기대하기 어렵다. 영아의 컨디션에 따라 자기조절력 수준에는 큰 차이가 나타난다.

2) 타인에 대한 관심과 이해

아주 어린 영아들도 다른 사람에 대해 관심과 호기심을 가진다. 특히 또래에 대한 관심을 적극적으로 표현한다. 또래나 양육자와 같은 의미 있는 타인에 대한 관심과 이해는 영아가 사회적 존재로 살아가기 위한 경험으로 이어진다.

다른 사람을 이해하고 다른 사람과 관계를 형성하기 위해서는 사회인지를 필요로 한다. 사회인지란 다른 사람이 마음을 가지고 있음을 인식하고 이것이 어떻게 작동하는지에 대해 이해하는 것이다. 즉, 타인의 사고와 의도, 정서, 사회적 행동 및 그들의 일반적 견해를 이해하는 능력이다. 영아가 타인의 사고와 의도 등을 완전히 이해하기는 어렵다. 그러나 영아기 동안 사회인지의 기초적 능력으로 보이는 타인의 시선 쫓기(gaze-following), 사회적 참조(social referencing), 공동주의(joint attention), 타인의 의도 이해(intention understanding) 등이 발달한다. 이러한 사회인지를 토대로 타인, 특히 또래에 대한 관심은 또래에 대한 이해와 관계 형성으로 발전해 나간다.

(1) 기초적인 사회인지 형성

영아와 마주 보고 있다가 시선을 왼쪽 혹은 오른쪽으로 돌리고 마주 보고 앉아 있는 영아가 맞은편 사람의 시선을 따라 시선을 옮기는지 살펴본 결과, 영아의 타인 시선 쫓기(gaze-following)는 9~11개월경에 급속히 발달하는 것으로 알려졌다. 9개월경 영아는 성인의 머리 회전에만 주의를 기울이고 눈을 특별히 고려하지 않지만 10~11개월 영아는 시선 쫓기에서 상대의 눈의 상태를 더 많이 주목하는 것으로 나타났다(Meltzoff & Brooks, 2007).

생후 2~3개월경 영아는 타인을 향해 미소 짓고 타인에게 한동안 눈 맞춤을 함으로써 사회적 상호작용을 시작하는 것으로 알려졌다(Wolff, 1987). 3~4개월경에는 얼굴을 구분하여 낯익은 사람에게만 선택적으로 사회적 미소(선택적 미소)를 지음으로써 그 대상과 밀접한 사회적 관계를 맺었다.

7개월경에는 상황을 판단하는 단서로 타인의 얼굴 표정, 목소리의 억양 등을 사용하는 사회적 참조(social referencing)도 나타난다. 이는 영아가 타인이 감정과 의도를 가지고 있다는 것을 이해함을 의미하며, 주로 명확하지 않은 모호한 상황에서 행동해야 할 때 사용된다. 1세 영아를 대상으로 영아는 얕은 쪽에 놓고, 어머니는 반대편의 재미있는 장난감이 있는 쪽에 서 있게 한 시각벼랑 실험 상황에서 영아는 어찌할 바를 모르고 어머니를 바라본다. 엄마가 기쁨이나 호기심을 표현하면 영아 대부분이 엄마 쪽으로 기어

갔지만, 엄마가 분노나 공포를 표현하면 영아 대부분이 건너가지 않아 1세 영아가 환경을 이해하고 환경에 적응하는 데 타인의 표정을 단서로 사용하는 능력이 있음이 보고되었다. 사회적 참조는 생후 1년에서 2년 사이 급격히 발달하고 점차 정교해진다. 18~24개월경에는 양육자도 익숙하지 않은 장소에서는 원래 그 장소에 있었던 낯선 이의 표정을 주로 살피며(Stenberg, 2003), 낯선 사람 중에서도 그 상황에 대한 지식이 더 많아 보이는 이로부터 정보를 얻으려고 노력한다(김근영, 2008).

공동주의(joint attention)란 다른 사람과 함께 제3의 물체에 주의를 기울이는 상태로, 함께 주의하기라고 부르기도 한다. 공동주의는 아기가 함께 바라보는 물체를 중심으로 다른 사람의 마음 상태를 인식하게 되었다는 것을 뜻한다. 공동주의를 하기 위해서는 다른 사람들도 자기처럼 외부 사물에 흥미를 느낄 수 있고 주의를 기울일 수 있다는 것을 알아야 한다. 누군가 뭔가를 바라본다는 것은 그것에 흥미를 느끼기 때문이라는 것도 알아야 한다. 즉, 타인이 특정 대상에 주의를 집중하여 바라보고 있음을 이해하고, 자신의 주의를 적절하게 조절하고, 자신의 관심 대상에 타인의 주의를 끌어들일 수 있어야 한다.

공동주의는 영아기 전반에 걸쳐 점차 발달한다. 6개월경부터 어머니와 외부 대상에 번갈아 주의를 집중하며 바라볼 수 있고, 9개월경부터는 타인이 바라보는 대상을 따라 바라보다가 12개월경부터는 자신의 관심 대상에 타인의 주의를 끌기 위해 몸짓, 소리, 눈짓 등의 신호들을 사용하는 사회적 관여 행동을 보이고 가리키는 행동도 이해하게 된다(Carpenter, Nagell, Tomasello, Butter worth, & Moore, 1998). 이후 월령이 증가하면서 공동주의의 양도 증가하며 15개월에서 18개월 사이 폭발적으로 증가한다(정윤경·곽금주, 2005).

공동주의는 이후 발달과도 관련이 있다. 2세 때 영아의 공동주의와 4세 때 마음 이해 능력 간의 관련성(Chaman et al., 2000), 12, 15, 24, 30개월의 공동주의와 30개월의 정서 이해 능력 간의 관련성(Van Hecke et al., 2008), 12, 15, 18개월의 공동주의와 만 4세의 마음 읽기 능력 간의 관련성(김연수·정윤경·곽금주, 2009)이 보고되었다.

어린 영아도 똑같은 행동이라도 행동의 의도가 사람이나 상황에 따라 다를 수 있다는 점을 이해하기 시작한다. 걸음마기 영아는 다른 사람의 의도를 고려하여 모방하는데, 우연적 행동보다 목적적인 행동을 좋아하는 것으로 보인다. 12개월경 영아에게 인형 강아지가 문이 활짝 열린 집의 문으로 들어가지 않고 재미를 위해 굴뚝을 통해 집으로 들어오는 것처럼 보여주었더니, 이를 본 영아는 그 행동을 모방하였다. 그러나 대문으로 강아지를 들어오게 하려 하였으나 문이 잠겨 있는 것을 알고 굴뚝으로 들어오게 한 경우 12개월 영아는 강아지를 문으로 들어오게 하였다(Schwier, van Maanen, Carpenter, & Tomasello, 2006). 우리나라 14개월 영아를 대상으로 유사한 연구가 수행되었다. 영아들은 손을 사용할 수 있음에도 불구하고 머리로 등을 켜는 행동을 본 경우, 손을 사용하기 어려워 머리로 등을 켜는 행동을 본 경우보다 머리를 사용하여 등을 켜는 행동을 많이 모방하였다. 이러한 결과는 우리나라 14개월 영아들도 타인의 상황적 제약을 고려하여 행동 목표를 추론할 수 있음으로 해석되었다(김은영·송현주, 2011).

(2) 또래에 대한 관심

아주 어린 영아들도 또래에 관심을 보인다. 2개월경 영아도 다른 영아를 쳐다본다. 3~4개월경 영아는 다른 영아에게 손을 내밀어 만지려고 한다. 6개월경 영아는 좀 더 적극적으로 다른 영아들을 쳐다보고 미소를 짓거나 옹알이를 하고, 눈이나 입, 귀 등을 만지는 신체적 접촉을 시도한다. 생후 1년이 가까워지면 쳐다보고, 미소 짓고, 소리를 내며 서로 반응을 주고받는 행동이 좀 더 명확하게 나타나고, 또래와 함께 시간 보내기를 선호한다(Rubin, Bukowsky, & Parker, 2006). 14~18개월경 영아의 경우 두 영아가 옆에서 각자 놀이하는 단순한 병행 놀이가 관찰된다. 이후 18개월경에는 서로의 행동을 모방하거나 좇아다니는 관계적 행동을 보인다. 24개월경에는 때로는 꼬집거나 때리기도 하고, 장난감을 서로 빼앗으려다 울고 소리를 지르는 부정적인 행동도 보이지만, 또래와의 사회적 교류가 길어지며 협동적 놀이도 발견된다. 3세가 되면서 여럿이 하는 사회적 가상 놀이가 초보적 수준에서 나타난다.

또래에 관심을 보이는 영아들

어린 영아들에게 일관성 있는 우정이 나타난다고 보기는 어렵지만, 낯선 또래보다 친숙한 또래에게 신체적 접촉을 자주 하고 모방 행동과 미소를 더 많이 보이며, 놀이에서도 좀 더 진보된 수준의 놀이가 나타났다(Lewis & Brooks–Gunn, 1979). 14~24개월 영아를 일 년 동안 관찰한 결과, 선호하는 놀이친구가 지속되는 것이 보고되었다(Howes, 1983). 또 다른 연구에서 15개월 된 영아는 친구가 등원하는 것을 보고 얼굴이 밝아지고, 18개월 된 영아는 친구가 왔을 때 인사하기 위해 달려갔다. 어떤 영아는 친구가 집에 가거나 다른 방으로 가면 슬퍼하기도 했다(Whaley & Rubenstein, 1994). 영아가 특정 영아와 지속적으로 상호작용하고, 놀이 상대자로서 어떻게 상호작용해야 하는지 이해하고, 상호작용 속에서 동료애, 친밀감, 애정을 보일 때, 이러한 또래관계를 우정이라 본다면, 즉 우정을 행동적으로 정의한다면 우정은 첫돌이 지나면서 나타난다고 한다(Howes, 2000). 그러나 3년 6개월 된 유아의 20%, 4세 유아의 50% 정도만 진정한 우정을 나타낸다는 연구 결과(Hinde, Titmus, Easton, & Tamplin, 1985)도 있어 우정을 무엇으로 보느냐에 따라 차이가 있는 것으로 보인다.

가까이서 또래와 함께 놀이하는 영아들

또래 근처에서 따로 놀이하는 영아들

3) 친사회적 행동과 공격적 행동

(1) 친사회적 행동

친사회적 행동이란 다른 사람에게 도움이 되는 이로운 행동으로, 도움주기(helping), 위로하기(comforting), 나누기(sharing) 등을 말한다. 어린 영아들도 서로에게 관심이 있어, 안아주고, 토닥여 주고, 도와주고, 나눠주기를 좋아한다. 영아의 친사회성에 대한 초기 연구에서 10~12개월, 16~18개월, 22~24개월의 세 집단 영아 모두 또래에게 부정적인 상호작용보다 긍정적인 상호작용을 훨씬 많이 하는 것으로 밝혀졌다(Eckerman, Whatley, & Kutz, 1975).

또래를 도와주는 영아들

친사회적 행동을 하기 위해 영아는 자신과 타인을 구분할 수 있고, 다른 사람의 입장을 이해하고, 선한 행동이나 의도를 인식해야 한다. 즉, 도덕적 추론, 조망 수용 능력, 감정이입 등이 필요하다. 3~10개월 정도의 어린 영아도 누가 선한 존재인지 판단할 수 있고, 누가 친구이고 누가 적인지, 이타적 행동이란 무엇인지 구별할 수 있으며, 이타적 행동을 선호하는 것으로 드러났는데(Hamlin, Wynn, Bloom, & Mahajan, 2011), 이러한 선호는 이후 도덕성 발달이나 친사회적 행동 발달에 중요한 역할을 한다.

조망 수용 능력이란 다른 사람의 관점을 이해하고 그 사람의 사고와 태도를 식별하는 능력이다. 타인이 바라보는 시선의 방향, 타인의 감정이 자신과 다를 수 있다는 것을 알게 된다. 피아제 이론에 따른다면 조망 수용 능력은 구체적 조작기에 성취되는 능력이지만, 2~3세경에도 초보적인 수준에서 나타나기 시작한다.

감정이입은 공감이라고도 하는데, 다른 사람의 정서를 같이 느끼는 능력을 말한다. 신생아도 다른 영아의 울음소리에 불쾌감을 표현한다. 이 시기 영아는 타인의 정서를 이해하기 시작했지만, 타인과 자신의 감정이 독립되어 있다는 것을 이해하지 못하기 때문에 부적절한 반응을 보인다. 즉, 자신과 타인을 정확히 구별하지 못하여 감정 또한 분리해서 느끼지 못해 다른 영아에게 일어난 일을 자신에게 일어난 것으로 생각하고 행동한다. 이후 12개월경 감정이입의 초기 형태가 나타난다. 영아는 다른 사람이 울거나 고통당할 때 편안하게 해주려고 노력하고, 불행해 보이는 사람의 기분이 좋아지도록 만들기 위해 가볍게 만져주기, 안아주기 같은 방법을 사용했다. 어떤 경우 지친 아빠와 슬퍼하는 엄마에게 자신의 젖병이나 음식을 주려 하기도 하였다. 의사가 엄마의 목구멍을 면봉으로 치료하는 것을 보고 엄마를 신음하게 만드는 의사의 손에 있는 면봉을 치우려고 하는 행동도 관찰되었다(Zahn-Waxler, Radke-Yarrow, & King, 1979). 18개월경에는 다른 영아가 편안해지는 방법을 더 잘 알게 되는데, 우는 영아에게 놀잇감과 음식을 주고, 고통받는 영아를 돕기 위해 성인을 급하게 잡아끌기도 하였다. 그러나 영아의 행동은 다른 사람의 요구보다는 자신의 요구를 반영하기 때문에, 이러한 영아의 친사회적 행동이 다른 사람에게 만족감을 주지 못하는 경우가 많다. 침이 묻은 고무젖꼭지나 씹던 음식, 이미 사용한 젖병은 다른 영아나 성인에게 위로가 되지 못한다. 그러나 영아 입장에서는 상당한 희생을 감수하는 행동이다. 영아들은 인정받고 싶어 한다.

또래를 쓰다듬고, 위로하는 영아들

우리나라 영아들을 대상으로 한 연구에서, 11개월 영아의 30.9%가 다른 사람이 울 때 함께 울거나 우는 이를 다독거렸고, 12개월 영아의 6.5%가 친숙한 사람의 요구를 들어주려는 경향을 보였으며, 19개월 영아의 대다수가 상대방의 요청에 맞춰 자신의 감정을 조절하였으며, 24개월 영아의 83.5%가 자신의 것을 남에게 주거나 돌보는 행동을 보였고, 34개월 영아들에게서는 자신의 차례를 기다리는 행동의 빈도가 높게 나타났다(곽금주 외, 2005).

(2) 공격 행동

공격 행동이란 타인에게 해를 주거나 상처를 입히고자 하는 모든 행동을 말한다. 공격 행동은 크게 도구적 공격 행동과 적대적 공격 행동으로 나뉜다. 도구적 공격 행동이란 어떤 목적을 달성하기 위하여 이루어지는 행동으로, 친구가 가지고 노는 장난감을 갖고 싶을 때 말없이 뺏는 행동이 그 예라고 하겠다. 이와 달리 적대적 공격 행동은 다른 사람을 해치려는 의도를 가진 행동을 말한다.

아주 어린 영아에게서 공격 행동은 잘 관찰되지 않는다. 그러나 생후 1년에 가까워지면서 자신의 목적을 달성하기 위한 공격 행동이 나타나는데, 이 시기의 공격 행동은 주로 다른 또래가 가지고 있는 놀잇감을 빼앗으려는 의도의 도구적 공격 행동이다. 영아는 자기가 이미 놀잇감을 가지고 있어도 또래가 가지고 있는 놀잇감을 갖고 싶어 한다. 자신의 의사를 언어로 표현하는 데 미숙한 영아는 놀잇감을 갖고 싶다고 명확하게 표현하지 못한 채 자신의 욕구를 거칠게 드러낸다. 많은 영아가 함께 생활하는 어린이집 영아반에서 자주 관찰되는 공격 행동 유형이다. 이 시기에는 감정이 폭발하여 화를 내는 행동이 자주 나타난다(곽금주 외, 2005).

18개월 이전 영아들의 공격 행동에는 타인을 해하려는 의도가 거의 발견되지 않는다. 그러나 18~24개월경 영아들이 장난감을 서로 차지하려고 하는 행동에는 의도적으로 상대방을 밀치는 등의 힘겨루기가 나타나기도 한다. 2세경에도 여전히 놀잇감 때문에 자주 충돌이 발생하지만, 이제 이러한 갈등을 해결하는 방법에서 무조건 빼앗기보다 협상이나 나눔으로 대처하는 경향이 높아진다(Caplan, Vespo, Pederson, & Hay, 1991). 24개월경에는 언어 발달이 급속도로 이루어지면서 발을 구르거나 때리는 신체적 공격은 감소하고, 놀리고 흉보고 상대방을 위협하고 모욕하는 언어적 공격이 급격히 증가한다.

5. 정서 발달

영아는 태어나는 순간 큰 소리로 울음을 터트린다. 자신의 불편한 정서를 큰 소리로 호소한다. 영아기 동안 성장하며 정서 표현도 분화되고 자신과 타인의 정서를 이해하고 상황에 맞게 정서 표현을 조절하는 능력이 커간다. 이 절에서는 영아의 정서 발달과 관련이 있는 기질과 애착에 대해 먼저 살펴보고, 정서 표현, 정서 이해, 정서 조절에 대해 알아보고자 한다.

1) 기 질

기질(temperament)이란 한 개인의 행동양식과 정서적 반응유형을 의미하는 것으로 활동 수준, 사회성, 과민성과 같은 특성을 포함하는 개념이다(Rothbart & Bates, 1998). 영아는 출생 직후부터 기질적 특성을 보인다. 어떤 영아는 조용하고 행동이 느리지만 어떤 영아는 활발하고 반응도 빠르다. 어떤 영아는 자주 울고 잘 달래지지 않지만 어떤 영아는 잘 울지도 않고 쉽게 울음을 멈춘다. 어린이집에서 어떤 영아는 새로운 놀잇감이나 교실의 변화에 빠르게 반응하며 어떤 활동이든지 적극적으로 참여한다. 어떤 영아는 새로운 놀잇감이나 교실의 변화에 둔감하고 어떤 놀이나 활동이라도 참여하는 데 시간이 걸리지만 매사에 느긋하고 일단 시작한 것은 오래 하기도 한다. 이와 같은 차이는 기질의 차이에서 비롯되었다고 볼 수 있다.

토마스와 체스(Thomas & Chess, 1977)는 영아의 정서적 반응의 격렬한 정도(격렬함), 영아가 활동에 참여하고 있을 때 그만하라고 하면 즉시 행동을 멈추는지 아니면 그 행동을 지속하려고 하는지(지속성)와 같은 기질의 구성요인 9가지를 기준으로 영아를 순한 영아, 반응이 느린 영아, 까다로운 영아로 구분하였다. 연구대상 영아의 65%가량이 어느 한 유형에 속하였다.

기질 유형에 따른 영아의 특성

- 순한(easy) 영아 : 생물학적 기능이 규칙적이어 수유와 수면의 규칙성이 일찍 발달한다. 새로운 자극에 긍정적으로 반응하며 변화에 빨리 적응한다. 평온하고 긍정적인 기분을 유지하며, 미소를 많이 짓고, 좌절에 대해 저항 없이 받아들이며 쉽게 위안을 받는다. 양육자에게 기쁨과 즐거움을 준다.
- 반응이 느린(slow-to-warm-up) 영아 : 까다로운 영아보다는 규칙적이고 쉬운 영아보다는 불규칙적이다. 새로운 자극에 반응하지 못하며, 위축된다. 양육자가 강압적이지 않으면 적절한 적응을 보이고 관심과 즐거움을 나타낸다. 양육자의 인내가 필요하다.
- 까다로운(difficult) 영아 : 생물학적 기능이 불규칙적이어 음식섭취와 수면, 일과의 규칙성이 늦게 발달한다. 새로운 자극이나 변화에 쉽게 적응하지 못하고, 적응에 많은 시간이 필요하다. 불행해 보이고 적대적이고 조그만 좌절에도 강하게 반응하며, 다른 영아에 비해 더 오래, 더 크게 운다. 양육자의 인내, 체력, 지원이 필요하다.

연구자들은 영아기에 나타난 기질이 이후 아동기나 성인기 성격 형성의 모체가 된다고 보고 있다. 낯가림이 심했던 영아가 유아기나 아동기에도 여전히 낯선 사람을 두려워하고 까다로운 성향을 보이며(Ahadi & Rothbart, 1994), 낯선 사람이나 상황에 대해 움츠러드는 경향인 행동억제 반응양식(behavioral inhibition)이 높은 영아는 유아기나 아동기에도 낯선 상황이나 타인에 대해 강한 생리적 반응을 보였다(Kagan et al., 1988). 기질은 비교적 안정적이며 생득적 특성을 지녔다고 할 수 있다. 그러나 기질은 양육행동이나 문화적 가치관 같은 환경과 상호작용하여 변화할 가능성을 지니고 있다. 따라서 교사는 영아의 기질적 특성을 고려하여 상호작용해야 한다. 영아의 기질 유형을 고려한 교사의 상호작용 전략을 정리하면 다음과 같다.

- **순한 영아 :** 조용히 잘 적응하기 때문에 부모나 교사의 관심 밖으로 밀려나기 쉽다. 그러나 이러한 기질의 영아도 다른 영아와 마찬가지로 교사의 애정과 관심을 원하므로 교사는 영아가 따로 신호를 보내지 않더라도 정기적으로 영아에게 시간을 배려하며 관심을 보여주어야 한다.
- **반응이 느린 영아 :** 새로운 상황이나 사람에게 친숙해지는 데 많은 시간이 걸린다. 또한 성급하게 새로운 상황에 참여하거나 적응하기를 요구하면 위축되기 쉽다. 따라서 새로운 일을 시작해야 할 때 천천히 소개하고 교사가 가까이서 지켜봐 주어 심리적 지원을 해주는 것이 바람직하다.
- **까다로운 영아 :** 집중시간이 짧고 산만한 경향이 있으므로 놀잇감 등으로 고집을 피울 때 관심전환기법을 활용하여 다른 곳으로 관심을 돌려주어야 한다. 또한 규칙적인 일과나 집단상황에 적응하기 어려우므로 개별적으로 융통성을 가지고 상호작용하는 것이 바람직하다. 또한 적응하는 데 어려움을 겪으므로 변화가 있을 때 미리 준비시키도록 한다. 활동 수준이 높으므로 활동적으로 놀 수 있는 자료와 공간을 제공해야 한다. 이 유형의 영아라도 조용히 집중하여 자신이 관심 있는 놀이에 참여하거나 책을 읽기도 한다. 이런 경우 교사는 영아를 칭찬하거나 관심을 보여 영아의 조용한 놀이를 격려하도록 한다.

2) 애 착

애착(attachment)은 영아와 양육자(주로 어머니) 간에 형성되는 애정이나 사랑과 같은 긍정적인 정서로(Ainsworth, 1983), 매우 친밀한 정서적 유대관계를 말한다(Bowlby, 1969). 영아가 특정 인물에게 애착을 형성하게 되면 그 사람과 함께 있을 때 즐거워하고 만약 불안한 상황이라면 위로를 받는다.

영아기 애착은 이후 인지, 정서, 사회성 발달에 중요한 영향을 미치는 것으로 알려졌다(Thompson, 1998). 안정된 애착관계를 형성한 영아는 사람에 대한 신뢰감이나 자신감, 호기심, 타인과의 관계에서 긍정적인 태도를 보이고, 어려운 과제를 잘 해결하며 좌절도 잘 참아내고 문제행동도 덜 보인다. 12개월과 18개월에 안정애착을 형성한 것으로 평가된 영아들이 청소년기까지 긍정적 정신건강, 높은 자아존중감을 나타내며, 교사, 친구와의 상호작용에서 사회적 유능성을 지닌 것으로 나타났다(Sroufe, Egeland, Carlson,

& Collins, 2005). 반면 불안정 애착을 형성한 영아는 아동기 이후 적대적이고 공격적인 성향을 보이면서 다른 사람과 좋은 관계를 형성하기 어렵다고 한다.

에인스워스(Ainsworth, 1983)의 애착유형

에인스워스(Ainsworth, 1983)는 어머니와 격리 후 재결합하는 8가지 에피소드로 구성된 낯선 상황에서 영아가 보여주는 행동을 토대로 애착유형을 네 가지로 분류하였다.

1. 안정애착(secure attachment)
안정애착 유형의 영아는 주위를 탐색하기 위해 어머니로부터 쉽게 분리된다. 그러나 낯선 사람보다 어머니에게 관심을 더 많이 보이며, 어머니와 함께 있을 때 밀접한 관계를 유지한다. 또한 어머니와 분리되었을 때에도 어떤 방법으로든 능동적으로 위안을 찾고 다시 탐색과정으로 나아간다. 이들은 어머니가 돌아왔을 때 적극적으로 접촉을 추구하며, 쉽게 편안해진다. 연구대상의 약 65% 정도를 차지한다.

2. 회피애착(avoidant attachment)
회피애착 유형의 영아는 어머니가 있을 때 별 반응을 보이지 않는다. 어머니가 방을 나가도 괴로워하거나 울지 않고, 낯선 사람에게 어머니와 비슷한 반응을 보인다. 어머니가 돌아와도 무시하거나 회피하고, 그다지 반가워하지 않으며 친밀감을 추구하지 않는다. 연구대상의 20% 정도를 차지한다.

3. 저항애착(resistant attachment)
저항애착 유형의 영아는 어머니가 방을 나가기 전부터 불안해하고 어머니 옆에 붙어 있으려 하며 탐색을 별로 하지 못한다. 어머니가 방을 나가면 심한 분리불안을 보인다. 어머니가 돌아오면 접촉을 시도하지만 어머니가 안아주어도 울음을 멈추지 않고 쉽게 달래지지 않으며, 분노를 보이면서 내려달라고 소리를 지르거나 어머니를 밀어내기도 한다. 연구대상의 10~15%를 차지한다.

4. 혼란애착(disorganized attachment)
혼란애착 유형은 불안정 애착의 가장 심한 형태로 회피애착과 저항애착이 결합된 것이다. 이 유형의 영아는 어머니와 재결합했을 때, 어머니가 안고 있는 동안 시선을 돌리거나 무표정하게 대하며 멍한 표정을 짓기도 한다. 연구대상의 5~10%를 차지한다.

낯선 상황 실험은 애착의 질을 측정하는 중요한 지표이기는 하지만 안정 유형과 불안정 유형으로 해석하는 데는 신중한 태도가 필요하다. 부모가 방으로 들어왔을 때의 반응에 근거하여 안정이냐 불안정이냐 하는 애착유형을 구분하지만 실제 애착 유형은 상황요인이나 영아의 기질, 부모의 양육태도 등 여러 요인에 영향을 받을 수 있다.

6~8개월경 주양육자인 어머니와 애착을 형성하기 시작하며, 어머니와 애착을 형성했다는 증거로 낯가림(stranger anxiety)과 분리불안(separation anxiety)이 나타난다.

낯가림은 영아가 특정인과 애착을 형성하게 되면 친숙하지 않은 낯선 사람에게 자신이 맡겨지거나 낯선 사람이 다가오면 큰 소리로 우는 반응이다. 낯가림은 6~8개월경에 나타나기 시작하여 10개월경에 최고조에 달했다가 서서히 사라진다. 낯가림은 낯선 사람 자체에 대한 반응이라기보다 영아에게 익숙한 얼굴과 낯선 얼굴이 일치하지 않는 데 대한 반응이다. 자신이 친숙한 사람과 낯선 사람의 얼굴을 비교하여 차이가 큰 경우 혼란스러워 발생하는 반응이다. 따라서 낯가림을 보이지 않는 것은 낯선 사람에 대한 변별력이 없는 것으로 친숙한 양육자에 대한 애착이 적절하게 형성되지 않았음을 의미한다고 볼 수 있다.

분리불안은 영아가 부모나 애착을 느끼는 대상과 분리될 때 느끼는 불안을 의미한다. 낯가림이 낯선 사람에 대한 불안에서 비롯된 것이라면, 분리불안은 친숙한 사람과의 분리에 의해 유발된다. 영아는 부모나 애착대상과 헤어질 때 불안해하고 당황하여 얼굴을 찌푸리거나 우는 행동을 보이며 떨어지지 않으려 한다. 분리불안은 8~9개월경에 나타나기 시작하여 15개월경에 최고조에 달하였다가 24개월경 사라진다.

보통 안정애착을 형성한 영아는 불안정 애착을 형성한 영아보다 양육자를 탐색을 위한 심리적 기지로 삼아 주변 환경에 대해 적극적으로 탐색하기도 하고, 분리불안을 덜 보이는 경향이 있다. 또한 양육자가 수용적인 양육태도를 보일 경우 분리불안이 일찍 나타나는데(이주혜, 1981), 이는 양육자가 수용적인 양육태도를 보일수록 애착형성이 잘 되고, 애착이 잘 형성될수록 영아가 대상에 대한 개념을 일찍 형성하기 때문이다.

최근 연구에서는 가정의 주양육자에 대한 애착뿐 아니라 어린이집 교사와의 애착도 중요한 변인으로 강조되고 있다. 교사와 영아 간의 따뜻하고 애정 어린 관계가 형성되어 영아가 복수의 애착관계를 형성하도록 배려할 수 있다. 영아의 주양육자가 바뀌거나 영아가 어린이집에 다니기 시작할 때, 애착, 낯가림, 분리불안 등을 고려하여 적응과정에 대한 신중하고 섬세한 배려도 필요하다.

3) 정서 표현

정서 표현이란 자신이 느끼는 정서를 겉으로 드러내는 것을 뜻한다. 영아는 출생 시 불쾌한 자극을 피하려는 상태와 유쾌한 자극을 추구하는 상태의 두 가지 정서 상태를 나타낸다. 이후 정서는 점차 구체적이고 조직적인 형태로 분화되어, 생후 2~7개월경 영아는 분노, 슬픔, 기쁨, 두려움이나 공포 등의 정서를 나타낸다. 이러한 정서는 선천적인 것으로 생의 초기에 나타나고, 얼굴 표정만 보고도 정서 상태를 쉽게 알 수 있으며, 거의 모든 문화권에서 공통적으로 나타나 일차 정서(primary emotion) 또는 기본 정서(basic emotion)라고 불린다. 일차 정서는 점차 분화되어 생후 1년경에는 놀람, 의기양양, 좌절, 낯가림 등의 정서반응이 나타난다. 이후 감정이입, 질투, 당황함, 자긍심, 수치심, 죄책감과 같은 이차 정서(secondary emotion)가 나타난다.

이차 정서(secondary emotion)는 자의식 정서, 복합 정서(complex emotion)라고 불리기도 하며, 자아 인식이 이루어진 후 나타난다(Lewis, 2007). 자아 인식은 자신이 주변의 대상과 분리된 존재임을 인식하고, 거울이나 사진 속에서 자신을 알아볼 수 있는 능력으로, 영아기 동안 점차 발달하여 보통 15~24개월경에 나타난다. 이 시기에 감정이입, 질투(부러움), 당황함(부끄러움) 등이 나타난다.

이차 정서는 자아 인식 이외에 여러 일차 정서를 동시에 경험할 수 있는 능력, 바람직한 행동의 사회적 기준에 따라 자신의 행동을 평가하는 능력이 필요하다. 죄책감의 경우 해서는 안 되는 일을 했을 때 느끼는 정서이므로, 자신을 객관적으로 인식하고, 자신의 행동이 잘한 일인지 그렇지 못한 일인지 평가해야 느낄 수 있다. 반대로 자부심은 어려운 일을 해냈을 때 느끼는 감정이므로 자신의 능력을 긍정적으로 평가할 수 있어야 한다. 주스를 바닥에 엎지른 30개월 영아가 당황해하며 고개를 숙이거나 어려운 퍼즐을 맞추고 자랑스러워 함박 웃는 모습 등으로 관찰된다.

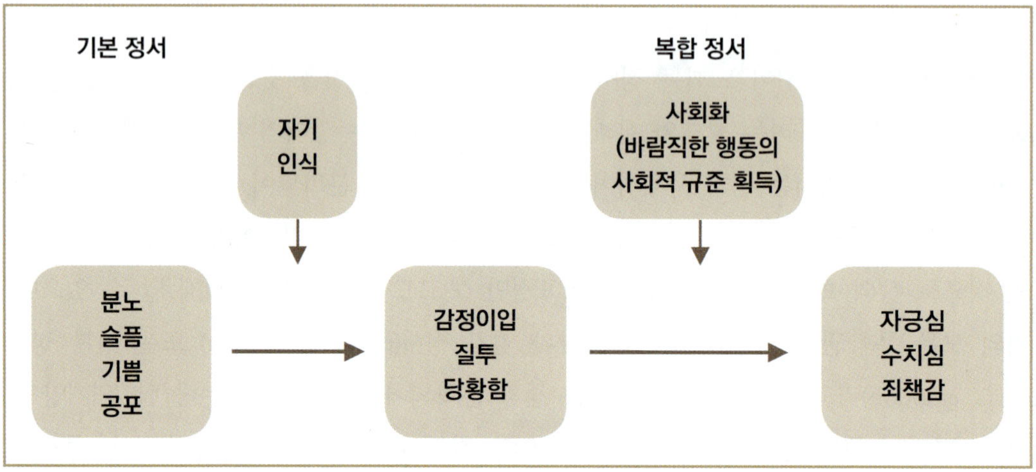

| 그림 3-1 | 정서 표현 발달

출처 : 조형숙·한종화·박은주·이수민(2016). 영아발달. 학지사, p. 244.

정서의 표현 강도도 성장하면서 변화한다. 태어나자마자 영아의 정서 표현은 매우 강렬하다. 영아에게 흔하게 나타나는 극적 감정 폭발은 이 같은 감정의 강도를 나타낸다. 그러나 정서가 분화되면서 영아의 반응 또한 다양해지고, 미묘해진다. 영아는 성장하면서 무조건 비명을 지르며 분노를 표현하기보다 실망했을 때 입을 삐쭉거리고 좌절했을 때 훌쩍거리며 흥분된 감정을 말로 표현하기도 한다. 이처럼 정서가 다양한 표현양식을 갖게 된 것은 기본 정서, 상황적 맥락, 인지적·언어적 발달의 상호작용의 결과이다. 이는 영아가 타인의 정서를 이해하는 데 영향을 미친다(Kostelnik, Whiren, Soderman, Stein, & Gregory, 2002/2005).

(1) 1차 정서

① 기쁨

기쁨이란 미소, 웃음, 목울림 소리로 표현되는 흐뭇하고 흡족해하는 긍정적 정서를 의미한다. 영아는 친숙한 사람의 목소리를 듣거나 흥미로운 장난감을 볼 때 만족스럽다는 의미로 웃는다. 건강한 영아일수록 기쁨의 표현을 자주 나타낸다.

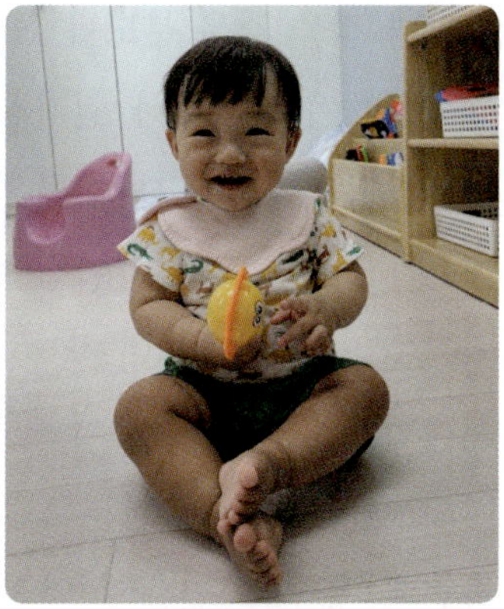

웃는 영아

영아는 출생 직후 미소 짓는데, 이 미소는 깊은 수면이나 부드러운 감촉 등과 같은 내적 상태에서 비롯된 반응으로, 보통 배내 미소라 불리며 선천적·반사적인 것으로 알려져 있다(정옥분, 2012). 6~10주경에는 이와 구별되게 사람의 얼굴에 대해 사회적 미소(social smile)를 보인다(Lavelli & Fogel, 2005).

생후 3~4개월경에는 친숙한 사람에게 그렇지 않은 사람보다 더 자주 미소를 짓는 선별적 미소(selective smile)를 나타낸다(Sroufe, 1997). 이러한 미소는 사회적 상호작용이 이루어질 때 가장 빈번하게 나타나며, 친숙한 사람과의 친밀감을 강화시켜 주는 역할을 한다(Ellsworth, Muir, & Hains, 1993). 이 시기에 영아는 자신의 행동에 대한 기쁨도 나타내 뒤집기를 하면서 혼자 미소 짓는 영아의 모습도 관찰된다(유효순 외, 2013).

4개월경에는 소리 내어 웃는 행동도 나타나는데, 웃음은 미소와 마찬가지로 기쁨의 표현이지만 미소보다 강한 자극을 필요로 한다. 처음에는 부모가 '잡아라' 하며 장난스럽게 아기의 배에 입맞춤을 하는 것과 같이 매우 적극적인 자극이 주어져야 소리 내서 웃지만, 6개월 이후가 되면 친숙한 사람이 사라졌다가 갑자기 나타나는 '까꿍 놀이' 같은 시각적 자극이나 사회적 자극에 더 잘 웃는다. 1세가 가까워지면서 어떤 일을 예측하면서 사소한 행동에도 웃게 되고, 1~2세에는 다른 사람과 사회적 관계를 갖기 위해 의도적인 미소를 짓고, 놀다가 흥미로운 장난감을 다른 사람을 향해 들어 보이는 등 다른 사람과 함께 즐거움을 나누려 한다(박성연, 2006).

② 분노

분노는 불쾌한 정서로, 영아는 출생 직후부터 배고픔, 추위, 아픔, 자극이 지나치게 많거나 적을 경우 분노를 표현한다(Berk, 2005).

우는 영아

6개월 이후 기기나 걷기 등으로 이동이 가능해지면서 영아는 주변에 대해 탐색하고 새로운 시도를 하는데, 이러한 시도가 많아질수록 좌절 상황도 증가하게 되어 분노 표현의 횟수가 증가한다. 생후 1년 이전에는 신체적 제약이나 속박이 있을 경우 분노를 느끼는 데 비해 자아개념이 생기는 2세경에는 자기주장을 하고픈 독립의 욕구로 인해 성인의 요구에 심하게 분노하고 저항하기도 한다(박성연, 2006). 걸음마기 동안 분노 표현 횟수가 계속 증가하는데, 이는 자신이 원하는 사물을 갖고자 하는 욕구의 지속 시간이 길어지고, 분노를 표현함으로써 괴로움에서 벗어날 수 있다는 사실을 알게 되었기 때문이기도 하다. 즉, 엄마와 떨어지기 싫은 영아가 분노를 표현하면 엄마가 돌아오고, 놀잇감을 갖고 싶을 때 분노를 표현하면 얻게 되는 경험 때문이다(유효순 외, 2013; Berk, 2005).

분노의 표현방법도 변한다. 처음에는 울음으로 표현하지만 4~6개월경에는 성난 목소리로 소리를 지르고, 1세경에는 발을 구르거나 차기도 하고 물건을 던지거나 부수어 버리는 행동을 하기도 한다. 2세경에는 '싫어', '안 해' 등의 언어와 함께 밀치고 깨물고 때리는 과격한 행동을 보이기도 한다(박성연, 2006; 정옥분, 2012). 이후 사회에서 수용되는 방식으로 분노를 표현하는 방법을 배워 육체적 공격보다는 말로 분노를 표현하게 된다. 그러나 잠투정처럼 신체적 요인에 의해서나 하고자 하는 일을 못하게 했을 경우 또는 성인이 관심을 보이지 않을 경우 분노의 떼쓰기(temper tantrum)가 나타나기도 한다.

욕구가 좌절되어 분노의 상태가 지속되면 정서 발달에 부정적인 영향을 미칠 수 있으므로, 영아가 분노를 느끼면 관심을 가져주고, 지나치게 좌절을 자주 느끼지 않도록 도와야 한다. 또한 분노의 떼쓰기가 관심 끌기나 욕구충족의 수단으로 활용되어 문제해결의 도구로 학습되지 않도록 해야 한다.

③ 공포

공포는 신체적·심리적 위험에 대한 반응으로 무서움이나 두려움을 의미한다. 출생 초기에는 양육자의 보호를 받아 공포를 유발하는 자극물이 주변에 별로 없다. 심한 고통이나 큰 소리, 새로운 사람이나 장소, 높은 장소나 어둠, 다른 사람과의 위협적인 상호작용은 공포를 유발시키는 요인이다(정옥분, 2012).

6~8개월경 영아는 양육자와의 애착이 형성되기 시작하면서 낯가림을 하게 된다. 낯가림을 하는 영아는 양육자에게 매달리거나 울거나 고개를 돌리는 행동을 한다. 낯가림은 보통 6~8개월경에 시작하며 10개월경에 절정을 이루며 15개월 이후 점차 감소하여 2~3세경에 종료된다고 알려졌다(박성현, 2006). 그러나 영아의 기질이나 애착 정도, 낯선 사람에 대한 과거 경험, 영아가 양육된 문화, 현재의 상황 등에 따라 개인차가 매우 크게 나타난다. 양육자와 안정적인 애착관계를 형성한 경우 낯선 사람에게 더 사교적인 반응을 보이며(Thompson, Lamb, & Estes, 1982). 엄마와만 지낸 영아의 경우 낯가림이 심하게 나타나는 경향이 있다(Super & Harkness, 1982). 똑같이 낯선 사람을 만나더라도 친숙한 장소에서 아기가 주변을 돌아다니는 동안 낯선 사람이 조용히 앉아 있고, 양육자가 곁에 있다면 낯가림의 정도가 줄어들고, 낯선 사람에게 호기심을 표현하기도 한다(Horner, 1980). 따라서 새로운 사람을 만나거나 새로운 장소에 가게 될 경우 영아가 심하게 낯가림을 하지 않도록 충분한 시간이 주어져야 한다.

영아가 성장하면서 공포의 대상과 정도도 변하는데, 오히려 공포의 대상이 확대되기도 한다. 어둠, 천둥과 같은 큰 소리, 새로운 장소, 동물 등에 대해 두려움을 갖기도 한다. 상상력이 발달하면서 공포심이 더 조장되기도 한다.

(2) 2차 정서

① 질투

질투는 애정이 상실될 것을 두려워하여 나타나는 정서로, 12~18개월경에 나타난다. 분노와 공포, 애정 등이 혼합된 정서이며, 자신을 사랑하는 사람이 다른 사람에게 관심을 보일 때 나타난다. 자기 부모가 다른 아기를 안고 있거나 예뻐하면 화를 내거나 떼쓰는 행동을 보인다.

② 수치심과 자부심

수치심은 사소한 실수로 인해 나타나는 당황함과 달리 실패, 도덕적인 위반, 부정적인 결과가 반복될 때 생긴다. 자부심은 하고자 하는 어떤 일을 성공적으로 수행했을 때 느끼는 기쁨이다.

수치심이나 자부심의 표현은 성, 기질, 문화에 따라 차이가 나타나, 우리나라의 경우 다른 문화권에 비해 자부심의 표현이 적은 편으로, 우리나라 3세 유아는 미국의 3세 유아보다 자부심을 덜 표현하는 것으로 보고되기도 하였다(하유미, 1998).

4) 정서 이해

정서 이해란 자신과 타인의 정서를 인식하는 능력으로, 이 중 타인 정서 이해는 타인의 얼굴 표정이나 동작을 통해 드러나는 정서적 신호를 읽는 능력을 말한다. 어린 영아도 미숙하지만 자신과 타인의 정서를 이해하는 능력을 가지고 있어, 3~4개월경에 상대방의 화난 얼굴, 슬픈 얼굴, 행복한 얼굴을 구별할 수 있다. 5~6개월경에는 상대방의 얼굴 표정, 목소리를 알아차리고 다른 사람의 정서에 따라 자신의 행동을 조정한다. 이는 영아가 정서의 의미를 이해함을 보여주는 것이다. 특히 1세경에는 익숙하지 않아 어떻게 행동해야 할지 혼란스러운 낯선 상황에서 다른 사람의 정서를 자신의 행동의 길잡이로 삼는 사회적 참조(social referencing)가 나타나기 시작한다(Feinman, Roberts, Hsieh, Sawyer, & Swanson, 1992). 이 시기부터 영아는 타인의 얼굴 표정을 읽고 그 의미를 알 수 있다(Nelson & Dolgin, 1985).

영아는 생후 1~2년 사이 정서 이해 능력이 급격히 증가하는데, 18개월 이후부터는 자신의 정서를 언어로 표현하기 시작한다(Dunn, Bretherton, & Munn, 1987). 28개월 된 영아의 엄마들로 하여금 자신의 자녀가 사용하는 정서 관련 어휘를 기록하도록 한 결과, 사랑, 좋아함, 행복, 자랑스러움, 나쁨, 슬픔, 화남 등의 정서 관련 어휘를 사용하는 것으로 나타났다(Bretherton & Beeghly, 1982).

영아들은 이와 같이 정서를 이해하고 언어로 표현할 뿐 아니라 다른 사람의 감정을 함께 느끼는 감정이입을 보이기도 한다. 신생아가 다른 영아를 따라 우는 것도 일종의 감정이입이다. 특히 위로 받은 경험을 많이 가진 영아일수록 타인의 부정적 정서를 위로해 주는 모습이 발견된다. 어린이집에서 엄마랑 떨어지기 힘들어하는 또래 영아를 도와 안아주거나 다른 놀이를 하도록 유도해 주는 모습이 관찰되기도 한다(박찬옥 외, 2009). 이와 같이 영아들은 타인의 부정적 정서를 이해할 뿐 아니라 이를 감소시키는 방법을 알고 있는 것으로 보인다.

5) 정서 조절

정서 조절이란 자신이 느끼는 부정적 정서를 그대로 표현하는 것이 아니라 사회적으로 수용되는 적절한 방식으로 정서를 표현하도록 조절하는 억제뿐 아니라 긍정적 정서를 유지하고 강화함을 뜻한다. 모든 정서 표현이 사회에서 용인되는 것이 아니며, 상황에 따라 어떤 정서는 표현해서는 안 되므로 정서 조절이 필요하다.

아주 어린 영아기부터 정서 조절 능력이 발달한다. 영아는 출생 초부터 불쾌한 자극에 대해 얼굴을 찡그리거나 회피하기 위해 고개나 몸을 돌리거나 손으로 밀치는 반응을 한다. 자기위로의 한 형태로 손을 입에 집어넣고 울거나 양육자에게 매달려 기분 좋은 상태를 유지하려 하기도 한다. 12개월경 몸을 앞뒤로 흔들거나 깨물거나 두려운 대상, 불쾌한 대상으로부터 뒤로 물러서며 부정적 정서 유발을 감소시키는 책략을 발달시킨다(Kopp, 1989). 18~24개월경 분노나 슬픔을 억누르기 위해 이마를 찌푸리거나 입술을 꼭 다무는 행동을 보이기도 한다. 영아는 또한 부정적 정서를 숨길 줄도 알게 되어, 20개월경 영아는 넘어져도 엄마가 함께 있을 때만 울음을 터뜨리기도 한다.

18개월 이후 정서를 표현하는 어휘가 발달하면서 만족할 만한 수준은 아니지만 자신을 달래기 위해 언어를 사용하는 새로운 정서 조절 방식이 나타나기 시작한다(Grolnick, Bridges, & Connell, 1996). 예를 들면, 엄마가 외출을 하면 '곧 돌아올 거야'라고 혼잣말을 하는 모습이 관찰되기도 한다. 또한 또래가 끼워주지 않는 경우 '나도 놀고 싶지 않아'라고 하며 목표를 변경하여 정서를 조절하려 노력하기도 한다(곽금주 외, 2005).

제4장

일상과 놀이에 기반한 영아중심의 발현적 보육과정의 실행

제2장에 제시된 영아보육과정의 방향을 한마디로 정리한다면 일상과 놀이에 기반한 영아중심의 발현적 보육과정이라고 할 수 있다. 이러한 보육과정을 실행하기 위해 교사는 사전에 교육계획을 촘촘히 하고 이를 그대로 실천하는 보육과정 운영에서 벗어나야 한다. 교사에 의해 모든 것이 미리 계획되어 영아의 흥미를 반영하기 어려운 교수계획 중심이 아닌 영아의 흥미와 관심에서 출발하는 보육과정이 되어야 한다. 즉, 영아에게서 출발하는 보육과정을 의미한다.

이 장에서는 일상과 놀이에 기반한 영아중심의 발현적 보육과정을 실행하기 위한 과정으로, 영아의 일상생활과 놀이의 관찰과 기록, 영아의 행동, 놀이, 배움을 해석하고 지원 방법을 심사숙고하는 성찰, 지원 방법이나 내용을 결정하고 이를 실천하기 위해 준비하는 의사결정과 준비, 영아와 함께 놀이하는 실행, 다시 영아의 반응을 물러서서 그대로 흘러가게 지켜보기라는 다섯 가지로 나누어 살펴보고자 한다.

1. 관찰과 기록하기
2. 성찰하기
3. 의사결정과 준비하기
4. 실행하기
5. 흘러가게 지켜보기

제4장

일상과 놀이에 기반한 영아중심의 발현적 보육과정의 실행

일상생활과 놀이에 기반한 영아중심의 발현적 보육과정은 교사의 입장에서 가치 있다고 생각하는 놀이나 활동을 준비하기보다 영아가 현재 관심이 있는 지점, 영아의 흥미와 욕망이 있는 그 지점을 찾아 그 지점을 출발점으로 삼아 배움이 일어나도록 지원하는 보육과정이다. 즉, 외부 전문가나 교사에 의해 만들어진 보육과정을 그대로 실행하는 것이 아니라 교사와 영아가 함께 만들어 가는 보육과정이다. 계획에 따른 실행이라기보다 실행 후 이를 기록함을 의미한다. 이것은 마치 설계도와 도면이 있어서 집을 짓는 것이 아니라 집을 지어가며 설계도와 도면을 그려가는 방식(이부미, 2021)이라고 할 수 있다.

보육과정의 전체 과정은 제2장에 소개한 바와 같이 영아의 일상과 놀이를 관찰하는 것에서 출발한다(① 관찰과 기록). 교사는 관찰 기록을 통해 영아의 흥미, 관심, 놀이, 배움을 해석하고 이를 토대로 놀이 지원 방안을 심사숙고하는 시간을 갖고(② 성찰), 놀이의 지원 방법이나 내용을 결정한 후 이를 실천하기 위해 준비한다(③ 의사결정과 준비). 이후 교사는 영아와 함께 놀이에 참여하고, 영아의 놀이를 지지하는 등 상호작용한다. 교사가 준비한 새로운 놀이 자료가 있다면 소개, 초대하거나 영아의 반응을 지켜본 후 함께 놀이한다(④ 실행). 영아의 놀이가 어떻게 진행되는지 지켜보고 이를 다시 관찰하고 기록하도록 한다(⑤ 흘러가게 지켜보기). 이러한 과정은 순환적으로 일어난다. 여기서 발현적 보육과정에 대한 이해를 돕기 위해 다섯 가지 과정을 분리하여 설명하지만, 관찰하며 성찰을 함께하는 등으로 두 가지 이상의 과정이 동시에 일어나기도 하고, 다시 앞 과정으로 되돌아갈 수도 있다(Stacey, 2009/2015).

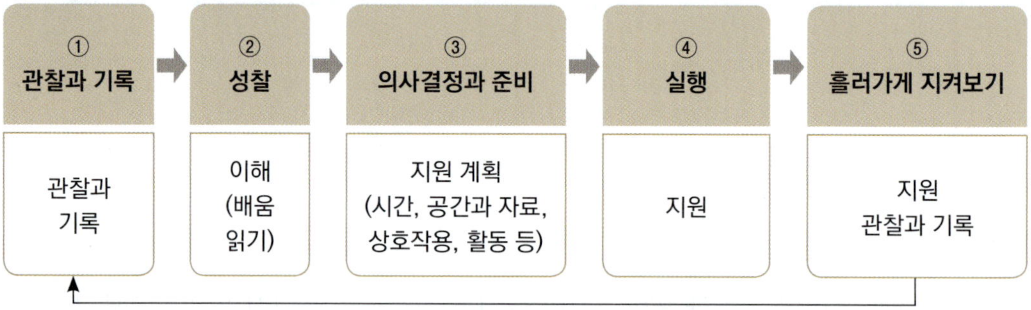

| 그림 4-1 | 발현적 보육과정의 실행과정

1. 관찰과 기록하기

발현적 보육과정은 영아로부터 시작하는 보육과정이므로, 영아를 관찰하고 이를 기록함에서 출발한다. 관찰이란 '자세히 보다'의 관(觀), '살펴서 알다'의 찰(察)이 합쳐진 단어이다. 어떤 것을 마음에 두고 자세하게 살펴보는 것으로, 사물의 상태나 현상을 주의 깊게 탐색하고 기술하는 과정이다. 기록은 이렇게 상세히 알아본 것을 그 순간이 지나도 사라지지 않도록 흔적을 남기는 가시화, 물질화의 과정이다(Lenz Taguchi, 2010/2018). 즉, 관찰과 기록은 영아가 어린이집에서 하루 일과 동안 먹고, 자고, 놀며 보여주는 표정, 손짓, 몸짓, 말 등을 관찰하고 이를 기록하여 그들이 어떤 행동을 하는지, 왜 그러한 행동을 하는지, 무엇에 관심을 가지고, 어떤 배움이 일어나고 있는지 이해하기 위해 자세히 들여다보고 이를 기록하는 과정이다. 결국 관찰 기록은 영아의 놀이뿐 아니라 영아의 일상, 더 나아가 영아를 이해하는 데 도움을 주는 도구이다.

1) 귀 기울이기와 교육적 기록작업이 되도록

여기서 말하는 관찰은 체크리스트, 평정척도법 등에서 사용하는 미리 규정된 범주, 즉 관찰 항목, 준거, 범주 등에 따라 관찰하는 것과 다르다. 범주나 도구에 기반한 관찰과 평가도 영아의 발달을 돕기 위해 필요하지만, 발현적 보육과정의 출발점과는 차이가 있다.

달버그와 동료들(Dahlberg, Moss, & Pence, 2013/2016)은 관찰이라는 용어가 점점 더 구조화된 틀에 갇혀 어린이들을 바라보게 만듦으로써 어린이들의 행동이나 진정한 의도를 읽어내지 못하는 현상을 비판하였다. 발달 수준이나 단계라는 일반적 도식 아래 어린이들을 분류하고 범주화하는 관찰을 비판하는 것이다. 이와 대조되는 개념으로 교육 현상에서는 무슨 일이 일어나고 있는지, 또한 그곳의 그 어린이들은 무엇을 할 수 있는지를 미리 결정된 틀이나 규범 없이 알아보고 이해하는 데 주된 관심을 두는 '교육적 기록작업'을 제안하였다(Dahlberg et al., 2013/2016). 이러한 기록작업에는 어린이를 향하여 몸을 돌려 마주하면서 그 존재의 과거로부터 현재로 이어져 미래로 나아갈 경험의 연속성 속에서 배움과 성장을 이해하려는 마음을 담아야 한다(이진희·강진주·허정민·권미정, 2020).

영아를 관찰함은 영아에게 귀 기울임을 의미한다(Rinalid, 2006). 귀 기울이기란 단순한 듣기가 아니다. 우리가 이미 아는 것에 끼워 맞추어 듣는 일상적 귀 기울이기(listening-as-usual)에서 벗어나야 한다. 자신이 감응되는(being affected) 것을 향해 자신을 열어 가는(being open) 발현적 귀 기울이기(emergent listening)가 되어야 한다(Davies, 2014/2017; Rinalid, 2006). 발현적 귀 기울이기란 차이에 개방적이며 자신과 타인 사이에 매 순간 나타나는 모든 다양성의 차이에 대해 열려 있는 것을 의미한다. 자신이 이미 알고 있는 그 무엇에 묶여 있지 않고 듣는 것으로, 듣기를 통해 자신이 영향을 받을 수 있다는 점을 흔쾌히 수용하는 것이다(Davies, 2014/2017). 언어 표현이 명확하지 않은 영아의 생각이나 의도를 읽기 위해서는 더욱더 자기 자신을 비우고 마음을 열어 영아를 보다 자세히 바라볼 마음으로 관찰하고 귀 기울여야 한다.

관찰 기록은 '구성된 컷(constructed cut)'이다(Davies, 2014/2017). 관찰은 진공상태에서

이루어지는 것이 아니라 관찰자 자신이 지닌 과거 경험, 현재의 가치관이나 지식, 현재 상황, 미래에 대한 소망과 바람 등이 작용하는 과정이다. 똑같은 장면이나 사태를 관찰하고 기록해도 기록하는 사람의 철학, 관심사, 관점에 따라, 즉 관찰하고 기록하는 사람에 따라 그 기록이 달라진다. 어떤 장면을 어떤 도구를 사용하여 기록할 것인지, 똑같이 카메라를 사용하더라도 카메라를 어떤 방향으로 향하게 할 것인지, 무엇을 찍을 것인지, 이 모두가 선택이기 때문이다. 또한 누구도 발생하는 모든 일을 기록할 수 없다. 한마디로 세상에 객관적인 기록이란 존재할 수 없다. 우리는 우리가 가치 있다고 생각하는 장면을 선택하여 관찰 기록하기 마련이다. 하인츠 본 푀르스터(Heinz von Foerster, 1992)는 객관성은 관찰이 자신과 분리되어 일어날 수 있다고 믿는 주관의 환상이라고 이야기하였다. 객관적인 것으로 인식되어 왔던 기록에는 관찰자의 주관적 느낌과 소망, 가치가 담겨 있다는 것이다.

그렇다면 좋은 관찰 기록은 존재하지 않는가? 각자 나름대로 관찰하고 기록하면 된다는 의미인가? '좋은 기록이다, 나쁜 기록이다'를 판명하는 하나의 기준은 존재하지 않는다. 다만, 좋은 기록이 되기 위해서는 영아가 무엇을, 왜, 행하는지 그 이유를 알고자 하는 호기심에서 출발해야 한다. '왜 이 놀이를 할까?', '왜 몸을 앞으로 뒤로 반복해서 움직일까?', '왜 돋보기를 옆으로 세워볼까?', '왜 ○○만 좋아할까?', '왜 그 자리만 고수할까?'와 같이 영아의 행동이나 말의 의미나 숨은 의도를 궁금해하고, 이를 이해하고 해석하기 위해, 즉 영아를 이해하기 위해 관찰하고 기록한다면 좋은 기록이 될 것이다.

사진 속 영아들은 무엇을 왜 행할까? 언어뿐 아니라 눈빛, 표정, 손놀림, 몸짓을 살펴본다면?

사진 속 영아들은 어떤 놀이 중일까? 눈빛, 시선, 표정, 손짓, 몸짓, 사용하는 놀잇감이나 도구를 살펴본다면?

2) 무엇을 어떻게 관찰 기록할 것인가?

영아를 관찰하고 기록한다면 무엇을 기록해야 할까? 영아의 눈짓, 시선, 표정, 손짓, 몸짓, 말투, 억양, 발음, 말, 자주 사용하는 특정 단어, 친구 관계, 자주 사용하는 놀이 자료와 사용 방법, 자주 놀이하는 공간 등 영아의 말뿐 아니라 행동, 영아를 둘러싼 상황 등을 상세히 관찰하고 기록한다.

영아의 경우, 특히 비언어적 표현에 주목해야 한다. '움직임'(얼굴 표정, 몸 전체의 움직임과 위치, 팔과 손의 움직임), '방향'(시선 방향, 머리 방향, 몸통 방향), '접촉'(자신의 신체 접촉, 낯선 사람과의 사회적 접촉, 이미지 접촉), '이동'(대화 상대자와의 거리 조정) 등으로 제시되는 비언어적 표현(Sager, 2011, 임성우, 2005 재인용)을 참고할 수 있다.

'무엇을 관찰할 것인가?'는 어려운 문제로 느껴질 수 있다. 영아들은 한 가지 놀이를 지속하지 않고 이곳저곳 돌아다니는 경우도 많다. 어떤 놀이는 짧기도 하고, 종일 이루어지기도 하고, 비슷한 놀이가 매일 반복되기도 하고, 오랜 기간 간헐적으로 나타나며 지속되기도 하고, 짧은 놀이가 이후까지 길게 이어지기도 하고, 결국 이어지지 않기도 한다. 교사는 현재 관찰하고 있는 상황이 의미 있는 놀이 상황인지, 아니면 의미 없는 행동인 장난인지 구분하여, 관찰 기록할 만한 가치 있는 부분을 선택해야 하는 것인지, 끊어지는 놀이를 엮어야 하는지 고민하기도 한다. 관찰 기록할 만한 가치 있는 놀이를 찾기도 한다. 놀이를 지속적으로 바라보는 것 자체도 쉽지 않다. 무엇을 관찰하느냐에 대한 정답은 없지만 몇 가지 참고사항을 정리하면 다음과 같다.

- 영아가 관심을 보이는 놀잇감이 무엇인지, 자주 놀이하는 교실 공간은 어디인지 관찰한다.
- 무슨 놀이인지 이해가 잘 되지 않는 상황을 관찰한다.
- 영아가 선호하는 친구는 누구인지, 함께 어떤 놀이를 하는지, 누가 놀이를 이끌고 누가 이를 협력하는지 관찰한다.
- 반복되는 놀이나 행동이 있다면, 어떤 점이 같고, 또 어떤 점이 다른지, 즉 함께 놀이하는 친구, 놀이하는 자료의 종류와 배열, 복잡성 정도, 놀이 시간에 변화가 생겼는지 관찰한다.
- 어떤 자료를 사용한다면 한 가지 방법으로만 사용하는지, 여러 방법을 시도하는지, 새로운 자료를 결합하는지 관찰한다.
- 교사인 나와 만나는 모습, 어제와 다르게 놀이하는 모습을 관찰한다.
- 영아의 현재 발달이 잘 드러날 때, 영아의 성장이 보일 때, 평소와 다른 행동을 보일 때, 영아의 관계가 잘 드러날 때 관찰한다.

이와 같은 제안은 어디까지나 관찰을 위한 참고자료이다. 이러한 제안에만 국한된 관찰에 머물게 되면 앞에서 제시한 미리 규정된 범주에 따른 관찰과 유사해질 수 있다. 관찰 기록은 영아의 말, 말투, 사용하는 특정 단어, 발음, 억양, 표정, 손놀림, 몸짓, 친구 관계, 놀이자료의 활용 등을 이해하기 위한 도구임을 기억해야 한다. 다시 말해, 열린 마음의 귀 기울이기와 교육적 기록작업의 실천이 되어야 한다.

또한 놀이와 배움이 개인의 머릿속에 존재하는 것이 아니라 영아, 또래, 교사, 부모, 지역사회 구성원, 질료, 인간이 만든 사물, 동식물과 자연 현상, 문화 등과 마주치며 서로 영향을 주고받으며 앎과 삶, 가치와 의미를 생성해 가는 과정이라면, 영아의 관찰과 기록 역시 개별 영아를 넘어서 개인 간 차원, 공동체 차원으로 확장되어야 할 것이다(이진희·강진주·허정민·권미정, 2020). 로고프(Rogoffe)는 세 가지의 관찰 분석·해석 단위를 제안하였다(Rogoff, 2003, 이진희 외, 2020 재인용).

〈표 4-1〉 로고프가 제안한 세 가지 관찰 분석 · 해석의 단위

구분	내용
개인(personal) 평면	개인의 특정한 심리적 속성이나 행동적 반응, 기여 등에 초점을 둠
개인 간(interpersonal) 평면	개인 간의 소통, 역할 배분 및 조정, 상호작용 등에 초점을 둠
공동체(community) 평면	개인과 개인 간 평면을 포함하여 공동체에 있어 의미 있는 실제에 능동적으로 참여하는 사람들의 역동적인 관계성과 역사성 등을 펼쳐 내며 상호 변화하는 생성의 과정을 총체적으로 이해하고자 함

출처 : 이진희 외 (2020). '함께-하는' 유아평가: 경계를 넘나들며 대화 이어기기. 창지사, p. 42.

영아 개인뿐 아니라 개인 간 차원, 공동체 차원을 오가는 관찰과 해석이 이루어진다면, 영아의 관심, 의도, 성향, 관계 등이 어떻게 서로 얽히면서 놀이와 배움이 이어지는지, 영아의 특성이나 변화 양상을 더 잘 이해할 수 있을 것이다.

〈표 4-2〉 밀가루풀 지퍼백 놀이를 하는 영아들을 관찰 기록한 사례

관찰 영아	해님반 (만 1, 2세)	관찰자	이○○
관찰 장면	밀가루 풀 지퍼백 놀이	관찰 날짜	2019년 9월 20일 (금)

은희는 밀가루 풀 지퍼백 위로 냄비 뚜껑을 올려 꾹 눌러준다. 은희가 냄비 뚜껑을 꾹 누르자 밀가루 풀 지퍼백에 동그란 모양의 자국이 남는다. 은희는 동그란 모양의 자국 안에 자동차를 올려놓고 지퍼백을 반으로 접는다. 그리고는 밀가루 풀 지퍼백을 누르고 주무른다. 진수는 밀가루 풀 지퍼백 위로 자동차를 움직인다. 옆으로 고개를 낮춰 밀가루 풀 지퍼백 위에 찍힌 자동차 바퀴 자국을 살핀다. 이후에는 밀가루 풀 지퍼백을 반으로 접어 자동차를 에워싼 뒤 한 손으로 밀가루 풀 지퍼백과 자동차를 함께 들어올린다.

바쁜 일과 중의 교사에게는 기록을 위한 충분한 시간이 주어지지 않는다. 유아의 경우 '놀이 이야기 시간'을 통해 유아가 자신의 놀이를 소개하도록 한다거나 자신의 놀이를 직접 촬영하도록 하는 방법을 사용할 수도 있지만, 영아는 이런 방법도 여의치 못하다. 그렇다고 관찰과 기록에 집중하여 영아와 놀이하고 상호작용하는 데 소홀해서도 안 된다. 관찰과 기록이 영아와의 놀이를 방해하지 않아야 한다.

일과 중에 영아와 함께하는 시간에는 간략하게 기록하고 방과 후에 기록을 보충하는 방법을 사용하도록 한다. 수첩과 펜, 사진기, 녹음기, 캠코더 등 여러 매체의 장점을 활용하여 글뿐 아니라 사진, 음성녹음, 동영상으로 기록할 수 있다. 일과 중 이루어진 간략한 기록내용은 그대로 활용될 수도 있다. 그러나 일과 중에 작성된 간략한 기록에 생략된 내용을 기록으로 남기기 위해서는 일과 후 보완이 필요하다. 관찰 기록을 보완하여 작성하면서 영아들의 말, 행동, 놀이 등의 의미와 특성을 검토할 수 있다. 관찰 기록의 특별한 양식은 없으며 다양한 방식으로 기록될 수 있지만, 영아 이름, 시간, 장소, 상황 등이 드러나도록 기록한다. 육하원칙을 참고한다.

〈표 4-3〉 간단한 메모와 사진을 토대로 방과 후에 정리한 관찰 기록

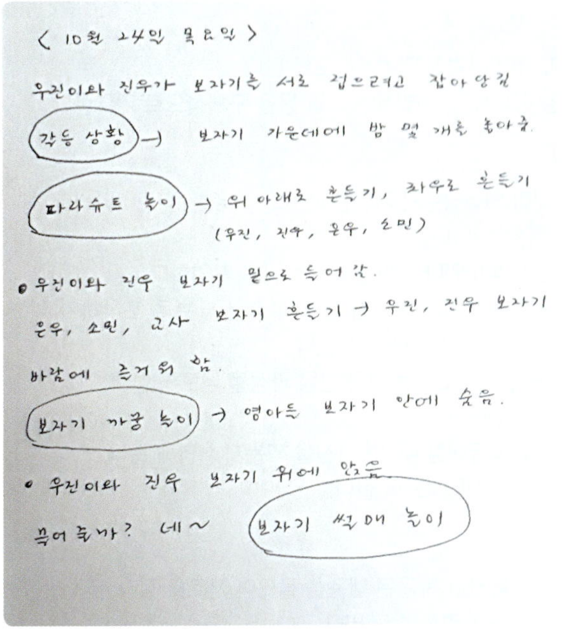
< 10월 24일 목요일 >

우진이와 진우가 보자기를 서로 접으려고 잡아당김

(갈등 상황) → 보자기 가운데에 밤 몇 개를 놓아줌.

(파라슈트 놀이) → 위 아래로 흔들기, 좌우로 흔들기
(우진, 진우, 은우, 소민)

• 우진이와 진우 보자기 밑으로 들어감.

은우, 소민, 교사 보자기 흔들기 → 우진, 진우 보자기

바람에 즐거워 함.

(보자기 까꿍 놀이) → 영아들 보자기 안에 숨음.

• 우진이와 진우 보자기 위에 앉음.

끌어 줄까? 네~ (보자기 썰매 놀이)

관찰 영아	우민, 진수, 소진, 은희	관찰자	이○○
관찰 장면	보자기 놀이	관찰 날짜	2019년 10월 24일 (목)

우민이와 진수는 서로 돗자리를 접으려고 잡아당기며 실랑이를 벌이고 있었다. 보자기 가운데에 밤 몇 개를 놓아주면서 "우리 통통통 해볼까?"라고 했다. 소진이와 은희가 관심을 보이며 다가왔다. 영아들과 함께 보자기 끝을 잡고 '파라슈트'를 했다. 보자기를 위아래로 흔들어 보고, 좌우로 흔들면서 밤의 움직임을 살펴보았다. 보자기를 잡고 흔드는 영아들의 손 움직임이 빨라지자 보자기 안에 있던 밤들이 아래로 떨어졌다. 영아들과 함께 떨어진 밤을 다시 주워 올려 '파라슈트' 놀이를 반복했다. 보자기를 위아래로 흔들 때 우민이와 진수가 보자기 밑으로 들어갔다. 교사, 소진이, 은희는 보자기를 잡고 위아래로 흔들었다. 보자기를 위아래로 흔들 때마다 우민이와 진수가 소리 내어 웃었다. 이번에는 영아들이 번갈아 보자기 안으로 들어가 몸을 숨겼다. 보자기를 걷어 올리면서 영아들에게 "까~꿍"이라고 했다. 영아들과 보자기 까꿍 놀이를 반복했다. 보자기 까꿍 놀이 이후 우민이와 진수가 보자기 위에 앉았다. 우민이와 진수에게 "썰매 끌어줄까?" 라고 물었다. 진수와 우민이는 고개를 끄덕이며 "네"라고 대답한다. 보자기를 끌어 우민이와 진수에게 썰매를 태워주었다.

관찰 기록 방법

1. 수첩이나 메모지, 펜을 이용하여

- 영아와 생활하면서 그때그때 필요할 때마다 간략하게 기록하도록 한다.
- 기록한 날짜, 시간, 장소, 영아 이름, 영아의 표정, 눈빛, 행동, 말 등을 구체적으로 기록한다.

2. 카메라를 이용하여

- 기록할 시간이 없는 바쁜 상황에서 무엇이 일어났는지 기억할 때 도움을 주는 방법이다.
- 일과 후 사진을 배열하고 이를 보며 기록할 수 있다.
- 카메라를 항상 가지고 있다가 중요하거나 의미 있다고 판단되는 순간을 촬영한다.
- 전체 구도를 알기 위해서는 전체, 영아의 표정이나 손놀림 등 세부적인 부분을 포착하기 위해서는 아래 또는 위로, 영아의 얼굴, 특정 부위를 가까이서 찍을 수 있다.
- 영아들의 놀이 과정을 포착하는 사진 촬영이 되도록 놀이의 진행 과정을 담도록 한다.
- 영아들에게 포즈를 취하라 요구하지 않도록 한다.
- 영아가 카메라에 관심을 가지거나 촬영을 궁금해할 때, 왜 사진을 찍는지 설명해 준다.
- 촬영보다 정리가 중요하다. 그날그날 사진을 정리하도록 한다.

3. 녹음기를 이용하여

- 놀이시간에 기록이 어려운 경우 음성을 녹음하고 녹음된 내용을 들으며 자료를 정리한다.
- 필요한 경우 영아에게 녹음된 그들의 음성을 들려줄 수도 있다.
- 갑자기 떠오른 교사의 생각도 메모가 어려우면 잊지 않도록 녹음을 해둘 수 있다.
- 영아 간 대화를 수기로 기록하기 어려울 때 유용하다. 영아가 이야기한 것을 그대로 들을 수 있고, 교사의 교수 행위, 발문 등을 듣는 데도 유용하다.

4. 캠코더를 이용하여

- 녹음만으로는 비언어적 의사소통이 많은 영아의 생생한 모습을 그대로 담기 어렵다. 동영상은 영아의 표정, 눈빛, 손짓, 몸짓, 다른 영아와 떨어진 거리나 방향, 포즈 등을 생생하게 담아준다. 예를 들면, 손의 섬세한 움직임을 관찰한다면 사진, 녹음보다는 동영상이 적합할 것이다.
- 동영상을 여러 번 반복하여 보면 관찰 당시에는 보지 못했던 여러 정보를 얻을 수 있다. 처음 동영상을 볼 때는 전체적인 상황과 흐름을 중심으로 보고, 두 번째에는 영상 속 배경, 영아의 위치, 몸짓, 움직임, 말, 다른 사람과 상호작용하며 주고받는 몸짓과 언어를 중심으로 본다. 두 차례 정도 동영상을 본 후 배경, 영아의 위치나 외형적인 부분, 영아의 몸짓과 대화 등을 하나하나 기록한다.

5. 휴대폰을 이용하여

- 최근 휴대폰 성능이 좋아져 메모, 녹음, 녹화 기능이 모두 갖춰져 관찰 기록에 휴대폰이 자주 사용된다. 그러나 휴대폰 하나로 여러 기능을 동시에 사용할 수 없고, 일과 중 휴대폰 사용이 허용되지 않는 기관도 있으므로, 전적으로 의존하기 어렵다.

사진 촬영과 정리 방법

사진은 영아의 놀이를 기록하는 손쉬운 도구다. 영아의 놀이 과정과 영아의 표정, 몸짓 등이 생생하게 담긴 사진을 촬영하기 위해 촬영 기술이 필요하다. 또한 디지털 카메라를 이용하면서 수많은 사진을 촬영하게 된다. 따라서 촬영보다 수많은 사진 중 유용한 컷을 고르는 것이 더 중요할 수 있다. 영아의 놀이를 담은 사진 찍기와 사진 정리 방법을 간략히 알아보면 다음과 같다.

▶ 좋은 사진 촬영 tip

- **빛 :** 어둠 속에서 놀이와 활동을 강조하는 경우가 아니라면 밝게 촬영하는 것이 바람직하므로 자연광에 문제가 있다면 인공조명을 활용하여 밝게 촬영하기
- **구도 :** 옆으로 기운 구도보다는 수평 혹은 수직 구도로 촬영하기
- **각도 :** 성인의 눈높이보다는 영아의 눈높이 각도 고려하기
- **방향 :** 여러 영아의 놀이 전체 모습이나 개별 영아가 손을 위로 뻗는 등 중심이 위로 향하는 경우 위에서 아래 방향으로 찍는 것이 적절하고, 영아의 표정이나 놀이 과정을 상세히 찍을 경우 아래에서 위 방향으로 찍는 것이 적절
- **거리 :** 학급 전체의 놀이 전경이나 여러 명이 놀이하는 전체적인 부분을 촬영할 때는 멀리서 촬영하고, 영아의 상호작용이나 개별 영아의 섬세한 움직임을 포착하기 위해서는 가까이에서 촬영하기
  ㉖ 손의 움직임을 기록하고 싶다면 더 가까이 다가가 손만 촬영하기
- **교사나 영아의 유무 :** 교사가 어떤 위치에 자리하고 어떤 방향과 자세로 영아들 곁에서 상호작용하는지 담고 싶다면 영아와 함께 교사가 들어가도록 멀리서 촬영하지만, 영아의 놀이결과물을 기록할 경우 영아가 없는 상태에서 촬영해도 무방
- **놀이의 흐름 고려하기 :** 놀이와 활동이 어떠한 흐름으로 진행되었는지 알 수 있도록 진행과정을 고려하여 놀이의 시작, 중간, 마무리 장면 촬영하기

▶ 사진의 선택과 보관 tip

- **촬영 당일 정리 :** 가능하면 촬영 당일에 사진들을 검토하여 놀이 맥락 파악에 도움이 될 만한 중심 컷을 선택하여 따로 저장하기. 폴더나 파일명은 날짜, 참여 영아 이름, 주제로 하기
- **주기별 정리 :** 일정 기간 후 이를 다시 검토하여 놀이의 시작, 개별 영아의 놀이 과정, 영아 간 상호작용, 교사의 지원으로 놀이가 확장된 과정이 드러나는 장면 등을 고려하여 선택하기
- **영아별 정리 :** 개별 영아의 발달과 놀이과정을 검토할 수 있도록 영아 폴더별로 각각 저장하기
- **부적절한 사진 삭제하기 :** 사진이 많이 흔들렸다거나 누구인지 인물을 확인하기 어렵거나 영아의 얼굴이나 신체 부위가 부적절하게 잘린 경우 좋은 사진이라고 볼 수 없음. 너무나 정리되지 않은 배경, 심하게 헝클어진 영아의 모습, 신체 부위의 노출이 심한 경우도 좋은 사진이라고 보기 어려움. 촬영을 의식하여 기념사진 찍기 포즈(V자 등)로 찍은 사진 역시 적절하지 못함. 부적절한 사진은 정기적으로 삭제하기

출처 : 이화여자대학교 이화어린이연구원 편(2016). 영유아교육기관에서 좋은 사진 찍기. 파란마음(일부 수정).

교사에게 관찰 기록은 무엇을 어떻게 기록해야 할지 혼란스러운 일일 수 있다. 놀이 기록 경험이 많지 않은 교사의 경우, 기록을 잘 하지 못한다는 불안감과 학부모님들에게 보여드려야 한다는 부담감에 무조건 많이 기록해야 한다고 생각하기도 한다. 이런 경우 잘못하면 영아의 일상과 놀이를 지원하기 위한 기록이라는 관찰 기록의 본래 목적에서 벗어나 기록을 위한 기록이 되어버릴 수 있다.

모든 영아를 기록하지 못함을 불편하게 느낄 수 있다. 한 그룹의 놀이를 자세히 기록하면 다른 영아들의 놀이를 관찰 기록하기 어렵기도 하다. 이런 부분 역시 선택의 문제다. 교사가 그 순간 그 학급의 맥락에 따라 결정해야 할 사항이지 정답이 있는 문제는 아니다. 다만, 놀이 전체를 조망하기 위해서는 교실에서 이루어지는 놀이를 전체적으로 관찰 기록하고, 영아의 세부적인 특성이나 놀이를 관찰하기 위해서는 소수의 놀이와 일상을 관찰하도록 한다. 또한 영아의 행동이나 놀이에 변화가 생긴 경우에는 이전의 기록과 연결하여 기록한다.

〈표 4-4〉 같은 놀이를 여러 날 이어간 영아의 누적된 관찰 기록

관찰 영아	박진수(가명)	관찰자	이○○
관찰 장면	보자기 놀이	관찰 날짜	2020년 1월

2020년 1월 3일 (금)
토마스 실내 자동차에 보자기를 씌운다.
보자기를 걷어 보이면서 "짜~잔!" 한다.

2020년 1월 7일 (화)
보자기 안에 놀잇감(공룡, 자동차)을 가득 넣어 가방처럼 메고 다닌다.

2020년 1월 9일 (목)
술래(박 교사)로부터 "꼭꼭 숨어라, 머리카락 보일라" 노래가 들려오자 보자기 속으로 몸을 숨긴다.

2020년 1월 13일 (월)
소진이가 올라탄 보자기 썰매를 힘껏 끌어준다. "으~윽, 으~윽" 하고 힘을 써보지만 보자기 썰매는 움직이질 않는다.

2020년 1월 14일 (화)
교사가 끌어주는 보자기 썰매를 탄다.

2020년 1월 15일 (수)
다른 영아들이 쌓아둔 소프트 레고 블록 구성물 위에 보자기를 씌운다. 그리고는 그 안으로 들어간다.

2020년 1월 21일 (화)
실내 놀이기구에 씌워진 보자기 터널을 빠르게 통과하여 미끄럼틀을 타고 내려온다. 실내 놀이기구를 오르고, 보자기 터널을 통과하고, 미끄럼틀 타고 내려오기를 여러 차례 반복하여 놀이한다.

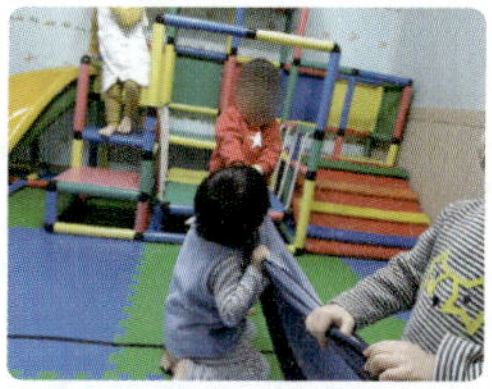

2020년 1월 21일 (화)
우민이와 교사가 보자기 줄다리기를 할 때 진수는 "출동!" 하며 우민이를 도와준다.

2020년 1월 23일 (목)
보자기를 뒤집어쓰고 "으~으~으~" 하면서 교실을 돌아다닌다.

2020년 1월 28일 (화)
토마스 실내 자동차에 보자기를 씌운 뒤 김 교사에게 "쉿!"이라고 한다.

2020년 1월 30일 (목)
보자기로 가려진 실내 놀이기구 안에 몸을 숨긴다. 진수가 몸을 숨긴 공간으로 우민이가 들어온다. 진수는 실내 놀이기구에 걸어놓은 보자기를 "짠~" 하고 잡아당긴다. 우민이가 놀란 표정을 지으면서 "으~악!"이라고 하자 이 모습을 보고 진수가 껄껄거리며 웃는다.

영아를 관찰하고 기록해도 영아의 행동, 말, 놀이에 감춰진 의도를 발견하기 어려운 경우가 발생한다. 이런 경우 비록 말로 정확하게 설명하기 어려운 영아라도 그 의도를 물어볼 수 있다. 영아의 표정이나 몸짓으로 해석의 실마리를 찾을 수 있다. 또한 관찰 기록을 되돌아보거나 동료 교사와 함께 살펴보며 해결할 수 있다. 이렇게 해도 해결되지 않은 영아 행동의 이유는 여러 날 이어진 관찰 기록을 다시 들여다보며 찾아낼 수도 있을 것이다.

영아와 함께 긴 시간을 보내는 교사가 영아를 가장 잘 알고, 따라서 영아에게 무엇이 가장 의미 있는 부분인지 가장 잘 알 수 있다. 교사는 이 점을 기억하고 무엇을 기록해야 하는지에 대한 자신의 판단을 믿도록 한다. 물론 교사는 영아와 놀이를 바라보는 자신의 관점을 점검해야 한다. 제한된 시선으로 관찰 기록할 수 있기에 최대한 넓은 시각으로 기록하도록 자신을 되돌아봐야 한다. 혹시 그럴듯해 보이는 놀이만 기록하는 것은 아닌지, 충분하지 않은 관찰과 기록으로 놀이를 과대 또는 과소평가하며 왜곡시키는 것은 아닌지 자신을 점검해야 한다. 그러나 자신의 시선과 해석을 부끄러워하지 않도록 한다. 보육과정을 운영하기 위해 관찰하고 있다는 점을 기억하여 영아의 모든 움직임을 교육적으로 지켜보려 노력하도록 한다.

관찰 기록은 교사들에게 무거운 짐으로 느껴질 수 있다. 관찰 기록이 없어도 어린이와 교사가 학급에서 살아가고 있으므로, 교사로 살아갈 수 있을 정도로 기록할 것을 제안하기도 한다(이부미, 2021). 즉, 영아와 상호작용하고 놀이를 함께하는 것이 최우선임을 기억해야 한다.

3) 관찰 기록의 활용

관찰 기록은 영아를 주기적으로 관찰하고 그 기록을 축적해 놓은 것이다. 관찰 기록은 기록하는 것으로 끝나는 것이 아니라 기록을 축적하고 다시 돌아보는 것이 중요하다.

관찰 기록이 쌓이고 이를 다시 찬찬히 들여다보면, 사소해 보이던 영아의 행동이 어떤 의미를 지니는지 이해할 수도 있다. 교사는 관찰 기록을 다시 봄으로써 영아와 영아의 놀이를 이해할 수 있다. 거시적인 놀이의 흐름이 보이기도 하고, 영아의 발달 흔적을 만날 수도 있다. 관찰 기록은 영아의 개별적 특성, 발달 수준 등에 대한 정보를 제공해 주기도 한다.

관찰 기록은 영아, 동료 교사, 학부모와 공유될 수 있고, 부모 면담의 자료로도 사용될 수 있다. 학급 전체의 놀이 이야기를 모아 가정통신문, 학급신문, 놀이보고서, 어린이집 보육과정 소개서 등 형식이 무엇이 되었든 놀이와 보육과정을 소개하는 자료가 될 수 있다.

관찰 기록의 활용

1. 교사의 기록 다시 보기

- 영아와 영아의 놀이를 이해하기 위해 관찰 기록 다시 보기
- 발현적 보육과정(영아 이해, 반성적 성찰, 지원)을 실행하기 위해 기록 다시 보기
- 일일보육과정 평가, 월간 보육 및 보육과정 계획에 활용하기

2. 영아, 동료, 학부모와 기록 공유하기

- 놀이기록으로 앨범을 만들어 주거나 태블릿 PC에 담아주거나 벽에 사진으로 게시하여 영아와 공유하기
- 보육과정 실행을 위한 성찰, 의사소통, 의사결정을 위해 동료와 기록 공유하기
- 놀이 이야기, 학급신문, 놀이자료집 등의 이름으로 학부모와 놀이 기록 공유하기
- 학부모 간담회, 학부모 면담 자료로 활용하기

3. 영아 평가 자료

- 영아별로 놀이기록을 복사하여 영아별 관찰 및 평가 파일 구성하기
- 어린이집 평가제 평가 요소인 영아별 연 2회 이상의 영아 평가에 활용하기

2. 성찰하기

성찰하기는 보고 들은 것으로부터 의미를 구성하는 시간이다(Stacey, 2009/2015). 즉, '관찰 기록'을 토대로 '다음에 무엇을 할 것인지' 결정으로 연결하는 시간이다. 제4차 어린이집 표준보육과정과 2024 개정 표준보육과정(0~2세)의 용어로 본다면 영아의 놀이와 배움을 이해하고 해석하는 시간이다.

성찰은 '중간에 사라진 것(missing middle)'이라고 할 정도로 그동안 보육과정 실행에서 자주 생략되어 왔다(Stacey, 2009/2015). 성찰 없이 즉각적으로 다음에 무엇을 해야 할지에 대한 계획, 즉 교육계획에 속도를 내왔다. '다음에 무엇을 해야 할까?', 즉 지원의 내용과 방법을 바로 결정하지 말고, 곧바로 지원해야 한다는 부담감도 잠시 내려놓고, 영아가 무엇을 원하는지, 왜 그런 행동을 하는지, 영아의 의도와 배움을 파악하고, 이를 토대로 영아를 위해 어떤 지원을 할 수 있을지 다양한 방법을 심사숙고하는 시간이 필요하다.

영아와 영아의 놀이와 배움을 이해하기 위해 관찰 기록을 다시 살펴볼 수 있다. 영아와 놀이기록을 공유하면서 영아가 무엇을 왜 하는지 영아에게 그 의도를 질문할 수 있다. 사진이나 동영상을 같이 보며 '이거 뭐 하는 거야? 왜 이렇게 했어? ㅇㅇ이가 이거 하는 거 봤니?'와 같이 질문해 볼 수 있다. 영아에 대한 정보, 영아의 이전 경험, 놀이의 역사, 교실에서의 새로운 경험, 또래의 영향 등을 되돌아봄도 성찰하기에 도움이 될 것이다. 동료 교사, 원장 선생님, 학습공동체 구성원과 대화와 반성을 나눌 수 있다. 이 과정에서 다음 질문을 생각해 볼 수 있다.

- 영아가 무엇을 하고 있는가? 무엇을 원하는가?
- 영아는 무엇을 알고 싶은가? 무엇이 궁금한가?
- 영아의 행동에서 계속 반복되는 행동이 있는가? 어떤 패턴이 있는가?
- 영아의 행동에는 어떤 의도와 의미가 있는가? 왜 그런 행동을 하는가?

- 영아가 어떤 사물이나 놀이를 좋아한다면 왜 좋아할까? 무엇이 즐거운 걸까?
- 이 놀이는 영아에게 어떤 의미가 있을까? 교실의 다른 놀이와 연관되었나?
- 영아가 이전에 경험한 것과 어떤 관련이 있나?
- 어제와 비교하여 오늘 놀이는 어떻게 달라졌나? 이 놀이가 그동안 어떻게 변해왔나?
- 영아는 무엇을 느끼고 있나? 무엇을 배우고 있나?

질문을 많이 제시했지만, 이 모든 질문이 매번 필요한 것은 아니다. 영아가 무엇을 원하는지, 무엇을 하는지, 무엇을 느끼고 배우는지, 이러한 질문을 토대로 해석하고 이를 토대로 영아의 놀이가 이어지고 확장되어 배움이 이루어지도록 도울 다양한 방법을 생각해 본다. 어떤 환경을 마련해 주어야 할지, 어떻게 시간을 조절해야 할지, 어떤 자료가 제공되어야 할지, 어떻게 질문하거나 지켜보며 상호작용을 해야 할지 다양한 방안을 모색해 본다.

3. 의사결정과 준비하기

영아의 행동과 놀이를 되돌아보는 성찰의 과정을 통해 여러 가능성과 아이디어를 검토하였다면, 의사결정과 준비는 여러 가능성 중에서 영아의 놀이를 지원할 방법을 결정하고 이를 준비하는 과정이다(Stacey, 2009/2015). 지원 방향을 결정하고 실행을 준비하는 과정이다.

놀이 공간, 놀이 자료, 놀이 시간과 같은 물리적 환경구성뿐 아니라 질문이나 지지하기와 같은 상호작용을 결정하고 이를 준비한다. 경우에 따라 2~3명 정도의 소집단 활동을 계획할 수 있다.

공간을 확장하거나 변형하고, 놀이 자료를 추가할 수 있다. 최근 영유아의 놀이에 기반한 보육과정을 진행하면서 교사들은 영유아가 지원을 요청하는 자료를 만들고 찾아내는 데 힘을 쏟고 있다. 그러나 자료의 준비 역시 놀이의 과정이 될 수 있으므로 준비과정 역시 영유아와 함께 할 수 있다. 자료 준비에 있어 영아는 유아에 비해 교사의 지원이 많이 필요하지만 그렇다고 영아를 위한 놀이 자료를 모두 교사가 준비해야 한다는 의미는 아니다. 어떤 자료는 교사가 꼭 준비하지만 어떤 자료는 영아와 함께 찾거나 제작할 수 있다.

또한 한꺼번에 놀이 시간, 공간과 자료, 상호작용이나 지지를 위한 모든 부분을 의사결정하고 준비해야 하는 것은 아니다. 오히려 한꺼번에 지원 방법을 모두 계획하게 되면 이전에 교사가 미리 계획하고 이를 실천해 온 만들어진 보육과정의 실천과 유사하게 흘러갈 위험이 있다. 현재까지 관찰한 영아의 관심사, 그 행동에 대한 지금까지의 해석과 그 이유를 토대로 아주 작은 지원을 계획하도록 한다.

이것은 영아를 위해 좋은 방법일 뿐 아니라 교사에게도 부담감을 줄여주는 좋은 방법이다. 물론 여러 가지 가능성이 있고, 이러한 의사결정이 언제나 성공적이지 않을 수 있다. 그러나 너무 두려워하지 말고 일단 간략한 지원을 계획하도록 한다.

때로는 교사의 의사결정이 최상의 결정이 아닐 수 있다. 최상의 결정이 아니었다 하더라도 다시 새로운 지원을 계획하면 된다는 편안한 마음도 필요하다. 그렇다고 아무렇게나 결정해도 무방하다는 의미는 아니다. 적어도 지금까지 영아를 관찰하고 이를 심사숙고한 성찰을 토대로 한 결정이라면 다소 부족한 부분이 있다고 하더라도 그 결정을 실행해 영아들의 반응을 지켜보는 여유를 갖자는 의미이다. 다시 성찰하고 다시 의사결정하고 지원할 기회는 언제나 우리에게 남아 있다.

예를 든다면, 영아가 종이 벽돌 블록을 놓고 건너기 놀이에 관심을 보였다. 작은 종이 벽돌 블록으로 만들어 자꾸 흩어졌다. 길을 만들고 걷고 무너뜨리기를 여러 날 반복했다. 교사는 영아의 놀이를 지켜보며 길이 무너지지만 여러 날 반복한다는 점을 보고 영아가 길을 계속해서 만들고 싶어 한다고 해석했다. 이에 교사는 어떻게 하면 길이 무너지지 않도록 도와줄 수 있을까 고민했다. 어떤 자료를 제공할까? 더 큰 벽돌 블록을 제공할까? 소프트 레고 블록을 제공할까? 교사는 고민했고, 두 종류 모두 제공했다. 영아는 새로 제공된 블록으로 길을 만들고 걷기 놀이를 했다. 이 경우 만약 영아가 새로 제공한 큰 벽돌 블록이나 소프트 레고 블록에 관심을 보이지 않았다면 어떨까? 교사의 성찰이나 의사결정이 부적절한 것인가? 영아는 새로운 블록이 제공된 날 바로 관심을 보이지 않았지만 며칠이 지난 후 관심을 보일 수 있다. 또한 시일이 지나도 관심을 보이지 않을 수도 있다. 영아가 관심을 보이지 않았다고 하더라도 영아를 관찰하고 영아의 놀이 지원 방법을 성찰하고 의사결정할 기회가 남아 있다.

투 담임제가 일반적인 영아 교실에서 짝꿍 교사와 놀이에 대한 해석이 다를 경우 어떻게 해야 할지 결정이 어려울 수 있다. 이럴 때 두 교사가 한 가지 놀이로 합의하여 한 가지 놀이만 지원해야 할까? 놀이가 한 가지로 쭉 이어질 수도 있지만 영아는 이걸 가지고 놀다 또 저걸 가지고 놀아 특정 놀이 주제를 정하기 어려울 수 있다. 한 교실의 영아들이 모두 한 가지 놀이만 해야 하나? 이 질문들에 대한 대답은 너무나도 당연하게 '아니다'이다. 의사결정과 준비를 너무 무겁게 받아들일 때 이런 당연한 이야기가 어렵게 느껴질 수 있다.

4. 실행하기

영아의 놀이를 관찰하고, 이를 해석하고 지원할 다양한 방안을 모색한 성찰의 시간을 갖고, 다양한 가능성 중 한 가지 또는 몇 가지 지원 방법을 결정하고 이를 준비했다면 이제 영아들과 놀이하는 시간을 갖도록 한다(Stacey, 2009/2015).

교사가 놀이자료를 준비했다면 이를 소개하며 영아를 놀이에 초대할 수 있다. 교실에 놀이자료를 비치하고 영아가 어떤 반응을 보일 때까지 기다렸다 그 반응에 맞춰 상호작용할 수도 있다. 질문을 준비했다면 영아 곁에서 질문할 수 있다. 영아의 놀이를 지켜보며 지지하고 격려하고 질문하고 제안할 수 있다. 무엇보다 중요한 실행 방법은 놀이 참여자로 영아와 함께 놀이하는 것이다.

여기서 또 한 가지 중요한 부분은 물러서기이다. 지원 방법을 결정하고 준비했지만,

영아는 교사의 예상과 다른 반응을 보일 수 있다. 이때 교사의 의도대로 놀이하도록 영아를 억지로 유도하지 않아야 한다.

교사의 놀이 지원이나 상호작용 등 '실행하기' 관련 내용은 상당히 광범위하지만, 이 장에서는 발현적 보육과정의 전체 흐름을 소개하기에 상호작용 방법을 부분적으로 소개하고, 이후 일상생활 지원, 놀이 지원, 심리적 지원에 대한 내용을 다루는 제7, 8, 9장에서 보다 상세한 내용을 소개할 예정이다.

교사는 영아의 놀이를 지원하기 위해 다양한 상호작용 방법을 활용할 수 있다. 특히 여러 가지 상호작용 방법 중 언제나 최선인 하나의 방법이 없다는 점을 유념하여, 영아와의 상호작용 맥락에 따라 적절한 방법을 선택해야 한다. 영아와의 상호작용 방법을 간략히 정리하면 다음과 같다.

1. 비언어적으로 지지하기 : 영아를 쳐다보며, 고개를 끄덕이고, 따뜻한 표정을 짓거나 안아주고 쓰다듬어 주는 신체적 접촉을 통해 말은 하지 않지만 현재 영아의 행동이나 놀이를 지지하고 있음을 보여주는 것이다.
2. 언어로 지지하기 : 교사가 영아의 놀이를 보며 영아가 무엇을 하고 있는지 관심을 가지고 옆에서 지켜보며 영아의 행동이나 상황을 말로 표현한다. 영아가 점토를 밀대로 밀고 있을 때 '점토를 길게 길게 만들고 있구나', 영아가 차 소리를 내며 자동차를 밀고 있을 때 '선생님은 네 트럭이 오는 소리를 들었어'라고 말한다.
3. 정서적으로 지원하기 : 영아의 정서 상태를 확인하고, 영아의 감정을 함께 공유한다. 영아가 기뻐하면 함께 기뻐하고, 불쾌하거나 불편해하면 감정을 받아주고 위로한다. 불편한 감정의 원인을 찾아 해결을 돕는다.
4. 설명하기(정보 제공하기) : 영아가 관심을 보이는 대상이나 상황에 함께 관심을 보이며 그 대상의 이름이나 특성과 같은 정보를 제공한다. 영아가 꽃을 쳐다보고 있다면 '○○이가 꽃을 보고 있구나. 아~ 꽃에서 좋은 냄새가 나네. ○○이도 냄새 맡아볼래? 향기롭다. 이 꽃 이름은 개나리란다. ○○이는 개나리 좋아하니?'와 같이 상호작용한다.

5. 모방하기 : 교사가 영아의 행동을 그대로 모방하는 것이다. 영아가 점토를 밀대로 밀고 있다면 영아 옆에서 영아가 밀대를 사용하는 방법을 그대로 따라 한다.
6. 칭찬하기 : 영아의 행동을 구체적으로 기술하며 칭찬하는 것이다. 영아가 크레파스로 끼적이고 있을 때, '○○이가 파란색으로 그림을 그리고 있구나. 멋진데? 열심히 그리네~'라고 한다.
7. 질문하기 : 영아의 생각이나 느낌을 물어보는 상호작용 방법이다. 질문은 '○○이는 지금 기분이 어때? 무엇을 제일 좋아하니?'와 같은 개방형, '○○이는 강아지랑 고양이 중에 뭐가 더 좋아?'와 같은 선택형, '배가 고파?'와 같은 예/아니요형으로 나뉠 수 있다.
 유아의 경우 선택형이나 예/아니요형 질문보다 개방형의 질문이 권장되지만, 영아의 경우 개방형 질문보다 예/아니요나 선택형 질문이 적절한 상황도 상당히 많다. 상황과 맥락에 따라 적절한 유형의 질문을 선택하도록 한다. 예를 들면, 사실이나 사물의 이름을 알려준 후 바로 그 이름이 무엇인지 개방형으로 묻기보다 '토끼가 어떤 거지? 토끼가 어디 있지?'와 같은 선택형으로 질문하고, 시간이 경과한 후 '이게 뭐지? 얘 이름이 뭐지?'와 같은 개방형으로 질문하는 것이 바람직하다.
8. 모델링하기 : 모델이 되는 행동, 말, 신체 동작을 직접 보여주어 영아가 따라 할 수 있도록 하는 것을 말한다. 인사의 경우, 몸을 숙이며 '안녕하세요'라고 말하며 인사하는 모습을 보여줄 수 있다. 가위질, 병뚜껑 돌리기와 같은 행동의 경우 '가위질은 이렇게 하는 거란다. 잘 봐~ 선생님이 보여줄게'와 같이 말하며 영아 앞에서 시연하여 시범을 보인다.
9. 확장하기 : 영아가 사용하는 어휘나 문장을 완전한 문장으로 바꿔 이야기한다. 영아가 '바이바이'라고 할 경우, 교사는 '이제 가야 할 시간이구나. 잘 가, 바이바이'라고 한다.
10. 나-메시지 전하기 : 교사의 의견, 감정, 바람을 전달할 때, 교사 자신을 주어로 이야기하는 방법이다. '선생님은 이 장난감을 선반 위에 올려놓고 싶어. ○○이가 도와줄래? ○○이가 도와주면 선생님 기분이 좋을 것 같아', '선생님은 ○○이가 밥을 잘 먹어서 기분이 좋단다'와 같이 이야기한다. 영아의 부적절한 행동이 발생한 후 훈계하기보다 '선생님은 ○○이가 기다려 주면 기분 좋을 것 같다'와 같이 사전에 교사가 기대하는 바람직한 행동을 간략하게 전할 때 사용하기 좋다.

11. 비지시적으로 제안하기 : 영아가 음식점 놀이를 할 때 손님 역할을 하며 '이 가게에는 어떤 메뉴를 파세요? 메뉴판 좀 보여주세요', '어~ 김치찌개 주세요'라고 하여 지시적인 제안을 피하면서도 새로운 놀이를 유도하는 것이다.
12. 지시적으로 제안하기 : '우리 이제 시장가는 놀이 하자', '여기 이 상자를 침대로 하자'와 같이 직접적으로 놀이 방법을 제안하여 새로운 놀이를 유도하는 것이다.

5. 흘러가게 지켜보기

영아의 놀이를 관찰 기록하고, 이를 해석하고 지원할 다양한 방안을 모색한 성찰의 시간을 갖고, 다양한 가능성 중 한 가지 또는 몇 가지 지원 방법을 결정하고 이를 준비한 후 영아와 함께 놀이하는 시간을 가졌다면, 이제 온전히 영아의 뜻대로 놀이가 그대로 흘러가도록 한 발짝 물러서서 지켜본다. 그리고 다시 관찰과 기록으로 이어간다(Stacey, 2009/2015).

앞서 실행 부분에서도 제시한 바와 같이 준비한 자료나 환경 등에 영아를 초대할 수 있다. 영아가 관심을 둔다면 이를 지지하고 놀이가 이어지도록 도울 수 있다. 교사가 여러 놀이 지원 계획을 세우고 준비했지만, 영아의 반응이 엉뚱할 수 있다. 교사가 여러 놀잇감을 제공하였는데, 영아는 교사가 제공한 놀잇감에는 전혀 관심을 보이지 않고, 엉뚱하게 교사의 앞치마나 카메라에 관심을 보일 수도 있다. 영아는 자신의 주변 물건에 자연스럽게 호기심을 가진 것이지만 교사는 자신의 지원이 적절하지 못했다고 낙담하거나 불편해할 수 있다. 이런 경우 영아가 이런 주변의 물건에 보이는 호기심을 채울 수 있도록 그에 적합한 상호작용을 하며 영아의 관심사에 따라 그대로 흘러가게 지켜보는 것이 필요하다.

영아가 보이는 첫 반응이 교사 지원의 적절성을 평가하는 잣대는 아니다. 더 근본적으로는 맞고, 틀리고, 적절하고, 부적절한 것 자체가 존재하지 않을 수 있다. 교사가 무엇을 어떻게 예상하고 준비했다 하더라도 그 예상은 어디까지나 예상일 뿐이다. '어린이를 만나면 오직 실험뿐'(Olsson, 2009/2017)이라는 말처럼 그들의 반응을 지켜볼 뿐이다. 영아가 어떤 독특한 반응이나 행동을 보일지 궁금해하며 지켜보는 마음이 필요하다. 교사가 예상할 수 없는 영아마다 다른, 같은 영아라도 순간마다 다른 것이 당연한 일이며, 오히려 반가운 일이다. 다름을 인정함을 넘어 다름을 기대하는 것이 필요하다. 그러나 혹여 교사가 자신의 의도대로 일방적으로 영아와 영아의 놀이를 해석한 부분이 없는지 다시 관찰 기록부터 전체 과정을 검토해 볼 필요는 있다.

발현적 보육과정은 순환적으로 이루어지는 보육과정이므로 이제 다시 처음으로 돌아가 영아를 관찰 기록하고, 다시 성찰하고, 다시 의사결정과 준비를 하고, 다시 실행하고, 다시 그대로 흘러가게 지켜보기를 이어가도록 한다.

다음은 한 어린이집 영아반에서 0세 5명, 1세 3명의 영아가 3주 동안 공기청정기를 탐색하며 놀이한 사례와 교사저널이다. 담임교사 2명(7년, 12년)과 원장이 놀이과정을 관찰하고 협의하며 진행하였다. 거창하고 대단한 실천이 아닐지 모르지만 교사들의 진지한 고민과 노력이 담겨 있다. 예비교사나 현장의 교사들이 발현적 보육과정을 너무 거창하게 생각하여 부담을 갖지 않고 아주 작은 부분부터 실천할 용기를 줄 수 있는 사례일 것이다.

일상용품에 대한 영아들의 관심을 무심히 지나칠 수 있지만 영아가 왜 그런 행동을 하는지 궁금해하며 그들의 행동을 주의 깊게 살폈다. 영아를 이해하고 그들의 놀이를 지원하기 위해 무엇을 해야 할지 고민하고 실행한 사례이다. 관찰과 기록, 성찰, 의사결정과 준비, 실행(상호작용), 그대로 흘러가게 지켜보고 다시 관찰과 기록, 다시 성찰, 다시 의사결정과 준비, 다시 실행, 다시 그대로 흘러가게 지켜보기를 거듭하며 발현적 보육과정을 순환적으로 실천하였다.

교실 한쪽에 있는 공기청정기에서 나오는 바람에 아이들이 관심을 보였다. 교사들은 아이들이 공기청정기에서 나오는 바람에 관심을 가진다는 점을 발견하게 되었다. 교사들은 아이들의 행동을 주의 깊게 관찰했다.

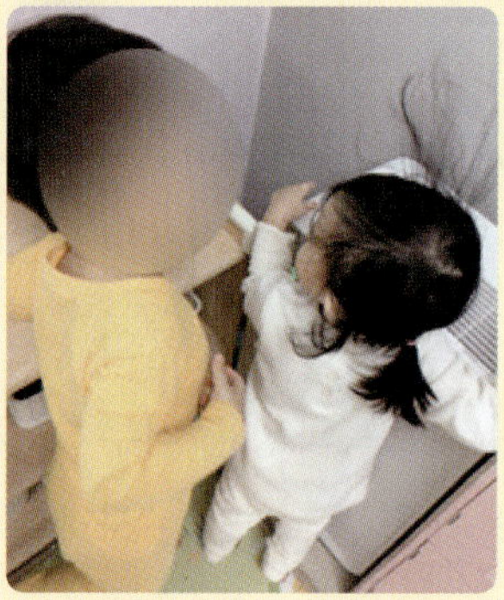
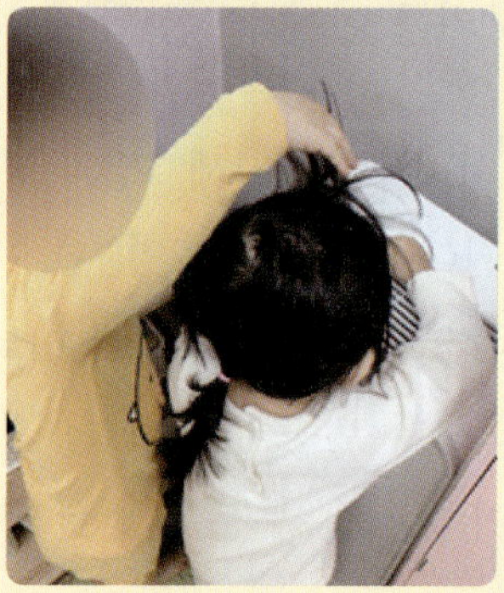

아이들은 공기청정기에서 나오는 바람에 머리를 가까이 대고 자신의 머리카락이 날리는 것에 흥미를 보였다. 한 아이의 머리카락이 바람에 날리면 또 다른 아이는 옆에서 바람에 날리는 친구의 머리카락을 만지며 신기해했다. 그러더니 자신의 머리를 가까이 대고 자신의 머리카락이 날리도록 실험해 보고 얼굴로 바람을 느껴본다.

교사들은 영아들이 바람에 더 관심을 가진다는 점을 발견하게 되었다. 교사들은 아이들이 공기청정기 주변에서 바람의 특성을 탐색하도록 도울 수 있는 방법이 무엇일지 고민했고 천장에 휴지를 달아주기로 결정했다. 천장에 휴지를 길게 붙여주고 바람에 날리는 휴지를 탐색할 수 있도록 준비했다.

아이들은 공기청정기 앞으로 몰려와 몸을 흔들며 "우와" 하며 소리쳤다. 아이들은 매우 흥분해서 뛰며 소리를 질렀다. 어떤 아이는 바람에 날리는 휴지를 향해 손을 뻗어 잡아 보려고 하였다. 어떤 아이는 양손을 옆으로 뻗어 흐느적흐느적 흔들었다. 교사들은 아이들의 반응을 며칠 더 관찰했다.

한 아이가 교실에 있던 풍선을 공기청정기 위로 던졌는데 풍선이 바람을 타고 위로 날아가며 공중에서 빙글빙글 돌았다. 다른 아이들도 풍선을 가져와 공기청정기 위로 던졌다. 풍선들은 공기청정기의 바람을 타고 공중에서 빙글빙글 돌기 시작했다. 아이들은 모두 천장을 올려다보며 즐거워했다.

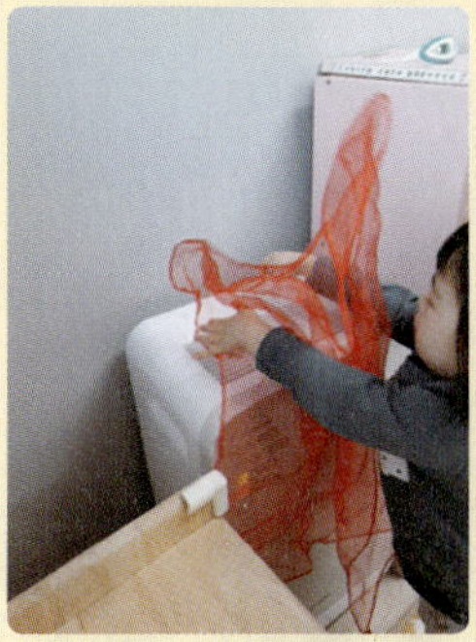

한 아이는 스카프를 가져와 공기청정기 위에 올려놓았다. 다른 아이는 자신이 좋아하는 농구공을 공기청정기 위에 올려보았다. 농구공이 날아가지 않으니 이번에는 축구공을 가져와 올려놓았다. 축구공 역시 꼼짝도 하지 않았다. 또 다른 영아가 놀이하던 자동차를 공기청정기 위에 올려놓았다.

교사들은 고민했다. 이 아이가 풍선과 공의 무게에 대해 인지했을까? 공기와 물체의 무게 차이를 인지했을까? 1차(농구공), 2차(축구공) 시도 결과 실패하고 풍선을 가지고 와 공기청정기 위에 올려놓고 공기 중으로 날아오르는 풍선을 보고 성공의 미소를 지었다. 아이는 스스로 탐구하는 존재임을 알 수 있었다. 언어적 표현 능력이 미숙한 0, 1세 아이들의 실험은 교사의 기대 수준 이상이었다.

공기청정기 한 대에 많은 아이들이 몰려들어 공기청정기를 한 대 더 준비하여 바람 탐색의 공간을 넓혀주었다. 영아들의 탐색이 이어졌다.

교사들은 다시 천장에 휴지를 길게 붙여주었다.

아이들은 다시 천장의 휴지를 떼고 싶어 했다. 바닥에 책을 놓고 올라서서 휴지를 떼었다.

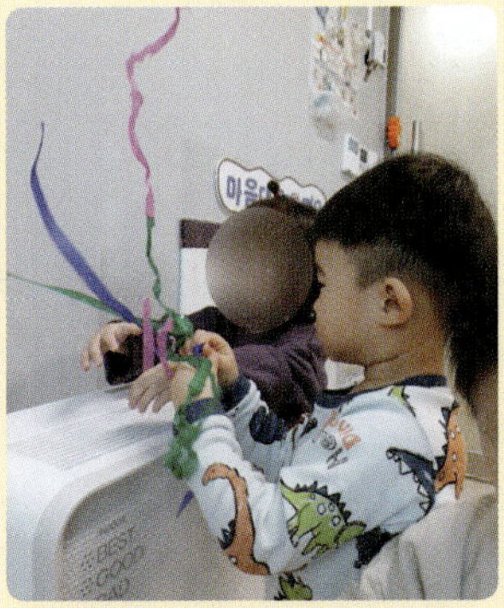

습자지를 이용한 놀이를 한 후 아이들은 공기청정기에 습자지를 가져와 올려놓았다.

그 모습을 관찰한 교사는 습자지를 공기청정기에 붙여주었다.

영아들은 바람에 흔들리는 습자지를 잡아떼었다.

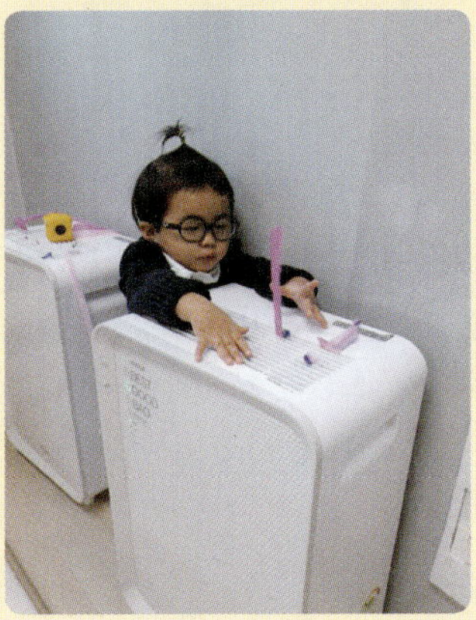

습자지가 다 떨어지고 하나가 남았을 때, 한 영아가 다가가 입으로 후후 불며 습자지를 날려 불었다.

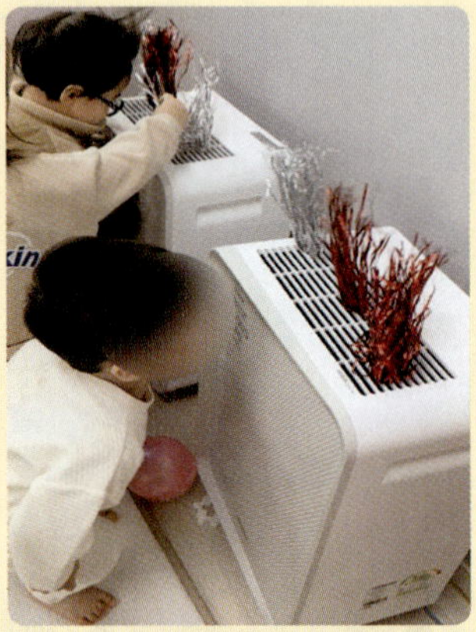

영아들이 습자지를 모두 떼어버리자 교사들은 습자지보다 단단하며 바람을 관찰하기 좋은 물질로 술을 준비하였다. 영아들의 탐색이 이어졌다.

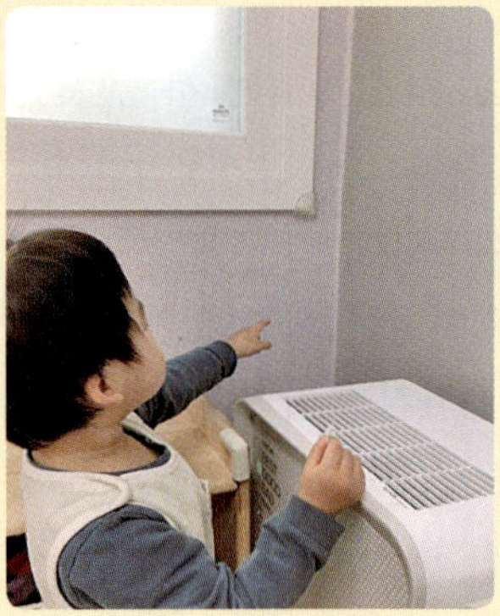

영아가 휴지를 작게 뜯어 공기청정기 위에 올리자마자 휴지가 휘리릭 날아가자 "어어" 하며 가리킨다.

영아는 이 행동을 반복하며 탐색했다.

영아가 소꿉놀이 접시를 가져와 바람에 떠 있는 풍선을 담는 장면이다.

영아는 풍선이 날아가면 다시 접시에 담으려 하였다.

공기청정기와 바람, 습자지, 술, 풍선, 농구공, 축구공, 자동차, 접시 등의 물질의 움직임에 대한 탐색은 한동안 이어졌다.

사고는 관계와 마주침 속에서 항상 창조되는 것으로서 재인이나 재현의 사고와는 달리 실험적 특성을 띤다. 여기서 말하는 실험이란 모든 변수를 통제하여 기대되는 결과를 얻으려는 생명력 없는 그런 실험과는 완전히 다른 의미이다. 실험이란 아직 발견되지 않은 것에 대한 관심으로, 발생하는 것, 새로운 것이며, 그리고 진리를 재현하고 재인하는 것 그 이상이다. 실험으로서의 사고는 새롭고, 재미있고, 독창적인 것이다.

아이들은 놀이과정 속에서 이리저리 움직이며, 끊임없이 놀이하며 지식을 구축해 나갔다. 대부분의 아이들이 새로움을 시도하는 것을 좋아함을 알게 되었다. 아이들에게 이미 알고 있는 것이나 이미 많이 사용한 놀이는 덜 흥미롭다. 아이들은 주변 환경의 물체와 문제에 몰입되어 실험하는 것처럼 보였다. 발견의 기쁨이 얼마나 강렬한 것이었는지는 아이들의 표정에서 드러났다. 아이들에게서 즐거운 열정을 볼 수 있었다.

아이들이 새롭지 않은 공기청정기의 바람을 새롭게 탐색하는 점을 지켜보며 교사들은 경이로움을 경험하였다. 공기청정기에서 나오는 바람을 이용하여 천장에 휴지를 달아주고, 공기청정기 자체에 습자지나 비닐을 이용하여 바람을 탐색할 수 있는 환경을 구성하였다. 위치만 바꾸어 주었을 뿐인데 아이들 스스로 호기심이 발동하여 탐색하며 놀이하였다. 교사는 이 과정에서 물체의 질량이나 무게에 대해 설명해 주어야 할까? 지켜보아야 할까? 잠시 갈등을 했지만 영아들이 몰입하여 즐겁게 놀이하도록 지켜보는 것을 선택했다. 아이들의 말이나 행동에 민감하게, 그리고 표정이 살아 있는 반응을 해주기로 하였다. 지지의 반응은 누군가 나를 공감하고 이해해 준다는 것을 느끼게 해주는 과정이기 때문이다.

다음은 관찰 기록을 토대로 교사의 성찰과 지원, 다시 관찰하기의 발현적 보육과정을 실행한 사례이다. 이 사례에서 관찰 기록을 토대로 한 교사의 지원은 관찰 기록 당일에 이루어지기도 했지만, 며칠 시일이 지난 후 이루어지기도 했고, 1회로 끝나기도 했지만 2회 이상 이어지기도 했다.

1. 마른 점토를 정리할까 그냥 둘까?

교사의 성찰 및 지원
마른 점토는 정리할까? 그냥 둬 볼까? 영아들이 손을 자주 댄 건데 괜찮을까? 영아들은 마른 점토로 어떻게 놀이할까? 영아들이 다양한 점토의 질감을 경험해 볼 수 있게 새 점토와 이전의 점토를 교체하는 것이 아니라 새 점토와 이전의 점토를 함께 비치해 주고, 점토 놀이 후에는 영아들이 손을 좀 더 깨끗하게 씻을 수 있도록 지원해야겠다.

↓

2019년 11월 28일 (목) 관찰 기록
영아들은 새로 비치된 점토를 꺼내어 평소와 같이 점토 놀이를 한다. 희준이와 시윤이, 진수는 마르고 건조해진 점토로도 놀이를 한다. 희준이와 시윤이, 진수는 마른 점토를 두 손바닥 사이에 넣고 비벼대거나 책상 위에 놓고 두 손으로 비벼가며 잘게 부순다. 이후 부서진 점토를 그릇에 담아 숟가락으로 떠먹는 시늉을 하는 등 소꿉놀이에 필요한 음식 재료로 활용한다.

2. 사다리차를 보러 나가야 하나?

2019년 10월 8일 (화) 관찰 기록

창문 밖에서 소란스러운 소리가 들려온다. 영아들이 하나둘씩 창문 앞으로 모여들기 시작한다. 창문 너머 어린이집 위층으로 이삿짐을 실어 나르는 사다리차가 보인다. 영아들은 사다리차가 이삿짐을 싣고 오르락 내리락 하는 모습을 보면서 환호한다.

↓

교사의 성찰 및 지원

영아들의 현재 관심사는 사다리차인가? 사다리차를 보러 나가게 된다면 위험하지 않을까? 사다리차에 대한 영아들의 현재 관심을 고려하여 실외놀이 시간을 30분 앞당겼다. 실외로 나가기 전 영아들과 안전에 대한 사전 약속을 하였으며, 벤치에 앉아 사다리차의 전체적인 모습과 움직임 등을 살펴보았다. 영아들은 벤치에 앉아 근처 공사 현장에서 일하는 자동차까지도 주시하였다. 주변에서 발생하는 사건과 자원은 영아들에게 흥미로운 놀이 자료가 되었다. 영아들이 주시했던 사다리차, 트럭, 굴착기 등과 같은 일하는 자동차 놀잇감을 쌓기영역에 비치해 주어야겠다.

↓

2019년 10월 11일 (금) 관찰 기록

영아들은 점토 놀이 시 일하는 자동차를 챙겨와 공사 현장의 모습을 표현한다. 영아들은 일하는 자동차로 점토를 싣고, 나르고, 파고, 올리고, 내리고, 쌓는 등의 놀이를 한다.

3. 그림자 놀이가 재미있네요

2020년 9월 22일 (화) 관찰 기록

오전 간식을 다 먹은 지온이(1세)는 매트 위에서 자동차를 굴리며 놀이를 하고 있는 민재 곁으로 걸어간다. 걸어가던 지온이는 잠시 걸음을 멈춰 놀이실 바닥을 살펴본다. 그러고는 상체를 좌우로 움직여 보기도 하고 손을 흔들어 보기도 한다. 교사는(지온이가 놀이를 하지 못하고 서성인다고 생각함) 지온이에게 "지온아 우리 어떤 놀이 할까?"라고 이야기를 하지만 지온이는 몸을 흔들며 놀이실 바닥에 생긴 자신의 그림자를 바라본다.

↓

교사의 성찰 및 지원

- 영아는 우연히 발견한 그림자에 관심을 가지고 자신이 움직이는 대로 그림자가 같이 움직이는 것에 호기심을 가지고 있어 놀이실 창문을 통해 비춰지는 빛을 이용한 놀이를 즐길 수 있도록 지원하는 것이 필요함
- 영아의 신체의 움직임을 말로 표현해 주며 영아가 그림자에 갖는 관심에 대해 반응하며 상호작용("지온이, 흔들흔들 움직이고 있구나", "지온이가 움직이니까 바닥에 있는 그림자도 따라서 움직이네.")
- 교사도 함께 움직이기("선생님이 손을 반짝반짝 움직이니까 선생님 그림자도 반짝반짝 움직이네.")
- 빛이 들어오는 창문 아래 공간에서 간식을 먹고 있었는데 영아들의 자유로운 빛 탐색을 위해 간식 공간을 다른 곳으로 이동
- 영아들이 좋아하는 동물 손인형을 이용해 놀이 확장

↓

2020년 9월 22일 (화) 관찰 기록

지온이가 몸을 흔들며 그림자의 움직임을 살피는 것을 보고 A교사가 다가가 "지온이가 움직이니까 그림자도 따라 움직이네~"라고 하자 움직이던 것을 멈추고 그림자를 살펴본다. 다시 A교사가 "지온이가 안 움직이니까 그림자도 안 움직이는데"라고 한 뒤 자신의 손을 흔들며 "선생님이 손을 반짝반짝하니까 선생님 그림자도 따라서 반짝반짝 하네~"라고 말한다. 지온이도 A교사를 따라서 손을 움직여 보며 그림자를 살핀다. 간식을 지도하던 B교사는 영아들의 간식이 마무리되고 간식을 먹는 영아가 1명만 남자 간식을 먹던 책상을 다른 공간으로 이동하여 그림자를 살펴볼 수 있는 공간을 넓게 확보한다. A교사가 확보된 공간으로 이동하자 지온이도 교사를 따라 이동한다. 교사를 따라 이동하는 지온이에게 A교사는 "지온이는 선생님을 따라오고, 지온이 그림자는 지온이를 따라 왔네"라고 이야기를 하자 지온이도 "따라왔네"라고 이야기를 한다. A교사는 언어영역 벽면에 부착해 놓은 동물 손 인형을 가져와 교사의 손에 손 인형을 끼운 뒤 움직이며 "지온아~ 안녕"이라고 이야기하자 지온이도 손 인형을 가져와 움직여 보더니 바닥에 비친 교사의 손 인형 그림자에 자신의 손 인형을 대고 "안녕"이라고 말한다.

4. 선물 상자가 떨어져요

2021년 12월 15일 (수) 관찰 기록

지호(2세)는 미술영역에서 끼적이던 종이를 들고 교실 한편에 블록으로 구성하여 만든 산타마을로 이동한다. 벨을 누르는 흉내를 내며 "딩동~ 편지가 왔습니다" 하고 이야기한다. "어떤 편지인가요?" 하는 교사의 물음에 "어떤 친구가 선물을 받고 싶대요. 여기에 선물 이름이 쓰여 있어요. 지호가 친구들 선물 나눠줄게요" 하고 이야기한 후, 교사의 도움을 받아 산타 모자와 망토를 착용하고 선물 상자에 놀잇감을 넣어 바구니에 담기 시작한다. 교사가 "지호야, 왜 여기(바구니)에 담는 거야?" 하고 물으니, "이거는 썰매예요. 친구들에게 배달할 거예요" 하며 5개의 선물 상자를 실은 바구니에 담는다. 선물 상자 두 개를 바구니에 넣고 그 위로 선물 상자 두 개를 올려놓고 나머지 한 개를 맨 위에 올린다. 선물 상자가 담긴 바구니를 끌고 한 걸음씩 갈 때마다 바구니에서 선물 상자가 떨어지자, "선생님, 상자가 계속 떨어져요" 하고 이야기한다.

↓

교사의 성찰 및 지원

- 영아는 이전 경험(산타할아버지로부터 받고 싶은 선물을 그림으로 표현한 경험, 크리스마스 때 산타할아버지에게 선물을 받은 경험)을 토대로 친구들에게 선물을 나눠주는 산타할아버지 역할놀이를 하고자 함
- 산타할아버지처럼 선물 상자를 썰매(바구니)에 담아 이동을 하려고 하는데 바구니의 크기가 작아 쌓아서 담은 선물 상자가 자꾸 떨어져 이동하는 데 불편함을 느낌
- 선물 상자가 계속 떨어진다고 이야기하는 영아에게 교사는 "상자가 떨어지지 않게 하려면 어떻게 할까?"라는 질문으로 영아가 느낀 문제의 해결 방법에 스스로 고민해 볼 수 있도록 함
- "더 큰 바구니가 필요해요"라고 이야기하는 영아에게 교사는 바로 더 큰 바구니를 제공하지 않고 영아와 함께 자료실에서 바구니를 찾아보기로 함

↓

2021년 12월 15일 (수) 관찰기록

교사와 함께 자료실로 이동한 지호는 자료실 선반에 비치되어 있는 각종 교재·교구를 바라보며 "선생님 이게 뭐예요?"라고 묻는다. 교사는 "여기에는 우리가 쓰는 장난감, 블록, 자동차…를 보관하는 곳이야~ 지호야, 여기에 있는 바구니 보이지~ 여기서 어떤 바구니를 가져가면 좋을지 골라봐"라고 하며 포개어 쌓아놓은 바구니를 선반에서 꺼내 바닥에 내려놓는다. 지호는 교사가 내려놓은 포개진 바구니를 꺼내 바닥에 늘어놓기 시작한다. 바구니를 다 늘어놓은 뒤 바구니를 이것저것 만지작거리다가 "이거 가져갈래요"라고 이야기를 하여 지호가 선택한 바구니를 들고 교실로 이동한다. 지호는 기존 바구니에 담겨 있던 상자를 꺼내 새로 가져온 바구니에 담아본다. 새로 가져온 바구니에도 선물 상자가 다 들어가지 않자 "선생님 썰매(바구니)를 두 개로 할래요"라고 하며 기존에 있던 바구니와 새로 가져온 바구니에 각각 선물 상자를 담은 뒤 교사에게 새로 가져온 바구니에 끈을 달아 달라고 이야기한다.

5. 점토가 섞이면 어두운 색으로 변할 텐데? 똥 같다고?

2019년 11월 11일 (월) 관찰 기록

영아들은 놀이 시간이 되면 점토를 자주 찾는다. 점토 자체로 놀이하고, 점토 도구와 찍기 틀을 활용하여 놀이한다. 점토를 음식의 재료나 흙으로 상상하여 소꿉놀이, 자동차 놀이를 하기도 한다. 영아들이 점토 놀이를 하는 과정에서 여러 색깔의 점토가 섞이게 된다.

↓

교사의 성찰 및 지원

점토가 섞이면 어두운 색깔로 변할 텐데 괜찮을까? 대부분 영아는 점토를 선택할 때 선명한 색깔의 점토를 선호하면서도, 놀이 과정에서는 색깔 점토를 섞어가며 놀이하였다. 영아들이 선택한 색깔에 따라 혹은 우연히 섞이는 색깔에 따라 점토가 변하는 과정을 직접 경험하는 것이라고 생각한다. 이에 여러 색깔의 점토를 지원해야겠다.

↓

2019년 11월 14일 (목) 관찰 기록

영아들이 색깔 점토를 섞어가며 놀이하는 동안 점토는 색깔의 비율이나 양에 따라, 손의 힘과 강도에 따라, 시간의 흐름에 따라, 점토 도구나 놀잇감과 맞물리는 정도에 따라 다르게 변화되어 간다. 은희, 소진, 채희가 점토 색깔이 섞여 변화되는 과정을 발견하고는 흥미로워한다. 은희와 소진이는 점토가 마블링처럼 섞이면서 한 가지 색깔로 혼합되고, 점차 어두운 색깔로 변해갈 때쯤 '똥' 같다고 표현한다. 함께 놀이하던 영아들은 '똥'이라는 말에 웃음을 보인다.

↓

교사의 성찰 및 지원

영아들은 어두운 색깔로 변화된 점토를 똥이라고 표현하였다. 영아들은 똥에 대해 거부감을 보이기보다는 즐거운 놀이 소재로 받아들였다. **점토 놀이할 때 오늘처럼 '똥'과 관련된 놀이 상황이 온다면, 이를 교육적 순간으로 활용한다면 어떨까?** 자연스럽게 영아들의 배변 훈련 지도와 연계해 보는 것이다.

↓

2019년 11월 20일 (수) 관찰 기록
은희 : (점토를 주무르면서) 으아~ 똥이다! 규현 : (점토를 길게 문지르면서) 응가! 박 교사 : 으아~ 점토가 똥이 되었네. 규현아, 응가는 어디에서 해야 할까? 규현 : (화장실을 가리킨다) 저기! 박 교사 : 규현이, 응가 마려울 때 선생님에게 '응가' 하고 말해줄 수 있어? 규현 : (고개를 끄덕이며) 응! 은희 : (뭉친 점토 위에 아기 인형을 앉힌다) 아가도 응가 했어. 박 교사 : 그렇구나. 아가가 혼자서도 응가를 잘하네.

제5장

보육 실행 기록하기

일상과 놀이에 기반한 영아중심의 발현적 보육과정을 실행한다고 해서 보육 계획을 전혀 수립하지 않는다는 의미는 아니다. 다만, 교사는 모든 것을 사전에 계획하고 이를 그대로 실행함에서 벗어나, 대략적으로 계획을 세우고 영아와 함께 보육과정을 만들어 가며 실행된 보육과정을 보육일지로 기록한다. 이 장에서는 보육과정 실행을 기록하는 문서들로, 보육 계획과 평가 기록하기, 놀이 이야기, 영아 평가(관찰 기록)에 대해 알아보고자 한다.

1. 보육 계획과 평가 기록하기
2. 놀이 이야기
3. 영아 평가(관찰 기록)

제5장
보육 실행 기록하기

1. 보육 계획과 평가 기록하기

영아와 함께 만드는 보육과정이라도 교사의 보육 계획 수립은 필요하다. 그러나 교사에 의해 촘촘하고 세밀하게 계획되고 이에 따라 실행되는 보육과정과 달리, 영아를 관찰·기록하고, 이를 토대로 영아와 함께할 가능성을 지닌 간략한 보육 계획을 수립하고, 수립한 계획에 근거하나 계획을 그대로 따르는 것이 아니라 영아와 함께 우리 학급만의 보육과정을 생성한다. 이는 제2장과 제4장에서 살펴보았던 보육과정 실행의 충실도 관점보다는 생성의 관점에 입각한 보육과정으로, 관찰과 기록, 성찰하기, 의사결정과 준비, 실행하기, 흘러가게 지켜보기의 순환적 과정으로 설명했던 발현적 보육과정의 실천을 의미한다.

영아와 함께 우리 반만의 보육과정 생성이라도 보육과정 운영에 대한 평가가 필요하다. 보육과정 평가는 보육과정이 영아중심 놀이중심으로 적절하게 운영되고 있는지 평가하는 것으로, 영아의 신체적 리듬과 요구에 맞춰 급·간식, 기저귀 갈기나 화장실 가기, 낮잠 및 휴식 등의 일과가 적절하게 운영되었는지, 영아의 놀이와 배움을 위해 실내·외 놀이의 물리적, 심리적 환경과 교사의 상호작용 등이 적절했는지 평가하는 것을 의미한다. 교사는 보육과정을 실행하는 과정에서 영아의 일과, 놀이 등을 관찰하며 보육과정 운영을 평가하고, 이를 다음 보육과정 계획에 반영하여 보육과정 개선에 활용해야 한다.

보육 계획과 보육과정 실행에 대한 평가를 별도의 양식으로 기록할 수 있지만, 보육일지 하나로 통합하여 작성할 수도 있다. 제4차 어린이집 표준보육과정, 2024 개정 표준보육과정(0~2세)의 취지에 맞게 보육 계획(안)과 보육 일지 작성에도 변화가 생겼다.

1) 연간 계획(안)

연간 계획(안)은 표준보육과정에서 추구하는 인간상, 어린이집의 철학, 지역사회의 특성, 개인 수준의 다양성을 고려하여 기관마다 자율적으로 수립한다. 연간 계획은 학급 차원보다는 전체 어린이집 차원에서 수립하는 것이 일반적이며, 어린이집 적응, 계절, 명절, 기관 행사, 진급 등 어린이집의 연간 주요 행사 일정 등을 고려하여 계획한다. 또한 영아들에게서 발현되는 놀이 경험을 반영할 수 있는 여지를 남기고 계획한다. 즉, 연간 계획을 수립하더라도 영아의 놀이 경험에 따라 시기와 기간 등이 변경될 수 있다. 영아가 관심을 보이는 사물이나 상황, 놀이를 관찰하여 영아의 관심과 흥미가 지속되고 확장되도록 기간과 시기를 조정한다.

연간 계획(안) 예시

월	주	어린이집 행사	영아의 주요경험 (기관 적응, 명절, 특별한 날 등)
3	1주~4주	입학식 신입 원아 적응기간	신입 원아 어린이집 적응 재원 원아 새로운 반 적응 엄마, 아빠와 잘 헤어지기
4	1주~5주	봄 나들이, 부모개별상담	우리반 환경·일과에 익숙해지기 선생님, 친구와 친숙해지기 계절의 변화 경험하기
5	1주~4주	어린이날 행사 부모참여프로그램	
6	1주~4주	운영위원회	계절과 절기에 따른 영아의 공통된 주요 경험을 유추하기 어려우면 비워 두어도 됨
7	1주~5주	물놀이 부모교육 부모참여프로그램	계절의 변화 경험하기 (여름 날씨, 건강과 위생, 여행 등)
8	1주~4주		

- 기관 차원에서 연간계획이 필요한 항목의 예
- 일 년 동안 어린이집에서 진행하는 행사 등의 계획
- 어린이집 적응, 계절의 변화, 특별한 날 등에서 예상되는 영아의 주요 경험

출처 : 중앙육아종합지원센터(2020). (0-2세 보육과정) 놀면서 자란다. 중앙육아종합지원센터.

2) 월간, 주간, 일일 계획(안)

어린이집과 교사의 필요에 맞게 월간, 주간, 일일 계획(안)의 형식과 분량을 자율적으로 구성한다. 월간, 주간, 일일 계획(안)을 모두 수립해야 하는 것이 아니라 한 가지만 선택하여 작성할 수 있다. 월간, 주간, 일일 계획(안)의 구체적인 내용은 다음과 같다.

- 계획(안)의 양식, 내용, 작성 주기도 자율적으로 결정하여 작성한다.
- 매일 진행되는 놀이를 기록하고, 다음 날 지원할 내용을 간략하게 기록한다.
- 교사가 예상한 주요 경험에 맞춰 계획을 수립했더라도 영아의 흥미와 요구, 놀이상황에 따라 변경될 수 있다.
- 계획할 때부터 '점토로 자동차 만들기', '한지 뿌리기'보다는 '점토로 놀이하기', '한지로 놀이하기'와 같이 영아의 자발적 탐색과 놀이가 가능하도록 계획한다.
- 일상생활 지도에도 영아가 경험할 수 있는 놀이를 반영한다.
- 바깥놀이를 포함하여 영아 놀이가 충분히 이루어질 수 있도록 하루 일과를 편성한다. 짧은 놀이시간을 여러 번 나누어 진행하기보다는 한 번에 긴 시간으로 계획한다.
- 바깥놀이는 산책, 실외놀이, 텃밭 가꾸기 등을 포함하여 진행하고, 날씨 등의 이유로 바깥놀이가 어려운 경우 대체활동으로 대근육 신체놀이를 진행한다.
- 안전교육도 일회성의 집단형태보다는 개별적인 상호작용으로 반복한다.

월간 계획(안) 예시

<table>
<tr><th colspan="2">월</th><td colspan="4">7월</td></tr>
<tr><th colspan="2">주요경험</th><td colspan="4">더운 날씨와 놀이 / 비 오는 날 놀이</td></tr>
<tr><th colspan="2">변경이유</th><td colspan="4">올 여름 장마가 길어지면서 비 오는 날에도 우산과 장화를 착용하고 바깥놀이터 산책하는 일이 많아짐</td></tr>
<tr><th colspan="2">주</th><td>7월 1주</td><td>7월 2주</td><td>7월 3주</td><td>7월 4주</td></tr>
<tr><th rowspan="3">놀이 (바깥 놀이 포함)</th><th rowspan="2">더운 날씨와 놀이</th><td>더운 날씨
– 날씨에 따라 달라지는 것</td><td colspan="2">즐거운 물놀이
– 물을 이용한 놀이</td><td>깨끗이 씻기</td></tr>
<tr><td></td><td colspan="2">– 차 타고 수영장, 할머니집 가요
– 낚시놀이</td><td>– 아기 목욕 놀이</td></tr>
<tr><th>비 오는 날</th><td colspan="4">• 장화신고 걸어봐요
• 창 밖 비 오는 풍경을 봐요, 천둥소리 들어봐요
• 지렁이, 물웅덩이를 살펴봐요</td></tr>
<tr><th colspan="2">일상생활</th><td colspan="4">비누거품으로 손을 문질러 닦아보아요 / 손 씻은 후 물기를 닦아보아요 / 내 기저귀를 꺼내보아요 / 기저귀 갈기 전 변기에 앉아 보아요(준비된 영아)</td></tr>
<tr><th colspan="2">놀이자료</th><td colspan="4">산책·여행 사진, 여행 용품(모자, 가방, 선글라스 등), 파란 비닐매트, 물놀이 용품(비치볼, 튜브, 암튜브 등), 여름과일 퍼즐
여러 종류의 모형 자동차, 자동차 길 매트, 운전대, 볼풀장, 물고기 스티커, 낚시놀이, 우비, 장화, 우산, 화선지, 목욕용품, 수건</td></tr>
<tr><th colspan="2">계획 및 일정</th><td colspan="4">22일 – 방역의 날
29일 – 소방대피훈련
[보건위생관리교육] 외출 후 깨끗이 몸을 씻어요</td></tr>
</table>

- 영아의 주요경험을 고려하여 대강화된 계획을 세우고 관련 자료를 제공
- 영아가 만들어 낸 놀이
- 영아의 관심으로 새롭게 추가된 놀이
- 일상에서 경험하는 탐색과 놀이
- 예상놀이 및 영아관심으로 새롭게 추가된 놀이에 따라 제공한 열린 형태의 놀이자료

* 추가된 놀이, 놀이자료 등은 빨간색으로 표시

출처 : 중앙육아종합지원센터(2020). (0-2세 보육과정) 놀면서 자란다. 중앙육아종합지원센터.

3) 주간, 일일 보육일지

보육일지는 일과와 놀이가 어떻게 이루어졌는지 되돌아보고 이후 보육과정을 개선하기 위한 기록이다. 보육일지라고 해서 별개의 내용을 새롭게 작성하는 것이 아니라 보육과정 운영을 위해 진행한 '관찰과 기록'을 그대로 수록하는, 즉 보육 실행 기록이다. 보육일지 작성에 대한 구체적인 내용은 다음과 같다.

- 매일 반복되는 일과 등의 동일한 내용은 간략히 기술한다.
- 모든 놀이와 활동에 대해 기록하지 않아도 되며 놀이(실내놀이, 바깥놀이), 일상생활로 구성된 일과 중 의미 있는 내용을 중심으로 기록한다.
- 학급의 주요 놀이, 놀이 상황과 맥락, 소수 영아의 놀이, 개별 영아의 언어적·비언어적 반응, 영아 간 상호작용 등의 관찰 기록, 영아의 놀이와 배움에 대한 평가(배움 읽기), 이를 토대로 한 다음 지원 계획을 포함한다.
- 일과 중 작성한 메모나 영아의 놀이사진, 놀이 결과물을 활용하여 기록할 수 있다.
- 월령이 낮을수록 개별적인 일과 운영과 교사 지원에 대한 내용을 포함한다.
- 특이사항(부모면담(요구사항), 감염병, 안전사고 등)이 있을 경우 간략히 기록한다.
- 주간 계획(안) 또는 일일 계획(안)을 포함하여 작성할 수 있다.
- 보육일지는 각 어린이집의 상황에 맞는 별도 양식을 사용할 수 있다.

다음은 중앙육아종합지원센터에서 제공한 주간 보육일지 작성의 예시와 A 어린이집의 주간 보육일지(주간 보육 실행 기록) 사례와 A 어린이집의 주간 보육 실행 기록 작성 요령, 중앙육아종합지원센터에서 제공한 일일 보육일지 작성의 예시와 B 어린이집의 일일 보육일지 사례이다.

주간 보육일지 작성 예시

담임	원장

<table>
<tr><th colspan="6">보육일지 (　　세)</th></tr>
<tr><td>기간</td><td colspan="5">년　　월　　일 ~　　월　　일</td></tr>
<tr><td rowspan="2">일과(시간)</td><td colspan="5">계획 및 실행</td></tr>
<tr><td>월</td><td>화</td><td>수</td><td>목</td><td>금</td></tr>
<tr><td>등원 및 통합보육
(7:30 ~ 9:00)</td><td colspan="5"></td></tr>
<tr><td>오전 간식
(9:00 ~ 9:20)</td><td colspan="5"></td></tr>
<tr><td rowspan="3">오전 실내놀이
(9:20 ~ 10:50)</td><td colspan="5">[밀가루 반죽 놀이해요]
반죽을 흰색과 갈색으로 준비함
*밀가루 반죽을 늘리고 두드리며 탐색하다가, 갈색 반죽을 동그랗게 만들어 '응가'라고 함</td></tr>
<tr><td colspan="5">[모형 변기에 앉아 '응가'하는 흉내를 내보아요]
– 모형 변기, 응가 모형, 기저귀 등 배변 관련 놀잇감을 준비함
*영아들이 직접 모형 변기에 앉아 '쉬~ 응가'라며 관심 보이고, 아기 인형을 앉히기도 함
*화장실에서 변기 물 내리는 데에 관심이 많아, 모형 변기에서도 물 내리는 흉내 냄</td></tr>
<tr><td colspan="5">[휴지를 탐색해요]
– 화장실 변기 옆에 실제 두고 사용하는 두루마리 휴지를 준비함
*휴지와 티슈 탐색을 즐겨 하며 던지고 뿌리는 놀이로 이어짐</td></tr>
<tr><td>바깥놀이(대체)
(10:50 ~ 11:20)</td><td colspan="5">젖은 모래 뭉쳐보아요, 선생님 손잡고 달려 보아요(빠르게, 느리게)
(대체놀이 : '요기저기' 노래 들으며 신체부위 짚어요. '돌아돌아' 노래 들으며 몸을 움직여요)
종종 들었던 노랫말을 영아가 이어서 흥얼거리고, 노랫말에 맞춰 몸을 움직이며 놀이함</td></tr>
<tr><td>점심식사
(11:20 ~ 12:20)</td><td colspan="5">– 골고루 먹기 *적응 후 편안해지면서 영아들의 식사량이 늘고 있음</td></tr>
<tr><td>낮잠 및 휴식
(12:20 ~ 14:40)</td><td colspan="5">– 조용한 음악 들으며 편안하게 낮잠 자기
*낮잠 들기 전, 우는 영아 개별적으로 재워줌</td></tr>
<tr><td>오후 놀이
(14:40 ~ 15:40)</td><td colspan="5">– 오전 놀이를 계속 진행하거나 확장하여 놀이하기</td></tr>
<tr><td>오후 간식
(15:40 ~ 16:00)</td><td colspan="5"></td></tr>
<tr><td>귀가 및 통합보육
(16:00 ~ 17:00)</td><td colspan="5">– 자유롭게 놀이 후 순차적으로 귀가하기</td></tr>
<tr><th colspan="6">놀이 평가 및 다음날 지원계획</th></tr>
<tr><td>월</td><td>화</td><td>수</td><td>목</td><td colspan="2">금</td></tr>
<tr><td>화장실을 둘러보며 실제 변기를 탐색했는데, 배변훈련 전인 영아들도 변기에 관심을 갖고 살펴 보았다.
실제 변기를 가리키며 '쉬~ 응가'라고 표현하고, 레버를 눌러 물 내리는 것에도 흥미를 보였다.
영아의 흥미를 반영하여 실제 변기와 변기를 탐색하는 영아들의 사진을 보육실 내부에도 부착해 영아들의 관심과 언어적 상호작용을 더 시도해야겠다.</td><td>코로나19 등 감염병 예방 위해 24개월 이상 영아들은 마스크 착용 후 생활하는 중이다.
오늘은 미세먼지 농도가 '나쁨'이어서 바깥놀이 대체 놀이를 진행하였다. 그에 따라 바깥놀이를 대체한 실내놀이 시간을 10분(10:40~11:20) 늘리는 것으로 조정 후 진행하였다.
내일은 오전부터 미세먼지 수치를 확인해 가능한 상황이면 바깥놀이 시간을 충분히 제공해 주어야겠다.</td><td>휴지를 탐색하는 과정에서 달리는 영아가 넘어질 우려가 있어, 가까이에서 위치를 잡아주거나 바닥을 정리하고 책상을 밀어 공간을 넓게 만들어 주었다. 또한 영아가 휴지를 잡고 뿌리는 놀이로도 흥미가 이어져, 내일은 휴지를 담을 수 있는 컵 모양 블록 등을 추가로 준비해야겠다.
아기인형 응가시키고 휴지로 엉덩이 닦아주는 놀이에 관심을 보여, 내일은 수건, 팬티 등 배변 주제 관련 용품들을 함께 비치해야겠다.</td><td></td><td colspan="2"></td></tr>
<tr><td>다음 주 예상 놀이 및 지원 계획</td><td colspan="5">다음 주에는 더워지는 날씨를 고려하여 물놀이를 진행하고자 한다. 다만, 코로나19 등 감염병 예방을 위해 방역 당국의 보도 내용을 참고하고, 서로 간의 영향이 최소화되도록 부분적으로 시도해 볼 계획이다. 그리고 최근 변기와 응가 등 배변 관련된 내용에 관심을 많이 보이고 있어, 이에 대한 흥미가 지속된다면 배변주제 관련 놀잇감을 계속 비치해 두는 게 좋겠다. 이에 영아들의 관심 정도를 유심히 관찰해야겠다.</td></tr>
<tr><td>반 운영 기록사항</td><td colspan="5">코로나19 등 감염병 예방 위한 가정보육 영아 ○○○, ○○○
[건강·영양교육] 손을 깨끗이 씻어요</td></tr>
</table>

- 놀이시간에 정리 및 전이시간이 포함되므로 이를 고려하여 충분한 놀이시간을 확보하여 실시하고 계획된 놀이와 우연히 일어난 놀이 등의 실행(파란색으로 표시)을 중심으로 간단히 기록
- 낮잠 후 자연스럽게 실시되는 놀이를 실내외 구분 없이 기록
- 실행된 놀이에 대한 간단한 평가, 일과계획에서 그 날 변동된 시간 등을 기록
- 한 주의 놀이평가를 바탕으로 다음 주 예상 놀이와 지원계획 및 특이사항을 간략히 기록

출처 : 중앙육아종합지원센터(2020). (0-2세 보육과정) 놀면서 자란다. 중앙육아종합지원센터.

○○ 반 보육일지 (세)

기간	년 월 일 ~ 월 일			담임	원장
이번 주 교사의 기대	영아들의 배변훈련 과정이 편안하고 기분좋게 진행되었으면 함				
일과 \ 요일	월	화	수	목	금
등원 및 통합보육 (7:30 ~ 9:00)					
오전 간식 (9:00 ~ 9:20)					
오전 실내놀이 (9:20 ~ 10:50)	화장실을 둘러 보아요	→	→	→	→
	→	모형 변기에 앉아 '응가'하는 흉내 내보아요	→ 아기인형 '응가' 시켜 주어요	아기인형 '쉬' 하고 팬티 입혀 주어요	→
	밀가루 반죽 놀이	→	→	반죽으로 '응가' 만들어요	→
	→	휴지를 탐색해요	→	휴지를 담고 뿌려보아요	→
바깥놀이(대체) (10:50 ~ 11:20)	젖은 모래 뭉쳐 보아요('요기저기' 노래 들으며 신체 부위 짚어요)	→	선생님 손잡고 달려보아요 (노래를 들으며 몸을 움직여요)	→	→
점심식사 (11:20 ~ 12:20)					
낮잠 및 휴식 (12:20 ~ 14:40)					
오후 놀이 (14:40 ~ 15:40)	오전에 진행되었던 자유놀이 확장하여 놀이하기				
오후 간식 (15:40 ~ 16:00)					
귀가 및 통합보육 (16:00 ~ 17:00)					
놀이 평가 및 다음날 지원계획	화장실을 둘러보며 실제 변기를 탐색해 보았는데, 배변훈련 전인 영아들도 변기에 관심을 갖고 살펴 보았다. 실제 변기를 가리키며 '쉬~ 응가'라고 표현하고, 레버를 눌러 물 내리는 것에도 흥미를 보였다. 영아의 흥미를 반영하여 실제 변기와 변기를 탐색하는 영아들의 사진을 보육실 내부에도 부착해 영아들의 관심과 언어적 상호작용을 더 시도해야겠다.	코로나19 등 감염병 예방 위해 24개월 이상 영아들은 마스크 착용 후 생활하는 중이다. 오늘은 미세먼지 농도가 '나쁨'이어서 바깥놀이 대체 놀이를 진행하였다. 그에 따라 바깥놀이를 대체한 실내놀이 시간을 10분(10:40~11:20) 늘리는 것으로 조정 후 진행하였다. 내일은 오전부터 미세먼지 수치를 확인해 가능한 상황이면 바깥놀이 시간을 충분히 제공해 주어야겠다.	휴지를 탐색하는 과정에서 흔들고 빨리 달리는 등 영아가 앞을 못 보고 넘어질 우려가 있어, 가까이에서 위치를 잡아주거나 바닥에 떨어진 놀잇감들을 빨리 치우고 책상을 밀어 공간을 넓게 만들어 주었다. 또한 영아가 휴지를 잡고 뿌리는 놀이로도 흥미가 이어져, 내일은 휴지를 담을 수 있는 컵 모양 블록 등을 추가로 준비해야겠다. 아기인형 응가시키고 휴지로 엉덩이 닦아주는 놀이에 관심을 보여, 내일은 수건, 팬티 등 배변 주제 관련 용품들을 함께 비치해야겠다.		
반 운영 기록사항	안전사고 : ○○○ 화장실에서 넘어져 타박상으로 소독 후 처치함 [건강·영양교육] 손을 깨끗이 씻어요				

- '추구하는 인간상'을 중심으로 영아가 어떻게 지냈으면 하는지 기술
- 놀이시간에 정리 및 전이시간이 포함되므로 이를 고려하여 충분한 놀이시간을 확보·실시하고 놀이가 진행되는 흐름에 따른 각 놀이의 변화를 놀이명 수준으로 간단히 기록
  ※ 추가되는 놀이는 파란색으로 기록
- 낮잠 후 자연스럽게 실시되는 놀이를 실내외 구분 없이 기록
- 실행된 놀이에 대한 간단한 평가, 일과계획에서 그 날 변동된 시간, 운영의 특이사항 기록

출처 : 중앙육아종합지원센터(2020). (0-2세 보육과정) 놀면서 자란다. 중앙육아종합지원센터.

<table>
<tr><td colspan="3" rowspan="2">주간 보육일지 (　　세)</td><td rowspan="3">결재</td><td>담임</td><td>원장</td></tr>
<tr><td rowspan="2"></td><td rowspan="2"></td></tr>
<tr><td>기간</td><td colspan="2">20　년　월　일 ~　월　일</td></tr>
<tr><td>통합보육</td><td colspan="2">등원 (7:30~9:00)</td><td colspan="3">하원 (16:00~17:00)</td></tr>
<tr><td>일과(시간)</td><td colspan="5">계획 및 실행</td></tr>
<tr><td rowspan="3">일상 생활</td><td>간식
(9:00~9:20)
(15:40~16:00)</td><td colspan="4"></td></tr>
<tr><td>점심식사
(11:20~12:20)</td><td colspan="4">밥과 반찬 골고루 먹어봐요 - 나 한입, 물고기 한입</td></tr>
<tr><td>낮잠 및 휴식
(12:20~14:40)</td><td colspan="4">내가 좋아하는 인형과 함께 낮잠매트에 누워봐요
- 엄마, 아빠 사진 들고 잘래요</td></tr>
<tr><td rowspan="2">놀이</td><td>실내놀이
(9:20~10:50)
(14:40~15:40)</td><td colspan="4">▶ 놀이상황
바나나향 밀가루 반죽으로 음식 만드는 놀이에 흥미 지속됨. 추가 제공하는 놀이 재료들을 바로 음식 만드는 놀이에 활용하거나 탐색으로 이어짐

▶ 놀이지원
화요일) 자른 빨대를 추가로 제공해주어 반죽놀이를 지원함
수요일) 플레이콘 추가 제공, 충분한 탐색 시간 제공</td></tr>
<tr><td>바깥놀이(대체)
(10:50~11:20)</td><td colspan="4">▶ 놀이상황
연근 탐색놀이를 더 하고 싶어 하는 영아들을 위해 바깥놀이터로 가지고 와서 놀이함. 모래와 연근으로 음식을 만들거나 모래 속에 연근을 숨겨보기도 함</td></tr>
<tr><td>날짜</td><td colspan="3">놀이평가 및 다음날 지원 계획</td><td colspan="2">반 운영 특이사항</td></tr>
<tr><td>○일(월)</td><td colspan="3"></td><td colspan="2"></td></tr>
<tr><td>○일(화)</td><td colspan="3">밀가루 반죽놀이에 어떤 재료를 추가해 주는가에 따라 영아들이 연상하는 음식 모형이 달라지는 것을 볼 수 있음. 자른 빨대 외에 내일은 플레이콘을 추가로 제공해 주어야겠음.</td><td colspan="2"></td></tr>
<tr><td>○일(수)</td><td colspan="3">제공해 준 플레이콘을 밀가루 반죽놀이에 사용하기보다는 플레이콘 자체를 탐색하는 놀이에 더 흥미가 높았음. 충분한 탐색시간을 허용함.</td><td colspan="2">부모개별면담
○○○, ○○○</td></tr>
<tr><td>○일(목)</td><td colspan="3">영아들의 요구를 반영하여 10분 더 바깥놀이가 이루어짐
▶ 보건위생관리교육 : 아무 것이나 입에 넣지 않아요
밀가루 반죽으로 놀이 시 입에 넣는 모습이 나타나 먹을 수 있는 것과 없는 것에 대해 인식할 수 있도록 반복적으로 이야기함.</td><td colspan="2">감염병)
○○○ 낮잠 전 발열증상(37.6도)으로 분리보육 후 조기하원</td></tr>
<tr><td>○일(금)</td><td colspan="3">플레이콘 탐색놀이에 대한 흥미가 줄어듦. 다음주 초 영아놀이에 따라 계속 비치 여부 판단하겠음.</td><td colspan="2"></td></tr>
<tr><td>다음 주 예상 놀이 및 지원 계획</td><td colspan="5">다양한 식재료와 바나나향 밀가루 반죽을 탐색하며 자연스럽게 냄새를 맡고 언어로 표현해 보는 놀이가 이루어짐. 로션, 후각통, 포푸리 등 생활 속에서 냄새로 탐색해 볼 수 있는 자료들을 제공해 주고 상호작용을 해봐야겠음.</td></tr>
</table>

출처 : 중앙육아종합지원센터(2020). (0-2세 보육과정) 놀면서 자란다. 중앙육아종합지원센터.

- 일상생활 지원을 위한 의미 있는 실행을 파란색으로 표시
- 놀이시간에 정리 및 전이시간이 포함되므로 이를 고려하여 충분한 놀이시간을 확보·실시하고 계획된 놀이와 우연히 일어난 놀이상황을 기록
- 실행된 놀이에 대한 간단한 평가, 일과계획에서 그 날 변동된 시간, 운영의 특이사항 기록
- 한 주의 놀이평가를 바탕으로 다음 주 예상 놀이와 지원계획 및 특이사항을 간략히 기록

주간 보육 실행 기록 (6월 2주)

학급	○○반 (1세 학급)	경험내용	나/ 엄마 아빠 (2주차)	작성자	김○○

① 일과 \ 날짜		6/10 (월)	6/11 (화)	6/12 (수)	6/13 (목)	6/14 (금)
등원 및 오전 간식 (② 7:30~9:20)		주말 지낸 이야기 부모님으로부터 들으며 맞이함	간식 이름 들으며 간식 먹음	엄마 아빠 물건을 들고 등원함	창밖의 새에게 인사를 하며 간식 먹음	
오전 실내 자유 놀이 (9:20~10:20)	③ 흥미 및 경험	- 주말에 동물원 다녀온 영아 - 엄마 아빠 놀이, 자동차 놀이	-	내가 만든 종이가방	엄마 아빠 물건	엄마 아빠 물건, 풍선
	④ 놀이	- 가족사진 보며 엄마 아빠 이야기하거나 들어봄 - 동물그림책 추가로 제공하여 봄 - 블록 위에 앉아서 모형 운전대로 운전하는 놀이함 - 내가 좋아하는 동물 안고 다니며 놀이함 (⑥ 일부 영아)	- 종이쇼핑백 모양에 끼적이기 스티커로 가방 꾸며서 가방에 물건 넣어서 들고 다님 - 고리 끼우기, 팔에 끼우는 친구를 보고 손목에 끼우고 다님 ⑤ 어제 놀이한 자동차놀이와 동물 안고 다니는 놀이가 자연스럽게 자동차에 동물 태우고 운전하기 놀이로 연결되었음	- 가방 꾸미기 함(일부 영아) - 가방에 물건 넣어서 들고 다님 - 음식 만드는 놀이함 - 고리 끼우기 계속함 - 노래 부르며 모형 우쿨렐레, 악기 연주하며 놀이함	- 모형 운전대로 운전하는 흉내 냄 - 엄마 아빠 물건 탐색함 - 밀가루 반죽으로 음식 만드는 놀이 함	- 종이 가방에 물건 담아서 들고 다니기 계속 함 - 엄마 아빠 물건 착용하고 엄마 아빠 놀이함 - 아기 업고 다니며 놀이 함 - 밀가루반죽을 그릇에 담고 먹는 흉내 냄
전이 (10:20~10:30)		'엄마/아빠는 ○○를 사랑해' 노래 들어보기 (개사해서 들려주었음. 영아들이 좋아하여 이동 중에도 불러주었음)	→	→	⑦ 밀가루 반죽으로 음식 만드는 놀이에 관심이 높아 실내놀이 시간이 10분 더 이루어짐 (전이 10:30~10:40/ 실내놀이터 놀이 10:40~11:20) →	→
오전 실내외 놀이터 놀이 (10:30~11:20)		- 붕붕차 타기 - 모래 그릇에 담고 쏟기, 모양 찍어봄 ⑧ 안전교육〉미끄럼틀은 계단으로 올라가요(역방향 사용금지 교육)	- 보자기 기차놀이, 숨기놀이 즐김 →	- 보자기로 기차놀이, 숨기놀이 계속 함	- 실내놀이터에 있던 풍선 들고 다님	- 끈 달린 풍선 들고 뛰기, 걷기함

구분					
⑨ **점심식사 (11:20~12:30)**	학기 초에 비해 앞가리개 하고 먹기를 거부하는 영아가 없음	먹고 난 후에 거울 보고 얼굴에 묻은 음식 찾아봄	→	먹고 난 후에 입 휴지로 닦아보기를 시도함	먹고 난 후에 입 휴지로 닦아보기를 시도함(일부 영아 가능함)
낮잠 및 조용한 놀이 (12:30~15:00)	엄마 아빠 손인형 동물 인형 데리고 자거나, 좋아하는 그림책 보며 잠을 잠	교사가 들려주는 섬집아이, 자장가 노래 들으며 잠을 잠	→	엄마 아빠 물건 안고 잠을 잠 자장가 들으며 잠을 잠	→
⑩ **오후 간식 (15:00~15:30)**	컵을 두 손으로 잡고 마시기(적은 양을 따라주니 흘리지 않고 먹을 수 있었음)	→	→	간식 이름을 말해주고 들어 보며 따라 발음해 봄	→
오후 실내 자유놀이 (15:30~17:00)	오전 가족놀이의 연속 및 확장	가족사진 위에 끼적임, 스티커 붙이기 놀이 함	오전 가방놀이의 연속	오전 엄마, 아빠 물건 가지고 놀이하기 연속	밀가루반죽 놀이 함
오후 실내외 놀이터 놀이 (17:00~18:00)	붕붕차 타기 함 동물원 가는 놀이 함	붕붕차 타기 함 붕붕차로 음식 배달하며 놀이 함	보자기로 공 싸달라고 하여 담아서 들고 다니는 놀이 함	풍선놀이, 끈 달아서 들고 다님	풍선놀이 함
저녁식사 및 통합보육 (18:00~22:00)	-	엄마, 아빠 그림책 보기	-	끌고 다니는 놀잇감 놀이	-
⑪**평가**	- 동물원에 다녀온 영아가 있어서 동물인형에 대한 흥미가 높았음. 구체적 표현이 어려운 영아여서 흥미의 지속을 위해 부모님에게서 정보를 수집할 필요가 있음 *평가 a, b 반영 예	- 물건을 들고 다니는 것을 좋아하여 종이가방 만들기 제공, 꾸미기보다는 물건을 넣어서 들고 다니는 것을 좋아했음. 꾸미기 자료 계속 제공할 예정 *평가 c 반영 예	- 집에서 쓰는 그릇 추가 제공 - 오늘까지 가정에서 받은 엄마 아빠 물건 내일 제공 예정 *평가 d 반영 예 - 엄마 아빠 물건에 대한 소유욕이 발생할 수 있으므로 여분의 물건을 충분히 제공 필요 *평가 e 반영 예	- 엄마 아빠 물건을 제공하여 엄마 아빠 흉내 놀이가 간간이 이루어졌으나 흉내놀이까지 발전하기보다는 물건을 가방에 넣어 들고 다니는 것을 더 좋아함 *평가 a 반영 예	- 만든 가방을 집에 가지고 가서 좋아했음 - 넥타이는 길어서 안전사고 우려 있으니, 제외하거나 묶어서 제공해야 할 것임(협의 필요) *평가 d 반영 예

구분	내용
주간 ⑫ 총평 및 계획	한 주간 엄마 아빠 놀이뿐 아니라 동물놀이, 자동차 놀이도 활발하게 이루어짐 다음 주에도 엄마 아빠 놀이, 엄마 아빠 물건 탐색이 지속될 것으로 보임 ☑ 다음 주 상자놀이집 추가 제공, 꾸미기 놀이 예정

A 어린이집의 주간 보육 실행 기록 작성 요령

① 일과 흐름에 따라 작성함
② 실제 운영하는 시간 기입
③ 흥미 및 경험 : 놀이가 시작된 영유아의 자발적인 흥미와 관심, 경험 기록(해당 시. 반드시 매일 기록할 필요 없음)
④ 놀이 : 실제로 이루어진 영역별 주요 놀이 기록, 활동 단순 기록(예 ~하기 등)은 피하고 실제로 이루어진 행위중심(예 ~만듦 또는 ~~했음)으로 기록할 것, 사진으로 기록 가능
⑤ 전날 놀이가 변형되어 일어난 경우 연관성이 있음을 기록
⑥ 일부 영아의 놀이지만 의미 있는 놀이는 기록
⑦ 계획된 일과와 달라질 경우 달라진 이유와 이루어진 일과 기록(적당한 곳에 기록 가능)
⑧ 안전교육 : 안전교육을 실시하였을 때 내용 기록
⑨ 점심식사 : 식사시간에 이루어진 내용 기록, 식단 기록 아님
⑩ 오후 간식 : 간식시간에 이루어진 내용 기록 및 필요시 평가 기록, 식단 기록 아님
⑪ 평가 : 오늘의 평가를 통해 점검, 보완, 수정할 내용을 도출하여 일지의 내일 계획에 기록하고 적용(반드시 매일 기록할 필요는 없음)
 a 필요시 놀이상황에서 발달에 대한 이해를 기반으로 영아 입장에서 의도 및 의도의 성취 여부를 기록
 b 의도가 성취되지 못한 경우 원인, 도움 방향 기록
 c 놀이 진행 과정에 대한 영아의 특이한 반응 기록
 d 교사의 반성적 사고, 활동 내용 및 난이도의 적합성에 대한 평가, 이후 반영이 필요한 사항, 추가로 필요한 준비물 등 실시된 활동에 대한 평가사항 기록
 e 하루 일과 전체의 흐름, 영아의 상태, 일과 중 특이사항, 반 전체 운영에 영향을 미친 사건, 내일 일과에 대한 제언 기술
⑫ 총평 및 계획
 - 한 주간 영아의 흥미와 관심, 경험, 놀이, 일과 진행에 대한 전반적인 평가 기록
 - 다음 주에 예상되는 영아의 관심 및 놀이, 교사의 지원 계획 등 기록

주간 보육 실행 기록 (1월 3주)

학급	○○반 (1세 학급)	경험내용	배변훈련 I	작성자	김○○

일과 \ 날짜		1/18 (월)	1/19 (화)	1/20 (수)	1/21 (목)	1/22 (금)
등원 및 오전 간식 (8:00~9:30)		영아들의 컨디션에 대해 이야기를 나누며 등원 맞이	간식 이름 들으며 간식 먹음	놀이실에 제시된 놀잇감 변기에 대해 이야기를 나누며 등원 맞이	→	→
오전 실내 자유 놀이 (9:30~10:30)	흥미 및 경험	화장실, 아기 인형, 배변	화장실, 변기, 팬티	화장실 변기, 목욕, 자동차	응가, 팬티, 목욕, 탬버린	자동차, 악기 연주, 생일 축하 놀이
	놀이	- 어린이집의 화장실 사진을 보며 어느 곳인지, 어느 반의 화장실인지에 대해 간단하게 살펴보고 나비반에 꾸며진 화장실 공간을 보며 "여긴 화장실이야" 하고 이야기해 봄 - 새로운 아기 인형에 흥미가 많아 인형의 손과 다리를 움직여 보고 기저귀를 벗겨보면서 탐색함 - 와플 블록으로 비어 있는 화장실 공간에 변기, 욕조를 만들어 보고 아기 인형 배변하는 흉내를 내봄	- 바지 위에 팬티를 입은 후, 와플 블록으로 만든 변기에 앉아 배변 놀이가 활발하게 진행됨 - 모형 바디 워시로 배변 후 몸을 씻는 놀이가 이루어짐 - 변기 그림을 보며 자신만의 똥을 그려보는 놀이를 함. 초록색, 갈색, 노란색으로 길쭉하고 동그란 모양의 똥을 그려보면서 즐거워함	- 변기에 앉아보기도 하고 물을 내려 물이 내려가는 소리를 들어보면서 변기 모형을 자유롭게 탐색해 봄 - 응가 모형을 변기에 넣어 "응가!" 하며 대변을 보는 흉내를 냄. 배변이 끝난 후에는 휴지(스카프)로 엉덩이를 닦아보고 욕조 속에 들어가 몸을 씻음 - 와플 블록으로 자동차를 만들어 응가 그림 길을 따라 타보는 것에 흥미가 있었음	- 어제에 이어 변기에 앉아 응가하는 놀이가 활발하게 이루어짐 - 동물 손 인형을 이용하여 상황극(안녕? 나는 늑대야)을 해보고 동물의 울음소리나 특징(거북이-느림)을 살려 인형 놀이를 해봄 - 교사가 들려주는 '변기엔 누가 앉을까?' 동화를 듣고 융판 자료를 조작하며 동화의 간단한 단어를 따라해 봄 - 새로운 악기인 탬버린에 관심이 많았음. '응가를 해요' 노래에 맞춰 탬버린을 흔들어봄	- 탬버린을 들고 노래에 맞춰 흔들어보기도 하고 드럼 두드리기, 모형 우쿨렐레 연주하는 놀이가 이루어짐 - 생일 케이크를 이용한 생일 축하 놀이를 함 - 소프트 블록으로 자동차 길을 만든 뒤, 자동차를 굴려봄 - 아기 인형을 수건으로 둘러 옷을 만들어 봄

전이 **(10:30~10:40)**	교사가 불러주는 '응가를 해요' 노래를 들어보기	교사가 불러주는 '응가를 해요' 노래를 들으며 기저귀 갈기	→	→	교사와 함께 '응가를 해요' 노래를 부르며 기저귀 갈기
오전 실내외 놀이터 놀이 **(10:40~11:30)**	- 바깥놀이터에 나가 눈을 만져보고 날려봄 - 친구와 함께 2인용 썰매를 타며 즐거워함	- 플레이 블록집을 이용한 숨바꼭질 놀이가 이루어짐 - 교사와 함께 괴물 놀이를 함 - 응가 그림이 붙은 풍선을 쳐보면서 신체를 움직임	- 교사(괴물)를 피해 집 속으로 숨어보면서 숨바꼭질 놀이와 잡기 놀이가 함께 이루어짐 - 응가 그림이 붙은 풍선을 쳐봄	- 볼링 놀이를 함 - '동대문을 열어라' 노래에 맞춰 대문 놀이를 즐김 - 붕붕카를 탐 - 교사, 친구와 잡기 놀이를 함	- 짐볼을 굴려봄 - 어제 만든 플레이 블록으로 다리를 만들어 건너봄 - 응가 그림이 붙은 풍선을 쳐봄
점심식사 **(11:30~12:30)**	스스로 숟가락을 사용해 식사해 보기	→	점심을 먹고 난 후 앞가리개를 개수대에 정리하기	거울보고 얼굴에 묻은 음식 찾아보기	휴지로 얼굴에 묻은 음식 닦아보기
낮잠 및 조용한 놀이 **(12:30~15:00)**	일찍 일어난 영아는 책을 보며 조용한 놀이를 함	식사가 늦게 끝나 낮잠 시간이 늦어짐	교사가 들려주는 자장가 노래 들으며 잠을 잠	→	→
오후 간식 **(15:00~15:30)**	컵을 두 손으로 잡고 마시기	→	스스로 먹지 않으려고 하는 영아는 교사가 포크에 음식을 찍어 준 뒤 포크질을 할 수 있도록 하기	→	→
오후 실내외 자유놀이 **(15:30~17:30)**	- 밖에 내리는 눈을 보고 겨울왕국을 떠올리며 '렛잇고' 노래를 들어봄. 따라 불러보는 영아도 있고 감상만 하는 영아도 있었음 - 벽돌 블록으로 경사로를 만들어 소프트 자동차를 굴려봄 - '안녕 응가 친구' 책을 좋아하여 가방처럼 들고 다니면서 보고 싶을 때 책을 펼쳐봄	- 오전 놀이에 이어 팬티를 입어봄. 팬티를 입고 벗으며 블록으로 만든 변기에서 배변 흉내를 냄 - 유희실 놀이에서 응가 그림이 붙은 풍선을 쳐보기도 하고 당겨서 놓아보기도 함 - 교사와 함께 하는 괴물 놀이를 즐김	- 변기 모형에 앉아 응가하는 흉내를 내보고 물을 내려보는 놀이가 반복적으로 이루어짐 - '둥글게 둥글게' 노래에 맞춰 교사, 친구와 손을 잡고 돌아봄 - 응가 그림이 붙은 풍선을 잡아보고 놓아보면서 풍선을 날려봄	- '변기엔 누가 앉을까' 동화 자료를 자유롭게 조작함 - 욕조 속에 들어가 모형 바디워시로 아기 인형을 씻겨보고 수건으로 닦아주며 아기 인형을 돌봄 - 플레이 블록을 높이 쌓아보면서 새로운 구성물을 만듦	- 원통 블록을 쌓아보고 블록 사이로 공을 굴려보는 놀이를 반복함 - 욕조 속에 들어가 몸을 씻는 놀이를 함 - 플레이 블록으로 공간을 만든 뒤, 공간 속에 습자지를 넣어 바다 놀이가 이루어짐

전이 및 저녁식사 (17:30~18:00)	손을 씻기 전에 소매를 걷어보기	→	→	반찬의 이름을 들어보고 따라 말해봄	→
귀가 및 통합보육 (18:00~20:00)	배변훈련과 관련된 그림책 보기	-	밀가루 반죽으로 똥 만들어 보기	→	-

평가	출석 : 6명 결석 : 2명(인정결석 -김○○, 조○○)	출석 : 7명 결석 :1명(인정결석 -조○○)	출석 : 6명 결석 : 2명(인정결석 -김○○, 조○○)	출석 : 6명 결석 : 2명(인정결석 -김○○, 조○○)	출석 : 5명 결석 : 3명(인정결석 - 김○○, 노○○, 조○○)
	- 화장실 관련 환경 구성으로 영아들이 배변에 대한 관심을 가짐. 일부 배변에 관심이 없었던 영아들도 아기 인형으로 놀이를 하면서 배변을 자연스럽게 받아들이는 모습을 보여 좋았음	- 어제 배변 놀이 후 엉덩이를 씻는 놀이가 이루어져, 모형 바디워시를 준비해 주었음. 영아들이 바디워시 펌프를 누르고 얼굴에 바르는 흉내를 내며 목욕하는 놀이가 이루어짐	- 대변 후 엉덩이를 씻는 과정을 놀이로 표현하는 모습을 보여 욕조를 제공해 주었고 모형 바디워시와 수건으로 자신의 경험을 표현해 볼 수 있도록 도움	- '변기엔 누가 앉을까?' 동화를 융판에 제공해주었더니 새로운 동화 자료에 관심을 가지는 모습을 보였음. 동화를 조작해 보면서 동화 속의 내용을 떠올려 보고 간단한 문장으로 말해볼 수 있어 좋았음	-

주간 총평 및 계획	- 놀잇감으로 팬티를 제공해 주면서 영아들이 스스로 팬티를 벗고 입어볼 수 있는 자조 기술을 길러볼 수 있어 좋았음 - 이번 주 〈배변 훈련Ⅰ〉을 주제로 배변을 다양한 놀이로 즐겨봄. 나비반의 공간을 화장실 환경으로 만들어 제공함으로써 영아들이 그 공간에 대해 흥미를 느끼고 화장실 공간 속에서 변기 탐색하기, 응가 놀이, 아기 인형 엉덩이 닦아주기 등의 놀이가 활발하게 이루어지는 모습을 볼 수 있었음. 놀이 속에서 영아들의 흥미를 찾아 놀잇감을 제공(모형 바디워시, 욕조, 응가 모형 등)해 주었고 자신의 경험을 놀이로 표현하는 모습을 볼 수 있어서 좋았음. 이번 주 배변 놀이가 영아들이 배변에 대해 긍정적으로 인식해 볼 수 있는 시간이 되었음

주간 보육 실행 기록 (9월 1주)

학급	○○반 (2세 학급)	경험내용	여행 가는 놀이	작성자	김○○, 정○○

일과 \ 날짜		8/30 (월)	8/31 (화)	9/1 (수)	9/2 (목)	9/3 (금)
등원 및 오전 간식 (8:00~9:30)		등원하는 친구들과 "○○아, 안녕" 하고 인사해 봄	비 오는 날씨에 대한 이야기를 나눔	멸치가 우리 몸에 어떠한 영향을 주는지에 대해 이야기를 해봄	우유 미숫가루를 먹으며 우유 미숫가루의 색과 맛에 대해 이야기를 해봄	교사, 친구와 반갑게 인사함
오전 실내 놀이 (9:30~10:30)	흥미 및 경험	캠핑 놀이, 바다 생물	캠핑 놀이, 여행	캠핑 놀이, 옥수수	바다 터널, 바다 생물	여행
	놀이	- 벽면에 게시된 캠핑 사진을 보며 캠핑 놀이에 흥미를 가짐. 엄마, 아빠, 아기의 역할을 정한 뒤 텐트와 음식 모형으로 캠핑 놀이를 즐김 - 낚시터를 구성하여 낚시 놀이를 함. 낚시를 하며 잡은 물고기 모형은 캠핑 놀이와 연계하여 놀이가 이루어짐 - 지난주에 이어 점프대 만들기를 좋아함. 점프대를 구성하고 뛰어내리며 신체를 움직임 - 바다 생물 그림을 도트 물감으로 찍어 꾸며보았음. 그리고 모양대로 오려 바다(파란색 비닐)에 붙여봄	- 친구들의 여행 사진을 보며 어디에 갔는지, 누구랑 갔는지, 가서 무엇을 했는지에 대해 이야기를 나눠봄 - 여행에 관심을 가진 영아들과 여행에 필요한 물건들에 대해 이야기를 나눈 뒤, '비행기' 노래에 맞춰 신체를 움직이며 바다로 떠남 - 바다 옆에 텐트를 치고 물놀이를 즐긴 후, 바비큐 파티 놀이를 즐김 - 전날에 이어 바다 생물 꾸미기, 오리기, 붙이기 놀이가 이루어짐	- 텐트와 음식 모형을 이용하여 캠핑 놀이를 즐김 - 조개껍데기의 모양을 관찰해 봄 - 껍질이 있는 옥수수의 겉표면을 만져보고 냄새를 맡아보며 탐색한 후, 옥수수의 껍질을 까봄 - 궁금이 상자 속에 있는 여행 사진을 보며 친구의 이름 맞히기 놀이를 함 - 바다 생물 이름에 대해 이야기 후 자신이 좋아하는 바다 생물 말해봄 - 'Under the sea' 노래에 맞춰 꽃술치마를 입고 춤을 춰봄	- 바다 생물 그림을 보고 자신이 좋아하는 바다 생물을 말해봄 - 바다 터널에 바다 생물 그림을 붙이며 바다 터널을 꾸며봄 - 친구들과 함께 바다 터널 속에 앉아 캠핑 놀이를 즐김 - 바다 터널을 잡고 "동동동대문을 열어라~" 노래를 하며 터널을 흔들어봄 - 'Under the sea' 노래를 듣고 따라 불러봄 - 친구와 함께 촉감 공 던지고 받기 놀이를 함 - 튜브에 앉아 자신이 자른 바다 생물처럼 헤엄을 쳐봄	- 여행 갈 때 가져가는 물건에 대해 이야기를 나눈 뒤, 필요한 물건 사진을 챙겨봄 - 바다 생물 그림을 잘라 바다 터널에 붙여봄 - 바다 터널 속에서 숨바꼭질하는 놀이를 즐거워함 - 벽돌블록으로 기차를 만들어 친구들과 함께 기차 여행을 떠나는 놀이를 함 - 여행지에 도착하여 고기, 꼬치, 소시지 음식 모형 사진으로 바비큐 파티를 함
전이 (10:30~10:40)		교사의 정리 노래에 맞춰 정리정돈을 해봄	------→	------→	------→	변기에서 소변을 본 뒤, 손을 씻어봄

오전 실내외 놀이터 놀이 (10:40~11:30)	- 모래 놀이 도구(모래 삽, 양동이 등)를 이용하여 모래성을 만들어 봄 - 크고 작은 비눗방울을 만들어 보고 손바닥으로 터트려 보는 놀이를 즐거워함 - 괴물 놀이(잡기 놀이)를 좋아함	〈비로 인해 토끼반에서 대체활동이 이루어짐〉 - 부채를 이용하여 풍선을 날려봄 - 파라슈트 위에 풍선을 올린 뒤, 높이 띄워봄 - 푸르니 체조, 영아들이 좋아하는 노래를 들으며 신체를 움직여 봄	〈비로 인해 실내유희실에서 대체활동이 이루어짐〉 - 노래에 맞춰 신체를 움직이는 놀이를 즐김 - 붕붕카를 타며 여행 가는 놀이를 함 - 부채를 이용하여 풍선을 날려봄	- 양동이에 모래를 넣어 모래성을 만들어 봄 - 친구들과 함께 '꼭꼭 숨어라' 놀이를 즐김 - 괴물이 되어 잡고 피하기 놀이를 함	〈산책을 다녀옴〉 - 어린이집 주변을 둘러보며 강아지풀, 다양한 색깔의 꽃들을 관찰해 봄 - 길을 가다 마주친 고양이에게 "안녕" 하고 인사를 건네봄 - 나비, 참새의 움직임을 따라 걸어봄
전이 (11:30~11:40)	바깥놀이 후 손 세정제를 이용하여 손을 씻어봄	스스로 물을 따라 마심	---------→	화장실에서 배변을 본 후, 스스로 옷을 올려봄	---------→
점심식사 (11:40~12:40)	영아들의 옷 색깔과 연관지어 반찬의 색깔에 대한 상호작용을 하며 골고루 먹을 수 있도록 이야기를 나눔	식사 후 자신의 입과 손에 묻은 음식물을 스스로 닦아봄	---------→	식사 전 "친구들아 맛있게 먹어. 잘 먹겠습니다" 인사를 해봄	---------→
낮잠 및 조용한 놀이 (12:40~15:00)	영아들의 개별적인 수면 습관을 고려하여 낮잠을 지도함	---------→	---------→	---------→	---------→
오후 간식 (15:00~15:30)	떡을 모두 삼킨 후 놀이를 할 수 있도록 함	더 먹고 싶은 친구들은 "더 주세요" 하고 이야기해 봄	오전에 껍질을 벗겼던 옥수수의 맛을 언어로 표현해 봄	간식을 먹고 "잘 먹었습니다." 인사하며 그릇을 스스로 정리해 봄	---------→
오후 실내놀이 (15:30~16:30)	- 점프대를 만들어 바닷속에 들어가는 상상놀이를 즐김 - 오전과 연속적으로 문어, 물고기, 꽃게 등과 같은 바다 생물 도안을 끼적이기, 도트 물감 찍기 등의 방법으로 꾸민 후, 가위로 오려 바다(파란색 비닐)에 붙여보는 놀이가 활발하게 이루어짐 - 병원 침대를 만들어 병원 놀이를 즐김. 다양한 병원 놀이 도구를 사용하여 치료하는 흉내를 내봄 - 캠핑용 음식 모형으로 요리하는 놀이를 즐김	- 벽돌 블록으로 병원을 구성한 후, 의사, 환자의 역할을 나누어 역할극이 이루어짐 - 교사가 내는 그림 수수께끼를 맞혀봄 - 오전 캠핑 놀이가 연속적으로 이루어짐	- 바다 생물 그림을 색칠해 봄 - 아기 인형을 업은 후, 병원 가는 놀이를 함 - 달팽이의 움직임을 관찰함 - 교사의 우쿨렐레 연주에 맞춰 꽃술치마를 입고 춤을 춤	- 그림을 그린 후 친구들과 맞춰보는 놀이를 즐김 - 튜브를 타고 헤엄치는 놀이를 함 - 꽃치마를 입고 'Under the sea' 노래에 맞춰 엉덩이를 흔들어 봄 - 돋보기로 친구의 얼굴을 관찰해 봄	- 바다 생물을 오려 친구, 교사에게 선물하는 놀이를 함 - 소프트 블록으로 다리를 만든 뒤, 바다를 건너가는 놀이가 이루어짐 - 벽돌블록으로 장난감 가게를 구성하여 판매하는 놀이를 함 - 꽃술치마를 입고 교사의 우쿨렐레 연주에 맞춰 신체를 움직여 봄

오후 실내외 놀이터 놀이 (16:30~17:30)	〈영아들의 컨디션을 고려하여 실내유희실에서 신체 놀이가 이루어짐〉 - 붕붕카를 타며 속도감을 즐김 - 친구와 손을 잡고 미끄럼틀을 타봄 - 흔들말을 타고 여행 가는 놀이를 함	〈비로 인해 실내유희실에서 신체 놀이가 이루어짐〉 - 붕붕카를 타봄 - 두 발 모아 유니바를 넘어봄 - 촉감 발판을 밟으며 다양한 촉감을 느껴봄	〈비로 인해 실내유희실에서 신체 놀이가 이루어짐〉 - 애벌레 매트 위에서 앉아보고 서보면서 균형감을 길러봄 - 애벌레 매트를 타고 여행 가는 놀이를 함 - 붕붕카를 타봄	〈영아들의 컨디션을 고려하여 실내유희실에서 신체 놀이가 이루어짐〉 - 붕붕카를 빠르고 느리게 타봄 - 친구와 함께 흔들말을 타봄 - 물고기와 수초를 관찰해 봄 - 균형대에 서서 균형감을 길러봄	〈영아들의 컨디션을 고려하여 실내유희실에서 신체 놀이가 이루어짐〉 - 애벌레 매트 위에서서 균형을 잡아봄 - 친구들과 애벌레 매트에 앉아 바다로 여행 가는 놀이를 함 - 붕붕카를 타봄
전이 및 저녁식사 (17:30~18:00)	손을 씻고 물을 마셔봄	-----------→	정수기에서 스스로 물을 따라 마셔봄	-----------→	-----------→
귀가 및 통합보육 (18:00~20:00)	통합보육실에서 바다 생물 그림 위에 끼적이기를 함	-----------→	-----------→	스스로 마스크와 외투를 착용해 봄	-----------→

평가	출석 : 8명 결석 : 0명	출석 : 8명 결석 : 0명	출석 : 8명 결석 : 0명	출석 : 8명 결석 : 0명	출석 : 7명 결석 : 1명(김○○)
	- 파란색 비닐로 꾸며진 공간(바다)에 자신이 만든 바다 생물을 붙여보고 감상하는 모습을 볼 수 있어 좋았음. 내일도 영아들의 놀이가 활발하게 이루어질 수 있도록 파란색 비닐을 바꿔 제공해 줄 예정임(영아들이 꾸민 파란색 비닐은 추후 바다 터널 활동으로 이루어질 예정임)	- 바다 생물 그림에 대한 흥미가 높아 추가로 바다 공간을 구성해 주었더니 영아들이 좋아했음. 다만, 바다 생물 그림의 수량이 부족하여 내일은 수량을 넉넉하게 제공할 예정임	- 바다 생물 그림을 넉넉하게 제공하였더니 영아들의 놀이 흐름이 끊기지 않아 좋았음 - 월요일, 화요일, 수요일 파란색 비닐에 자신이 만든 바다 생물을 붙이는 놀이가 활발하게 이루어졌고 영아들이 만든 바다 공간으로 터널을 제공하려 했으나, 전시한 작품을 보는 것을 좋아하여 다른 비닐로 터널을 만들어 줄 예정임	- 비닐로 만든 터널을 준비하여 터널 안에 영아들이 자른 해양 생물을 붙여보았음. 자신이 자른 해양 생물을 관찰하고 터널 안에서 자신이 자른 물고기가 되어 헤엄치는 놀이가 활발히 이루어져 좋았음	
안전교육	-	-	-	-	-

주간 총평 및 계획	이번 주 〈여행 가는 놀이〉를 주제로 놀이가 이루어짐. 사전에 영아들의 여행 사진을 가정에서 받아 자신의 여행 경험을 떠올려 보고 놀이했는데, 사전에 가보았던 곳을 구성해 보는 것뿐만 아니라 자신이 가고 싶었던 곳을 구성하여 놀이하는 모습을 보였음. 특히 바다와 캠핑 놀이에 흥미가 높았는데, 바다 생물을 좋아하는 영아들과 끼적이기, 도트물감 찍어보기, 오려보기, 붙여보기 등의 다양한 방법으로 놀이가 이루어졌으며, 캠핑 놀이를 좋아하는 영아들과 바베큐 음식 모형, 캠핑 텐트와 같은 소품을 이용해 놀이하여 친구들, 교사와 함께 하는 놀이에 즐거움을 느껴봄

일일 보육일지 작성 예시

<table>
<tr><th colspan="4">○○ 반 보육일지 (　　세)</th></tr>
<tr><td>날짜</td><td>20　년　월　일</td><td>담임</td><td>원장</td></tr>
<tr><td>교사의 기대</td><td>영아들의 배변훈련 과정이 편안하고 기분 좋게 진행되었으면 함</td><td></td><td></td></tr>
<tr><td>일과</td><td>계획 및 실행</td><td colspan="2">놀이 평가 및 다음날 지원계획</td></tr>
<tr><td>등원 및 통합보육
(7:30 ~ 9:00)</td><td></td><td colspan="2" rowspan="10">휴지를 탐색하는 과정에서 흔들고 빨리 달리는 등 영아가 앞을 못 보고 넘어질 우려가 있어, 가까이에서 위치를 잡아주거나 바닥에 떨어진 놀잇감들을 빨리 치우고 책상을 밀어 공간을 넓게 만들어 주었다. 또한 영아가 휴지를 잡고 뿌리는 놀이로도 흥미가 이어져, 내일은 휴지를 담을 수 있는 컵 모양 블록 등을 추가로 준비해야겠다.

아기인형 응가시키고 휴지로 엉덩이 닦아주는 놀이에 관심 보여, 내일은 수건, 팬티 등 배변 주제 관련 용품들을 함께 비치해야겠다.</td></tr>
<tr><td>오전 간식
(9:00 ~ 9:20)</td><td></td></tr>
<tr><td>오전 실내놀이
(9:20 ~ 10:50)</td><td>▶ 휴지를 탐색해요
어제부터 휴지를 구기거나 찢으며 즐거워하는 영아들의 관심을 반영하여 오늘은 사각 티슈도 함께 준비하였는데, 영아들이 티슈를 상자에서 뽑아내고 뿌리거나 흔들고 찢으며 자유롭게 탐색하면서 놀이가 시작됨. 탐색 과정에서 티슈 가운데가 찢어져 구멍이 뚫리자, 뚫린 구멍으로 교사 보고 '안녕' 인사, 까꿍놀이 등 즐김. 찢은 티슈와 휴지 조각들을 교사와 또래 영아들에게 흔들거나 뿌리는 놀이를 반복하는 영아들도 있었음

▶ 아기인형 응가시켜 주어요
영아들이 휴지를 들고 아기인형에게 다가가더니, 아기인형의 기저귀를 뺀 후 모형변기에 앉혀놓고 "응가"라고 함. 교사가 "아기가 변기에 앉아서 응가 하는구나"라고 표현하자, 한 영아는 모형변기에 앉힌 아기인형과 마주 앉아 "끙" 하며 자신도 응가 하는 흉내를 냄. 가까이 있던 다른 영아는 아기인형 엉덩이를 씻어주고 휴지로 닦아주는 모습 보임</td></tr>
<tr><td>바깥놀이(대체)
(10:50 ~ 11:20)</td><td>[바깥놀이] 선생님 손잡고 달려 보아요(빠르게, 느리게 등)
[대체놀이] '돌아돌아' 노래 들으며 몸을 움직여요.
영아들이 바깥놀이 때 자주 들었던 '돌아돌아' 노래를 흥얼거리며 교사 손을 잡고 관심을 표현함. 교사가 '돌아돌아' 노래를 틀어주자 영아들이 제자리에서 빙글빙글 돌아보거나 손뼉을 치며 웃었고, 발을 구르고 팔을 흔들고 점프해 보는 등 자유롭게 신체를 움직여 봄</td></tr>
<tr><td>점심식사
(11:20 ~ 12:20)</td><td></td></tr>
<tr><td>낮잠 및 휴식
(12:20 ~ 14:40)</td><td></td></tr>
<tr><td>오후 놀이
(14:40 ~ 15:40)</td><td>오전 놀이를 계속 진행하거나 연계하여 놀이하기</td></tr>
<tr><td>오후 간식
(15:40 ~ 16:00)</td><td></td></tr>
<tr><td>귀가 및 통합보육
(16:00 ~ 17:00)</td><td></td></tr>
<tr><td>반 운영 기록사항</td><td colspan="3">부모 개별면담 진행 : ○○○, ○○○</td></tr>
</table>

출처 : 중앙육아종합지원센터(2020). (0-2세 보육과정) 놀면서 자란다. 중앙육아종합지원센터.

- '추구하는 인간상'을 중심으로 이번 주에 영아가 어떻게 지냈으면 하는지 기술
- 실행된 놀이에 대한 간단한 평가와 다음 날 놀이지원 계획 기록
- 낮잠 후 자연스럽게 실시되는 놀이를 실내외 구분 없이 기록
- 반 운영 특이사항(부모면담, 안전사고, 감염병 발생 등) 기록

<table>
<tr><td colspan="3" rowspan="1">일일 보육일지 (　　세)</td><td rowspan="2">결재</td><td>담임</td><td>원장</td></tr>
<tr><td>기간</td><td colspan="2">20　년　월　일 (　) 날씨 :</td><td></td><td></td></tr>
<tr><td>통합보육</td><td colspan="2">등원 (7:30~9:00)</td><td colspan="3">하원 (16:00~17:00)</td></tr>
<tr><td>일과(시간)</td><td colspan="5">계획 및 실행</td></tr>
<tr><td rowspan="3">일상 생활</td><td>간식
(9:00~9:20)
(15:40~16:00)</td><td colspan="4"></td></tr>
<tr><td>점심식사
(11:20~12:20)</td><td colspan="4">밥과 반찬 골고루 먹어봐요 – 나 한입, 물고기 한입</td></tr>
<tr><td>낮잠 및 휴식
(12:20~14:40)</td><td colspan="4"></td></tr>
<tr><td rowspan="2">놀이</td><td>실내놀이
(9:20~10:50)
(14:40~15:40)</td><td colspan="4">▶ 놀이상황
바나나향 밀가루 반죽으로 음식 만드는 놀이에 흥미 지속됨. 반죽 위에 소금 뿌리는 흉내를 내거나 반쪽 음식 모형을 붙이며 꾸며보기를 즐김

▶ 놀이지원
자른 빨대를 추가로 제공해 주어 반죽놀이를 지원함</td></tr>
<tr><td>바깥놀이
*대체
(10:50~11:20)</td><td colspan="4">▶ 놀이상황
연근 탐색 놀이를 더 하고 싶어 하는 영아들을 위해 바깥놀이터로 가지고 와서 놀이함. 모래와 연근으로 음식을 만들거나 모래 속에 연근을 숨겨보기도 함</td></tr>
<tr><td colspan="2">놀이평가 및 다음날 지원 계획</td><td colspan="4">밀가루 반죽 놀이에 어떤 재료를 추가해 주는가에 따라 영아들이 연상하는 음식 모형이 달라지는 것을 볼 수 있음. 자른 빨대 외에 내일은 플레이콘을 추가로 제공해 주어야겠음

밥과 국 외에 다른 반찬을 잘 안 먹으려는 ○○이를 위해 좋아하는 인형을 옆에 두고 '나 한입, 물고기 한입' 하며 작게 자른 반찬을 먹어보기 시도함. 맛본 후에는 여러 번 더 먹음. 알림장에 기록</td></tr>
<tr><td colspan="2">반 운영 기록사항</td><td colspan="4">부모 개별면담) ○○○, ○○○
감염병) ○○○ 낮잠 전 발열증상(37.6도)으로 분리보육 후 조기하원

▶ 보건위생관리교육 : 아무 것이나 입에 넣지 않아요
밀가루 반죽으로 놀이 시 입에 넣는 모습이 나타나 먹을 수 있는 것과 없는 것에 대해 인식할 수 있도록 반복적으로 이야기함</td></tr>
</table>

- **일상생활 지원을 위한 의미 있는 실행을 파란색으로 표시**
- **놀이시간에 정리 및 전이시간이 포함되므로 이를 고려하여 충분한 놀이시간을 확보·실시하고 계획된 놀이와 우연히 일어난 놀이상황을 기록**
- **실행된 놀이에 대한 간단한 평가, 일과 계획에서 그 날 변동된 시간, 운영의 특이사항(부모면담, 안전사고, 감염병 발생 등)을 간략히 기록**

출처 : 중앙육아종합지원센터(2020). (0-2세 보육과정) 놀면서 자란다. 중앙육아종합지원센터.

<table>
<tr><td colspan="3" rowspan="2">일일 보육일지 (1세 학급)</td><td rowspan="2">결재</td><td>담임</td><td>원장</td></tr>
<tr><td></td><td></td></tr>
<tr><td colspan="2">날 짜</td><td colspan="4">2020년 12월 10일 (목요일) 날씨 : 맑음</td></tr>
<tr><td colspan="2">통합보육</td><td>등원(07:30~09:00)
- 기분 좋게 등원한 영아들과 손뼉 마주치기를 함. 영아들은 교사의 손뼉 마주치기 신호를 알아차리고 이에 반응함</td><td colspan="3">하원(16:00~19:30)
- 호진이가 등원 시 관심 있게 반응했던 손뼉 마주치기를 요구함. 뒤이어 하원한 지현이도 손뼉 마주치기를 요구함</td></tr>
<tr><td colspan="2">일과(시간)</td><td colspan="4">계획 및 실행</td></tr>
<tr><td rowspan="3">일상생활</td><td>오전 간식
(10:10~10:30)
오후 간식
(15:10~15:30)</td><td colspan="4">▶ 오전 간식 : 두부찹쌀죽 / 오후 간식 : 구운 달걀, 우유
- 민우가 "내가"라고 하며 물비누를 짜고, 두 손바닥을 천천히 비비면서 거품을 냄. 뒤에서 기다리고 있던 보라가 "빨리 해"라고 큰 소리로 말함</td></tr>
<tr><td>점심식사
(11:50~13:10)</td><td colspan="4">▶ 점심 : 흑미밥, 조갯살된장국, 돼지갈비찜, 애호박나물, 배추김치
- 지현이가 자신의 턱받이를 찾아 혼자서 착용함. 보라가 지현이의 행동에 관심을 보였으며, 혼자서 턱받이 착용을 시도하였으나 잘 되지 않자 교사에게 "해줘요" 하고 요구함</td></tr>
<tr><td>낮잠
(13:10~15:10)</td><td colspan="4">- 정훈이가 낮잠에서 일찍 깨어남. 정훈이와 병풍 그림책을 함께 살펴봄. 이후 정훈이는 병풍 그림책을 펼쳐 세워 그 안으로 들어가 누워 휴식을 취함</td></tr>
<tr><td>놀이</td><td>실내놀이
(09:00~10:10)
(10:30~11:10)
(16:00~19:30)</td><td colspan="4">▶ 놀이상황) 병풍 그림책
- 영아들과 병풍 그림책을 살펴봄. 민우가 병풍 그림책에 그려진 생일 케이크를 가리키며 "후~" 하고 촛불 끄는 흉내를 냄. 다른 영아들도 민우를 따라 촛불 끄는 흉내를 냄. 생일 축하 노래를 불러주자 영아들은 손뼉을 치면서 생일 노래를 흥얼거리고, 다 같이 혹은 한 명씩 생일 케이크 그림을 향해 촛불 끄는 놀이를 함
- 정훈이가 병풍 그림책을 펼쳐 세워 병풍 그림책 안으로 들어갈 수 있는 공간을 구성함. 영아들이 병풍 그림책 안으로 모여들기 시작하면서 "좁아" 하거나 서로를 밀치는 갈등 상황이 벌어짐. 병풍 그림책을 하나 더 지원하여 영아들이 분산되어 들어갈 수 있도록 하고, 병풍 그림책의 펼침을 조절하여 공간을 넓혀줌. 영아들은 병풍 그림책 안에 앉아 있는 그 자체로 놀이를 즐김

▶ 놀이상황) 털실
- 호진이가 "엄마, 이거"라고 하며 털실을 건넴. 털실을 건네준 호진이의 의도를 파악하기 위해 "이거 잡아?"라고 물어보자 호진이가 "응" 하고 고개를 끄덕임. 털실 끝을 잡고 있을 때 호진이는 반대편에 서서 털실을 힘껏 잡아당김. 힘에 부친 듯 "으악~ 으악~" 하고 외침. 호진이의 소리를 듣고 민우와 정훈이가 달려와 함께 털실을 잡아당김

▶ 놀이상황) 아기 인형 돌보기
- 지현이와 보라는 아기 인형을 재우고, 먹이고, 안아주고, 유모차에 태우고 돌아다니는 등의 놀이를 함. 유모차에 아기 인형을 태우고 교실 여기저기(마트, 병원 상황 설정)를 돌아다님. 놀이상황과 맥락에 따라 상대 역할(마트 직원, 의사 등)을 지원해 줌</td></tr>
</table>

	대체놀이 (11:10~11:50)	**▶ 놀이상황) 종이 벽돌 블록 위에서 뛰어내리기** - 영아들이 종이 벽돌 블록으로 길게 길을 구성하여 걷다가 그 위에서 아래로 뛰어내리기를 함. 보라가 종이 벽돌 블록 길을 2층으로 쌓아 올림. 영아들은 한층 더 높아진 종이 벽돌 블록 위에서 뛰어내리기를 함
귀가지도 및 순차적 귀가 (15:30~19:30)		- 자유롭게 놀이하면서 차량으로 귀가하거나 부모님이 오시는 대로 순차적으로 귀가함 - 점토 놀이 시 영아들은 뭉친 점토 위에 크레용을 꽂아 생일 케이크 촛불을 만듦. 그리고는 생일 놀이를 함
놀이 평가 및 다음날 지원계획		- 등원 및 하원 시 교사-영아 간에 만남과 헤어짐의 의미를 담은 '손뼉 마주치기'라는 특별한 신호가 만들어짐 - 영아들이 손을 씻을 때 물비누 짜기, 두 손을 비벼 거품 내기에 흥미를 보임. 영아들이 물비누의 향기와 거품, 촉감 등을 충분히 탐색하고 경험할 수 있게 손 씻기의 시간을 좀 더 여유 있게 확보할 필요가 있음 - 간식 시간 및 점심시간에 내 턱받이를 찾아보고, 영아 개인차에 따라 턱받이를 스스로 착용해 볼 수 있도록 격려해 주어야겠음 - 영아들은 병풍 그림책 안에 그려진 생일 케이크 그림에 관심을 보였으며, 생일 상상 놀이로 이어졌음. 영아들의 개별 관심사를 고려하여 생일 케이크가 그려진 병풍 그림책뿐만 아니라 자동차, 공룡 등이 그려진 병풍 그림책을 지원하고자 함. 정훈이가 '펼침'이라는 병풍 그림책의 특성을 고려하여 놀이공간을 구성함. 차후 병풍 그림책 안에서 영아들 간에 어떤 놀이가 이루어질지 지켜보고, 이를 지원할 계획임 - 호진이가 '털실을 활용한 줄다리기'라는 놀이 아이디어를 발현시킴. 교사 대 호진이의 줄다리기는 교사 대 호진, 민우, 정훈이의 줄다리기로 확장됨. 줄다리기는 물리적 힘, 또래 간의 협력 등을 경험해 볼 수 있는 놀이로서 교사-영아 간의 줄다리기, 영아-영아 간의 줄다리기, 영아-사물 간의 줄다리기를 지원해 볼 예정임 - 종이 벽돌 블록에서 뛰어내리기를 즐기는 영아들을 위해 매트 지원할 계획임. 매트를 겹쳐 깔아놓고 높이 뛰어올라 착지하는 놀이가 이루어질 수 있을 것으로 예상함
반 운영 특이사항		- 영하의 날씨로 인해 실내에서 놀이가 이루어짐 - 부모 개별 면담 : 보라의 콧물 증상이 거의 다 나아감을 알려드림. 가족 여행 일정으로 다음 주 12월 14일(월)에 등원할 예정임

2. 놀이 이야기

교사와 영아가 함께 만들어 가는 보육과정 실행을 위해 보육 계획은 간략하게 하고, 실제 실행 과정을 기록하는 보육일지를 작성하는 것처럼 학부모들에게 제공되는 가정통신문에도 변화가 생기고 있다. 월간이나 주간 보육 계획(안)이라는 이름의 보육 계획의 안내는 간략하게 제공하고, '놀이 이야기' 등의 명칭으로 실제 놀이가 어떻게 진행되었는지 실행 결과를 관찰 기록을 재구성하여 제공한다. 기관마다 형식이나 주기에는 차이가 있지만, 영아의 놀이가 어떻게 흘러가고 그 안에 어떠한 배움이 이루어지는지 학부모와 공유하기 위해 제공되고 있다. 누적된 영아별 관찰 기록을 토대로 영아 개인별 놀이 이야기를 제공할 수도 있다.

다음은 A 어린이집의 2세 학급에서 가정통신문으로 제공된 주간 보육 계획(안), 이 주간 보육 계획(안)을 제공한 주의 주간 보육 실행 기록(보육일지), 이후 관찰 기록을 재구성하여 학부모에게 제공된 놀이 이야기 사례와 B 어린이집의 놀이 이야기와 보육 계획(안)을 함께 안내한 사례이다.

2세반 4월 2주 주간 보육 계획(안)

학급	○○반	주요 경험	어린이집 놀잇감	영아가 경험할 수 있는 내용	놀이기구로 놀기

주간		1주	2주
영아의 관심과 흥미		놀잇감으로 놀이하기	실내·외 놀이
일과		영아의 흥미를 반영한 주별 놀이 계획	
실내 자유 놀이	신체	• 상자에 놀잇감 담아 끌고 다녀요 • 안전가위로 놀잇감 사진을 잘라요	• 놀이기구 볼링을 쓰러뜨려요 • 훌라후프 터널을 지나요
	언어	• 놀잇감을 알아보아요(놀잇감 사진 카드) • 좋아하는 놀잇감 이름을 말해봐요	• 실내외 놀이 경험에 대해 이야기를 나눠보아요(놀이사진) • ♪'시소' 노랫말을 들으며 그림을 움직여 보아요
	감각·탐색	• 색 고리를 끼워요 • 놀잇감 그림자를 찾아요	• 놀이기구 퍼즐을 맞춰보아요 • 여러 가지 모양의 길을 만들어요(종이 벽돌 블록)
	역할·쌓기	• 놀잇감을 고쳐주세요 • 와플 블록으로 기차를 만들어요	• 여러 가지 블록으로 놀이터를 만들어 보아요(종이 벽돌 블록, 플레이 블록, 와플 블록 등)
	표현 (미술, 음률)	• 도트물감으로 물감 자국을 만들어요(놀잇감 그림) • ♪'장난감 기차' 노래를 불러보아요	• 붕붕카를 만들어요 • ♪'시소' 노래를 불러보아요
전이		놀이실에 있는 놀잇감을 찾아요	♪'우리 모두 다 같이' 노래 부르며 몸을 움직여 보아요
실내·외 놀이터 놀이		[실내] 내 몸 그림자를 찾아요 [실외] 모래를 담고 쏟아요 [대체] 파라슈트(낙하산) 놀이를 해요	[실내] 경사로 매트 위로 뛰어내려요 [실외] 자전거를 타보아요 [대체] 놀이기구 징검다리를 건너보아요

기본생활	낮잠 시간에는 누워서 휴식을 취해요	신발장에 내 신발 정리해요
안전교육	-	-
비고	-	생일파티 - 박○○

주간 보육 실행 기록(4월 2주)

학급	○○반	경험내용	어린이집 놀잇감 (3주차)	작성자	김○○

일과 \ 날짜		4/12 (월)	4/13 (화)	4/14 (수)	4/15 (목)	4/16 (금)
등원 및 오전 간식 (8:00~9:30)		영아의 기분, 건강 상태를 부모님께 전달받으며 등원 맞이하기	부모님과 헤어진 후 울음을 보이는 영아들이 있어 교사와 수족관의 물고기를 보며 안정을 취한 뒤 교실로 들어갈 수 있도록 함	------------→	간식으로 제공된 스프에 어떤 것이 들어있을지 맛을 보며 추측해 봄	죽과 함께 제공된 백김치는 원하는 영아들만 먹을 수 있도록 함
오전 실내 놀이 (9:30~10:30)	흥미 및 경험	실내·외 놀이기구	놀이터 만들기	미끄럼틀, 붕붕차, 시소	토끼반 놀이터	놀이터, 놀이기구 (미끄럼틀, 시소)
	놀이	- 놀이 사진을 보며 어디에서 놀이를 했는지, 어떤 놀이기구를 이용하여 놀이를 했는지에 대해 간단하게 이야기를 나눠봄 - 벽돌 블록으로 길을 만들어 봄. 벽돌 블록으로 집을 만든 후, 꼬불꼬불한 벽돌 블록 길을 지나감 - 볼링핀을 탐색함. 세워두고 쓰러뜨리는 볼링 놀이는 이루어지지 않음 - 언어영역에서 교사가 읽어주는 그림책을 주의 깊게 봄. 책꽂이에 있는 모든 책들을 한 번씩 읽은 후, 다른 놀이를 함	- 미끄럼틀을 만듦. 교사가 책상으로 미끄럼틀을 만들어 주자, 벽돌 블록을 쌓아 계단을 만드는 모습을 보임. 계단을 완성한 후, 한 칸씩 올라 미끄럼틀을 타봄 - 다양한 놀이기구 사진을 보며 내가 좋아하는 놀이기구에 대해 이야기를 해봄 - 놀이기구 사진이 붙은 볼링핀을 공을 던져 쓰러뜨려봄	- 어제에 이어 놀이터를 만들어 봄. 놀이터 사진을 보며 미끄럼틀, 시소, 그네에 대해 관심을 가져보고 주변의 사물과 놀잇감을 이용해 만듦. 긴 할로우 블록으로 시소를 만든 뒤, 친구들과 함께 타며 오르고 내리는 것을 즐김 - 붕붕차를 만듦. 색종이, 스티커, 매직을 이용하여 자유롭게 나만의 붕붕차를 꾸며보았음. 완성된 후에는 직접 끌어봄 - 훌라후프 터널을 통과함. 기기, 뛰기 등의 다양한 방법으로 통과하는 모습을 보임 - 놀이기구 퍼즐을 맞추며 자신이 타본 경험에 대해 간단하게 이야기 나눔	- 토끼반 놀이터에서 놀이함. 친구들과 함께 코끼리 미끄럼틀과 시소를 타봄 - 놀이기구 퍼즐을 맞춰봄. 교사의 도움을 받아 조각을 완성한 후에는 놀이기구 이름을 말해봄 - '시소' 노래를 들으며 시소 그림을 움직여 봄 - 기어서, 뛰어서 훌라후프 터널을 지남 - 페그보드로 케이크, 아이스크림 만들기 놀이를 함	- 코끼리 미끄럼틀, 시소, 후프 터널 등으로 놀이터를 만듦. 토끼반 놀이터에서 친구들과 함께 놀이해 보고 동생들을 초대해 봄 - 교사가 들려주는 그림책을 좋아함. '어린이집 바깥놀이', '안 돼, 데이비드' 책의 내용을 주의 깊게 들음 - 신나는 노래(시소, 멋쟁이 토마토, 동물흉내 등)에 맞춰 악기를 두드리며 연주함

전이 (10:30~10:40)	모두 제자리 노래를 들으며 놀이하던 놀잇감 정리함	교사가 바닥에 떨어진 놀잇감을 주워 "이 놀잇감 자리 어디인지 아는 친구?"라고 이야기하며 정리를 독려함	→	→	교사의 모습을 흉내 내며 친구들에게 놀잇감의 자리를 묻는 영아들도 있었음
오전 실내외 놀이터 놀이 (10:40~11:40)	- 실외놀이터에서 자전거를 타봄. 대부분의 영아들이 페달을 밟기보다 땅을 짚으며 자전거를 타는 모습을 보임 - 실내 유희실에서 놀이함. 교사의 손을 잡고 대형 폼 블록 위를 지나가 봄 - 플레이 블록으로 만든 집 속에서 '늑대와 돼지' 놀이를 함	- 어린이집 주변 자연물을 탐색함. 나뭇가지를 만져보고 다양한 색깔의 꽃을 찾아봄 - 큰 지렁이, 작은 지렁이를 발견함. "안녕" 하고 인사를 하며 지렁이의 움직임을 관찰함 - 비로 인해 생긴 물웅덩이를 밟아봄	- 자전거를 타봄. 발로 땅을 짚으며 앞으로 나아감. 자전거에 친구를 태워줌 - 곤충, 벌레를 찾아보고 관찰해 봄 - 놀이기구에서 놀이함. 놀이기구 위에서 아이스크림 가게와 같이 역할극을 즐기기도 하고 경사로를 올라 미끄럼틀을 탐	- 자전거를 타봄. 자전거 페달이 미숙한 영아는 뒤에서 교사, 친구의 도움을 받음 - 교사, 친구와 함께 달리며 어제 만든 붕붕차를 끌어봄 - 벌을 찾아보고 관찰해 봄 - 숨바꼭질 놀이를 즐김	- 오감놀이를 함. 습자지를 찢어보고 날려봄 - 습자지 위를 교사, 친구의 손을 잡고 걸어봄 - 나비, 벌 모양에 습자지를 붙여봄
점심식사 (11:40~12:40)	점심 식사 후 케이크를 먹음	노래를 원하는 영아가 있어 클래식을 들으며 밥을 먹어봄	점심으로 제공된 생선의 이름에 대해 알아보며 식사를 함	점심식사 후 포크와 숟가락은 영아가 스스로 정리할 수 있도록 함	점심식사 후 입에 묻은 음식을 스스로 닦아볼 수 있도록 함
낮잠 및 조용한 놀이 (12:40~15:00)	-	교사가 들려주는 '토끼와 거북이' 동화를 들으며 잠을 잠	교사가 들려주는 '청개구리 뚜뚜' 동화를 들으며 잠을 잠	언어영역에 비치된 동물모양 손인형을 하나씩 안고 잠을 잠	-
오후 간식 (15:00~15:30)	잠에서 깨기 힘들어 하는 영아는 언어매트에서 조금 더 휴식을 취할 수 있도록 한 뒤 천천히 간식을 먹음	간식을 제공된 떡볶이가 목에 걸리지 않도록 꼭꼭 여러 번 씹도록 함	오미자차의 색깔을 보고 주스라고 생각했던 영아들은 차 맛을 보고 맛이 없다고 표현하여 차의 이름과 맛에 대해 이야기 나눔	-	꿀떡의 달콤함에 더 먹겠다는 영아들이 많아 충분히 먹을 수 있도록 제공함
오후 실내놀이 (15:30~16:30)	- 벽돌 블록으로 집을 만들어 친구들을 초대해 봄. 친구들이 많아 집이 무너지자 더욱 넓게 만들어 봄 - 페그보드로 케이크를 만듦. 책상에 모여 앉아 생일 축하 노래를 불러보고 촛불을 부는 흉내를 내봄 - 와플 블록으로 자동차를 만들어 타봄	- 오전 놀이에 이어 미끄럼틀을 만들어 봄. 블록 계단을 올라 미끄럼틀을 타봄 - 레고 블록으로 동물 농장을 만들어 봄 - 내가 좋아하는 놀잇감 그림에 도트물감을 찍어봄	- 도트물감을 스케치북에 자유롭게 찍어봄 - 페그보드로 케이크, 아이스크림을 만들어 가게 놀이를 해봄 - 놀이기구 사진을 모양 따라서 오려봄 - 미끄럼틀, 시소를 만들어 타봄	- 목욕탕 놀이를 즐김. 목욕 후 2층으로 가자는 영아들의 이야기에 책상에 계단을 만들어 2층으로 올라가(책상 위) 목욕탕 놀이를 이어감 - 엄마, 아빠 역할극 놀이를 함. 침대에 아기(교사)를 눕힌 후, 밥을 주고 토닥여 줌	- 놀이기구 모양 따라 가위로 오려봄 - 친구와 마주 앉아 시소를 타봄 - 책상으로 미끄럼틀을 만들어 봄

오후 실내외 놀이터 놀이 (16:30~17:30)	- 붕붕카를 탐 - 플레이짐을 오르고 내림 - 교사와 잡기 놀이를 함	- 붕붕카를 타봄 - 교사, 친구들과 잡기 놀이를 함 - 신나는 노래에 맞춰 신체를 움직임	- 양팔을 벌려 중심으로 잡은 뒤, 플라워 평균대를 건너봄 - 붕붕카를 타봄 - 선생님과 손을 잡고 유희실 끝에서 끝까지 달려봄	- 물고기를 관찰함 - 붕붕카, 미끄럼틀을 타며 신체를 움직임 - 플라워 평균대를 건너봄	- 교사와 잡기 놀이를 즐김 - 붕붕카를 타봄
저녁식사 및 통합보육 (17:30~20:00)	저녁식사를 먼저 마친 영아들은 그림책을 보거나 블록놀이등 정적인 놀이를 즐김	저녁식사를 하는 영아의 수가 많지 않아 오리반 영아들과 함께 식사함	-	시소 동시 이야기하며 오전에 활동한 놀이기구 퍼즐 맞추기를 함	-

평가	출석 : 7명 / 결석 : 1명 (인정결석 – 조○○)	출석 : 5명 / 결석 : 3명 (인정결석 – 노○○, 조○○, 최○○)	출석 : 7명 / 결석 : 1명 (인정결석 – 조○○)	출석 : 7명 / 결석 : 1명 (인정결석 – 노○○)	출석 : 7명 / 결석 : 1명 (인정결석 – 노○○)
	- 새로운 놀이보다 지난주에 했던 놀이가 연속적으로 이루어짐. 오늘은 실내·외 놀이기구를 이용했던 경험에 대해 이야기를 나누면서 어린이집의 다양한 놀이기구에 관심을 가져볼 수 있었음	- 오전 놀이 중 놀이터 놀이가 활발하게 이루어짐. 놀이기구 사진을 보며 경험, 좋아하는 기구에 대해 이야기를 나눠보았더니 영아들이 놀이기구에 더욱 흥미를 보였음. 미끄럼틀 외에도 스카프 그네, 쿠션 시소를 만들어 보았으나 견고하지 않아 영아들이 아쉬워했음. 내일은 단단한 놀잇감을 준비해 주어 영아들과 시소 놀이를 해보면 좋을 것 같음	- 놀이터 사진을 벽면에 부착하여 영아들의 놀이터 경험, 놀이기구 이름에 대해 알아볼 수 있어 좋았음 - 어제 시소에 대해 관심을 가져 긴 할로우 블록을 제공하여 시소를 만들어 봄. 친구와 함께 타면서 오르고 내리는 것을 즐거워했으나 손잡이가 없어 아쉬웠음. 내일은 손잡이를 달아서 놀이해 볼 수 있도록 하면 좋을 것 같음 - 색종이를 오려 붕붕차를 꾸며볼 수 있도록 제공했음. 그러나 풀 사용이 미숙했을 뿐만 아니라 3.5cm를 고려했는데 붕붕차에 붙이기에 색종이 조각이 컸음	- 시소에 손잡이를 만들어 제공했더니 영아들이 시소를 타면서 손을 찧지 않을 수 있어 좋았음 - 오전 놀이 중 이루어진 놀이터 놀이에 흥미가 높았음. 아직 능동적으로 놀이터를 만들어 놀이하는 것에 어려움이 있어 영아들이 놀이기구에 관심을 가졌을 때 교사가 환경을 만들어 주었음	
주간 총평 및 계획	이번 주 〈놀이기구로 놀기〉를 주제로 어린이집 실내·외 공간의 다양한 놀이기구에 관심을 가지고 놀이해 보는 시간을 가졌음. 영아들의 놀이사진, 놀이기구 사진을 보며 경험에 대해 이야기를 나눈 뒤, 미끄럼틀, 시소에 가장 많은 흥미를 보여 토끼반 놀이터를 만들어 봄. 영아들이 직접 만든 놀이기구로 놀이해 보면서 즐거움을 느껴볼 수 있었음				

<A 어린이집 놀이 이야기 - 어린이집 놀잇감 : 놀이기구로 놀기>

○○반 놀이 이야기 - 어린이집 놀잇감 : 놀이기구로 놀기

○○반 친구들과
어린이집 실내외 공간에서의
놀이 사진을 보며
놀이기구 이용 경험에 대해
이야기를 나누어 보았어요.

그러다 볼링 놀이를 하던 친구들,
볼링 핀에 붙은 놀이기구 사진에
관심을 보이기 시작하네요!

* 관심의 시작 : 놀이기구 사진

그중 실외놀이터 복합놀이기구에
많은 관심을 보였고
다양한 놀이터 사진들을 살펴본 뒤,
놀잇감을 이용해 사진 속 미끄럼틀과
시소를 만들어 보았어요!

그렇게 '책상 미끄럼틀'과 '쿠션 시소'가 완성되었어요!!

미끄럼틀을 좋아하는 친구들과
'코끼리 미끄럼틀' 퍼즐 맞추기
놀이도 해보고

시소를 좋아하는 친구들과
♪'시소' 노래를 들으며
시소 그림을 움직여 보면서
놀이기구에 더욱 흥미가 높아진 모습을
볼 수 있었어요.

'슝슝~'
신나게 코끼리 미끄럼틀을
타보기도 하고

나무판으로 만든 시소에
친구와 마주 앉아
'오르락~ 내리락~'
시소를 움직여 보기도 했어요.

이렇게, 놀이터를 만들게 된 친구들!
플레이 블록으로 놀이터 공간을
구성해 보고

벽돌 블록을 이용해
'○○반 놀이터'까지 가는 길을
만들어 보았어요.

마침내 완성된
'○○반 놀이터!'

○○반 친구들과 함께 놀이하기도 하고
동생들을 초대하기도 하며 즐거운 시간을 보냈답니다.

<B 어린이집 놀이 이야기와 보육 계획(안)>

2025년 1월 4주 ○○반 이야기

이번 주에도 ○○반 친구들은 즐거운 놀이를 하며 한 주를 보냈어요. 친구들과 함께 매직, 모양 스티커 등 다양한 미술 재료를 사용해 큰 액자를 꾸며보았어요. 직접 꾸민 액자를 사이에 두고 친구와 함께 서서 서로의 움직임을 따라해 보기도 하였지요. 내 모습을 따라 움직이는 친구의 모습을 보고 "거울 같아" 하고 까르르 웃으며 즐거움을 표현하기도 하고, "나랑 거울 놀이하자"라고 이야기하며 친구를 초대하기도 하였어요.

액자를 통해 거울놀이를 즐긴 ○○반 친구들은 녹음 부저를 통해 친구들의 목소리를 들어보기도 하였어요. 먼저 녹음 부저 버튼을 눌러 선생님의 목소리가 들리자 "선생님 목소리가 들리네", "내 목소리도 하고 싶어(녹음)"라고 관심을 보였어요. 선생님의 도움을 받아 목소리를 녹음한 친구들은 "○○이 목소리 같아"라고 이야기하며 누구의 목소리인지 맞히며 놀이하였지요.

추운 겨울이 되어 얼음에 관심을 보였던 ○○반 친구들은 얼음 블록으로 낚시 놀이를 즐겼답니다. "여기 얼음이 있어"라고 이야기하며 친구들과 함께 얼음 블록으로 낚시터를 구성하였고, 줄 블록으로 낚싯대도 만들었어요. 얼음 낚시터에 줄 블록 낚싯대를 넣은 뒤 "내가 물고기 잡았어!" 하며 친구들에게 보여주었고, 잡은 물고기를 불판에 올려놓으며 "내가 맛있게 구워 줄게"라고 이야기했어요. 얼음 낚시로 잡은 물고기를 먹은 친구들은 "정말 맛있어", "나도 잡아서 요리해 줄게", "나랑 낚시하자"라고 하며 친구들과 함께 한 낚시 놀이에 대한 즐거움을 표현하기도 하였어요.

친구들과 함께 하는 놀이에 푹 빠져 한 주를 보낸 ○○반 친구들, 다음 주 설 명절을 맞이하며 더욱 멋지고 씩씩한 친구들이 되길 기대해 봅니다.

◎ 다음 주 ○○반 일정

- 일상 : 어른을 만나면 "안녕하세요" 고개 숙여 인사해요
- 표현놀이 : 긴 종이로 모양 만들어요
- 탐색놀이 : 얼마만큼 자랐을까?

– 역할놀이 : 몸을 튼튼하게 해주는 음식을 만들어요

– 실외놀이 : 자전거 타고 장애물 사이를 지나가요

2025년 1월 4주 ☆★반 이야기

이번 주 ☆★반 친구들은 다가오는 설날을 맞아 우리 전통문화를 경험하며 즐거운 시간을 보냈어요. 한복과 여러 장신구를 만지고 착용하며 전통 의상의 아름다움을 느끼는 경험을 했습니다. 꽃신을 신고 사뿐사뿐 걷기도 하고, 한복을 입고 서로 "새해 복 많이 받으세요~" 하고 인사를 주고받으며 절을 해보았습니다.

설날 하면 빠질 수 없는 떡국 만들기 놀이도 했답니다. 국자로 떡국 모형을 떠서 냄비에 담고 휘휘 저으며 요리하는 흉내를 내고 다 만든 떡국을 친구들에게 자랑하며 "내가 만들었어! 먹어봐~" 하고 뿌듯한 표정을 짓는 모습이 정말 귀여웠답니다. 떡국을 먹고 난 후에는 손가락으로 나이를 표현하며 "4살!" 하고 외치는 모습도 볼 수 있었어요. 스스로 한 살 더 먹었다는 걸 알고 뿌듯해하는 아이들의 모습이 참 인상적이었어요.

또한 다양한 전통놀이를 하며 신나게 몸을 움직였어요. 투호 놀이를 하며 화살을 던져 통에 쏙 넣어보기도 하고, 엽전 놀이를 하며 엽전 모형을 줄에 끼워보거나 큰 엽전을 굴려보며 전통 놀이의 재미를 느껴보았어요. 윷놀이를 하면서 윷가락을 높이 던져 보고, 방석 썰매 타기를 하면서 결승점을 향해 열심히 몸을 움직이는 모습이 정말 즐거워 보였어요.

이번 주 내내 ☆★반 친구들은 설날의 분위기를 느끼며 우리나라 전통문화를 경험했어요. 이제 곧 설 연휴가 시작됩니다. 가족들과 따뜻하고 행복한 시간 보내시고, 연휴가 끝난 후 건강한 모습으로 다시 만나요.

◎ 다음 주 ☆★반 일정

- 일상 : 서랍장에서 양말을 꺼내 스스로 신어보아요
- 표현놀이 : ♪'응가체조' 노래 들으며 몸 움직여 보아요
- 탐색놀이 : 밀가루 반죽으로 응가를 만들어 보아요 / 팬티를 탐색해 보아요
- 역할놀이 : 변기에 앉아 응가, 쉬하는 흉내 내요
- 실외놀이 : 비닐 연을 날려보아요

3. 영아 평가(관찰 기록)

제4장에 기술한 바와 같이 영아보육과정 실행을 위해 교사는 영아의 눈짓, 표정, 손놀림, 몸짓, 말투, 억양, 발음, 말, 자주 사용하는 특정 단어, 친구 관계, 자주 사용하는 놀이 자료와 사용 방법, 자주 놀이하는 공간 등을 상세히 관찰하고 기록한다. 언어뿐 아니라 비언어적 의사소통 요소들을 세밀히 관찰 기록한다.

관찰 기록은 기록하는 것으로 끝나는 것이 아니다. 교사는 관찰 기록을 자세히 들여다보고, 영아의 의도, 놀이, 배움을 읽어 영아를 이해하고, 이를 출발점으로 영아를 위한 적절한 지원이 무엇인지 고민하고, 의사결정하고, 이를 실행한다. 관찰 기록은 여기서 그치지 않고, 앞 절에 제시된 '놀이 이야기'와 같이 학부모와 영아의 놀이 과정과 배움을 공유하는 자료로 재구성된다.

또한 보육과정 실행을 위해 작성된 관찰 기록은 영아 평가에도 활용할 수 있다. 영아 평가란 영아의 일상과 놀이를 관찰하고 이를 기록하고, 관찰 기록에 나타난 영아의 배움을 읽음으로써 영아의 고유한 특성과 의미 있는 변화를 종합적으로 이해하는 과정이다. 따라서 매일 기록된 관찰 기록을 복사하여 영아별로 분류하여 영아별 파일을 만들면 이것이 곧 영아 평가의 기초 자료인 영아별 관찰 기록이 된다.

영아 평가는 영아별 관찰 기록을 주의 깊게 들여다보고, 그 의미를 해석함으로 가능하다. 영아에게 어떤 의미 있는 변화가 일어났는지, 즉 어떤 배움이 일어났는지, 특히 언어화될 수 없는 영아의 배움을 정교하게 해석해야 한다(오채선, 2024). 영아 개인 차원뿐 아니라 개인 간 차원, 영아와 학급 공동체 차원을 오가는 해석도 필요하다(이진희 외, 2020). 또한 영아의 배움을 표준보육과정 5개 영역의 내용을 참고하여 읽고, 여기서 더 나아가 표준보육과정의 내용에는 구체적으로 명시되어 있지 않지만, 몰입, 상상, 주도, 표현, 탐색, 호기심, 끈기, 실험, 시도, 도전, 협력, 자유, 소속감, 자기조절, 메타인지, 배려, 응답 등의 풍부한 배움으로 읽고, 장기적인 영아의 배움과 성장을 읽어냄에 있어서 표준보육과정이 추구하는 인간상인 '건강한 사람, 자주적인 사람, 창의적인 사람, 감성이 풍부한 사람, 더불어 사는 사람'도 참고할 수 있다(교육부, 2025a; 2025b; 2025c).

표준보육과정 5개 영역 내용을 참고로 한 배움 읽기와 풍부한 배움 읽기

5개 영역의 내용을 참고로 한 배움 읽기	풍부한 배움 읽기
형민이는 경사로를 만들기 위해 여러 방법을 시도한다. 몸을 이용하여 반원통 블록이 벽면에서 떨어지지 않게 지지하며 고정시켜 마침내 공이 이동할 수 있는 경사로를 만든다(신체운동-감각 능력을 활용한다). 형민이는 "이렇게 하면 더 빨리 굴러가네?" 하고 자신이 만든 경사로에 공을 굴리며 경사로의 기울기에 따라 공의 속도가 달라짐에 관심을 보인다(자연탐구-주변 세계와 자연에 대해 호기심을 가진다). "선생님도 한번 굴려 봐도 될까?"라고 교사가 묻자 "빨강, 노랑, 파랑 순서대로 굴려야 돼요"라고 놀이 규칙도 안내한다(자연탐구-규칙성에 관심을 가진다). 형민이의 놀이를 보고 성이는 다른 방법으로 경사로를 구성한다. 벽돌 블록을 쌓아 경사로를 구성한 뒤 공을 굴려보고 "형민아, 이렇게 해도 잘 굴러가" 하고 자신이 만든 경사로를 형민이에게 소개한다(의사소통-자신의 요구와 느낌을 말한다). 정은이는 성이가 만든 경사로에, 공의 출발 지점에 반 원통 하나를 올려 "여기는 터널이야" 하고 공이 지나갈 수 있는 터널을 만들고 공이 멀리 굴러가지 않도록 도착 지점에는 벽돌 블록을 세워 벽을 구성한다. "여러분 여기 재미있는 길이 있어요. 차례 차례 공 굴려 보세요"라고 말한다. 다른 영아들도 경사로에 관심을 보이며 다가와 "굴러간다, 굴러간다. ○○반 파이팅!" 하며 함께 놀이한다(사회관계-또래와 함께 놀이한다).	형민이는 경사로를 만들기 위해 반원통 블록을 벽에 붙이려 하지만 잘 고정되지 않자 여러 방법을 사용한다. 실패에도 좌절하지 않고 끈기있게 실험하며 도전을 이어간다. 여러 차례의 실험 속에 경사로가 완성되자 성취감을 느끼며 공을 굴린다. 경사로의 기울기에 따라 공의 속도가 달라짐을 알아차린다. 형민이의 놀이를 지켜보던 성이도 경사로에 호기심을 보인다. 창의성을 발휘하여 직육면체 모양의 벽돌 블록과 반원통 모양의 벽돌 블록을 이용하여 형민이의 경사로와 다른 새로운 형태의 경사로를 만들고, 형민이에게 소개한다. 정은이는 성이가 만든 경사로에 자신의 상상력을 더하여, 터널을 덧붙이고, 벽돌 블록으로 벽을 만들어, 공이 도착점을 지나 굴러가는 문제를 해결한다. 성이는 함께 놀이하고픈 또래의 마음을 읽고, 이를 배려하며, 완성된 경사로 놀이에 또래를 초대한다. 성이의 초대에 응답하여 학급 영아들이 함께 놀이한다. 영아들은 함께 협력하며 놀이하는 즐거움과 ○○반이라는 소속감도 경험한다.

또한 영아 평가는 어린이집 평가제의 평가 요소이기도 하다. 평가제에서는 영아별로 연 2회 이상 관찰 기록을 활용하여 영아의 특성과 변화 정도를 평가하고 있는지 확인한다. 영아 평가 및 관찰 기록 역시 기관에 따라 양식이나 기술 방식에 차이가 있을 수 있다. 다음은 두 기관의 1, 2세 학급의 영아 평가(관찰 기록) 사례이다.

영아 평가(관찰 기록) 1세			결재	담당	원장
원아명(학급명)	최○○(○○반)	기록일	2021년 2분기		
기본생활	8/10 오전 간식 시간 ○○이가 화장실 변기 앞에 서서 변기 물 내리는 버튼을 손으로 꾹 누르고는 변기에 앉아서 "쉬"라고 말한다.				
신체운동	7/9 오전 실외놀이 시간, 교사의 손을 잡고 잔디밭에 서 있는 ○○이에게 교사가 "○○아 이제 선생님 손 놓고 달리기 해볼까?"라고 말한다. ○○이는 잡고 있던 교사의 손을 놓고 양손을 움켜쥐고 달릴 준비를 한다. 교사가 "○○이 출발"이라고 하자 잔디밭에서 달리기를 하고 있는 친구들을 향해 달리기 시작한다. 교사가 "○○이 진짜 빠르게 달리는데"라고 하자 교사를 향해 미소를 짓는다.				
의사소통	6/3 오전 실내자유놀이 시간, 언어영역 교구장에 있는 블루베리 카드를 손가락으로 가리키며 "비비비비"라고 말한다. ○○이가 다시 손가락을 입에 넣으며 "비비비비"라고 말한다. 교사가 "블루베리 먹고 싶어?"라고 묻자 ○○이가 고개를 위아래로 흔들며 "응"이라고 말한다. 6/14 오전 실내자유놀이 시간, 도트물감으로 표현활동을 하고 있다. ○○이가 오른손으로 도트물감 연두색을 잡고는 왼쪽으로 고개를 돌리며 "이거 봐"라고 말한다. 교사가 "○○이 동그라미 그렸어?"라고 말한다. ○○이가 입꼬리를 올려 미소지으며 "응"이라고 말한다.				
사회관계	8/2 오전 실내자유놀이 시간 ○○이가 역할영역 교구장에서 모자를 꺼낸다. "오"라고 말하며 꺼낸 모자를 △△이 머리 위로 올린다. 교사가 "○○이 △△한테 모자 주고 싶었어?"라고 묻자 ○○이가 오른쪽으로 고개를 돌리며 "어"라고 말한다. 입꼬리를 올려 방긋 미소짓는다.				
예술경험	8/9 오전 실내자유놀이 시간, ○○이가 음률영역 교구장에서 마라카스를 꺼낸다. 바다 마라카스를 위아래 5cm 간격으로 흔들며 "엄마, 아빠"라고 말한다. 교사가 "○○이 엄마 아빠 힘내세요 노래 불러줄까?"라고 말하자 ○○이가 고개를 위아래로 움직인다. 교사가 "엄마 힘내세요~"라고 노래를 부르자. ○○이가 미소를 지으며 마라카스를 흔든다.				
자연탐구	7/7 오전 실외 활동 시간, ○○이가 실외 놀이터 울타리 밖 잔디밭에 서서 왼팔을 뻗어 가리키며 "이거"라고 말한다. 교사가 "○○이 보리수 열매가 궁금해?"라고 말한다. ○○이가 "어"라고 말하며 "우"라고 말한다. 교사가 "○○이 열매 주세요 했어? 알겠어"라고 말한다. 교사가 ○○이 손에 열매를 올린다. ○○이가 오른쪽 손가락을 구부렸다 펴며 보리수 열매를 잡는다.				

종합의견	• **기본생활 –** 화장실 변기 물 내리기, 변기에 앉아보기, 쉬라고 이야기하며 흉내 내는 모습이 자주 관찰됨. 관심을 보일 때 변기에 물을 내릴 수 있도록 도와주고 배변 훈련과 관련된 사운드북, 응가 방석, 응가공 등 놀잇감을 제공하여 주고, 일과 중 변기에서 쉬 해볼 것인지 수시로 물어봐 주어 관심을 가질 수 있도록 도와주어야겠음 • **신체운동 –** 일과 중 신체 움직임이 학기 초반보다 활발해지고 교실에서 달리기와 실외에서 계단 오르기, 평균대 위 올라가기 등 대근육 활동이 활발해진 모습이 관찰됨. 그래서 교실에서는 대근육 움직임을 도와줄 수 있는 벽돌 블록과 둥근 우레탄 블록, 애벌레 매트, 끌기 놀잇감, 비치볼, 공 등을 제공해 주어 움직임을 돕고, 소근육을 조절할 수 있는 벨트, 구슬 끼우기, 두꺼운 끈, 모양 상자, 병 뚜껑 끼우기 교구 등을 비치해 주고, 실외 놀이에서는 풋살장에서 달리기, 골대에 공넣기, 술래잡기 등을 계획하고 놀잇감을 제공해야겠음. • **의사소통 –** 학기 초에는 자신에 속상함을 울음으로 표현하는 경우가 자주 있었는데, 요즘에는 친구들에게 손을 흔들며 안 되는 것을 표현하기도 하고, 단어에 끝 말을 따라 해보기도 하고, 엄마, 아빠, 할미, 붕붕, 블루베리 등을 말해보기도 하며 표현언어가 증가하고, 따라 하려고 시도하는 모습이 보임. 일과 중 ○○이가 단어를 표현하고 따라 할 수 있도록 교사가 모델링이 되어 읽어주기도 하고, ○○이가 좋아하는 과일카드, 친구들 얼굴 카드 등을 제작하여 관심을 가지고 친구들 이름을 말해보거나 단어카드의 단어들을 말해볼 수 있도록 친구가 말하는 모습을 보여주기도 하고, ○○이가 따라서 말하는 것을 시도할 때 반응 및 격려로 긍정적인 경험을 쌓을 수 있도록 도와주어야겠음. • **사회관계 –** 일과 중 자신이 쓰던 놀잇감을 친구에게 나누어 주거나, 친구를 안아주는 모습이 자주 관찰됨. 놀이 중 갑자기 안아주는 경우가 종종 있어 친구에게 안아줘도 되는지 물어보고 안아주는 것을 권하고, 친사회적인 행동을 보일 때 긍정적으로 격려(예 ○○이가 친구에게 놀잇감을 나누어 줬네. 친구가 필요했는데 정말 좋겠다. 놀잇감도 나누어 줄 수 있구나 멋진데? 등)해 주어 기분 좋은 경험을 하도록 도와주어야겠음. 그리고 친구와 같이 놀이할 수 있는 환경(예 병원놀이, 역할 놀이, 친구에게 필요한 놀잇감 찾아주기 등) 및 놀잇감(예 병원 놀잇감, 까꿍 놀잇감, 집 모양 상자 등)을 제공해야겠음 • **예술경험 –** 노래 부르기와 악기 놀잇감에 관심을 보이기도 하고, 노래를 부르는 활동을 즐거워함. 일과 중 ○○이가 좋아하는 노래를 들으며 즐겁게 놀이할 수 있도록 CD플레이어로 노래를 틀어주기도 하고, ○○이에게 노래를 불러주기도 하고, ○○이가 몸을 들썩이거나 표현활동을 즐겁게 할 수 있도록 손목리본, 치마, 무대 등을 준비해야겠음 • **자연탐구 –** 나뭇잎, 열매, 개미, 매미 등 관찰해 보는 것에 관심을 보이는 모습이 자주 관찰됨. ○○이가 관심을 보일 때 충분히 탐색할 수 있도록 돕고 교실에도 ○○이가 좋아하는 자연물이나 열매에 사진, 실물 자료 등을 통에 담아 교구로 비치하여 주어야겠음. 그리고 관심을 보이는 곤충(개미, 매미, 나비 등)은 사진 자료를 비치하여 주고, 놀잇감을 제공할 때 거미 머리띠, 나비 날개, 나비 모형, 거미 모형, 곤충 모형 등을 제공해야겠음

<table>
<tr><td colspan="3" rowspan="2">영아 평가(관찰 기록) 2세</td><td rowspan="2">결재</td><td>담당</td><td>원장</td></tr>
<tr><td></td><td></td></tr>
<tr><td>원아명(학급명)</td><td>박○○(○○반)</td><td>기록일</td><td colspan="3">2021년 2분기</td></tr>
<tr><td>기본생활</td><td colspan="5">7/27
낮잠 시간, ○○이가 화장실의 소변기 앞에 서 있다. 변기 앞에 부착되어 있는 그림을 가리키며 "○○이 사진 처럼 쉬하고 있네"라고 말한다. 교사가 "응 맞아 ○○이 쉬하고 있네"라고 말한다. ○○이가 그림 속 변기와 실제 변기를 차례로 가리키며 "여기는 돌리는 거 있는데 여기는 돌리는 거 없네"라고 말한다. 교사가 그림을 보며 "응 맞아, 다른 변기인가 봐"라고 말한다.

8/23
오전 실외놀이 시간, ○○이가 초록색 자동차를 타고 기차 앞 울타리에 있다. △△이가 ○○가 타고 있는 자동차의 앞 손잡이를 잡고 ○○이에게 "○○아 우리 친구들이 있거나 앞에 자동차가 있으면 어떻게 해야 되지?"라고 말한다. ○○이가 "멈춰!"라고 말한다. 교사가 ○○이의 머리를 쓰다듬으며 "응 맞아 멈추는 거야. 자동차끼리 부딪히면 자동차가 망가지고 너희들 머리가 부딪힐 수도 있어. 우리 안전하게 타자"라고 말한다. ○○이가 "응 안전하게"라고 말한다.</td></tr>
<tr><td>신체운동</td><td colspan="5">6/3
오전 실내놀이 시간, ○○이가 신체영역 교구장 앞에 서 있다. 교구장에 있는 풍선을 꺼내고 그 아래에 있는 백업 막대를 꺼낸다. ○○이가 교사를 향해 풍선을 내밀며 "우리 풍선 놀이 하지"라고 말한다. 교사가 풍선을 받고 "그래 선생님이 들고 있을게"라고 말한다. 교사가 공중에 풍선을 들고 있다가 손을 놓는다. 민준이가 풍선을 바라보고 있다가 막대로 풍선을 친다. 교사가 "우와 민준이 풍선 맞히는 거 성공했다!"라고 말한다.</td></tr>
<tr><td>의사소통</td><td colspan="5">8/31
양치시간, ○○이가 공용공간 파란 매트 위에 앉아 '기차가 칙칙 폭폭' 그림책을 보고 있다. ○○이가 첫 장을 넘기고 기차 뒤의 집을 가리키며 "반곡역 아니야?"라고 말한다. 교사가 "응 반곡역처럼 세모 모양 지붕 있네"라고 말한다. ○○이가 기차의 끝 부분을 가리키며 "계단 같이 생겼다"라고 말한다. ○○이가 책을 한 장 넘긴 후 왼쪽 페이지의 문 모양을 가리키며 "기차가 터널에서 나왔나봐"라고 말한다. 그리고 한 장을 더 넘기며 "땡땡! 기차가 도착했습니다"라고 말한다.</td></tr>
<tr><td>사회관계</td><td colspan="5">8/31
양치시간, ○○이가 휴식영역 민트색 매트 위에 누워 있다. 카펫에 누워 있는 △△에게 교사가 "△△이 피곤하면 매트에 가서 누워 있자"라고 말한다. ○○이가 △△를 향해 "여기 누워도 돼"라고 말한다. △△가 휴식영역 매트를 향해 걸어온다. ○○이가 누워 있던 자리에서 벽 쪽으로 몸을 움직인다. 교사가 "○○이가 자리 비켜주네. 고마워 ○○아"라고 말한다.</td></tr>
</table>

예술경험	**6/16** 오전 실외놀이 시간, ○○이가 보라색 미끄럼틀 앞에서 붕붕카를 탄다. 앞에 있는 교사를 보고 주유기를 가리키며 "선생님 저기로 가봐"라고 말한다. 교사가 "○○이 기름 넣는 놀이 했던 거 기억났구나?"라고 말하며 주유기 앞으로 걸어간다. ○○이도 자동차를 탄 채로 발을 굴러 주유기 앞으로 움직인다. 주유기 앞에 서 있던 □□이가 붕붕카의 주유구에 노란색 주유기를 가져다 댄다. 교사가 "○○ 손님 얼마치 넣어드릴까요?"라고 말하자 ○○이가 "이천 원 넣어주세요"라고 말한다.
자연탐구	**7/14** 오전 실외놀이 시간, ○○이가 기차 옆 나무 울타리 사이 앞에 서있다. 교사가 색 얼음이 담긴 투명 바구니를 바닥에 내려놓는다. ○○이가 초록색 얼음을 들어 "어! 차갑다"라고 말한다. 교사가 "차가워? 선생님도 만져볼게"라고 말하며 ○○이의 얼음을 만진다. ○○이가 교사의 손을 보며 "초록색이야"라고 말한다.
종합의견	• **기본생활 –** 스스로 소변을 보는 것이 가능하고 변기에 관심을 보이나 이후 손 씻기를 하는 것은 교사의 안내가 필요하다. ○○이가 화장실을 다녀온 뒤 손을 씻는 것이 습관화될 수 있도록 지속적으로 안내해 주고 ○○이가 용변 후 스스로 손 씻기를 했을 때 격려해 주어 긍정적인 경험을 쌓을 수 있도록 지원해야겠다. 또한 놀이터에서 자동차를 탈 때 안전하게 타는 방법에 대해 지속적으로 안내해 주었더니 "멈추는 것"이라는 것을 알고 있다. ○○이가 안전하게 놀이하는 방법을 지속적으로 격려해주어야겠다. • **신체운동 –** 소근육을 조작해 가위로 삼각형 모양 자르기가 가능하며 공중에 있는 풍선을 백업 막대를 이용해 치는 것이 가능하다. ○○이가 스스로 가위를 조작하며 종이의 형태가 변화하는 것에 즐거움을 느낄 수 있도록 자르기에 수월한 두꺼운 종이를 제시해 주어 자르기 과정을 격려해 주어야겠다. 또한 다양한 도구, 기구(막대, 자동차, 공 등)를 제공하여 대근육 조절이 유연해질 수 있도록 지원해야겠다. • **의사소통 –** 1분기의 경우 특정 발음이 부정확하였다. 최근에는 이전보다 발음이 정확해져 직접 발음을 수정하지 않고 자연스럽게 교사의 모델링을 제공하였다. 또한 그림책을 보며 자신의 경험, 생각에 대해 이야기하거나 그림을 보고 연상되는 것을 말하는 모습을 보인다. ○○이가 그림책 보는 것에 대한 흥미를 지속할 수 있도록 평소 관심이 있는 주제의 책을 제공해 주어야겠다. 또한 ○○이가 일상과 관련된 말하기를 즐길 수 있도록 ○○이가 스스로 이야기하는 기회를 제공하고 기다려 주며 긍정적으로 수용하는 자세로 경청해야겠다. • **사회관계 –** 친구가 놀잇감을 빌려줬을 때 "고마워"라고 말하거나 이전의 상황에서 친구에게 "미안해"라고 말하는 등 일상생활 중 또래에게 상황에 맞는 표현을 한다. 이와 함께 휴식이 필요한 친구에게 쉴 수 있다는 것을 알려주며 자리를 비켜주는 친사회적인 행동을 보인다. ○○이가 일과 중 "고마워, 미안해"와 같이 상황에 맞는 기본적인 표현을 알 수 있도록 교사의 모델링을 제공하며 친사회적인 표현을 했을 때 ○○이를 격려해 주어 또래와의 관계를 긍정적으로 형성하도록 지원해야겠다.

	• **예술경험 –** 둥근 모양의 고리를 핸들로 표상하여 역할 놀이를 하거나 이전에 놀이했던 경험을 떠올려 교사에게 놀이 제안을 하는 모습을 보인다. ○○이가 모방, 상징화를 통해 표상 능력과 창의성을 발달해 갈 수 있도록 ○○이의 놀이 방법을 존중해 주고 다양한 역할 놀이 소품을 제공해 주어야겠다. • **자연탐구 –** 산책 중 발견한 민들레의 이름을 말하며 호기심을 표현하며 얼음 탐색을 하며 느끼고 본 것에 대해 말로 표현하는 모습을 보인다. ○○이가 자연물에 대한 흥미를 지속할 수 있도록 궁금해하는 것에 긍정적이고 지지적인 태도로 상호작용해 주어야겠다. 또한 탐색 활동을 즐길 수 있도록 동일한 재료를 여러 번 제공해 반복적 탐색을 격려하고 시간이 지난 뒤 연관성이 있는 재료를 제공해 확장된 탐색을 할 수 있도록 지원해야겠다.

<table>
<tr><th>관찰 영아</th><th colspan="2">김희준 (가명, 1세/ 남)</th><th>관찰자</th><th>최○○, 주○○</th></tr>
<tr><th>내용 범주</th><th colspan="3">영아 놀이의 실제</th><th>영아 배움의 이해</th></tr>
<tr><td rowspan="2">기본생활</td><td colspan="2">**9/10(화)**
교사에게 "이거"라고 하며 '뽀로로'가 그려진 숟가락을 보여준다. 희준이는 밥을 한 숟가락 떠 "아~" 하고 입에 넣는다. 밥과 국 위주로 식사를 하다 호박볶음을 보고 "이거 뭐야?" 하고 묻는다. 교사가 "호박이야"라고 하며 희준이 숟가락에 호박 하나를 올려준다. 희준이는 호박을 먹어 보고는 남아 있는 호박볶음을 다 먹는다.</td><td></td><td>숟가락을 사용해 스스로 식사하였다. 호박볶음에 관심을 보였고, 거부반응 없이 맛을 경험한 후 남기지 않고 다 먹었다.</td></tr>
<tr><td colspan="2">**11/6(수)**
실내 놀이기구에서 놀이한다. 희준이는 놀이기구 봉에 두 팔을 걸쳐 매달리기를 한다. 교사가 "희준아, 조심히 놀자"라고 말한다. 희준이는 "응" 하고는 두 팔을 걸쳐 봉에 매달린 상태에서 두 발로 봉의 기둥을 잡고 몸을 지탱한다. 얼마 후 봉에서 내려와 놀이기구 계단을 오르고, 미끄럼틀을 타고 내려오기를 반복한다.</td><td></td><td>실내 놀이기구 이용 시 '조심히 놀자'라는 교사의 말을 듣고, 두 팔과 발의 힘을 조절하여 좀 더 안정적인 자세로 매달리기를 하였다.</td></tr>
<tr><td rowspan="2">신체운동</td><td colspan="2">**9/26(목)**
손가락으로 '촉촉이 모래'를 살짝 눌러본다. 한 손에 모래를 가득 움켜쥐었다 펴기를 반복한다. 모래를 움켜쥐던 손의 손가락을 하나씩 펴 모래가 떨어지는 모습을 살핀다. 두 손으로 움켜쥔 모래를 살살 비벼가며 손가락 사이로 빠져나오는 모래를 쳐다본다. 희준이는 두 손으로 모래를 주무르고, 누르고, 두드리고, 뭉치고, 비비고, 뿌리고, 쌓기를 반복하여 놀이한다.</td><td></td><td>시각과 촉각 등의 감각기관으로 촉촉이 모래를 탐색하였다. 다양한 손의 움직임을 통해 모래를 감각적으로 느껴보았다.</td></tr>
<tr><td colspan="3">**12/5(목)**
주헌이가 희준이에게 "여기로 가봐"라고 한다. 희준이는 훌라후프를 지나가기 위해 허리를 낮춘다. 허리를 낮춘 상태로 앞을 보면서 천천히 훌라후프를 통과한다. 희준이는 훌라후프 안으로 들어가 제자리에서 빙글빙글 돈다. 빙글빙글 돌 때 희준이가 깔깔거리며 웃는다.
 </td><td>훌라후프를 지나가고자 자신의 몸을 낮추고 원하는 방향으로 이동운동을 하였다. 그리고 몸의 균형을 잡고 제자리 돌기를 하면서 웃음을 보이는 등 신체활동을 즐겼다.</td></tr>
</table>

의사소통	**9/18(수)** 동물 벽보를 보고 있는 수진이 옆으로 다가선다. 수진이에게 벽보 속 악어를 가리키며 "이게 뭐야?"라고 묻는다. 희준이의 물음에 수진이는 "에~"라고 대답한다. 시윤이가 벽보 속 사자를 가리키면서 "에~"라고 말한다. 이에 희준이는 역할영역으로 달려가 사자 인형을 가져와 사자 그림에 가져다 대고는 "이거"라고 한다. 	주변의 그림인 벽보 속 동물에 관심을 보였다. 또래와 소통하기 위해 질문하였고, 또래의 말을 주의 깊게 들었다. 또한 손짓과 사물을 활용하여 자신의 의사를 전달하였다.
	11/19(화) 여러 종류의 일하는 자동차 그림책을 살펴본다. 교사에게 일하는 자동차 그림을 하나씩 짚어가면서 "이거"라고 한다. 희준이는 그림책의 책장을 넘겨 가며 한참 동안 그림책을 본다. 	자신의 주된 관심사인 일하는 자동차가 소개된 그림책에 관심을 가졌으며, 그림책을 보는 동안 몰입하였다.
사회관계	**10/31(목)** 두 손으로 뭉친 점토 위에 나뭇가지를 꽂은 후 교사를 쳐다본다. 교사가 "희준이 케이크 만든 거야?"라고 묻는다. 희준이는 "나"라고 하면서 손으로 자신을 가리키며 고개를 끄덕인다. 교사가 생일 노래를 불러준다. 교사의 생일 노래에 맞춰 손뼉을 치고, 노래가 끝나자 나뭇가지를 향해 "후~" 하고 촛불 끄는 흉내를 낸다. 그리고는 교사를 보고 웃는다. 	점토와 나뭇가지로 케이크를 만들었다. 생일의 주인공은 희준이었고, 교사가 자신의 생일을 축하해주길 원했다. 교사가 생일 노래를 불러주었을 때 기쁜 감정을 웃음으로 표현하였다.
	12/27(금) "누가 술래 할까?"라는 교사의 말에 "나" 하고 손을 든다. 그리고는 사물함 앞으로 달려가 술래의 동작을 취한다. "꼭꼭 숨어라" 노래를 대신하여 "꼭"으로 부른다. 보자기를 걷어내면서 그 속에 숨은 영아들을 찾아낸다. 희준이와 영아들은 동시에 "와~" 하고 환호성을 내지른다.  	또래들과 함께 숨바꼭질 놀이를 즐기기 위해 필요한 놀이 규칙이 있음을 알고, 이를 잘 지켰다. 술래가 되어 보자기 속에 숨어 있는 영아들을 찾아냈고, 숨바꼭질 놀이에 주도적으로 참여하였다.
예술경험	**10/15(화)** 드럼 스틱을 양손에 쥔다. 처음에는 왼손 드럼 스틱으로만, 다음에는 오른손 드럼 스틱으로만 드럼을 연주한다. 양손을 번갈아 가면서 하고, 동시에 양손으로 드럼을 치기도 한다. 천천히, 빠르게, 약하게, 강하게 두드리기를 반복한다. 	드럼통과 드럼 스틱이 부딪치는 강도, 소리의 크기와 빠르기, 연주하는 방식 등 자신만의 리듬을 만들어 드럼 악기를 연주하였다.

	12/18(수) 솜 공에 물감을 묻혀 종이 위에 찍기를 반복한다. 종이에 찍혀진 물감 자국과 솜 공에 묻혀 있는 물감을 번갈아 쳐다본다. 솜 공과 물감의 색깔을 바꿔가면서 종이 여기저기에다 물감 찍기를 한다. 	물감이 찍히면서 만들어낸 흔적을 감상하였다. 솜 공 찍기를 반복하는 과정에서 아름다움의 요소를 경험하였을 것으로 보인다.
	1/10(금) 또래들과 함께 종이 벽돌 블록을 길게 나열한다. 희준이와 영아들은 종이 벽돌 블록 길을 걷고, 그 위에 앉는다. 종이 벽돌 블록 위에 앉아 "칙칙" 한다. 	또래들과 함께 구성했던 종이 벽돌 블록은 길이 되었다가 기차가 되었다. 종이 벽돌 블록에 앉아 기차 소리를 표현하였고, 기차를 타고 어딘가 이동하는 상상놀이를 하였다.
자연탐구	**10/7(월)** 흙 위의 개미를 발견한다. 개미를 가리키면서 교사에게 "이거"라고 말한다. 희준이 옆으로 건이가 다가온다. 진수에게도 "이거"라고 하며 개미를 가리킨다. 건이가 개미를 밟으려고 하자 희준이는 진수의 발을 밀치면서 "응! 응!" 한다. 	우연히 발견한 개미에 호기심을 보였다. 건이가 개미를 밟으려고 할 때 이를 제지함으로써 개미의 생명을 지켜주려고 하였다.
	11/26(화) 한 손으로 점토를 뭉치고, 다른 한 손으로는 자동차로 점토 누르기를 반복한다. 자동차로 누른 후에는 유심히 점토를 살펴본다. 이번에는 두 손으로 점토를 뭉친 뒤 점토 위로 자동차를 밀어낸다. 자동차로 점토를 밀어내자 뭉쳐진 점토가 넓게 펴진다. 더 세게 힘주어 점토 위로 자동차를 밀어낸다. 고개를 옆으로 낮춰 유심히 점토를 살핀다. 	뭉쳐진 점토를 자동차로 눌렀을 때, 밀었을 때 어떻게 변화되는지 알아보기 위해 실험을 반복하였고, 실험 후에는 결과를 확인하였다.
	1/23(목) 미니카 한 대를 큰 컵으로 덮는다. 덮어놓은 큰 컵 위에다 미니카 한 대를 올린다. 그리고 이전보다 작은 크기의 컵으로 미니카를 덮는다. 다시 컵 위에 미니카 한 대를 올린다. 이전보다 작은 크기의 컵을 가져와 미니카를 덮는다. 	'미니카 놓기-컵으로 덮기-미니카 놓기-컵으로 덮기'의 규칙성을 경험하였다. 이때 컵이 무너지지 않게 컵의 크기를 고려하여 쌓기를 하였다.

<table>
<tr><th>관찰 영아</th><td colspan="2">고은희 (가명, 2세/ 여)</td><th>관찰자</th><td>김○○, 박○○</td></tr>
<tr><th>내용 범주</th><th colspan="3">영아 놀이의 실제</th><th>영아 배움의 이해</th></tr>
<tr><td rowspan="2">기본생활</td><td colspan="2">9/19(목)
아기 인형에게 이불을 덮어주고, 안아주고, “잘 자” 하며 토닥인다. 아기 인형에게 우유를 먹이고, 신발을 신겨 주기도 한다. 점심시간이 되자 교구장 바구니에 아기 인형을 정리한다. 그리고 아기 인형에게 이불을 덮어주고 토닥인다. 건우가 다가온다. 은희는 “쉿! 아기 깨”라고 한다. 아기 인형에게 “은희 밥 먹고 올게. 이따 만나” 하고는 손을 씻으러 화장실로 자리를 옮긴다.</td><td></td><td>‘아기 인형 돌보기’ 놀이를 하였다. 점심시간이 되자 자신이 가지고 놀았던 놀잇감을 제자리에 정리하고, 식사 전 손을 씻기 위해 화장실을 사용하는 등 일과를 즐겁게 경험하였다.</td></tr>
<tr><td colspan="2">12/26(목)
엄지손가락과 두 번째, 세 번째 손가락의 위치를 반대로 끼워 가위질한다. 가위질이 잘 되지 않자 교사에게 “은희, 손가락 끼워줘요”라고 말한다. 교사가 은희의 손가락 위치를 바꿔 바르게 가위를 잡도록 도와준다. 은희는 한 손으로 종이를 잡고 가위질하기 시작한다. 천천히 가위질하여 직선 오리기를 한다.</td><td></td><td>가위로 종이를 오리려고 하였으나 가위를 잘못 잡아 불편함을 느꼈다. 이에 박 교사에게 도움을 요청하였고, 가위 사용에 주의를 기울이며 놀이하였다.</td></tr>
<tr><td rowspan="2">신체운동</td><td colspan="2">8/7(수)
카펫 위에 앉아 두 손으로 뽁뽁이를 만지고, 비비고, 구기고, 눌러본다. 곧 자리에서 일어나 카펫이 아닌 바닥에 뽁뽁이를 놓고 두 손바닥을 번갈아 사용하면서 있는 힘껏 누른다. 이번에는 손가락으로 뽁뽁이를 하나씩 눌러 터트린다. 뽁뽁이가 터지자 교사를 쳐다보며 웃는다.</td><td></td><td>뽁뽁이를 만지고, 비비고, 구기고, 눌러보았다. 손의 감각 능력과 소근육의 힘을 조절하여 뽁뽁이를 탐색하면서 뽁뽁이의 특성을 경험하였다.</td></tr>
<tr><td colspan="2">9/9(월)
유희실 천장에 매달아 놓은 풍선을 잡기 위해 두 발을 모아 점프를 한다. 두 손으로, 한 손으로 번갈아 가며 풍선을 치기도 한다. 풍선이 좌우로 흔들리는 방향을 따라 몸을 움직이면서 풍선 치기를 하다가 두 손으로 흔들리는 풍선을 잡는다. 그리고는 “잡았다!”라고 하며 웃는다.</td><td></td><td>천장에 매달아 놓은 풍선을 잡거나 치기 위해 대·소근육을 조절하였다. 신체 위치를 바꾸는 이동운동과 제자리에서 움직이는 비이동운동 등을 하며 실내 신체활동을 즐겼다.</td></tr>
<tr><td>의사소통</td><td colspan="2">10/8(화)
“은희가 책 읽어줄게요”라고 하면서 교사와 아기 인형에게 그림책을 들려준다. 그림책을 한 장씩 넘기고, 그림 장면을 살피며 “이건 고양이, 야옹. 이건 강아지, 멍멍. 이건 사자, 어흥. 이건 말, 힝”이라고 말한다. 그림책을 덮고는 “이제 끝~”이라고 한다. 교사가 “선생님, 너무 재미있어요” 하고 손뼉을 친다. 은희가 교사를 쳐다보며 웃는다.</td><td></td><td>평소에 즐겨 보던 그림책을 김 교사와 아기 인형에게 들려주었다. 그림책에 등장하는 동물의 이름을 말하고, 동물의 울음소리를 의성어로 표현하는 등 말놀이에 재미를 느꼈다.</td></tr>
</table>

<table>
<tr><td rowspan="3">사회관계</td><td>11/15(금)
종이 한 장과 크레용을 가져와 끼적이기를 한다. 김 교사가 "은희야, 뭐 해?"라고 묻자 은희는 "은희 이름이에요"라고 대답한다. 새 종이를 가져와 박 교사에게 건네며 "은희 이름 써주세요"라고 한다. 박 교사가 새 종이에 은희의 이름을 적어준다. 은희는 박 교사가 적어준 자신의 이름을 보고 따라 끼적이기를 한다.
</td><td>자신의 이름을 적기 위한 끼적이기를 하였다. 또한 자신의 요구를 교사에게 말하였고, 교사가 적어준 자신의 이름, 즉 글자에 관심으로 보이며 끼적이기를 하였다.</td></tr>
<tr><td>8/22(목)
은희가 낚시 놀이를 한다. 낚싯대 끝에 물고기를 가져다 붙이고는 다시 물고기를 떼어 장바구니에 담는다. 같은 패턴으로 물고기 잡기를 반복한다. 물고기를 낚시할 때 가족의 명칭을 붙이면서 "아빠 문어, 엄마 물고기, 오빠 돌고래, 은희 물고기. 여기(장바구니)는 아빠랑 엄마랑 오빠랑 은희가 사는 집이야"라고 한다.
</td><td>일과 중에도 가족 생각을 하였으며, 문어, 물고기, 돌고래 등에 가족 명칭을 붙이면서 놀이하였다. 가족 물고기들을 장바구니에 담을 때 가족에 대한 소속감을 표현하기도 하였다.</td></tr>
<tr><td>10/21(월)
진주가 교실을 뛰어다니다 넘어진다. 진주는 "아야"라고 하며 바지를 걷어 자신의 무릎을 살핀다. 은희가 진주의 무릎을 살피면서 "아파?"라고 묻는다. 은희는 병원 놀잇감 집게를 가져와 진주의 무릎을 짚어가며 "여기 아파?"라고 묻는다. 진주가 "아야" 하고 아픈 표정을 짓는다. 은희는 "약 발라줄게" 하고는 병원 놀잇감 약통을 가져와 진주의 무릎에 약을 발라주고 "호~" 해준다. 이후 은희는 병원 놀잇감 집게로 진주의 엄지발톱을 잘라주는 시늉을 한다. 진주는 소리 내어 웃으면서 "뭐야"라고 한다.
 </td><td>넘어져서 아파하는 진주의 현재 상황을 알아차렸다. 진주를 돕고자 병원 놀잇감 집게, 약병으로 치료해 주었으며, 어루만져 주었다. 또한 집게로 진주의 엄지발톱까지 잘라주면서 진주를 위로하였다. 진주는 은희 덕분에 웃을 수 있었다.</td></tr>
<tr><td>예술경험</td><td>7/26(금)
양손에 쥐고 있는 페트병을 바닥에 두드리고, 'X'자 모양으로 두드리고, '11자' 모양으로 두드린다. 이때 플레이어에서 '상어 가족' 노래가 들려오자 몸을 좌우로 흔들고, 노래를 따라 부르며 페트병을 두드린다.
</td><td>재활용 페트병을 악기로 활용하였으며, 다양한 방법으로 악기 소리를 표현하였다. 자주 듣던 노래가 나오자 노래를 따라 부르고, 리듬에 맞춰 몸을 움직이며 악기를 연주하였다.</td></tr>
</table>

	11/27(수) 블록 통에서 공처럼 둥근 노란색 구 자석 블록만을 골라낸다. 여러 개의 구 자석 블록을 'ㄴ'자 형태로 연결해 붙인다. 구성한 자석 블록을 눈에 대고 "선생님" 하고 부른 후 "찰~칵!" 하고 사진 촬영을 한다. 은희는 "이거 사진기야"라고 하며, 옆에 있던 건이와 주헌이도 사진 촬영한다. 	노란 구 모양의 자석 블록으로 사진기를 구성하였고, 일상에서 경험하거나 본 적 있는 사진 촬영을 상상 놀이로 표현하였다.
	1/13(월) 눈사람을 표현하기 위해 두 개로 연결된 스티로폼 공에 스티커를 붙인다. 이때 눈, 코, 입 스티커로 눈사람의 눈, 코, 입을 만든다. 눈, 코, 입 스티커로 눈사람의 머리카락을 만들어 붙이고, 눈, 코, 입 스티커를 둥글고 길게 연결하여 목걸이를 표현한다. 	눈, 코, 입 스티커로 눈사람의 머리카락과 목걸이를 창의적으로 표현하였다.
자연탐구	**8/7(수)** 어린이집 주변에 피어 있는 민들레 홀씨를 발견한다. 민들레 홀씨 하나를 꺾어 "후~" 하고 입으로 바람을 분다. 입 바람에 민들레 홀씨가 날아가자 소진이에게 "저것 봐"라고 하며 민들레 홀씨를 쳐다본다. 민들레 홀씨 하나를 더 꺾어와 입바람으로 민들레 홀씨 불기를 반복한다. 	민들레 홀씨에 호기심을 보였다. 민들레 홀씨가 바람에 날아간다는 것을 알고, 이를 탐색하고자 입바람을 불었다.
	11/26(화) 같은 색깔의 캡슐을 찾아 짝을 맞춘다. 짝이 맞춰진 캡슐들을 하나씩 짚어가며 "하나, 둘, 셋. 넷" 하고 수 세기를 한다. 큰 캡슐 안에 작은 캡슐을 넣어 숨긴다. 박 교사를 부른 뒤 "이거 봐요. 짜~잔" 하고는 큰 캡슐을 열어 그 안에서 작은 캡슐이 나와 떨어지는 모습을 보여준다. 	같은 색깔, 크기가 같고 다름을 구분할 수 있고, 일대일 대응을 하여 1~4까지 수 세기를 하였다.
	1/23(목) 밀가루 반죽에 초록색 식용 색소를 뿌려 두 손으로 주무르고, 두드리고, 손가락으로 꾹꾹 누른다. 진주에게 초록색으로 물든 밀가루 반죽을 보여주며 "이것 봐" 하고 웃는다. 또 자신의 손바닥을 쳐다보면서 "내 손에도 묻었어"라고 말한다. 	밀가루 반죽과 초록색 식용 색소를 섞어가며 감각적으로 탐색하였다. 밀가루 반죽의 변화뿐 아니라 손의 변화에 흥미를 보였다.

제6장

환경구성

영아 교실은 하루 종일 부모와 떨어져 집단생활을 하는 영아가 자유롭게 놀이할 수 있도록 편안하게 구성되어야 한다. 가정과 같은 분위기(home atmosphere)가 될 수 있도록 물리적 환경구성뿐 아니라 인적·심리적 환경구성에도 관심을 가져야 한다. 보육실에서 실내화를 신기보다 양말을 신거나 양말도 벗은 맨발로 지내는 것이 더 좋을 수 있다. 유아와 함께 생활하는 어린이집의 경우 안전 등의 이유로 영아만을 위한 실외공간을 구성하는 것도 필요하다. 이 장에서는 영아를 위한 보육시설의 실내 · 외 환경구성에 대해 알아보고자 한다.

1. 실내 환경구성
2. 실외 환경구성

제6장
환경구성

1. 실내 환경구성

영아반 보육실은 영아들이 먹고, 자고, 배설하는 생리적 욕구를 해결하며, 편안하고 즐겁게 생활할 수 있는 환경으로 구성되어야 한다. 또한 영아들이 놀이와 탐색에 안전하고 활발하게 참여할 수 있도록 도와야 한다. 실내 놀이공간 구성 시 다음 사항들을 고려해야 한다.

- 건강과 안전을 고려한 환경을 구성한다. 영아는 무엇이든 입으로 가져가고 보육실 전체를 몸으로 탐색하지만, 위험을 빨리 인식하지 못하며 대처능력도 부족하다. 따라서 안전은 환경구성 시 최우선의 고려사항이다. 그러나 안전만이 절대적 기준이 될 수는 없다. 즉, 안전 때문에 영아의 자발적이고 다양한 탐색과 놀이가 지나치게 제한되지 않도록 안전하면서도 도전이 가능한 공간이어야 한다. 또한 여러 영아가 공동으로 사용하는 놀잇감 청결도 중요한 부분이다. 따라서 영아반 환경구성 시 영아의 탐색과 놀이, 안전, 위생에 관심을 갖도록 하며, 정기적으로 점검해야 한다.
- 보육실 내 일상생활 영역을 배치한다. 0세 영아의 경우 특정 시간에 기저귀를 갈고, 수유하고, 낮잠을 자는 것이 아니다. 영아가 필요로 할 때면 언제든지 개별 영아의 신체적 리듬에 맞춰 수유와 이유, 기저귀 갈기, 낮잠과 휴식이 이루어질 수 있도록

일상생활을 위한 별도의 공간이 마련되어야 한다.

- 보육실 내 대근육 놀이를 위한 공간을 배치한다. 영아는 신체 움직임이 많고, 대근육과 운동 기능이 급속히 발달하므로 유희실이나 실외놀이터와 별개로 보육실에 대근육 영역이 제공되어야 한다. 뒤집기, 기기, 서기, 걷기, 달리기, 기어오르기, 밀기, 당기기, 던지기, 물건을 이리저리 가지고 다니기의 연습이 필요하므로 터널, 실내 미끄럼틀, 오르기 기구, 타는 놀잇감, 끌거나 밀고 다니는 놀잇감 등이 필요하다.
- 영아의 연령과 흥미에 따라 흥미(놀이) 영역의 수와 종류를 조절한다. 어린이집 보육실의 크기나 영아의 관심에 따라 융통성을 가져야 하지만, 보통 0세의 경우 일상생활 영역으로 기저귀 갈기 영역, 수유 및 이유식 영역, 낮잠 영역을 배치하고, 이 외 대근육 영역, 감각·탐색 영역, 언어 영역을 배치한다. 1~2세의 경우 일상생활 영역의 기저귀 갈기 영역과 수유 및 이유식 영역이 없어지고, 낮잠 영역은 휴식공간으로 축소되며, 대신 역할 놀이 영역과 쌓기 놀이 영역이 추가될 수 있다. 공간이 넓은 경우, 탐색 영역에 포함되었던 미술 놀이 영역, 음률 놀이 영역을 분리하여 구성할 수 있다.
- 영아의 흥미나 놀이에 따라 흥미(놀이) 영역을 구성하고 융통성 있게 재구성한다. 영아의 놀이 흐름에 따라 교실 환경구성을 조정한다는 의미이다. 필요에 따라 공간을 넓히거나 좁히고, 통합하거나 삭제한다. 또한 놀이(흥미) 영역(예 에어캡 밟기 놀이 영역, 그림자 놀이 영역)을 신설할 수 있다. 즉, 학기 초 구성된 흥미(놀이) 영역은 고정된 것이 아니며 언제나 영아의 발달, 흥미와 놀이에 따라 통합, 확장, 삭제될 수 있다.
- 흥미(놀이) 영역을 구분하여 배치한다고 교구장 등으로 공간을 분리해야 하는 것은 아니다. 오히려 자유롭게 몸을 움직일 수 있는 개방적인 넓은 공간이 필요하다. 교사는 전체 영아를 한눈에 볼 수 있어야 한다. 영아들은 발달 특성상 이동이 많고 근육조절 능력이 미숙하여 중간에 가구가 놓여 있을 경우 부딪치는 일이 자주 발생할 수 있다. 영아들은 또한 영역 구분을 인식하지 못한 채 놀이한다. 따라서 교구장 등은 교실 벽면에 붙여 배열하여 영아가 자유롭게 움직일 수 있는 넓고 개방적

인 공간을 마련한다.

- 영아는 아직 타인과 무엇을 나누어 사용하는 데 어려움을 겪어 놀잇감 분쟁이 자주 발생한다. 따라서 다양한 놀잇감을 하나씩 준비해 주기보다는 똑같은 놀잇감을 여러 개 준비하는 것이 바람직하다.
- 지나치게 많은 자료는 영아를 위축시킬 수 있고, 환경이 너무 자주 바뀌면 영아에게 두려움을 줄 수도 있다. 반대로 변화가 없어 지루하게 느껴지는 환경에서는 영아의 탐색과 놀이가 지속되기 어렵다. 따라서 한꺼번에 많은 자료를 제시하기보다 적절한 시기에 자료를 교체해 주는 것이 좋다. 놀잇감의 종류, 수, 교체 시기를 영아의 관심사와 놀이를 반영하여 적절하게 조절하여, 영아로 하여금 익숙함과 새로움을 조화롭게 경험하도록 돕는다.
- 영아의 눈빛, 손짓, 행동, 말, 놀이 등을 관찰하여 발현적 놀이가 활발히 이루어지도록 놀이 지원을 위한 자료를 추가 제공한다. 영아의 놀이 지원을 위해 비구조화된 자료(예 종이, 점토, 물감, 상자), 일상의 사물(예 에어캡, 비닐), 자연물(예 돌, 흙, 낙엽, 풀), 조명기구, OHP, 디지털 매체 등도 유용한 자료가 될 수 있다.
- 0세나 1세의 경우 영아가 놀이 자료를 직접 준비하기 어렵겠지만 2세 영아의 경우 교사가 모든 놀이 자료를 제공하기보다는 가능한 한 영아가 놀이 자료 준비과정에 참여하도록 배려한다.
- 미세먼지, 비 등으로 바깥놀이가 어려운 경우 실내에서 대근육 놀이를 할 수 있는 실내 유희실 등의 공간을 마련한다.
- 보육실, 실내 유희실, 실외 놀이공간 이외 현관, 복도, 보육실 사이 공유 공간, 계단 밑, 경사로와 같은 공간도 영아가 의미를 둔다면 놀이공간으로 활용할 수 있다. 다만, 새로운 공간을 활용할 때 영아가 안전하게 놀이할 수 있도록 점검한다.

보육실의 환경은 고정된 것이 아니라 영아의 놀이와 흥미에 따라 융통성 있게 구성, 조정되어야 한다. 때로는 특정 영역의 공간이 확대되기도 하고 때로는 삭제되기도 할 수 있다. 영아의 놀이에 방해가 되지 않고 놀이가 활발하게 이루어질 수 있도록 언제나 구성, 재구성되어야 한다. 그러나 영아반 교실에 기본적으로 배치될 수 있는 흥미(놀이) 영역의 공간 구성과 자료에 대해 살펴보면 다음과 같다.

1) 일상생활 영역

영아반 보육실에는 영아의 개별적인 신체 리듬에 맞춰 기저귀를 갈고, 수유하고, 낮잠을 재우는 별도의 공간이 필요하다. 특히 기저귀 갈기, 수유와 이유, 낮잠 시간이 단순하게 반복되는 일로 끝나지 않고 교사와 영아 간의 개별적인 상호작용의 시간이 될 수 있도록 편안한 환경이 마련되어야 한다.

(1) 기저귀 갈기 영역

기저귀 갈기 영역은 수유나 이유 영역, 잠자는 영역과 떨어져 있고, 해가 잘 들어 따뜻한 곳에 배치한다. 기저귀를 가는 동안 교사가 교실 전체를 볼 수 있게 배치하며, 교실 전체를 직접 보기 어렵다면 거울을 이용하여 교실을 볼 수 있도록 한다.

기저귀 갈이대가 싱크 형태인 경우 교사가 영아를 기저귀 갈이대에 눕히고 영아의 배변을 처리한 후 싱크대에 설치된 수도에서 영아를 씻어주도록 한다. 이동이 가능한 매트 형태의 기저귀 갈이대의 경우, 매트를 바닥에 깔고 영아를 눕힌 후 기저귀를 갈아주며, 이때 영아를 눕히기에 적당한 크기로 청소하기 쉬운 마감재의 매트를 사용한다. 또한 누워서 기저귀 갈기를 싫어하는 영아를 위해 기저귀를 가는 동안 붙잡고 서 있을 수 있는 입식 기저귀 갈이대도 이용할 만하다. 기저귀를 갈 때 필요한 모든 물품을 쉽게 사용할 수 있도록 수납장, 1회용 장갑, 휴지, 손 소독기, 쓰레기통을 교사의 손과 발이 닿는 위치에 둔다.

기저귀를 가는 동안 영아와 교사 간의 개별적이고 정서적인 상호작용이 이루어질 수 있도록 모빌이나 딸랑이를 비치하고, 벽면에는 가족사진, 안전거울 등을 달아주어 안전하고 청결하며 쾌적한 영역으로 구성한다.

기저기 갈기 영역

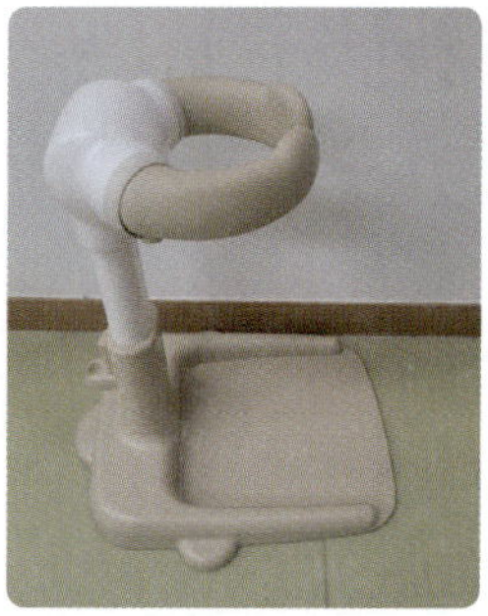

입식 기저귀 갈이대

- 기저귀, 물휴지, 비누, 로션, 종이타월, 안전거울, 재미있는 사진이나 그림, 작은 놀잇감

(2) 낮잠 및 휴식 영역

낮잠 및 휴식 영역은 영아의 수면에 방해가 되지 않도록 놀이 영역과 구분이 필요하다. 직사광선이 들어오지 않도록 커튼을 치고 조용한 분위기를 조성하고, 영아가 원하면 언제든지 이용할 수 있도록 한다. 집에서 가져온 장난감이나 이불, 베개 등을 사용하도록 하며, 낮잠을 위한 침대에는 모빌을 달지 않는다.

휴식 영역

- 영아용 침대나 매트, 부드러운 헝겊인형, 자장가 음원

(3) 수유 및 이유식 영역

수유와 이유를 위한 별도의 공간을 마련하고, 편안한 의자, 쿠션, 방석 등을 준비한다. 냉장고를 준비하여 가정에서 가져온 모유, 이유식 등은 받는 즉시 냉장 또는 냉동 보관한다. 이때 우유병과 이유식 용기에 영아의 이름을 유성펜으로 적는다. 영아 개인별 수유 및 이유 기록표를 벽에 붙여두고 먹은 시간, 음식의 종류와 양을 기록한다.

- 냉장고, 음식을 데울 수 있는 기구, 흔들의자, 영아 개인용 우유통, 우유병, 그릇 등

2) 대근육 영역

대근육 영역은 영아를 위한 실내 환경에서 중요하게 다루어야 할 영역이다. 영아가 뒤집고, 기고, 걷고, 오르고, 구르고, 뛰고, 올라타고, 던질 수 있는 안전하고 개방된 공간이 마련되어야 한다. 영아는 신체 조절이 미숙하여 안전사고가 자주 일어날 수 있으므로 바닥 재질, 모서리, 시설물의 종류와 높이 등에 대한 안전 점검을 수시로 해야 한다. 충격을 줄일 수 있도록 바닥에 카펫이나 매트를 깐다. 또한 다른 놀이에 방해가 되지 않도록 탈것이 다닐 수 있는 길을 테이프로 표시한다.

[0세]

- 영아용 침대에서 사용할 수 있는 운동 놀이 기구
- 헝겊 공, 밀고 당기는 장난감, 잡고 서서 밀고 걸을 수 있는 바퀴 달린 놀잇감
- 솜이나 스펀지를 넣어서 부드럽게 만든 계단이나 경사로

[1~2세]

- 낮은 미끄럼틀, 낮은 계단, 터널(큰 종이상자)
- 바퀴가 있는 자동차(붕붕차, 끌차)
- 끌고, 밀고 다닐 수 있는 놀잇감(인형 유모차, 쇼핑수레, 청소기, 끌차)
- 흔들 말, 시소, 낮은 평균대, 다양한 크기의 공

승용완구

끌고 다니는 놀잇감

나무 소재의 대근육 놀잇감

대근육 영역

3) 언어 영역

언어 영역은 조용하고 밝은 곳에 배치하고, 바닥에 카펫을 깔고 소파 등을 준비하여 아늑하고 편안한 환경을 마련한다. 인형, 그림, 사진 등의 자료를 구비하여 이야기를 나누도록 장려하며, 다양한 촉감의 책을 준비하여 책보기와 이야기 듣기를 통해 책에 관심을 갖도록 돕는다. 영아의 수에 따라 충분한 자료를 제공해야 하며, 영아용 책장에 책 표지 그림이 보이도록 꽂아두어, 영아가 자유롭게 자료를 꺼내 사용할 수 있도록 배치한다. 특히 2세 정도가 되면 영아가 그림책을 스스로 정리할 수 있도록 낮은 책꽂이에 여러 장르의 책을 준비한다. 벽면에는 커다란 전지를 붙이고 컬러 펜이나 색연필을 준비하여 끼적이기를 돕는다.

언어 영역

- 편안한 소파, 책꽂이, 벽면에 사진과 그림 게시
- 손 인형, 봉제인형, 막대인형, 다양한 종류의 그림과 사진
- 헝겊책, 비닐책, 촉감책, 보드북
- 초점 맞추기 책, 누르면 소리 나는 책, 사물그림책
- 반복이 있는 책, 말놀이 책, 동시책 등 다양한 장르의 책
- 수, 크기, 모양, 색 등 개념을 이해하는 데 도움을 주는 책
- 먹기, 씻기, 정리정돈 등 기본생활과 관련된 책
- 물거나 빨아도 안전한 크레용, 색연필, 벽에 전지 붙여주기

병풍책

보드북

비닐책

헝겊책

4) 감각·탐색 영역

영아는 오감각을 통해 세상을 배우므로, 감각·탐색 영역에는 다양한 감각을 경험할 수 있는 풍부한 자료를 준비한다. 영아의 오감을 자극하고 흔들거나 던져 물체의 움직임을 명확하게 볼 수 있는 놀잇감, 손으로 조작하며 눈과 손의 협응력과 소근육을 발달시킬 수 있는 놀잇감을 준비한다. 조각의 수가 적고, 모양이 단순하며, 영아가 삼킬 수 없는 크기인 가로세로 3.5cm 이상의 자료로, 깨끗하게 유지하기 쉬운 재질이어야 한다. 낮은 교구장에서 영아 스스로 놀잇감을 꺼내고 정리할 수 있어야 한다. 퍼즐과 같이 작은 조각들은 서로 섞이지 않도록 따로 담아둔다.

[0세]

- 모빌, 플라스틱 거울, 치아발육기, 플라스틱 열쇠 꾸러미
- 딸랑이, 마라카스, 움직이면 소리 나는 오뚝이
- 천으로 만든 패드나 담요, 촉감이 다양한 인형들, 촉감 장갑
- 2~3조각의 퍼즐, 모양 끼우기 상자, 부드러운 재질의 쌓기 자료
- 누르면 튀어나오는 놀잇감, 끈을 당기면 뚜껑이 열리는 놀잇감
- 잡아당기거나 누르면 소리가 나는 놀잇감, 나타났다 사라지는 놀잇감
- 천으로 된 공

[1~2세]

- 밀고 당기는 놀잇감, 다양한 촉감의 동물인형
- 돌리고, 당기고, 누르는 벨, 문, 다이얼 등이 있는 놀잇감
- 4~5조각의 손잡이 꼭지가 있는 퍼즐
- 고리 끼우기(5~10개), 구슬 끼우기, 분류 놀잇감, 나무못과 못판
- 나무 바느질 자료, 다양한 병과 뚜껑, 단추 잠그기와 끈 묶기를 할 수 있는 교구
- 실내에서 기를 수 있는 동·식물

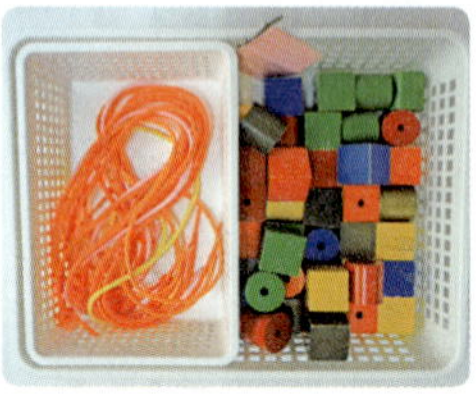
구슬 끼우기

바느질

컵쌓기

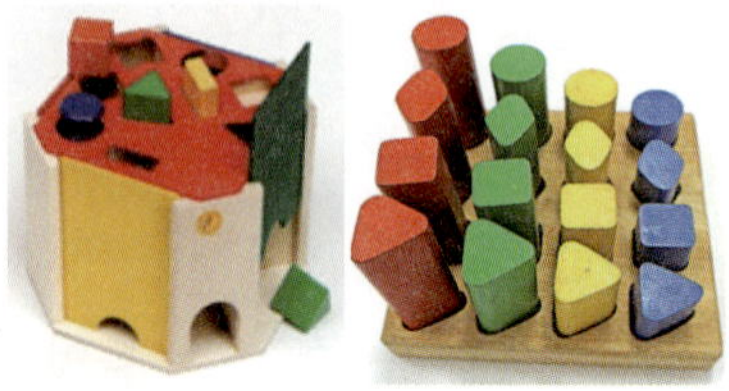
모양 끼우기

5) 역할 놀이 영역

1~2세 영아는 아기 돌보기, 미용실 놀이, 병원 놀이, 동물 놀이와 같이 일상생활에서 자신이 겪은 일이나 자신이 본 다른 사람의 역할을 주로 흉내 내지만 가끔은 상상적 존재의 역할을 하며 상상놀이를 즐긴다.

영아가 자신의 역할에 흥미를 느끼고 자유롭게 표현할 수 있도록 음식 모형, 식기, 가방, 신발, 유모차, 드라이어, 전화, 다리미 등 실제 물건과 유사한 자료들을 준비한다. 부엌 놀잇감들은 세척이 가능한 것으로 준비하여 청결하게 관리한다. 영아의 신체 크기에 적절한 의상을 준비하여 영아가 간단히 입을 수 있도록 하며 안전한 전신거울을 벽면에 비치한다.

역할 놀이 영역

- 화장대, 전신거울, 빗, 드라이기, 빈 화장품 병, 전화기, 시계
- 다양한 직업을 나타내는 의상, 엄마 아빠 의상, 한복
- 신발, 모자, 핸드백, 가방 등의 소품들
- 그릇, 음식모형, 냉장고, 싱크대 등의 부엌가구
- 동물 가면, 손 인형, 동물 인형, 사람 인형, 인형 침대, 업는 띠
- 장난감 유모차, 쇼핑수레, 장난감 청소기, 병원 놀이 소품들

주방용품

과일과 음식 모형

병원 놀이 용품

인형

가면

6) 쌓기 놀이 영역

영아는 다양한 크기의 블록을 이용하여 간단한 쌓기 놀이나 상상 놀이를 즐긴다. 또한 영아는 블록을 쌓아 구조물을 만들기도 하고, 이를 무너뜨리는 놀이를 반복한다. 다양한 블록을 준비해야 하지만, 스펀지 블록처럼 안전하게 사용할 수 있는 블록을 준비한다. 블록을 이용한 구성 놀이 과정에 다른 영아의 놀이 공간을 침범하거나 망가뜨리는 경우가 자주 발생할 수 있으므로 충분히 넓은 공간을 마련해야 한다. 놀잇감이 적은 경우 영아 간 갈등과 분쟁이 발생할 수 있으므로 인기 있는 블록의 경우 개수를 충분히

준비한다.

동물, 사람, 자동차 등의 소품을 추가하여 놀이가 확장될 수 있도록 한다. 블록을 바닥에 안정적으로 세우고, 소음을 줄이기 위해 바닥에 부분 카펫을 깐다. 블록을 정리할 교구장은 벽에 기대어 설치하여 안전에 유의하고, 교구장에 실물 크기의 그림을 그려 놓아 정리를 돕는다. 쌓기 놀이 영역은 조용한 영역과 멀리 떨어지게 배치하며 역할 놀이와 인접하게 두거나 통합하여 구성한다.

쌓기 놀이 영역

- 스펀지 블록, 우레탄 블록, 큰 레고 블록, 헝겊으로 감싸져 있는 블록, 유니트 블록, 듀플러 블록, 종이 벽돌 등 각종 블록류
- 키워서 연결할 수 있는 길이나 기찻길 블록
- 사람 인형, 동물 인형, 자동차들, 교통표지판, 신호등

듀플로 블록

종이 벽돌 블록

자동차들

쌓기 놀이 소품들

7) 미술 놀이 영역

미술 놀이 영역은 조용하고 밝은 곳에 배치하고, 영아의 신체에 적합한 낮은 책상을 준비하고, 바닥과 책상에 비닐을 깐다. 다양한 미술자료를 보관 상자에 분류하여 비치하여 영아들이 쉽게 사용하고 정리할 수 있도록 한다. 다양한 재료와 비품을 준비하되 영아의 흥미, 요구, 시간, 공간 등의 여건에 따라 순차적으로 제공한다. 모든 재료를 한꺼번에 비치할 경우 오히려 혼란스러운 상황이 생길 수 있기 때문이다. 영아의 작품을 보관·전시할 수 있는 공간을 마련하고, 아름다운 사진, 그림, 명화 등을 영아의 눈높이에 맞추어 붙여둔다. 물을 사용하는 경우 자주 바닥을 닦아주어 영아들이 미끄러지지 않도록 한다.

- 낮은 책상, 비닐 앞치마, 비닐 깔개
- 이젤, 그림물감, 천연물감, 붓
- 다양한 종류의 종이류(도화지, 색종이, 셀로판지, 포장지, 한지, 주름지, 신문지, 화장지, 골판지, 마닐라지, 하드보드지 등)
- 아크릴판, OHP 필름, 나무판, 은박지, 잡지, 천 등 다양한 그리기 면 재료
- 다양한 쓰기·그리기 도구(크레파스, 색연필, 사인펜, 매직펜, 볼펜, 파스텔, 연필 등)
- 풀, 안전가위, 무독성 본드, 접착용 테이프
- 밀가루 점토, 클레이 점토 등의 인조 점토, 종이 점토, 황토, 점토 놀이 도구들
- 핑거페인팅 자료(쟁반, 종이, 색풀, 면도거품 등)
- 재활용품류(빨대, 우유갑, 쇼핑백, 전단지, 휴지속심, 계란판, 코르크 마개, 병뚜껑 등)
- 만들기용 장식용품(눈알, 뽕뽕이, 모루, 솜, 구슬, 단추, 스티커, 빵끈, 털실, 리본 등)
- 찍기 자료(동전, 도장, 고무판, 자연물, 일상용품 등), 롤러, 밀대판

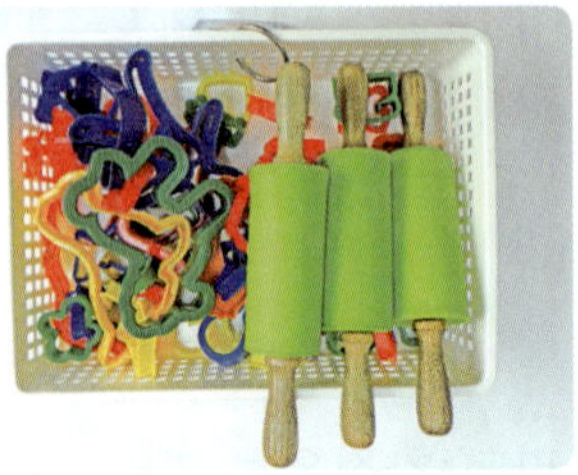
점토 놀이용 도구들

모양찍기

8) 음률 놀이 영역

음률 놀이 영역은 영아가 다양한 소리와 음악을 듣고 이에 맞춰 자유롭게 몸을 흔들고 악기를 연주할 수 있는 영역이다. 음률 놀이 영역은 조용한 영역과 떨어지게 배치한다. 다양한 소리를 낼 수 있는 악기를 배치하고, 신체표현을 위한 자료도 준비한다. 지나치게 소리가 큰 악기는 다른 영아의 놀이를 방해할 수 있으므로 실내 공간에서는 제외시키고 실외 놀이공간에서 사용한다.

- 악기를 연주하는 모습, 오케스트라를 지휘하는 모습의 사진이나 그림
- 음악회나 음악 관련 행사의 사진이나 포스터
- 카세트, 녹음기, 다양한 장르의 음악 테이프나 CD
- 귀로, 리듬막대, 마라카스, 북, 종, 방울 등 다양한 악기
- 리본 테이프 등 신체표현을 위한 소품

리듬 악기류

리본 테이프

방울

9) 우리 반만의 놀이 영역

앞에 제시된 흥미(놀이) 영역 이외 카메라 놀이, 알파 미니 코딩 로봇 놀이, 여행 놀이, 찜질방 놀이, 빛 놀이, 상자 놀이, 물 놀이, 잣 놀이, 편백나무 놀이, 바람 놀이, 모래 놀이 등 현재 우리 학급의 발현적 놀이에 따라 놀이 영역을 구성, 재구성할 수 있다.

빛 놀이 영역

통과 호스를 통과하는 물의 흐름을 관찰하는 놀이 영역

2. 실외 환경구성

폐쇄적인 어린이집의 실내 공간에서 하루 종일 생활하는 영아에게 바깥 놀이는 매우 중요한 시간이다. 실외의 개방된 공간에서 자유롭게 지낼 때 실내에서의 긴장감을 풀고 즐거운 하루를 보낼 수 있다. 영아의 바깥 놀이는 다음과 같은 장점을 지니고 있다.

- 보육실, 복도, 신체 활동실 등 실내 공간에서도 대근육 놀이를 하지만, 실외 공간에서는 보다 넓은 공간에서 자유롭고 활발하게 움직이며 놀이할 수 있다.
- 소리나 움직임이 커 실내에서 진행하기 어려운 놀이의 기회를 제공할 수 있다.
- 물이나 모래와 같이 바닥이 더러워져 실내에서 하기 어려운 놀이를 진행하기 좋다. 여름에는 물총 쏘기, 물놀이와 같은 놀이를 계획하기 좋다.
- 돌, 흙, 바람, 그림자, 잔디, 새소리, 나비와 같은 자연을 접할 수 있다.
- 책보기, 그림 그리기 등의 실내 놀이를 실외로 연장하여 놀이를 확장할 수 있다.

영아는 신체 조절 능력이 부족하여 3세 이상의 유아들이 사용하는 시설을 그대로 이용할 경우 안전 문제가 발생할 가능성이 높다. 따라서 영아를 위한 실외 놀이공간은 3세 이상의 유아를 위한 공간과 분리되어야 한다. 공간이 부족하여 영아를 위한 별도의 실외 놀이공간이 확보되지 못했다면 영아반과 유아반이 시간 차이를 두고 바깥 놀이를 계획하는 것이 바람직하다. 안전하고 쾌적한 바깥 놀이가 될 수 있도록 사전에 놀잇감이나 놀이기구의 안전 점검을 해두어야 하고, 영아가 바깥 놀이에서 지켜야 할 사항을 인식할 수 있도록 일관성 있고 명확하게 규칙을 제시해야 한다. 실외 놀이공간은 대근육 영역, 물·모래 놀이 영역, 자연 관찰 및 탐색 영역, 휴식 및 정적 놀이 영역, 창고와 화장실로 구성될 수 있다.

1) 대근육 영역

대근육 영역에는 그네, 낮은 미끄럼틀, 시소, 작은 터널, 평균대, 흔들 배, 흔들 말과 같은 설비를 이용하는 공간과 넓게 트인 개방된 공간이 필요하다. 개방된 공간에서는 자전거나 자동차를 타거나 공을 굴리거나 바람개비를 날리거나 비눗방울 놀이를 할 수 있다.

그네와 시소 등의 놀이기구가 설치된 바닥에는 충격을 흡수할 수 있도록 잔디, 스펀지, 모래 등을 깐다. 자전거나 자동차가 다니는 길에는 시멘트나 보도블록으로 길을 만든다.

- 그네, 낮은 미끄럼틀, 시소, 작은 터널, 평균대, 흔들 배, 흔들 말
- 자전거, 바퀴가 큰 자동차, 공

복합놀이기구

자동차놀이기구

시소놀이기구

자동차

2) 물·모래 놀이 영역

물·모래 놀이는 영아의 긴장감을 해소하고 편안한 마음을 가지는 데 도움을 줄 수 있다. 지붕이 있는 그늘진 곳을 마련한다. 모래의 청결성과 물의 배수 문제를 해결하는 것이 중요하다. 물이나 모래를 다른 영아에게 뿌리지 않도록 지도해야 하며, 그릇류, 모양틀, 트럭 등의 소품을 제공하여 놀이를 다양하게 확장시킬 수 있다.

- 플라스틱 삽이나 숟가락, 주전자, 물뿌리개, 깔때기, 수도관
- 다양한 크기와 모양의 그릇, 구멍이 뚫린 그릇, 모양 틀

모래놀이와 그늘집

모래놀이하는 영아들

3) 자연 관찰 및 탐색 영역

영아들은 실외 공간에서 동식물을 직접 기르거나 관찰하며 동·식물의 성장과정을 가까이에서 경험할 수 있다. 동물의 경우 최근 감염병 문제로 어린이집에서 기르기 어렵지만, 식물의 경우 봄에 씨앗을 뿌리거나 모종을 심어 성장 과정을 관찰하고, 수확해 보는 것은 영아들에게 좋은 경험이 될 수 있다.

식물을 관찰하는 영아

텃밭에서 농작물을 관찰하는 영아

4) 휴식 및 정적 놀이 영역

실외 놀이 중 조용히 휴식을 취하며 개인적 시간을 보낼 수 있는 공간이 필요하다. 원두막, 정자, 벤치, 작은 터널, 놀이집 등을 준비하여 책을 보거나 그림을 그리는 등 휴식을 취하거나 실내에서 주로 이루어지는 놀이도 할 수 있다.

책을 보거나 그림을 그리며 휴식을 취하는 영아들

5) 창고와 화장실

공, 자전거, 물·모래 놀이 소품 등 실외 놀이 기구와 놀잇감을 정리해 둘 창고가 필요하다. 또한 한 명의 교사가 여러 명의 영아를 돌보는 상황에서 실외 놀이공간에 용변을 보거나 손을 씻을 수 있는 화장실이 있으면 편리하다.

영아반 놀이공간은 언제나 영아들의 놀이와 흥미에 따라 구성, 재구성되어야 한다. 다음은 일반적으로 실외공간에서 이루어지는 놀이를 실내로 들여온 사례와 실내 놀잇감을 실외로 가지고 나가 놀이가 연장된 사례이다.

실내에서 모래놀이 중인 영아들

실외로 인형, 유모차, 자신이 만든 미술작품을 가지고 나가 놀이하는 영아들

실내에서 마른 미역을 탐색하고 이어 실외로 나가 큰 튜브에서 미역을 불려 몸으로 놀이하는 영아들

제7장

일상생활 지원

영아의 일상생활 지원은 영아의 생리적 욕구를 충족시키며 어린이집에서의 생활이 자연스럽게 이루어지도록 지원하는 것을 의미한다. 영아들은 하루 종일 긴 시간 동안 어린이집에서 먹고, 자고, 배설하며 생활한다. 이러한 일상적인 생활은 영아의 하루 일과 중 많은 시간을 차지하며, 특히 월령이 낮을수록 그 비중이 크다. 교사는 어린이집의 등원과 하원 시간을 포함하여, 손 씻기, 이 닦기, 낮잠, 기저귀 갈기와 화장실 사용하기, 수유와 이유, 간식과 식사 등의 일상생활이 영아 주도적이고 자율적으로 이루어지도록 도와, 일상생활을 통해 영아의 생리적 욕구를 충족시킬뿐 아니라 영아의 자조 기술이나 기본생활습관 형성을 도울 수 있다. 일상생활은 단순히 반복되는 일과로 끝나지 않고(just not routine), 개별 영아와 상호작용하여 언어, 사회, 정서, 인지, 신체 발달을 돕는 교육적 시간이 될 수 있다. 이 장에서는 등원에서부터 하원에 이르기까지 어린이집의 일상생활을 교육과 놀이 기회로 삼는 방법을 알아보고자 한다.

제7장
일상생활 지원

1. 등원 및 맞이하기

교사는 영아와 하루의 첫 만남인 등원 시간의 중요성을 인식하고, 즐거운 등원 시간이 될 수 있도록 준비한다. 영아가 등원하기 전 교실을 환기하고 환경구성을 확인하며, 오늘의 놀이 계획이나 놀잇감 등을 점검한다. 다른 업무를 하던 중이더라도 영아가 등원하면 영아나 부모와 인사를 나누며 영아를 따뜻하게 맞아주고, 영아가 부모와 편안하게 헤어져 교실로 들어갈 수 있도록 돕는다. 등원 시간에 영아와 상호작용의 예를 들면 다음과 같다.

- 인사하기 : ○○아 안녕. 어머니도 어서 오세요~. ○○아~ 건강하게 만나서 반갑네. 선생님하고 인사하자. 안녕하세요~. 오늘은 표정이 아주 밝은데. 기분이 좋은가 보다. 노랑 옷을 입고 왔네. ○○이에게 잘 어울리네.
- 양육자와 헤어짐 돕기 : 엄마께 잘 다녀오시라고 인사하고 교실로 들어가자. 다녀오세요. 빠이빠이.
- 신발이나 옷 정리 돕기 : 신발은 어디에다 정리해야 하지? 어디가 우리 ○○이 자리지? 잘 찾았네.

- 양육자와의 헤어짐을 잊고 관심을 교실로 돌리도록 돕기 : 어떤 친구들이 먼저 왔을까? 교실로 들어가 보자. 오늘은 어떤 놀이를 할까?

부모와 간단한 면담으로 전날 하원 후 오늘 아침까지 가정에서 일어난 일에 대한 정보를 얻도록 한다. 교사는 영아의 건강 상태, 심리 상태, 수면, 대변, 수유 여부 등을 확인한다. 다음은 등원 시간에 교사가 영아를 맞이하며 점검해야 할 항목들이다.

〈표 7-1〉 등원 시간의 영아 점검 사항

구 분	세부 내용
표 정	밝은 표정, 웃는 표정, 활기찬 표정, 슬픈 표정 등
병색 유무	기침, 콧물, 코막힘, 눈의 충혈 여부, 눈곱, 피부의 상처나 염증, 입술 부르틈과 입 안의 상처, 열, 호흡할 때 냄새, 멍 자국, 창백함, 두통, 복통, 코피, 귀의 통증 등
행동 특성	부모와 잘 헤어지는지, 자세가 정상적인지, 피곤하고 지치지 않았는지, 눈을 자주 비비거나 귀를 자꾸 만지는지 등
청 결	얼굴, 손톱, 손, 머리, 의복 등의 청결 상태

출처 : 이기숙·장영희·정미라·배소연·박희숙(1996). 유아를 위한 안전교육. 양서원.

등원하는 영아 맞이하기

부모에게 얻은 정보와 교사의 점검으로 영아가 피곤해함을 확인했다면 휴식을 취하도록 돕는다. 교사는 또한 기저귀, 수유용품, 여벌의 옷 등 영아의 개인용품을 받아 필요할 때 즉시 사용할 수 있도록 개인용 사물함에 정리한다. 부모는 일일 연락장을 기입하고 몸이 불편하여 약을 먹어야 하면 투약의뢰서를 작성한다. 교사는 부모가 작성한 일일 연락장을 꼼꼼히 검토하고, 특별한 사항이 있으면 게시판에 붙여 다른 교사들에게도 알린다. 최근 일일 연락장이나 투약의뢰서를 스마트폰 앱을 활용하여 주고받는 기관이 많아지고 있지만 종이 양식을 제시하면 다음과 같다.

〈표 7-2〉 일일 연락장의 예

<table>
<tr><td colspan="10">월 일 요일 날씨( ), 출결( )</td></tr>
<tr><td colspan="5">집에서 소식</td><td colspan="5">어린이집에서 소식</td></tr>
<tr><td rowspan="3">영아의 상태</td><td>기분</td><td colspan="3">좋음 보통 나쁨(이유 :)</td><td rowspan="3">영아의 상태</td><td>기분</td><td colspan="3">좋음 보통 나쁨(이유 :)</td></tr>
<tr><td>건강</td><td colspan="3">좋음 보통 나쁨(이유 : 밤에 기침 조금, 발열, 콧물)</td><td>건강</td><td colspan="3">좋음 보통 나쁨(이유 : 밤에 기침 조금, 발열, 콧물)</td></tr>
<tr><td>체온</td><td colspan="3">열이 있음 많음</td><td>체온</td><td colspan="3">열이 있음 많음</td></tr>
<tr><td rowspan="3">식사</td><td>저녁</td><td></td><td>식욕</td><td>있음, 보통, 없음</td><td rowspan="3">식사</td><td>저녁</td><td></td><td>식욕</td><td>있음, 보통, 없음</td></tr>
<tr><td>그외</td><td></td><td>식욕</td><td>있음, 보통, 없음</td><td>그외</td><td></td><td>식욕</td><td>있음, 보통, 없음</td></tr>
<tr><td>아침</td><td></td><td>식욕</td><td>있음, 보통, 없음</td><td>아침</td><td></td><td>식욕</td><td>있음, 보통, 없음</td></tr>
<tr><td rowspan="2">배변</td><td>저녁</td><td colspan="3">안 했음
했음(딱딱함 · 보통 · 설사)</td><td rowspan="2">배변</td><td>저녁</td><td colspan="3">안 했음
했음(딱딱함 · 보통 · 설사)</td></tr>
<tr><td>아침</td><td colspan="3">안 했음
했음(딱딱함 · 보통 · 설사)</td><td>아침</td><td colspan="3">안 했음
했음(딱딱함 · 보통 · 설사)</td></tr>
<tr><td>수면</td><td colspan="4">(:)부터 (:)까지</td><td>수면</td><td colspan="4">(:)부터 (:)까지</td></tr>
<tr><td>투약</td><td colspan="4">투약시간 :
약용량 :
증상 :</td><td>투약</td><td colspan="4">투약시간 :
약용량 :
증상 :</td></tr>
<tr><td>전달 사항</td><td colspan="4"></td><td>전달 사항</td><td colspan="4"></td></tr>
<tr><td>준비물</td><td colspan="4"></td><td>수납</td><td colspan="4"></td></tr>
</table>

출처 : 여성가족부(2008). 2세 보육프로그램. 여성가족부.

〈표 7-3〉 투약의뢰서

투약의뢰서

금일 본 자녀의 투약에 대해 ○○○어린이집 선생님께 의뢰합니다.

아 동 명 : (반)
생년월일 :
증 상 :
약의 용량 :
약의 종류 :
투약시간 :

20 년 월 일
의뢰자 인

※ 단, 투약으로 인한 모든 책임은 의뢰자가 집니다.

투약보고서

금일 본 원의 원아에 대해 다음과 같이 투약했음을 보고합니다.

	투약시간	투약종류 및 용량	투약자
1			
2			
3			
4			
비고			

20 년 월 일
간호사 인

출처 : 삼성복지재단(1997). 삼성어린이집 영아프로그램. 교육과학사.

등원 시간은 영아의 어린이집 하루의 삶 전체를 결정하는 중요한 시간이다. 영아 입장에서 등원은 양육자와 떨어져야 하는 어려움을 경험하는 시간이다. 영아가 보호자와 온화하고 기분 좋게 헤어져 교실에 안정적으로 적응하도록 세심하게 배려해야 한다.

등원 시간은 부모의 하루 일과에도 영향을 미친다. 아침에 부모와 떨어지기 싫어 우는 자녀를 떼어놓고 돌아가는 부모는 하루 종일 심리적 부담을 갖지 않을 수 없다. 때로는 영아보다 부모가 떨어지기 어려운 경우도 있다. 우는 영아를 떼어놓는다는 죄책감을 느낄 수도 있다. 교사는 이러한 부모의 감정을 존중하고 그들의 감정에 공감하고 있음을 보여주고, 헤어짐과 관련된 구체적인 정보를 제공한다. 다음은 영아와 양육자가 좀 더 편안하게 헤어질 수 있도록 돕는 방법들이다.

- 영아가 가족과 헤어진 후 자신의 감정을 다스릴 수 있도록 편안한 장소를 마련해 준다. 이 장소에 영아가 좋아하는 인형이나 커다란 쿠션을 준비한다.
- 집에서 가지고 온 영아가 좋아하는 장난감이나 담요 등의 애착물을 허용한다.
- 영아가 흥미로워하는 놀잇감을 교실 출입구 근처에 놓아둔다.
- 영아의 눈높이에 가족사진을 붙여 두어 어린이집에 있는 영아가 가족과 연결되어 있다고 느끼도록 한다.
- 다른 영아의 환영은 영아가 부모와 헤어지는 데 도움을 줄 수 있다. '얘들아, ○○가 엄마랑 헤어져서 마음이 아픈가 봐. 우리가 위로해 주자'라고 말하며 다른 영아들이 헤어짐으로 어려워하는 영아를 위로하고, 함께 놀이하도록 유도한다.

벽면에 붙은 가족사진을 보는 영아

- 양육자와 헤어질 때 '아빠가 가시면 선생님하고 물고기에게 먹이 주고 장난감 놀이를 할 거야' 등 일정하고 특별한 의식을 갖는다.
- 영아가 양육자가 떠날 때 문을 열거나 양육자가 떠나는 모습을 창밖으로 지켜보는 등 능동적인 역할을 하도록 돕는다. '○○아 아빠가 가실 수 있도록 문을 열어 드리자. 아빠 잘 다녀오세요. 빠이빠이~'
- 가족의 물건 하나를 영아에게 주고 감으로써 영아를 편안하게 해줄 수 있다. 영아는 양육자가 물건을 찾으러 올 것이기 때문에 다시 돌아올 것으로 생각할 수 있다. 가족의 물건은 영아가 잘 볼 수 있는 곳에 두도록 한다.
- 부모와 헤어진 영아에게 무조건 괜찮다고만 할 것이 아니라 '엄마와 헤어져 속상하구나!'와 같은 말로 영아의 감정을 있는 그대로 수용한다.
- 부모가 작별 인사 없이 몰래 사라지는 것은 영아의 헤어짐 관련 어려움의 원인이 될 수 있다. 분명하게 헤어짐을 알리고, '곧', '금방'이라는 말은 남용하지 않도록 한

다. 곧, 금방이 얼마만큼인지 명확하지 않아 영아가 혼란스러워할 수 있다. '분홍반에서 놀고 있을 거지? 아빠 일 끝나면 데리러 올게. 저녁에 만나자'라고 이야기하며, 아빠는 지금 떠나야 하고 반드시 돌아올 것임을 알려준다.

- 부모에게 영아가 운다고 가던 길을 돌아오지 말아야 함을 알려준다. 단호하고 짧은 이별이 되도록 한다. 부모와 영아의 헤어짐의 시간이 길어지면 영아는 더 힘들 수 있다. 영아가 부모와의 헤어짐을 헤어졌다 다시 만나는 특별한 헤어짐으로 받아들일 수 있도록 돕는다.
- 부모의 직장을 방문하는 것도 좋은 방법이 될 수 있다. 영아는 어린이집에 자신을 데려다준 후 부모가 어디서 무엇을 하는지 알 수 없다. 이러한 불안감이 영아가 부모와 헤어짐을 어렵게 만드는 원인이 될 수 있다. 따라서 부모의 직장에 방문하여 자신이 어린이집에 있는 동안 부모가 어디서, 무엇을 하는지 이해하도록 하여 헤어짐에 도움을 줄 수 있다. 영아가 부모의 직장을 방문할 경우, 사전에 가족 전체나 영아의 사진, 영아가 어린이집에서 만든 작품 등을 직장에 배치해 두는 것도 좋다.
- 교사가 영아의 집에 방문하는 것도 방법이 될 수 있다. 부모가 돌아오지 않을 수 있다는 불안감은 영아가 부모와 떨어지기 어려운 원인이 되기도 한다. 교사가 영아의 집에 방문하여 영아를 데려올 경우, 영아는 자신이 자발적으로 집을 떠나며 다시 돌아올 것이므로 부모가 자신을 데리러 돌아오지 않을지 모른다는 불안감을 감소시킬 수 있다.

등원에 도움을 주는 그림책

- 권나엘 불레 글, 델핀 세드루 그림(2020). 룰루랄라 어린이집 가는 날. 키즈엠.
- 다음세대 편집부(2015). 야호! 어린이집에 왔어요. 다음세대.
- 스테파니 블레이크(2010). 유치원 가기 싫어!. 한울림어린이.
- 안녕달(2020). 당근 유치원. 창비.
- 윤여림 글, 안녕달 그림(2017). 우리는 언제나 다시 만나. 위즈덤하우스.
- 푸르니 글, 박경주 그림(2013). 어린이집에 왔어요. 다음세대.

2. 식사와 간식

영아기는 제1 급성장기라고 할 만큼 신체 성장이 왕성하고, 활동량이 많아 균형 있는 영양 섭취가 중요하다. 특히 영아의 영양은 평생 건강에 영향을 미칠 수 있다. 균형 있는 영양 섭취가 중요한 만큼 편식을 예방해야 하고, 이를 위해 영아가 다양한 음식의 맛을 경험하도록 도와야 한다. 수유와 이유, 간식과 식사 시간은 영아에게 영양을 공급할 뿐 아니라 맛과 음식을 경험하고, 식사 도구의 사용법을 배우고, 자율성과 독립심을 키울 기회를 제공한다. 또한 식사 예절을 배우며 바른 식습관을 키울 수 있다. 어린이집에서 영아의 영양을 관리할 때 교사가 유의해야 할 점을 제시하면 다음과 같다(보건복지부, 2013; 양연숙·김선아·송진영, 2017).

- 영아에게 제공되는 식단은 전문 영양사에 의해 작성되어야 한다. 식단은 영양상으로 균형을 이루고 영아 발달에 적절하며 다양한 형태로 조리되어 제공되어야 한다.
- 제철 과일, 견과류, 오이, 감자, 고구마 등의 자연식품을 자주 제공한다.
- 부모들이 영아에게 제공되는 식단 내용을 알 수 있도록 가정통신문, 홈페이지, 게시판 등에 식단을 공개한다.
- 특별한 개별적 요구가 있는 영아의 경우 필요한 정보를 미리 확인하여 수유, 이유식, 간식, 급식 시에 배려한다.
- 바람직한 식습관을 형성하도록 지속적이고 반복적으로 지도한다. 교사도 영아들과 함께 음식을 먹으면서 그들의 식습관 등을 관찰하고 조용히 대화를 나누며 안정되고 즐거운 분위기를 조성한다.

1) 수 유

(1) 모유

모유는 영아의 정상적인 성장과 발달에 필요한 모든 영양소와 면역성분 등이 함유된 가장 이상적이고 완전한 식품으로 알려져 있다. 어린이집에서 긴 시간을 생활하는 영아라도 가능하면 모유를 수유하는 것이 바람직하므로 어머니가 직접 어린이집에 방문하여 수유할 수 있다. 그러나 현실적으로 직접 방문하여 수유하는 것은 쉽지 않은 일이므로, 가정에서 모유를 착유하여 어린이집으로 보내 수유할 수 있다. 유축한 모유의 보관과 해동에 관한 구체적인 내용은 다음과 같다(보건복지부·대한소아과학회, 2011; 양연숙 외, 2017).

- 유축한 모유를 보관할 때는 영아의 이름과 유축한 날짜를 기입하여 보관한다.
- 바로 유축된 모유는 4℃에서는 3~5일, 25℃ 상온에서는 6~8시간 보관할 수 있다.
- 냉동고의 경우 영하 20℃에서는 6~12개월까지, 영하 15℃에서는 2주간 보관할 수 있다.
- 냉동한 모유는 오래된 것부터 해동하여 먹인다. 미리 냉장실로 옮겨 두거나 약 55℃의 물에 중탕하여 해동하며, 전자레인지는 되도록 사용하지 않는다.
- 냉동한 모유를 냉장고에서 녹였을 경우, 실온에서는 약 4시간 보관할 수 있고, 냉장실에서는 24시간 보관할 수 있다. 단, 한번 녹인 모유는 다시 냉동하지 않는다.
- 냉동한 모유를 중탕으로 녹였을 때는 즉시 먹여야 하고, 냉장실에서는 4시간 보관할 수 있다. 재냉동은 하지 않는다.
- 해동한 모유 위에 지방층이 분리되는 경우 흔들어서 섞어 먹인다. 지방층이 분리되어 비누 냄새나 비린내가 나는 경우도 있으나 아기에게는 해가 없으므로 흔들어서 먹인다.
- 해동한 모유의 색이 엄마가 섭취한 음식에 따라 푸른색이나 노란색을 띠는 경우가 있는데 아기에게는 해가 없다.

교사는 가정에서 보내온 모유를 받는 즉시 냉장고나 냉동고에 보관하도록 하며, 앞에 기술된 보관과 해동 방법을 토대로 영아에게 안전하게 수유한다.

(2) 조제유

조제유는 전유(일반유)와 달리 모유와 유사하게 성분을 조제한 우유다. 어린이집에서 생활하는 영아의 경우 모유 수유보다 조제유 수유가 많을 것이다. 교사는 조제유의 유통기한을 확인하고 색이나 냄새가 변질되지 않았는지 확인한다. 우유병, 분유 계량스푼, 분유통, 보온 주전자와 물을 준비한다. 우유병에 영아의 이름을 써 두고, 우유병이나 젖꼭지가 섞이지 않도록 유의한다. 조제유 만드는 방법은 다음과 같다.

조제유 만드는 과정

① 우유병에 37~40°C의 물을 정량의 $\frac{1}{2}$ 담기
② 정량의 분유 넣고 흔들기
③ 물을 추가하여 정량으로 맞추기

(3) 수유

영아는 배고플 때 짜증을 부리거나 손가락을 빨거나 울거나 매달리거나 입으로 무언가를 빠는 행동으로 배고픔을 표현한다. 교사는 영아별로 모유를 먹는지 조제유를 먹는지 수유 상황을 확인한다. 모유의 경우 자주 배고파하는 특성이 있음을 기억하고, 조제유의 경우 수유의 양, 횟수, 먹는 간격, 조제유의 종류, 좋아하는 우유의 온도 등의 개인적 취향 등 영아의 수유 리듬을 확인한다.

수유할 때 교사는 영아를 안고 영아의 머리를 한쪽 팔로 받치고, 영아와 눈을 맞추며 이야기를 나누며 상호작용한다. 영아의 배고픔을 해결할 뿐 아니라 정서적 안정감을 느끼도록 돕는다. 수유 후에는 영아를 안아 등을 가볍게 토닥여 트림을 시켜 모유나 조제

유를 토하지 않도록 돕는다. 교사는 수유와 트림을 시킬 때 영아와 다음과 같은 상호작용을 할 수 있다.

- 수유 과정을 언어로 표현하기 : ○○아 배고팠지? 자 이제 우유 먹자. 그렇게 배가 고팠니? 천천히 드세요~ 맛있어?
- 영아의 손가락, 귀 등을 쓰다듬어 주기 : 우리 ○○이 귀는 어디 있나? 요기~. 귀가 여기 있네요. 이렇게 예쁘게 생겼네. 아이고 보드라워라. 선생님이 귀 만지니까 기분이 어때? 기분 좋지?
- 트림하기 : 맛있게 먹었니? 이제 배가 불러요? 잘 먹었습니다. 우유 다 먹었으니 트림하자. 어서어서 내려가라~ 쓱~쓱~ 시원하게 소화돼라.

영아를 편안하게 안고 눈을 맞추며 수유하는 교사

| 그림 7-1 | 트림시키는 다양한 방법의 예

2) 이유식

이유식은 모유나 조제유를 떼기 전 모유나 조제유 이외에 영아에게 공급하는 반고형의 음식이다. 이유식은 모유나 조제유로 부족한 영양분을 공급하고 음식을 빠는 것부터 씹는 것으로 자연스럽게 전이가 이루어지도록 돕고, 새로운 음식의 맛과 질감을 경험하도록 도우며, 컵이나 식기 사용 기술을 배우도록 돕는다(조경자·이현숙, 2010).

영아마다 개인차가 있지만, 이유식은 보통 생후 4~5개월경에 시작한다. 이유식은 단계적으로 한두 가지씩 시도하고, 어른의 입맛이 아니라 영아의 입맛에 맞게 만든다. 영아의 월령에 따라 이유식의 상태도 변해야 한다. 4~6개월에는 요구르트 정도의 묽기와 끈기로 죽처럼 걸쭉한 상태, 6~8개월경에는 혀로 으깰 수 있는 두부 정도의 단단한 부드러운 알갱이 상태, 9~11개월경에는 부드러운 것을 잘게 자른 알맹이 형태, 1년~1년 반경에는 어른이 먹는 것보다 조금 부드러운 알맹이 형태가 있는 정도로 제공한다. 이유의 횟수도 처음에는 1일 1회 제공하고, 점차 횟수를 늘려나가며, 이유식을 먹인 후 수유한다. 월령에 따른 이유식 제공 방법의 예를 들면 다음과 같다.

〈표 7-4〉 월령별 이유식 제공 방법

월 령	이유식 방법	시작할 수 있는 음식
출생 직후	모유	
4~5	초기 이유식 분유 4번+이유식 1번	쌀죽(10배죽)
5~6		야채류(감자, 호박, 단호박, 고구마, 배추, 무 등)
		과일, 과일퓨레(바나나, 사과, 배, 복숭아, 자두, 살구 등) 잡곡류(조, 완두)
6~7	중기 이유식 분유 3번+이유식 2번	쌀죽(7배죽), 닭고기, 고기국물 버섯, 두부, 야채류(당근, 시금치)
7~8		계란노른자, 쇠고기 잡곡류(흑임자, 들깨, 수수 등), 견과류 가루(호두, 밤) 생선(꽁치, 참치, 삼치, 가자미, 고등어, 동태 등)
8~9		치즈, 돼지고기, 요구르트, 플레인 요거트 야채류(양배추, 브로콜리, 케일, 샐러리, 양파 등)
9~10	후기 이유식 분유 2번+이유식 3번	쌀죽(5배죽)
10~11		해조류(미역, 다시마, 김), 갑각류, 쇠간
11~12		진밥, 국수류, 계란흰자, 식빵
돌 이후	반드시 돌 이후에 먹여야 하는 음식들	소화장애 유발 : 된밥, 생우유, 밀가루, 견과류, 옥수수, 김치 알레르기 유발 : 딸기, 토마토, 오렌지, 귤, 어패류, 초콜릿, 대두 세균감염 : 꿀(보툴리즘 식중독과 사망 유발)

출처 : 우민정·박성희·안지영·김민정(2008). 교사를 위한 영유아 보육의 실제. 정민사.

어린이집에서 직접 이유식을 준비하기 어려운 경우 가정에서 이유식을 준비해 올 수 있다. 가정에서 가져온 이유식 용기에 이름을 써 냉장고에 보관하고, 적당한 온도로 데워 먹인다. 영아용 의자, 식탁, 식기, 컵 등을 준비하여 식사를 위한 공간을 만들고 편안한 분위기에서 이유식을 먹을 수 있도록 배려한다. 영아에게 이유식을 먹이며 다음과 같이 상호작용할 수 있다.

- 선생님이 떠 먹여주는 영아 : ○○아 맛있는 이유식 먹자. 의자에 앉아서 먹을까? 오늘 이유식은 뭘까? 아~ 해보자. 꿀꺽. 잘 먹네. 맛있니? 어떤 맛이야? 어떤 냄새지? 고소한 냄새네.
- 숟가락을 스스로 사용하려 시도하는 영아 : ○○이가 숟가락을 들었네. 숟가락으로 음식을 떠볼까? 숟가락으로 떴어요? 입에 쏙~. 다시 한번 떠보자. 숟가락으로 잘 먹네. 와~ 다 먹었다.

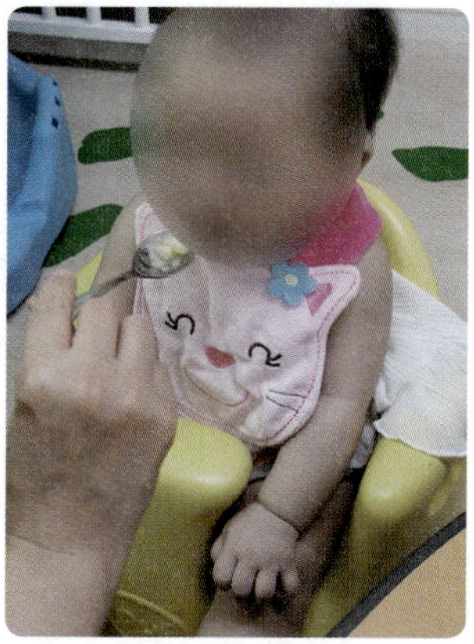
이유식을 먹는 영아

이유식을 먹인 후 수유할 경우, 영아가 먹은 이유식의 양, 시간, 함께 마신 모유나 조제유의 양을 기록하고 귀가 시 부모들이 참고할 수 있도록 한다.

3) 간식과 식사

1~2세 영아에게 간식과 식사 시간은 영양을 공급하고, 맛에 대해 알 수 있는 기회를 제공하며, 식사 습관을 형성하고, 음식과 관련된 문화와 지식을 학습할 기회를 제공한다. 간혹 요리 활동을 간식이나 식사와 연계하면 음식에 대한 호감을 가지고 잘 먹게 도와줄 수 있고, 물체의 변화 과정을 관찰할 기회를 제공한다. 영아는 허기지면 분노와 짜증을 내며 이것은 또래 관계에 부정적인 영향을 미칠 수 있다. 영아는 한꺼번에 많은 양의 식사를 할 수 없으므로 간식과 식사 간의 간격이 2~3시간이 되도록 한다.

영아에게 간식과 식사를 제공하기 위해 교사는 여러 역할을 해야 한다. 교사가 2명인 경우 한 교사는 비빔밥은 나물을 잘게 자르고 잘 비벼주고, 도넛은 한입 크기로 잘라 놓는 등 영아가 혼자 먹기 편리하게 간식이나 식사를 준비하고, 다른 교사는 영아의 손 씻기와 자리에 앉는 과정을 도울 수 있다. 컵이나 수저를 사용하여 혼자 먹을 수 있도록 준비하여 스스로 먹도록 한다. 접시는 둘레가 막혀 음식을 숟가락에 쉽게 담을 수 있는 것으로 준비한다.

활동적인 영아들을 식탁에 앉히는 것 자체가 쉬운 일이 아니다. 간식과 식사를 위해 교사는 바닥에 비닐 깔개를 깔 수 있다. 카펫은 부적절하다. 충분한 간격을 두어 영아들이 식사 도중 서로를 간섭하고 방해하지 않도록 앉힌다. 청결을 위해 젖은 천이나 스펀지를 가까이 비치해 두는 것도 좋다. 차분한 음악을 틀어주어 영아들이 즐겁게 음식을 먹도록 돕고, 다른 영아가 간식이나 식사를 마칠 때까지 기다리지 않고 다 먹으면 바로 식기를 정리하고 양치하고 놀이하는 등 다음 일정으로 이어지게 한다. 교사 자신이 먹는 일에 열중하여 맛있게 먹는 모습을 보여주며 즐거운 식사 시간이 되도록 영아와 상호작용한다.

- 음식의 재료 : 감자다~ 선생님이 좋아하는 음식이네. 선생님은 감자를 좋아하는데. ○○이는 감자 먹어봤니? 어떤 맛이야?
- 음식의 이름, 색, 냄새, 맛 : ○○아 맛있는 냄새가 나네. 고소한 냄새가 나는데 무슨 음식일까? 아 맛있는 죽이네. 참기름 냄새였나 보다. ○○이 죽 먹어봤니? 노란색이네~ ○○이가 소고기를 먹었구나. 이제 콩나물도 먹어볼까? 된장국에 두부랑 호박이 들어 있네. 뭐부터 먹을까? 두부부터 먹어볼래? 어떤 맛이야?
- 음식의 조리 방법 : 이 음식은 어떻게 만들었을까? 삶았나?
- 식사 도구 사용 방법 : 포크를 사용할까? 양손으로 컵을 잡고 마시자. 손은 휴지로 닦자. 입도 닦아주세요.
- 식사 예절 : 꼭꼭 씹어 먹자. 음식을 모두 먹고 이야기하자.
- 정리정돈 : 그릇은 어디에 정리하지? ○○이가 정리도 잘하네.

스스로 먹기 시작했어도 여전히 교사의 도움이 필요하다. 1~2세 영아가 끝까지 모두 혼자 먹기를 바라지 말아야 한다. 또한 모든 영아가 같은 양의 음식을 같은 시간 안에 먹을 것을 강요하지 말아야 한다. 영아가 무엇을 얼마만큼 먹을 것인지 결정하여 식사의 주도권을 갖도록 한다. 영아가 먹기 싫어하면 강요하지 말아야 한다. '한 숟가락만 더'는

스스로 식사하는 0세반 영아

영아의 음식에 대한 호감을 떨어뜨릴 수 있다.

간식과 식사 시간은 숟가락이나 포크 사용법, 혼자 먹기, 흘리지 않고 먹기, 한자리에 바르게 앉아서 먹기, 골고루 먹기, 꼭꼭 씹어 먹기, 남기지 않기 등 식사 예절을 가르칠 수 있는 시간이다. 그러나 1세에게 깔끔한 식사 예절을 강요하는 것은 영아에게 오히려 해가 될 수 있다. 즉, 차례 지키기, 조용히 대화하기, 먹은 그릇 정돈하기, 입 다물고 씹어 삼키기, 음식으로 장난하지 않기, 음식을 흘리지 않기를 지도해야 하지만 지나치게 청결을 강조하면 영아에게 부담감을 줄 수 있으므로 천천히 한 가지씩 여유를 가지고 지도한다.

영아가 음식을 스스로 먹는 것은 음식을 먹는 자조 기술보다는 그 음식에 대한 열정에 따라 달라진다. 손과 손가락 사용에 어느 정도 유연한 자세가 필요하다. 손가락 사용을 지나치게 막지 않도록 한다. 영아는 여러 차례 연습하고 실수하면서 식사 예절을 배워나갈 것이다. 식습관은 하루아침에 형성되는 것이 아니다.

영아가 새로운 음식을 먹어보도록 해야 하지만, 그렇다고 영아가 싫어하는 음식을 억지로 먹이지 말아야 한다. 영아가 새로운 음식을 거부하면 일정 기간이 지난 후 영아의 컨디션이 좋은 날 배고플 때 다시 그 음식을 제공해 본다. 몇 번 음식을 맛보게 되면 음식에 익숙해져 거부반응이 줄어들 수 있다. 그러나 영아가 강하게 거부하면 강제로 먹이지 않도록 한다. 반대로 음식이 보상적 차원에서 제공되어서도 안 된다.

영아는 식사하며 자리를 옮기거나 돌아다니기도 한다. 이런 경우 영아에게 식사 시간임을 상기시켜 주어 식사 자리로 돌아와서 먹도록 하되 영아를 따라다니며 먹이지 않는다. 음식을 떨어뜨리고 던지고 문지를 경우, 영아의 태도를 꾸짖기보다는 지금은 식사 시간임을 알려준다. 하지만 스스로 먹는 능력을 키우는 과정에서 자연스럽게 나타날 수 있는 현상임을 기억해야 한다. 또한 음식을 가지고 장난을 치고 노는 것은 영아가 충분히 먹었고 이제 배가 고프지 않다는 신호일 수 있다. 심하게 어지럽히거나 음식을 가지고 계속 장난한다면 이제 그만 먹고 싶은지 묻고 정리하도록 유도한다.

식사와 간식 지도에 도움을 주는 그림책

- 김선영 글, 배현주 그림(2016). 그럼 내가 먹을까?. 키위북스.
- 로렌 차일드(2001). 난 토마토 절대 안 먹어. 국민서관.
- 마리 앤 호버맨 글, 말라 프레이지 그림(2013). 편식쟁이 일곱 남매의 분홍케이크. 다산글방.
- 솔르다르(2003). 편식쟁이 마리. 시공주니어.
- 크리스틴 슈나이더 글, 에르베 삐넬 그림(2003). 밥 먹기 싫어. 그린북.
- 클레어 레웰린 글, 마이크 고든 그림(2002). 왜 잘 먹어야 하나요. 함께읽는책.
- 프란신느 오먼(1999). 토비는 뭐든지 잘 먹어요. 웅진주니어.

텃밭에서 재배한 상추를 교실로 가져가 쌈을 싸 먹는 영아

3. 낮잠과 휴식

영아들은 신체 발육이 빠르고, 활동의 강도가 높아 한꺼번에 많은 에너지를 사용하므로 적절한 휴식과 낮잠이 필요하다. 부모의 출퇴근 시간에 맞추어 어린이집에 오고 가기 때문에 피곤할 수 있고 따라서 낮잠은 더욱 중요하다. 낮잠과 휴식은 영아의 일과에 큰 영향을 미치므로 교사는 각 영아의 낮잠 습관이나 특성을 파악하여 영아가 낮잠을 편안하게 잘 수 있도록 배려해야 한다.

졸릴 때 영아는 산만해지고 예민해지며 침착하지 못하고 심지어 다른 영아와 다투거나 무는 일까지 생기기도 한다. 따라서 교사는 영아의 졸려하는 행동을 알아차려야 한다. 졸린 영아는 눈을 비비거나, 놀이에 흥미를 잃거나, 놀이의 속도가 갑자기 느려지거나, 어른에게 매달리거나, 엄지손가락을 빨거나, 머리를 바닥에 떨어뜨리기도 한다. 별다른 이유 없이 투덜대고, 쉽게 포기하며, 칭얼거리거나 조른다. 심하게 울고 난 영아는 잠이 들기도 한다.

신생아는 하루 20시간 정도 잠을 자지만 점차 잠의 횟수와 시간이 줄어든다. 생후 4~6개월경의 영아는 밤에는 수유 후 바로 잠을 자 12시간 정도 계속 잠을 자며, 하루 3번 정도의 낮잠을 잔다. 6~12개월 영아는 1일 2~3회, 1회 1시간 30분에서 2시간 정도 낮잠을 잔다. 개인차가 크지만, 돌이 지나면서 1일 1회 2시간에서 2시간 30분 정도로 오후에 긴 낮잠을 한 번 자는 것으로 자리잡는다.

따라서 0세반의 경우, 아기 침대를 여러 개 준비하고, 어느 정도 간격을 두고 놓아 영아가 개별적인 각자의 잠자는 스케줄에 따라 서로 방해하지 않고 잘 수 있도록 돕는다. 1세 이상의 영아는 점차 오후에 같은 시간에 긴 낮잠을 잔다. 영아가 규칙적인 수면 습관을 갖도록 도와야 하지만 영아가 졸려 하면 언제든지 잘 수 있도록 한다. 아침에 자면서 등원한 영아, 밤새 잠을 못 잔 영아 등 개별적으로 잠을 자야 하는 영아를 위해 1세 이상의 영아반에도 휴식과 낮잠 공간으로 한두 개의 아기 침대를 마련해 두는 것이 좋다.

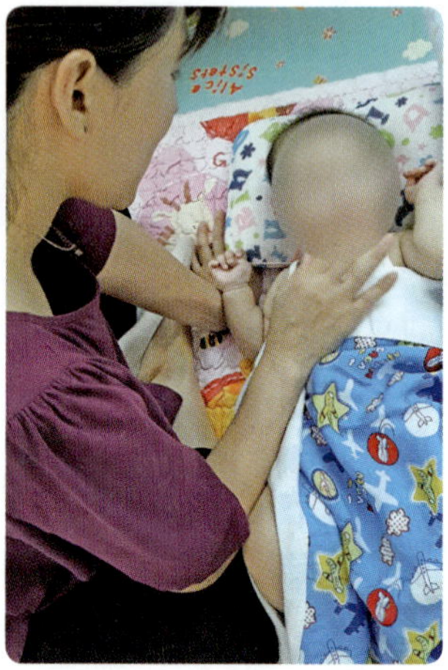
영아를 토닥이며 재우는 교사

영아들의 잠드는 습관은 매우 다양하다. 어떤 영아는 더우면 바로 잠이 깨버리기도 하고, 어떤 영아는 조용히 토닥여 줘야 하며, 어떤 영아는 등을 긁어줘야 잘 자기도 한다. 안아주기, 노래 불러주기, 흔들어 주기, 조용히 하기, 배를 문질러 주기 등 영아들의 잠들기까지의 과정, 잠들 때까지의 시간, 총 수면시간, 잠버릇 등도 개인차가 심하다. 영아가 어린이집에서 잠자기에 적응하는 것은 쉬운 일이 아니다. 그러나 규칙적으로 잠을 자는 습관은 어릴 때 형성되어야 하고 낮잠과 휴식은 영아의 일과에 큰 영향을 미칠 수 있으므로 교사는 영아의 개인적 리듬을 존중하며 규칙적으로 낮잠을 잘 수 있도록 인내심과 융통성을 발휘해야 한다. 너무 활동적인 놀이는 낮잠 바로 전에 계획하지 않도록 한다. 낮잠 재우기 전, 낮잠 자는 동안, 낮잠 후 교사의 역할을 정리하면 다음과 같다.

▶ **낮잠 재우기 전의 준비**

- 영아 개별 침대나 요와 이불을 준비하는데, 영아 각자가 자고 싶은 잠자리를 정하도록 할 수 있다. 커튼을 내려 방안을 어둡고 아늑하게 한다.
- 낮잠 자기 전 기저귀를 갈거나 화장실을 다녀와 대소변을 보도록 한다.
- 영아가 서로 부딪치거나 장난하지 않도록 간격을 충분히 둔다.
- 잠이 쉽게 드는 영아와 잠들려면 긴 시간이 필요한 영아를 구분하여 잠자리를 조정한다.
- 겉옷과 양말을 벗어 개어 두고 편안한 차림으로 잠자리에 들게 한다.
- 영아가 선호하는 담요, 인형, 베개, 장난감 등의 애착물을 가지고 잘 수 있도록 한다.
- 잠들 때까지 조용한 음악을 들려주거나 동화를 들려준다.
- 배를 쓰다듬어 주거나 등을 긁어주는 등 영아의 잠들기 전 습관을 최대한 배려한

다. 영아가 집에서 부모에 의해 잠들었던 방식(달래기, 등 두드리기 등)대로 재우는 것이 좋다. 낮과 밤의 방식이 다르면 영아에게 혼란을 준다.

- 잠투정이 심한 영아는 부드럽게 안아주고, 침착해지도록 낮은 목소리로 자장가를 불러주거나 토닥여 주어 잠을 청하도록 돕는다.

▶ 낮잠을 자는 동안

- 영아가 잠들어도 교사는 계속 영아를 살펴본다.
- 낮잠 시간을 이용하여 놀이시간 중에 감정이 상했던 영아를 개별적으로 위로한다.
- 우유병을 물고 잠드는 습관이 생기지 않도록 하고, 혹시 이런 영아들은 잠이 든 후 바로 우유병을 빼주고, 우유병을 뺏을 때 뒤척이거나 놀라면 영아를 안아주거나 토닥여 준다. 젖병을 물고 자는 것은 영아의 이를 썩게 하고, 질식이나 중이염의 위험이 있다.
- 낮잠을 자고 싶어 하지 않는 영아의 경우 교사가 잘 수 있도록 개별적인 도움을 준다. 무조건 모든 영아가 같은 시간에 잠을 자도록 강요하는 것도 부적절하지만 잠을 이루지 못한다고 바로 다른 놀이를 하도록 하는 것도 좋지 않다. 쉽게 잠들지 못하는 영아라도 일정 시간 동안 누워 휴식을 취하며 잠을 청하도록 한 후 그래도 잠을 이루지 못하면 교사가 영아의 상태를 판단하여 다른 교실이나 한쪽 공간에서 조용한 놀이를 하게 한다.

▶ 낮잠 자고 일어난 후

- 잠을 깬 영아들이 놀라지 않도록 달래고, 기저귀를 갈아주거나 화장실을 다녀오도록 돕는다.
- 잠자고 있는 영아들을 방해하지 않도록 조용히 책을 읽어주거나 놀이하도록 돕는다.
- 영아가 얼굴을 씻고 로션을 바르고 옷을 입도록 하고, 머리를 빗겨준다.
- 영아들이 잠에서 깨면 침구를 정리한다.
- 귀가 전 영아가 낮잠을 잔 횟수와 시간을 기록하여 부모에게 알려준다.

침구 관리도 관심을 가져야 한다. 이불과 베개는 개인용으로 준비하고 자주 세탁하여 위생적으로 준비한다. 낮잠 자는 동안 침이나 땀을 흘리거나 오줌을 쌀 경우를 대비하여 여벌의 침구를 준비하고 오염된 침구는 세탁하여 사용한다.

낮잠 지도에 도움을 주는 그림책

- 라이너 모리츠 글, 올레 쾨네케 그림(2004). 달콤한 잠 : 양을 세지 않고도 잠드는 법. 월북.
- 롭 스캇튼(2006). 잠이 오지 않는 러셀. 더큰.
- 마가렛 와이즈 브라운 글, 진 샬럿 그림(2001). 모두 잠이 들어요. 비룡소.
- 마거릿 와이즈 브라운 글, 클레먼트 허드 그림(1996). 잘 자요 달님. 시공주니어.
- 목일신 글, 이준섭 그림(2003). 누가 누가 잠자나. 문학동네어린이.
- 믹 잉크펜(2006). 토실아, 잘 자. 비룡소.
- 샬롯 졸로토 글, 스테파노 비탈레 그림(2002). 잠자는 책. 풀빛.
- 신혜은 글, 장호 그림(2008). 나비잠. 사계절.
- 앨리 반 데 린덴 글, 폴린 오드 그림(2006). 코코는 어디서 자야 할까요?. 대교출판.
- 유리 슐레비츠(2006). 자장자장 잠자는 집. 웅진주니어.
- 이보나 흐미엘레프스카(2004). 발가락 : 잠들기 전에 떠나는 상상 여행. 논장.
- 재미마주(1995). 누가 곰순이 잠 좀 재워 줘. 길벗어린이.
- 정근 글, 이영원 그림(1995). 자장자장. 보림.
- 정순희(2006). 새는 새는 나무 자고. 창비.
- 정은정 글, 박해남 그림(2009). 옷을 입자 짠짠. 비룡소.
- 제롬 뤼이이에(2003). 침대를 늑대라고 부르면 어떨까. 키즈돔.
- 존 버닝햄(2003). 잘 자라, 우리 아가. 비룡소.
- 하야시 아키코(1990). 달님 안녕. 한림출판사.

4. 기저귀 갈기와 화장실 가기

영아의 생리적 욕구를 충족시키기 위해 기저귀 갈기, 화장실 다녀오기는 일과 중에 적절하게 이루어져야 한다. 배변 훈련도 적절한 시기에 이루어져야 한다.

1) 기저귀 갈기

교사는 기저귀를 가는 동안 물품을 가지러 다른 곳에 가지 않아야 하므로, 기저귀 갈기 영역에 기저귀, 물휴지, 발진 크림 등 기저귀 가는 데 필요한 물품을 준비해 둔다. 교사는 기저귀를 가는 동안 기저귀를 가는 영아를 바라보면서도 다른 영아들을 지켜봐야 하므로 다른 영아를 등지지 않고 볼 수 있도록 기저귀 갈기 영역을 배치해야 하며 이것이 불가능하면 거울을 이용해서라도 다른 영아들을 볼 수 있어야 한다. 기저귀 갈기 영역에 영아가 흥미를 가질 수 있는 그림이나 모빌을 달아주고 기저귀를 갈 때 영아의 손에 장난감을 쥐어주면 좋다.

교사는 수유 이후, 낮잠 전·후를 포함하여 기저귀 가는 시간을 정해 기저귀를 확인하고 갈아주고, 그 외 시간에도 수시로 기저귀를 점검한다. 또한 영아에게 '기저귀 갈고 싶으면 언제든지 선생님에게 알려줘'라고 말해 불편함을 느끼면 비록 완전한 언어가 아니더라도 언제든지 표현하도록 유도한다. 영아가 불편함을 표현하면 신속하고 민감하게 기저귀를 갈아준다.

갑작스러운 교사의 손길은 영아를 놀라게 할 수 있으므로 기저귀를 갈기 전에 영아에게 이제 기저귀를 갈 것이라고 말하고, 천천히 부드럽게 영아를 대한다. 기저귀를 가는 순서는 다음과 같다(보건복지부, 2013; 양연숙 외, 2016).

- 필요한 물품이 모두 있는지 체크한다. 기저귀 갈이용 매트에 모포나 종이타월을 깐다.
- 영아를 바닥에 깐 종이타월 위에 두고 손으로 영아를 붙잡는다. 1세 이상의 영아의

경우, 누워 기저귀 갈기를 싫어하는 경우가 많다. 이런 경우 영아가 선채 입식 기저귀 갈이대를 잡도록 하고 기저귀를 간다.

- 더러운 기저귀와 옷을 벗긴다. 기저귀를 기저귀 전용 휴지통에 넣고, 옷은 집에 가져가도록 비닐에 넣는다.
- 영아의 사타구니를 미리 적신 종이타월로 깨끗이 닦는다. 종이타월은 기저귀 전용 휴지통에 넣는다. 바닥에 깐 종이타월도 똑같이 처리한다.
- 손을 젖은 종이타월로 닦는다. 닦은 종이 타월도 휴지통에 넣는다.
- 기저귀를 채우고 옷을 입힌다.
- 영아의 손을 물비누와 흐르는 물로 씻기고 종이타월로 닦아준다.
- 기저귀 간 곳과 손댄 물품을 깨끗이 닦고 소독한다. 교사도 물비누와 흐르는 물로 손을 씻고 종이타월이나 건조기로 말린다.

기저귀를 가는 동안 교사는 영아와 눈을 맞추고 일대일의 상호작용을 할 수 있다. 기저귀를 갈 때 상호작용의 예를 들면 다음과 같다.

- 영아의 감정 읽기 : 기저귀 갑시다. 우리 ○○이 지금 기분이 어때?
- 노래 부르기 : 이 노래 들어볼래? 반짝반짝 작은 별~
- 영아의 신체 명명하고, 신체 부위명과 신체 부분 연결하기 : 발을 들어보세요. 다리 올려주세요. 엉덩이를 살짝 들어볼까?
- 기저귀를 가는 교사의 행동 이야기하기 : ○○이가 쉬 많이 했구나. 선생님이 이제 바지를 내립니다. 이제 젖은 기저귀를 빼자. 새 기저귀로 바꿔줄게.
- 젖은 기저귀와 새 기저귀의 느낌 이야기하기 : ○○아 너무 축축하지? 기저귀 빼니까 기분이 어때? 시원해? 새 기저귀는 어떤 느낌이지? 뽀송뽀송하지, 기저귀 가니 기분이 어때?
- 기저귀 갈이 영역의 놀잇감 이용하기 : 딸랑이 소리 들어볼까?
- 아기 체조하기 : 시원하게 쭉쭉이 체조 할까? 쭉쭉~ 시원해요. 우리 ○○이 다리 더 예뻐져라.

교사는 기저귀를 간 횟수, 변의 상태를 보고 영아의 건강 상태를 체크하고 기록하며 귀가 시 부모에게 알려준다. 교사는 또한 영아의 엉덩이에 기저귀 발진이 생기지 않도록 유의한다. 기저귀 발진을 예방하는 방안은 다음과 같다(보건복지부, 2013).

- 소변은 산성이라서 영아의 약한 피부를 자극하여 피부 문제를 발생시키거나 더 악화시키므로 기저귀를 갈아야 할 시기를 잘 맞추어 갈아준다.
- 기저귀를 갈 때 영아의 피부에 남아 있는 소변과 대변의 성분을 말끔히 제거하고 적당히 건조시킨 다음에 적절한 보습제를 바른다.
- 영아의 엉덩이와 외음부의 피부가 항상 청결하고 건조하며 적당한 유분이 있도록 유지한다.
- 기저귀 발진이 생겼을 때는 발진 부위를 깨끗이 씻겨 건조시키고 처방된 연고제를 바른다.
- 기저귀 발진 원인균은 효모균으로 습하고 유기물이 많고 따뜻한 조건에서 잘 번식하므로 자주 통기시킨다. 이때 파우더는 사용하지 않는다.

2) 배변 훈련

배변은 용변을 보고자 하는 욕구를 느끼고, 이제 용변을 볼 것 같다고 판단할 수 있어야 하며, 이를 언어로 표현하고, 화장실에서 옷을 내리고 용변을 보고, 다시 옷을 입고 나와야 하는 과업이다. 배변 훈련은 영아 스스로 배변을 해결할 수 있도록 지도하는 것이다. 배변 훈련의 경험이 이후 성격 형성 등에 미치는 영향력을 고려하여 영아의 신체적·언어적·인지적 발달이 이루어진 후 시작하도록 한다. 영아가 방광과 항문의 괄약근을 통제할 수 있는 생리적 능력이 생기는 18개월 이후에 시작하는 것이 좋다.

배변 훈련은 늦게 시작할수록 빨리 배우는 경향이 있다. 충분한 준비가 된 경우 2~4주 만에도 완성된다. 보통 훈련에 걸리는 시간은 약 2~3개월이므로 여유를 가지고 접근하도록 한다. 강압적 훈련이 되어 스트레스를 받지 않도록 주의한다. 예를 들면, 변기에

5분 이상 앉혀 두며, 볼일을 볼 때까지 앉아 있어야 한다고 말하지 않아야 한다. 배변은 개인차가 있지만 보통 소변보다 대변을 더 빨리 가린다. 보통 야간 대변 가리기, 주간 대변 가리기, 주간 소변 가리기, 야간 소변 가리기의 순서로 이루어진다. 남아가 여아에 비해 더 오래 걸린다.

어린이집에서 배변 훈련은 보통 6~7월에 이루어진다. 이때쯤이면 영아의 적응 기간이 지나 교사나 또래와 관계 형성이 어느 정도 이루어진 후이며, 영아의 옷차림이 가벼워진 점도 배변 훈련에 도움이 되기 때문이다(손순복·정진화·박진옥, 2015). 본격적으로 배변 훈련을 하기에 앞서 변기, 화장실, 배변 활동에 친숙해지도록 돕는다. 이미 배변 훈련이 된 다른 영아와 함께 용변을 보는 기회를 갖거나 물을 내려 보거나 욕실에서 손을 씻거나 물놀이를 하며 화장실에 친근감을 느끼도록 돕는다(박찬옥 외, 2009).

배변 훈련을 위한 준비가 되면 영아는 배변 후 젖은 기저귀에 불편함을 호소한다. 기저귀를 가리키거나 만지며 기저귀를 바꿔 달라고 한다. 소변을 보는 간격이 길어지며 밤사이에 소변을 보지 않기도 한다. 용변기의 용도를 알고 옷을 입은 채 자주 앉기도 한다(정미라·배소연·이영미, 2007). 배변욕을 느끼고 표현하기도 하지만 너무 늦게 인식하거나 표현이 서툴러 화장실로 가는 도중에 실수하기도 한다. 이런 경우 교사는 이제 배변 훈련을 위한 준비가 되었음을 인식하고, '쉬 했구나', '응가 했구나', '○○이가 응가 했다고 선생님에게 알려줬구나. 기저귀 갈자' 등으로 반응한다.

영아가 배변에 관심을 가지고 어느 정도 준비가 되었다고 생각하면, 영아가 벗고 입기 편한 옷을 입히고, 다른 사람이 배변하는 모습을 지켜보도록 하며, 배변을 원할 때 언제나 옆에 있으며 도움을 줄 것이라는 점을 알려준다. 식사 후, 낮잠 자기 전과 후, 귀가하기 전, 견학이나 실외 놀이 전 등의 시간에 '화장실 갈까?'라고 제안하는 것도 방법이다.

어떤 영아는 변기 사용을 두려워하기도 한다. 옷을 벗어 아래로 내리기, 변기에 앉기, 용변 보기, 일어나기, 옷 입기, 물 내리기 등의 순서를 인형을 이용하여 재현하는 놀이를 하며 변기에 대한 두려움을 없애고 친숙해지도록 도울 수 있다. 변기 모양 종이에 스티커 붙이는 놀이나 배변 관련 그림책도 활용할 수 있다.

변기에 인형 앉히기 놀이

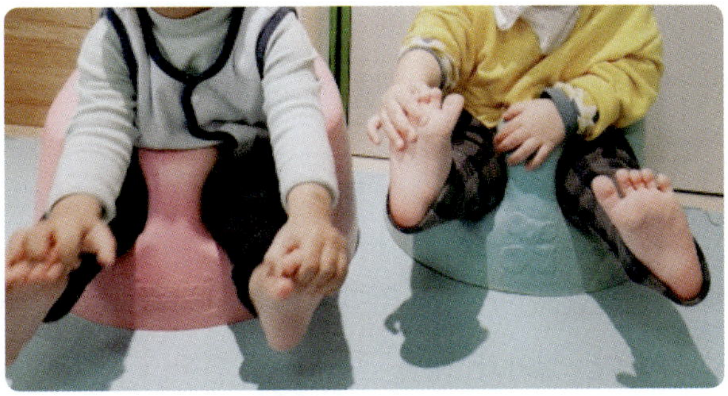

변기에 옷을 입은 채 앉아보기

의자에 앉아보듯이 변기에 앉아볼 수 있는데, 처음에는 옷을 입은 채로 앉았다가 옷을 벗고 앉아본다. 하루 일과 중 일정한 시간에 변기에 앉도록 하고, '쉬' 또는 '응가'라고 말해준다. 영아는 기저귀를 벗은 시원함과 쉬, 응가 소리와 연결하여 소변이나 대변을 볼 수 있는데, 이 경우 영아가 배설물을 직접 볼 수 있도록 해주고, 격려한다(손순복 외, 2015).

어떤 영아는 변기에 절대 앉으려 하지 않기도 하고, 배변 훈련에 강하게 반발하기도 하는데, 이런 경우 더 기다렸다 배변 훈련을 시작해야 한다. 되도록 배변과 관련하여 영아와 갈등이 일어나는 상황을 피하고, 배변에 대해 조금이라도 관심을 가지기 시작할 때 칭찬하도록 한다. 시도할 때마다 시도 자체에 대한 아낌없는 칭찬과 격려로 영아가 자신감을 가질 수 있도록 한다. 어떤 영아는 물 내리는 소리를 싫어하기도 하는데, 이런 경우 영아가 화장실을 나간 후 물을 내려준다. 발달이 빠른 영아가 모델링이 될 수 있지만, 영아를 서로 비교하는 태도는 금물이다.

화장실의 조도, 변기의 색깔과 크기, 영아의 옷, 용변과 관련된 설비나 도구에도 관심을 가져 영아가 즐겁게 배변과 관련된 경험을 하도록 돕는다. 영아가 실수하면 화를 내거나 부정적인 반응을 보이지 않아야 한다. 수용적인 분위기 속에서 언제나 느긋하게 기다려 주어야 하지만, 이미 배변 훈련을 위한 준비가 갖춰진 영아의 배변 훈련을 지나치게 늦추는 것도 영아에게 바람직하지 못한 경험이 될 수 있다. 또한 배변 훈련은 부모와 협의하여 가정과 연계하여 지도해야 한다.

3) 화장실 다녀오기

배변 훈련을 마무리한 영아들도 혼자 옷을 벗고 입으며 화장실을 사용하는 데 능숙하지 못하다. 영아가 배변 의사를 표현하고 화장실을 다녀오고자 할 때 개별적인 도움을 주며 격려한다. 화장실에 용변 보기, 손 씻기 순서 등의 그림 자료를 벽에 붙여주어, 옷 벗고 입기, 적당하게 휴지 사용하기, 배변 후 물 내리기, 손 씻기 등을 안내한다.

배변 훈련이 끝난 영아라도 자주 실수할 수 있다. 놀이에 집중하면 배변 욕구를 느끼지 못할 수 있고, 너무 늦게 마려운 느낌을 인식하여 화장실로 가는 도중 실수하기도 한다. 다른 활동에 방해가 되지 않도록 간식이나 점심 전·후, 낮잠 시간 전·후, 놀이시간 중간에 '화장실 가고 싶은 사람 없어요? ○○이 갈래?'라고 이야기해 영아들이 화장실을 다녀오도록 주의를 환기시킨다.

놀이에 몰입하여 화장실을 가지 않으려고 한다면 화장실 가는 방법을 선택할 수 있도록 하여 영아의 흥미를 유발할 수 있다. '어떤 방법으로 화장실까지 갈까? 거북이처럼 엉금엉금 기어갈까? 토끼처럼 깡충깡충 뛰어갈까?', '오늘은 누가 변기의 물을 내릴까?'와 같이 상호작용할 수 있다.

교사는 영아가 실수했을 때 따뜻하고 너그럽게 대해주어 영아가 편안함을 느끼도록 배려하며, 영아를 닦아주고, 여벌 옷으로 갈아입히도록 한다. 또한 대변의 횟수와 상태를 부모에게 알린다.

배변과 친숙해지는 데 도움을 주는 그림책

- 기무라 유이치(2008). 끙끙 응가놀이. 웅진주니어.
- 나나오 준 글, 모리야 루리 그림(2002). 시원한 응가. 시공주니어.
- 민소기(2005). 끙끙 응가. 삼성출판사.
- 베르너 홀츠바르트 글, 볼프 에를브루흐 그림(2002). 누가 내 머리에 똥 쌌어?. 사계절.
- 알로나 프랑켈(2001). 똥이 풍덩!. 비룡소.
- 정호선(2017). 엉덩이 친구와 응가 퐁!. 푸른숲주니어.
- 조윤정(2006). 동물가족 응가놀이. 토피.
- 최민오(2004). 응가하자, 끙끙. 보림.
- 크리스틴 슈나이더 글, 에르베 삐넬 그림(2002). 내 쉬통 어딨어. 그린북.

5. 청 결

1) 손 씻기

손 씻기는 영아의 건강을 위해 가장 간단하면서도 필수적인 일이다. 영아에게 손 씻기의 중요성을 알려주고 수시로 손을 씻도록 돕는다. 손가락을 빠는 영아의 경우 특히 자주 손을 씻도록 도와야 한다.

영아들은 어린이집에 도착한 후, 음식 먹기 전·후, 약을 먹기 전, 요리 활동 전, 낮잠 전·후, 실외 놀이 후, 기저귀 갈이 후, 화장실을 다녀온 후, 동물을 만진 후, 코를 풀거나 재채기를 한 후, 쓰레기를 만진 후, 여러 영아와 물놀이를 한 후, 귀가 전에 반드시 손을 씻어야 한다(신지연·신혜원·서원경·박원순, 2016). 손을 씻으면서 낮잠 후, 음식을 먹은 후, 귀가 전 등에는 얼굴도 씻도록 한다.

교사는 '이제 손 씻을 시간이네. 소매를 접고 손을 씻을까? 깨끗하게 씻자'와 같이 이야기하며 영아에게 손 씻을 시간임을 상기시켜 주고, 손 씻을 준비를 도와준다. 또한 씻는 신체 부위의 명칭, 손을 씻는 과정, 손을 씻은 후 기분 등을 이야기해 주며 상호작용한다. '물을 틀고 손에 물을 묻히자. 비누를 문지르자. 어떤 느낌이야? 미끌미끌~', '손가락으로 손바닥을 긁어주세요. 깍지를 끼고 비벼주세요', '손을 씻으니 기분이 어때? 상쾌하네!' 위생을 위해 수건보다 일회용 종이타월로 준비하고, 손을 씻기 어려운 경우 손 소독제를 활용한다.

교사의 도움을 받아 손 씻는 영아

2) 이 닦기

보통 6~10개월경 첫니가 나고, 48개월경 20개의 유치가 모두 나며 72개월 무렵에 영구치가 나기 시작한다. 유치는 결국 빠질 것이라 생각하여 유치 건강에 무관심할 수 있지만, 추후 씹기, 영구치의 공간, 턱뼈 모양 등에 영향을 미치므로 영아 때부터 치아를 관리하는 좋은 습관을 갖도록 도와야 한다.

이가 나기 전 영아의 경우 수유와 이유 후에 삶아 식힌 가제 손수건을 손가락에 감아 살살 잇몸을 닦아준다. 혓바닥을 부드럽게 닦아주고, 우유 찌꺼기를 제거해 준다. 이가 나기 시작하면 실리콘 칫솔을 이용해 이를 닦고 잇몸을 마사지해 준다. 1~2세 영아의 경우 이 닦기의 중요성과 이 닦는 방법을 알려주고, 식사 후 스스로 양치하도록 한다. 하지만 마지막에 교사가 구석구석 닦아준다. 24개월 전 영아는 치약과 물을 완전히 뱉어내기 어려우므로 삼켜도 인체에 무해한 치약을 사용한다(신지연 외, 2016).

교사는 이 닦기 시간을 각 영아와 일대일의 개별적인 상호작용 시간으로 활용할 수 있다. '이유식 다 먹었으니 이제 이 닦아야지. 선생님이 도와줄게. 이~', '○○가 스스로 닦아볼 수 있겠니? 윗니, 아랫니 모두 닦아보자. 치카치카', '잘 닦는구나! 마지막은 선생님이 도와줄게.'

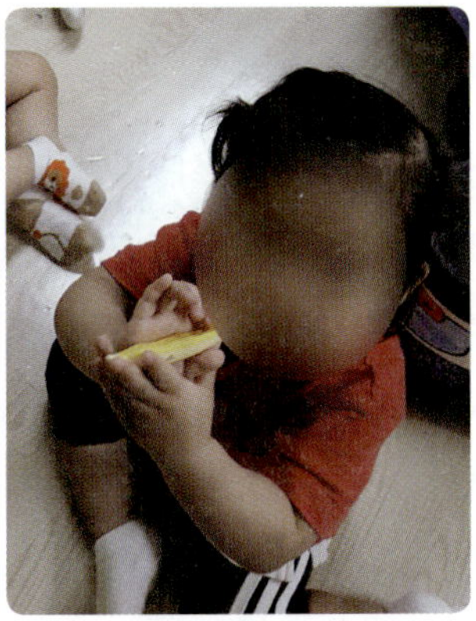

영아 스스로 이 닦기

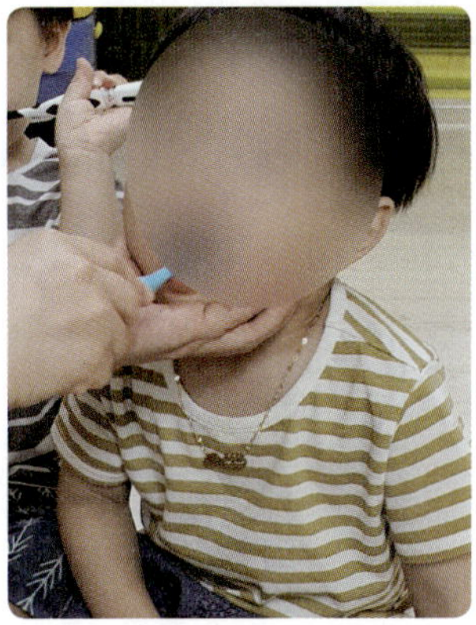

교사가 마무리해 줌

청결 지도에 도움을 주는 그림책

- 기무라 유이치(1998). 싹싹 이 닦기 놀이. 웅진주니어.
- 박미경 글, 이송미 그림(2002). 우와, 목욕시간이다!. 형설아이.
- 사이토 타카코(2006). 콧구멍을 후비면. 애플비.
- 아일린 스피넬리(2005). 즐거운 목욕시간. 아이교육.
- 안나 카살리스 글, 마르코 캄파넬라 그림(2008). 이 닦기 싫어요!. 키득키득.
- 알린느 드 페티니 글, 낸시 들라보 그림(2002). 까미는 혼자서 목욕했어요. 솔.
- 앰버 스튜어트 글, 로라 랭킨 그림(2006). 목욕은 정말 싫어!. 베틀북.
- 와타나베 아야(2017). 목욕은 즐거워. 비룡소.
- 유진 자이언 글, 마거릿 블로이 그레이엄 그림(2011). 개구쟁이 해리-목욕은 정말 싫어요. 사파리.
- 이윤정 글, 이지은 그림(2009). 이 닦기 대장이야!. 웅진주니어.
- 정진이 글, 이유진 그림(2022). 손을 씻자. 싹싹싹. 글채움.
- 제인 존슨 글, 가비 한센 그림(2004). 버니 목욕시간이야. 세상모든책.

6. 정리정돈

정리정돈 시간은 실내자유놀이나 하루의 활동을 마무리하면서 영아 자신이 사용한 놀잇감이나 자료를 제자리에 정리하는 시간이다. 0세 영아의 경우 정리정돈을 하기 어렵지만 교사가 정리하는 모습을 보여준다. '○○아 딸랑이 가지고 재밌게 놀았지? 이제 정리하자. 이 통에 같이 넣자'라고 말하며 교사 자신의 정리행동을 말로 표현한다. 2~3세의 경우 간단한 것은 정리정돈 할 수 있으므로 놀이가 끝나면 가지고 놀던 놀잇감들을 스스로 정리하도록 돕는다. 영아 놀이 특성상 한 가지 놀이를 하다가 다른 놀이로 옮겨가고 다시 돌아와 놀이할 수 있으므로 놀이시간 중간에 한 가지 놀이가 끝나면 바로 정리해야 한다는 의미는 아니다. 또한 영아들만으로 정리정돈이 마무리될 것을 기대해서는 안 되며, 영아에게 정리정돈을 강요하지 않아야 한다. 교사 자신이 정리정돈하는 모습을 보여주고, 간단한 정리정돈 방법을 알려주며, 정리에 참여할 때 칭찬과 격려를 하여 점차 정리하는 습관을 형성하도록 돕는다.

정리하는 영아들

정리정돈 지도에 도움을 주는 그림책

- 나는북 글, 임광희 그림(2011). 정리하지 마!. 애플비.
- 사바타 게이코(2022). 오늘도 어질러진 채로. 피카주니어.
- 이다영(2008). 정리하기 싫어. 시공주니어.
- 이야기보따리 글, 서희주 그림(2015). 제자리에 쏙쏙. 행복창고.
- 키요노 사치코(2010). 개구쟁이 아치: 청소는 즐거워. 비룡소.

7. 하원하기

교사는 하원시간이 다가오면 영아들과 놀이를 마무리하고 정리정돈하게 한 후 하루 일과를 되돌아보고 평가하도록 한다. 개별 또는 소집단으로 무슨 놀이를 했는지, 놀이에 어려운 점은 없었는지, 어떤 놀이가 재미있었는지 등에 대해 이야기를 나눈다. 의사소통이 미숙한 영아라도 하루 일과를 되돌아보는 상호작용을 통해 감정적 교감을 나누는 것이 필요하다.

혹시 기분이 좋지 않은 영아가 있었다면 영아의 기분을 인정해 주고 안아주어 영아가 불쾌한 기분을 가진 채 돌아가지 않도록 돕는다. 즐거운 경험이 많았어도 헤어질 때 감정이 좋지 않을 경우 영아는 하루를 부정적으로 기억하기 쉽다. 교사는 귀가 전 영아를 개별적으로 포옹해 주고, '내일 무슨 놀이 할 거야? 오늘 놀이하던 자동차 가지고 놀 거야?', '내일은 인형극 보러 갈 거야', '내일은 오늘 다 읽지 못한 그림책 읽자'와 같이 다음 날 이어질 수 있는 놀이에 대해 이야기를 나누어 영아가 다음 날에 대한 기대감을 가지고 귀가하도록 한다.

하루 동안 영아의 심리 상태, 건강 상태, 수유의 양, 이유식의 여부, 수면시간, 배변 등을 일일 연락장에 기입하며 각 영아의 부모에게 전달사항을 준비한다. 영아의 소지품(우유병, 기저귀, 갈아입은 옷)도 가져갈 수 있도록 정리한다. 부모가 영아를 데리러 오면, 영아의 소지품을 전달하고, 영아가 새롭게 배운 언어나 기술, 영아가 했던 재미있는 행동 등 일과 중 특별한 사항들을 전달하며 부모와 영아에 대한 의사소통의 시간을 갖도록 한다. 이때 긍정적인 정보만을 제공해서는 안 되지만 반대로 지나치게 부모가 걱정하지 않도록 있었던 사실에 근거하되 영아의 발달 특성에 비추어 의사소통하는 것이 바람직하다. 교사와 부모가 만나기 어려운 경우 관찰 기록이나 일일 연락장을 활용하여 영아의 하루 일과를 부모와 공유하기도 한다. 교사는 영아에게 '○○아 선생님하고 친구들에게 인사하고 집에 가자. ○○이 잘 가. 안녕히 계세요. 안녕~ 내일 또 만나자~. 사랑해' 등과 같이 말하며 영아가 교사와 친구들에게 인사하도록 한다. 약속된 보호자와 귀가하는지 확인한다.

〈표 7-5〉 일일 연락장의 예

이름	도착시간 및 보호자	아침 식사	배변	심적 상태	귀가예정시간 및 보호자	배변	수유 및 이유식	수면	심적 상태
박○○	7:50 부	○	×	×	18:00 할머니	1 3	우유 540ml 주스, 점심, 이온음료, 간식 2회	10:20~ 11:30, 4:30~ 5:40	○
선생님께	출장을 가게 돼서 할머니가 데리러 오실 거예요.								
부모님께	아빠와 헤어지기 싫어 많이 울어 바깥으로 나가 달래고 들어오니 잘 놀았어요. 자꾸 바깥으로 나가려고 합니다.								

출처 : 김혜경 외(2002). 효과적인 영아 보육을 위한 지침서. 다음세대.

늦게 귀가하는 영아일수록 문제가 많이 발생하곤 한다. 하원시간은 모두 피곤한 상태이고, 또래들이 하나둘씩 집에 가기 시작하면 영아들은 더 외롭고 쓸쓸함을 느끼며 부모가 보고 싶을 수 있다. 특히 나보다 늦게 가곤 하던 또래가 유난히 빨리 귀가한 후 영아들은 더 쓸쓸함을 느끼곤 한다. 교사는 이 시간을 역으로 적게 남은 수의 영아와 특별한 상호작용의 시간으로 활용할 수 있다. 부모와의 면담을 통해 귀가 시간을 일정하게 유지하도록 조정하는 것도 필요하다.

통합 또는 연장보육을 위해 다른 공간으로 이동해야 할 경우 영아들은 불안감을 느낄 수 있다. 스트레스와 안전사고 위험에 노출될 수 있으므로 교사의 심리적 지원이 필요하다. 교사는 영아와 함께 이동해야 할 공간으로 들어가 당직교사나 시간연장 전담교사에게 영아의 컨디션이나 하루 일과에 대한 정보를 제공하고 영아와 인사를 나누어 영아가 안정감을 느끼도록 한다.

한편 부모들은 하루 일과를 마치고 어린이집에 도착하면 영아의 열광적인 환영을 받으며 영아를 데리고 집으로 돌아갈 것을 상상하지만 실제 그렇지 못한 상황이 자주 발생한다. 부모가 데리러 오면 영아는 자기가 하고 있던 일을 멈추고 부모에게 잠시 인사만 하고 다시 하던 일을 계속하기도 한다. 하루 종일 잘 지냈던 영아가 부모를 보고 오히려 울기도 하고, 엉뚱한 행동을 하기도 한다. 어떤 영아는 아침에는 양육자와 헤어지는데 애를 먹고 보육실에 들어오지 않으려고 했으면서 하원시간에는 반대로 집에 가는 것을 거부하기도 한다.

이런 상황을 보고 모든 부모가 '나보다 선생님을 더 좋아하나 봐. 집보다 여기가 더 좋은가 봐'라고 생각하지는 않지만, 당황스럽고 불안함이나 불쾌감을 느낄 수 있다. 물론 이런 영아의 행동이 무엇을 의미하는지 항상 명확하게 파악할 수는 없지만, 다음과 같이 해석될 수 있다.

- 영아가 부모를 무시하거나 간단한 인사만 한다면, 어린이집에서 잘 지냈고 부모가 돌아올 것을 이미 확신하고 있었다는 것을 보여주는 행동으로 해석할 수 있다. '엄마 왔네. 올 줄 알았는데 뭐. 그러니까 나 하던 일 계속 할게요'라는 의미일 수 있다.
- 우리는 자신과 친밀한 사람을 만났을 때 안정감을 느낀다. 하원시간이 되면 집단생활로 하루를 보낸 영아들은 내적 에너지와 힘을 많이 소모한 상태여서 피곤하고 저항력이 약하다. 이런 상태에서 자신을 사랑하는 특별한 사람(부모)이 나타나게 되면, 내가 어떤 행동을 하든지 이 사람은 너그러이 받아줄 것이라는 믿음을 가지고 자신의 감정대로 행동하게 된다. 교사는 부모에게 영아가 교사에게 대하는 행동과 태도가 부모에게 대하는 것과 다른 것의 의미를 설명한다. 영아들은 교사에게 보이기 어려운 행동들을 모아두었다 부모에게 보인다고 할 수 있다.
- 집에 가기를 거부하는 것은 여러 의미가 있다. 어린이집에 더 있기를 바라는 마음의 표현일 수도 있고, 몰두하고 있던 일을 갑작스럽게 중단하기 싫어서일 수도 있으며, 부모에 의해서 어린이집에 있게 된 것에 대한 저항심의 표현일 수도 있고, 어린이집에 하루 동안 머물면서 이루어 낸 자신만의 세상에 머물고 싶어서일 수도 있다.

교사는 학기 초 오리엔테이션 등의 기회를 통해 부모들이 영아가 자신의 일상경험을 통해 얻어진 생각을 행동으로 표현하는 '복잡한 사회과학자'임을 이해하도록 도울 수 있다.

제8장

탐색과 놀이 지원

영아는 먹고, 자고, 배설하는 등의 생리적 욕구를 해결하는 시간 이외 대부분의 시간 동안 자유롭게 탐색하고 놀이한다. 영아의 일과 중 많은 부분을 차지하는 실내·외 놀이가 즐겁게 이루어지고, 그 속에서 영아마다 각자의 배움이 이루어지도록 돕기 위해, 교사는 실내·외에서 이루어지는 영아의 놀이와 탐색의 가치를 인식하고 이를 지원해야 한다. 이 장에서는 영아의 탐색과 놀이 참여 맥락을 고려한 지원 방법, 신체 놀이, 언어 및 책보기 놀이, 감각·탐색 놀이, 역할 놀이, 쌓기 놀이, 미술 놀이, 음악 놀이, 바깥놀이와 나들이, 전이와 소집단 활동의 지원에 대해 알아보고자 한다.

1. 탐색과 놀이 참여 맥락을 고려한 지원
2. 신체 놀이
3. 언어 및 책보기 놀이
4. 감각 · 탐색 놀이
5. 역할 놀이
6. 쌓기 놀이
7. 미술 놀이
8. 음악 놀이
9. 바깥놀이와 나들이
10. 전이 및 소집단 활동

제8장

탐색과 놀이 지원

1. 탐색과 놀이 참여 맥락을 고려한 지원

영아는 새로운 사물이나 상황을 만나면 먼저 사물이나 상황을 탐색하고, 탐색을 통해 사물이나 상황에 익숙해지면 주도적이고 독립적으로 놀이에 몰입한다. 탐색이 '이 물건은 무엇일까?'라면 놀이는 '이 물건으로 무엇을 할까?'에 해당한다(Hutt, 1971). 따라서 영아가 새로운 사물이나 놀잇감 등을 만나면 자신의 감각에 기초하여, 자신만의 방식으로 들여다보고, 빨아보고, 냄새 맡고, 흔들어 보고, 두드려 볼 수 있는 탐색 시간이 충분히 주어져야 한다. 영아는 탐색과 놀이를 반복하며 기존 지식과 기술을 재구성한다(보건복지부, 2013; 안혜준·송승민·조형숙·권희경, 2016).

영아가 여유를 가지고 자신만의 방법으로 사물을 탐색하고 놀이하며 실험하도록 돕기 위해, 교사는 영아의 현재 놀이 맥락을 관찰해야 한다. 영아가 무엇에 관심을 두는지, 어떤 놀이 자료를 가지고 어떻게 놀이하는지, 즉 영아가 무엇을 가지고, 어떻게, 어디서, 누구와 놀이하는지 살펴야 한다. 영아는 자신만의 놀이로 즐거워하기도 하고, 심심해하기도 하고, 혼자 놀이에 빠지기도 하고, 누군가와 함께 놀이하고 싶어 하기도 한다. 영아의 탐색과 놀이 참여 맥락을 고려한 지원 방법은 다음과 같다(박찬옥 외, 2010; 보건복지부, 2020; 보건복지부·한국보육진흥원, 2020; 손순복 외, 2015; 이명순·곽승주·전영희, 2010; 중앙육아종합지원센터, 2020).

1) 놀이에 몰입한 영아 지지하기

영아가 자발적으로 놀이에 몰입해 있을 때는 새로운 놀이를 제안하는 등 교사가 적극적으로 놀이를 이끌기보다 영아의 놀이를 지켜보고 이를 인정하고 격려한다. 영아는 교사의 제안에 쉽게 따르고 교사 곁에 있고 싶어 하므로 영아가 놀이에 열중하고 있을 때 교사가 새로운 놀이를 소개하거나 영아의 놀이에 개입하면 영아의 자발적인 탐색이나 놀이를 방해할 수 있기 때문이다.

미소를 짓거나 고개를 끄덕임과 같은 몸짓을 짓거나 부드러운 시선으로 바라보는 등의 비언어적 지지를 통해 '잘 놀이하고 있구나'라는 교사의 마음을 전하여 영아가 자신있게 놀이를 시도하도록 돕는다. 또한 인형을 업고 돌아다니는 영아를 보고 '○○이 아기 재워? 아기가 새근새근 잠들었네', '○○이가 토끼 인형 목욕시켜 주려고 하는구나. 토끼가 목욕하면 개운해서 기분 좋아지겠다', '○○이는 레고 블록으로 집을 만들고 담요를 깔아 주었구나. 담요를 까니까 집이 따뜻해 보이네'와 같이 영아의 시선, 표정, 몸짓 등의 비언어적 표현, 놀이하는 모습을 언어로 지지해 줄 수 있다.

지나치게 적극적으로 영아의 놀이를 이끄는 것은 지양해야 하지만 반대로 놀이시간에 다른 업무를 해도 무방하다는 의미는 아니다. 적극적 지원을 하지 않을 때도 온전히 영아를 지켜보며 지지하도록 한다.

즐겁게 놀이하는 영아들을 방해하지 않고 지켜보는 교사

2) 영아의 놀이 방법을 존중하며 놀이가 확장되도록 지원하기

영아가 놀이하고 있다면 이를 관찰한 후 상호작용한다. 우선 영아의 탐색과 놀이 방법을 존중하고 수용한다. 영아는 교사가 예상한 방법대로 놀잇감을 사용하지 않을 수 있다. 안전을 위협하거나 다른 영아를 방해 또는 괴롭히지 않는다면 '○○이는 눌러보고 싶구나. 그래 눌러보자. 이제 열어보고 싶어?'와 같이 상호작용하며 영아의 탐색과 놀이 방식을 지지하고 허용한다.

영아의 놀이 방법을 존중하지만, 추가로 영아의 놀이가 확장될 수 있도록 지원할 수 있다. 영아가 공을 손가락으로 누르면 손바닥으로 쳐 보거나 굴리는 방법을 제안할 수 있다. '○○이가 노래 듣고 있구나. 선생님은 노래에 맞춰 마라카스 흔들어 봐야겠다. ○○이도 같이 할래?', '○○이는 이거 어떻게 가지고 놀고 싶어? 굴려보고 싶구나. 선생님도 따라 해야겠다. 이번에 선생님은 이렇게 돌려볼 거다. ○○이도 돌려볼래?'와 같이 현재 영아의 행동과 흥미를 존중하고, 수용한 후 이를 토대로 새로운 놀이 방법을 소개하여 영아의 놀이가 변형·확장될 수 있도록 한다.

영아가 교사를 놀이에 초대하면 놀이 상대 역할을 하고, 놀이에 대한 아이디어를 제안하고, 추가로 놀잇감이 필요할 경우 도움을 주어 놀이가 지속되도록 돕는다.

영아들의 놀이를 지켜보다 이야기를 나누며 놀이를 지지, 확장하는 교사

3) 교사가 계획한 놀이를 소개하고 함께 놀이하기

교사는 영아의 개별적 특성과 요구를 고려하여 새로운 놀이를 계획하여 이를 소개할 수 있다. 그러나 교사가 영아의 놀이를 지나치게 개입할 때 교사 주도형의 활동으로 바뀔 수 있음을 유의해야 한다. 교사가 준비한 놀이나 활동을 안내하더라도 영아에게 특정 시간에 하도록 지시하거나 영아가 스스로 선택한 놀이를 하지 못하게 제한하지 않아야 한다. 교사가 제안한 놀이에 관심을 보이는 영아에게 '이게 무엇일까? 선생님이 점토 가져왔어. 이걸로 무슨 놀이 할까?'와 같이 진행할 수 있다. 교사가 계획하여 준비한 놀이라도 놀잇감의 이름이나 사용방법을 소개하지 않아 영아가 시행착오를 겪을지라도 자신의 방식으로 탐색하도록 지켜보고 영아의 탐색 방식에서 출발한 놀이가 이어지도록 하여, 영아가 원하는 방식과 시간을 토대로 함께 놀이하는 것도 좋은 방법이 될 것이다.

교사가 소개한 놀이에 당장 관심을 보이지 않으면 차후 영아가 관심을 보이는 시점에 놀이를 지원할 수 있다. 모든 영아가 같은 시간에 같은 놀이를 하도록 이끌지 말아야 하며 영아의 관심과 반응을 기다려 그 시점에 놀이를 이어가도록 한다. 즉, 놀이의 시작, 진행, 마무리는 온전히 영아가 결정할 수 있도록 한다.

영아들과 신체 놀이를 함께하는 교사

4) 혼자 놀이와 또래와의 놀이 지원하기

1세의 경우 12개월 이전 영아와 비교하면 또래와 상호작용을 많이 하지만 여전히 혼자 놀잇감을 가지고 노는 혼자 놀이를 많이 한다. 영아가 조용히 놀이에 몰두할 수 있는 환경을 제공하고, 놀이에 몰두하고 있을 때 영아의 놀이에 방해가 되지 않도록 옆에서 지켜본다. 2세도 점차 또래와 놀이하거나 성인과 함께 하는 놀이가 많아지지만, 여전히 혼자 놀이를 자주 한다. 혼자 놀이에 몰두하고 있다면 그대로 놀이가 이루어지도록 지지해야 한다.

그러나 친구들의 놀이를 멀리서 쳐다본다면, 또래와 함께 놀이하고 싶지만 적절히 다가가지 못하고 있는 것일 수도 있다. 따라서 영아가 똑같이 혼자 놀더라도 혼자 놀이하고 싶은 것인지 또래와 함께 놀이하고 싶은 것인지 파악해야 한다. 또래 주변을 맴돈다면 또래의 놀이를 모방하려는 것인지, 또래의 놀잇감에 관심이 있는 것인지, 또래에게 자신의 놀잇감을 주려고 하는 것인지, 또래와 놀이하고 싶은 것인지 파악하여 또래 간의 상호작용이 활발히 이루어지도록 지원한다. 만약 또래와 놀이하고 싶어 한다면 '○○이도 □□랑 같이 자동차 놀이 하고 싶어? 선생님이랑 같이 가자. □□아 ○○이도 자동차 놀이 하고 싶다네. ○○이도 같이 놀자. □□는 버스타고 어디 가세요? ○○이도 같이 갈까?'와 같이 지원할 수 있다.

혼자 가위질 놀이에 몰두한 영아

놀이하고 있는 또래에 관심을 보이는 영아

5) 놀이에 참여하지 못하는 영아 지원하기

놀이에 참여하지 못하고 배회하거나 방관하는 영아가 있다면, 평소 영아가 좋아하거나 흥미를 가질 만한 놀잇감이나 자료를 권유한다. 보육실을 함께 둘러보며 '이거 만져보니까 부드러운데! ○○이도 만져볼래?'라고 이야기하여 놀이를 선택하도록 도울 수 있다. 영아에게 놀이 모델을 보여주어 영아가 관심을 갖도록 도울 수도 있다. 또래의 놀이에 관심을 갖고 참여하도록 '□□이는 지금 자동차를 가지고 놀고 있고, ◇◇이는 점토 가지고 놀고 있네. ○○이는 무슨 놀이 하고 싶어?'와 같이 또래의 놀이를 말로 표현한다.

영아가 지나치게 교사 곁에만 머물며 놀이에 참여하지 않을 경우 영아의 건강이나 감정 상태를 점검하고 특별한 이상이 없다면 놀이에 참여하도록 유도한다.

6) 정서적으로 지원하기

영아는 잘 놀다가도 갑자기 짜증을 내거나 우는 등 감정 변화를 자주 나타낸다. 이때 신체적으로 불편한 곳이 없는지 살펴보고 영아의 주의를 환기시키거나 잠시 휴식을 취하도록 돕는다.

놀이 도중 영아가 좌절감을 느끼는 상황이 생길 경우, 영아의 부정적인 정서를 수용해 준다. '토끼 업고 싶었구나. 업기 어려워 속상했어?'와 같이 상호작용하여 영아가 안정을 되찾고 다시 즐겁게 놀이에 참여하도록 돕는다.

7) 영아의 특성 고려하여 지원하기

영아는 한 가지 놀이를 하다 다른 놀이를 하기도 하고 다시 돌아와 먼저 하던 놀이를 계속하기도 하므로 한 가지 놀이를 끝까지 하도록 강요하지 않는다.

영아는 움직임이 왕성하여 에너지 소모가 빨리 일어남에도 불구하고 놀이에 집중하여 휴식을 취하지 못하는 경우가 많다. 교사는 세심한 관찰을 통해 영아가 지나치게 계속 움직일 경우 영아를 곁에 데리고 와 책을 읽어주거나 안아주고 쓰다듬어 주어, 영아가 정적 놀이를 하거나 휴식을 취하도록 돕는다.

2. 신체 놀이

출생 직후 운동 능력이 미약한 영아는 생후 1년 동안 머리 들기(1개월), 가슴 들기(2개월), 목 가누기(3개월), 뒤집기(3~5개월), 앉기(6~7개월), 배밀이(5~8개월), 기기(6~9개월), 서기(9~14개월)가 가능하고, 1세경이면 걸을 수 있다. 2세경이면 달리고, 뛰고, 계단을 오르내릴 수 있다. 영아기는 신체운동 능력이 급속도로 발달하는 시기로, 영아들은 하루 종일 몸을 움직이며 신체 놀이를 즐긴다. 1세반 영아교실은 하루 종일 유모차, 카트, 자동차 등을 끌고 교실 여기저기를 움직이는 영아들로 가득하다. 영아들은 밀고, 끌고, 당기고, 장난감을 이리저리 옮기며 놀이한다. 영아의 이러한 발달 특성을 고려하여 보육실 내 대근육 놀이영역을 마련해야 하며, 이 외에도 실내유희실과 바깥놀이 공간에서 역동적인 신체 놀이가 이루어지도록 지원한다.

자발적으로 신체 놀이를 하는 영아들

영아가 자발적으로 신체 놀이에 참여할 경우 영아교사는 영아를 지켜보며 '미끄럼틀에 올라갔구나. 쓩~ 하고 내려올까? 우와 잘 내려왔네. 또 올라가고 싶어?'와 같이 영아의 움직임을 말로 표현하며 격려한다. 신체 놀이 중 두려움을 느낄 경우 손을 잡아주거나 보조해 준다. 영아가 신체 놀이를 하며 다치지 않도록 안전에 관심을 두어 보육실과 유희실 등의 대근육 놀잇감의 안전점검도 정기적으로 실시한다.

1) 동작 기술

영아의 자발적이고 자연스러운 놀이나 움직임만으로 발달되는 신체운동 능력이 많지만 동작 기술의 발달을 위해 교사의 지원도 필요하다. 동작 기술은 크게 이동, 비이동, 조작 동작으로 나눌 수 있다(김은심, 1998). 이동 동작은 몸을 움직여 공간을 이동하는 동작으로, 개인차가 크지만 대체로 배밀이(5~8개월), 기기(6~9개월), 걷기(10~17개월), 옆으로 걷기(16개월경), 뒤로 걷기(17개월경), 달리기(24개월), 점프하기(18~28개월), 오르내리기(20~25개월) 순으로 발달한다. 18~24개월에는 달리기, 뒤로 걷기, 점프하기가 가능해지는 반면, 스키핑이나 호핑은 36개월 이상 영아들도 어려워하는 동작이다.

교사는 영아가 자발적으로 신체 놀이에 참여하여 동작 기술을 발달하도록 도울 뿐 아니라 기어서 상자나 터널 안 통과하기, 교실의 오름대 오르기, 선 따라 걷기, 다양한 촉감 길 걷기, 기어오르기/계단 오르기, 술래잡기, 낮은 평균대에서 매트 위로 뛰어내리기 등의 놀이를 계획할 수 있다. 교사의 설명이나 시범이 필요한 이러한 놀이를 형식적인 대집단으로 진행하는 것은 바람직하지 못하지만, 관심을 보이는 영아들이 참여하도록 할 수 있다. 놀이시간에 관심을 보이는 몇몇 영아들과 즉석에서 만들어지는 소그룹 형태로 진행하도록 한다.

비이동 동작은 몸을 축으로 하여 장소를 옮기지 않고 움직이는 동작으로, 받쳐주면 앉기, 서기, 꼬기, 구부리기, 구르기, 뻗기, 흔들기, 일어나기 등의 동작이다(김은심, 1998). 땅을 보고 몸을 숙이기, 손과 발을 펼쳐 스트레칭하기, 끈이나 손잡이 달린 놀잇감을 밀거나 당기기, 음악에 맞춰 손과 발을 흔들기, 소라게처럼 몸을 구부려 앉았다가 일어나기 등의 동작을 시도하도록 지원한다.

조작 동작은 공, 줄 등 기구를 활용하는 굴리기, 던지기, 받기, 치기, 차기 등의 동작이다. 18개월경 영아는 공을 차지 못하지만 공을 밀어내거나 굴리려 한다. 2~3세경에는 목표 지점을 향해 물체에 힘을 가해 보내는 공 던지기, 팔을 물체의 위, 옆으로 빠르게 움직여 접촉하는 동작인 치기가 가능해진다. 또한 가슴 정도 높이의 공중에 있는 물체를 팔이나 손으로 받는 것을 두려워하여 고개를 돌리지만, 발 높이의 공중에 있는 물체에 대해서는 시간을 잘 맞추지는 못해도 받으려 하여 공받기를 시도한다. 큰 공의 경우 차기도 가능해진다. 따라서 2세경의 영아에게 공이나 줄 등의 기구를 이용하여 자유롭게 놀이할 기회를 제공하고, 조작 동작이 발달할 수 있도록 직·간접적인 교수를 계획하여 실행할 수 있다.

발바닥 감각 탐색 놀이

허들 넘기

선 따라 걷기

〈표 8-1〉 영아의 운동발달 이정표

출생 후~6개월
- 옆으로 머리 돌리기
- 엎드려서 머리 들어올리기 : 누워서 머리 들어올리기
- 양팔을 물체에 뻗쳐 닿기
- 팔을 잡아주면 앉기
- 뒤집기

6~12개월
- 앞에서 뒤로, 그 반대로 뒤집기
- 배로 기기를 한 후 손과 발을 이용해서 기어가기
- 서기 위해 몸을 일으키기
- 성인의 도움을 받으며 걷기
- 한 손이나 다른 손으로 물체에 뻗쳐 닿기

12~18개월
- 혼자서 걷기
- 걸어가면서 물건을 끌고, 밀고, 들어서 나르기
- 커다란 공을 굴리고, 차기

18~24개월
- 앞, 뒤, 옆으로 걷기
- 멈추었다가 달리기. 그러나 재빨리 멈추거나 재빨리 달리기 시작할 수는 없음
- 계단 기어오르기
- 위아래로 점프하지만 종종 넘어짐

24~30개월
- 혼자서 계단 오르내리기
- 손뼉 치기, 가볍게 두드리기, 머리 위로 팔 올리기 같은 간단한 동작 따라 하기
- 오버핸드로 던지기
- 제자리에서 걷기
- 공 굴리기
- 넘어지지 않게 쉽게 허리 구부리기

30~36개월

- 발끝으로 걷기
- 한 발로 잠시 균형 잡기
- 넘어지지 않고 제자리에서 앞쪽으로 점프하기, 물체 건너뛰기
- 큰 공 차기

3세

- 신호에 맞춰 동작의 방법, 속도, 방향 바꾸기
- 일직선 위나 낮은 평균대 위에서 걷기
- 발끝으로 달리기
- 균형을 잃지 않고 공 던지기, 언더핸드로 던지기
- 말뛰기
- 짧은 시간 동안 앙감질하기
- 두 손과 두 발을 동시에 사용하기(예 손뼉을 치면서 발 구르기)
- 발 바꾸면서 계단 오르기
- 두 팔을 쭉 펴서 튀겨진 커다란 공 잡기
- 바닥에서 30cm 정도 점프하기

출처 : Pica, R.(2010). 유아를 위한 동작·음악교육. 김은심 역, 정민사.

2) 동작의 요소

영아가 동작의 요소인 신체, 노력, 공간, 관계를 인식하기는 어렵다. 유아도 몸을 움직이는 데 필요한 신체, 몸을 움직이려는 노력, 움직임이 차지하는 공간, 몸이 움직이면서 만들어지는 관계와 같은 동작의 요소를 완전히 이해하며 동작에 반영하기는 어렵다. 그러나 동작의 요소가 포함된 동작을 경험하면서 점차 동작의 요소를 이해해 갈 수 있다.

걷기라면 단순한 걷기의 동작으로 끝나지 않고 동작의 요소를 활용하여 다양한 동작을 경험하도록 돕는다. '힘차게 걷기', '천천히 걷기', '친구랑 손잡고 함께 걷기'와 같이 동작 기술은 동사, 동작의 요소는 부사로 사용하여 문장을 만든다(Pica, 1995). 이런 방식으로 동작의 요소를 활용하면 걷기를 단순한 걷기 한 동작으로 끝내지 않고, 뒤로 걷기, 옆으로 걷기, 뒷짐 지고 걷기, 빨리 걷기, 천천히 걷기, 다리를 허리까지 올리며 걷기, 코끼리처럼 걷기 등 다양하게 시도하도록 지원할 수 있다.

동작의 네 가지 기본 요소 (Laban, 1975, 김은심, 1998 재인용)

- **무엇을(신체) :** 머리, 어깨, 배, 손, 팔, 팔꿈치, 손목, 다리, 발목, 무릎 등
- **어떻게(노력) :** 힘(강하고, 약하고), 시간(빠르고, 느리고), 공간(방향-앞, 뒤, 옆, 궤도-똑바로, 돌아서), 흐름(탄력적 흐름, 유연한 흐름)
- **어디로(공간) :** 넓이·범위(작게-신체에서 가깝게, 크게-신체에서 멀게), 수준·높낮이(높게, 낮게, 깊게), 방향(앞, 뒤, 위, 아래, 오른쪽, 왼쪽)
- **누구 혹은 무엇과(관계) :** 신체 부분 간의 관계, 다른 사람과의 관계, 물체와 신체 부분 간의 관계

3) 교수 방법

영아가 새로운 동작을 시도하도록 돕기 위해, 시범을 보이거나 교사가 함께 참여하는 직접적인 교수 방법과 영아가 동작을 탐색하고 반복하도록 격려하는 간접적인 교수 방법을 사용할 수 있다. 시범을 보이고 함께 참여하도록 돕는 방법은 다음과 같다(Bailey & Bruton, 1989, 박찬옥 외, 2009 재인용).

- 교사가 동작 수행하기 : 가르치고자 하는 특정 동작(움직임), 기술 등을 교사가 직접 수행하고 영아가 지켜보도록 한다. 영아가 관심을 갖지 않는 경우 활동을 미루는 것이 좋다.
- 동작을 언어로 표현하기 : 신체의 움직임과 그 움직임을 명명하는 어휘를 연결짓도록 교사가 영아에게 가르치고자 모델을 보여주는 행동을 언어로 기술한다. '나는 뒤로 걷고 있다. 자 갑니다. 나는 한 걸음, 두 걸음 뒤로 가고 있다.'
- 영아의 시도를 격려하기 : 영아가 계속해서 동작을 시도하도록 격려한다. 결과뿐 아니라 과정, 노력을 상세히 서술하여 격려한다. '우리는 지금 뒤로 걷고 있어. 한 발을 떼어 뒤로 보내고, 또 한 발을 떼어 뒤로 보냅니다.'

- **언어로만 자극하기** : 영아가 동작을 계속 시도하면 교사는 동작을 멈추고, 언어로만 자극하는 방법을 사용한다.
- **질문하기** : 영아가 동작과 움직임에 익숙해지면, 동작이나 움직임을 지칭하는 단어와 동작이나 움직임을 연관 짓도록 질문한다. 영아의 연령과 발달 수준에 따라 1~3수준의 질문을 선택한다. 2세 미만의 영아라면 1수준에서 시작하여 2, 3수준으로 올려가며 질문하는 것이 좋을 것이다.

1수준 (예/아니요) 지금 뒤로 가는 중이니?
2수준 (선택형) ○○이는 지금 앞으로 가고 있니, 뒤로 가고 있니?
3수준 (개방형) ○○이는 지금 뭐하고 있는 중이니?

교사가 제안한 동작을 그대로 따라 하도록 시범을 보이고 교사가 직접 참여하는 직접적인 전략을 사용하더라도 영아가 동작을 탐색하고 변형하여 다음 동작을 제안하는 기회를 주도록 한다.

이제 우리 어떻게 걸어볼까? 힘차게 걸었으니 이번에는 어떻게 걸어볼까? ○○이는 천천히 걷고 싶어? 팔을 쭉 하늘로 펴세요, 팔이 귀를 만나게 해주세요. (팔이 귀에 수직 방향으로 닿도록 자세를 교정해 주면서) ○○는 이렇게 하면 되겠다. 자, 이제 쭉 하늘로 뻗은 팔을 어떻게 할까? 팔을 아래로 내릴까? 아니면 흔들어 볼까?

극적인 요소를 활용할 수도 있다. 매트를 깔아놓고 연못이라 가정하며, '여기 연못이 있는데, 연못에 빠지지 않고 건너려면 어떻게 해야 할까? 아~ 크게 뛰어서 빠지지 않도록 해야 한다고? 그래 그러면 크게 뛰어보자'라고 상호작용할 수 있다.

4) 영아의 흥미를 토대로 전개된 신체 놀이

영아의 흥미를 토대로 전개되는 발현적 보육과정으로서 신체 놀이는 무엇일까? 다음은 2세 학급의 영아들이 보여준 흥미와 관심을 관찰하고 영아가 무엇을, 왜 행하는지 성찰하고 지원 방법을 결정하여 이를 실행하고 다시 영아들의 놀이를 관찰하며 지원을 이어가 신체 놀이가 이어진 사례이다.

교사는 손가락과 몸으로 만든 모양 사진을 게시하였는데, 영아들이 사진 속 모양을 모방하여 만들며 놀이하는 모습을 우연히 발견하였다. 이에 교사는 협동해서 만들 수 있는 몸 동작 사진을 게시해 주었고, 영아들은 친구들과 함께 신체 모양을 만들며 놀이하였다. 교사는 영아들과 스트레칭을 함께 하며 놀이하였다. 요가 영상을 제공하자, 영아들은 요가 영상 속 동작을 따라 하며 신체 놀이를 이어갔다.

ⓐ

ⓑ

ⓐ 교사가 손가락과 몸으로 만든 모양 사진을 찍어 벽면에 게시, 영아들이 사진 속 모양을 모방하여 만들고 놀이함, ⓑ 영아들의 관심을 발견하고 몸으로 협동해서 만들 수 있는 동작 사진을 찍어 전시해 주자 친구와 함께 신체로 모양을 만들고 놀이함

ⓒ

ⓓ

ⓒ 모양을 만드는 사진보다 스트레칭 사진에 관심을 더 보이는 영아들을 관찰하고 교사와 영아가 함께 스트레칭을 즐김, ⓓ 요가 영상을 제공, 영상을 보며 다양한 요가 자세를 따라 하며 놀이함

3. 언어 및 책보기 놀이

말 못하는 영아라도 의사소통 자체가 안 되는 것은 아니다. 영아는 울음소리, 옹알이, 몸짓으로 자신의 의사를 표현하고 타인의 언어뿐 아니라 표정, 몸짓의 의미를 이해하며 상호작용한다. 이러한 과정을 통해 영아의 구어 발달이 이루어진다. 구어와 마찬가지로 문어 발달도 태어나면서부터 시작된다. 영아의 구어와 문어 발달을 위한 지원 방법은 다음과 같다.

1) 구어 발달 지원하기

일상생활의 모든 대화가 언어교육의 기회가 될 수 있다. 교사는 영아에게 부드러운 소리와 표정으로 다양한 단어와 간결한 문장을 사용하며 자주 대화하도록 한다. 언어는 단순한 표현과 이해에 국한된 과정이 아니라 표현하기 위해 의미를 구성하고, 이해하기 위해 의미를 재구성하는 사고의 과정을 포함한다(주영희, 2001). 따라서 영아가 언어를 익히고 표현하는 전 과정에 사고과정이 포함될 수 있도록 지원해야 한다. 영아의 듣기와 말하기의 구어 발달을 돕기 위한 구체적인 내용은 다음과 같다(서동미 외, 2010; 서동미·엄은나·박성희·이혜경, 2017; 조형숙·한종화·박은주·이수민, 2016).

- 영아가 이야기할 때, 영아의 시선을 따라 함께 쳐다보거나 영아를 바라보고 눈을 맞추며 '응 그랬구나. 선생님도 그렇게 생각했는데'와 같이 적절한 반응을 하며 끝까지 듣도록 한다. 다른 사람의 말을 경청하는 모습을 보여주어 듣기의 모델을 제공한다.
- 영아에게 다양한 소리를 들려준다. 일상생활의 다양한 소리, 다양한 장르의 음악을 들려주고 '○○아~ 무슨 소리일까? 이건 문 닫는 소리네. 이건 무슨 소리지? 아~ 이건 방울 소리구나'와 같이 소리에 대해 이야기한다. 목소리도 짧은 소리와 긴 소리, 굵은 소리와 가는 소리, 높은 소리와 낮은 소리, 명랑한 소리와 차분한 소리 등 다양하게 변화를 주며 들려준다.
- 영아의 울음과 옹알이에 민감하게 반응한다. 영아가 울 때 '○○아 배가 고파서 우니? 아니면 기저귀가 젖었어? 아니면 배가 아파요?'와 같이 상호작용한다. 옹알이를 따라 하거나 대화하듯이 반응한다. '바바바~ 놀고 싶다고? 바바바바바~ 얘기하고 싶어요?'와 같이 반응하여 영아의 옹알이를 격려한다.
- 영아의 비언어적 신호(몸짓 언어)에 귀 기울이고 적극적으로 반응한다. 영아가 제스처를 사용할 때 유심히 관찰하고 의미를 이해하도록 노력하고, 영아의 비언어적 신호를 '아~ 밖에 나가고 싶다고?'와 같이 정확한 문장으로 표현한다.
- 일상 생활에 필요한 간단한 언어를 거의 다 이해하는 18개월경 영아는 주의 깊게 들을 수 있도록 자극한다. 머리 흔들기, 엉덩이 흔들기와 같이 지시에 따라 몸을 움직이거나 토끼인형 찾기, 크레파스 찾기와 같이 지시에 따라 물건을 찾도록 하거나

발음이 비슷한 공과 곰 인형을 주고 '공 흔들기', '곰 들기' 등의 말을 듣고 지시대로 하는 게임을 할 수 있다.

- 영아가 이야기를 하려고 할 때, 충분히 생각하고 말할 수 있도록 기다린다.
- 교사 자신의 행동이나 영아의 행동을 상세하게 기술한다. '○○이가 딸랑이를 흔들고 있구나', '토스트를 먹고 있구나', '두 팔을 쭉 펴고 있구나', '선생님은 ○○이에게 우유 주려고 준비 중이야'와 같이 상호작용하여 언어와 상황을 연결하여 그 의미를 이해하고 언어 표현을 배우도록 돕는다.
- 주변 사물이나 현상을 언어로 표현한다. '비눗방울이 하늘로 올라간다. 둥실둥실', '빗방울이 나뭇가지에 떨어질 때 소리가 나네', '파란 하늘에 구름이 둥실둥실 떠가네'와 같이 이야기한다.
- 교실의 놀잇감이나 주변의 친숙한 사물의 이름을 반복해서 말해 어휘력이 확장되도록 돕는다. 사물의 이름을 이야기하고 처음에는 '토끼네. 토끼가 어디 있지?'와 같이 질문하여 영아가 지적하게 하고, 점차 영아가 사물의 이름을 말하도록 '이게 뭐지?'라고 개방형으로 질문한다. 또한 '토끼가 있네. 토끼. ○○이가 토끼라고 말했구나'와 같이 영아가 사물의 이름을 말하려 할 때 격려한다.
- 영아가 사용한 언어를 완전한 문장으로 수정·확장해서 반응한다. 예를 들면, 영아가 '물'이라고 하면 '물 먹고 싶다고?' 하며 영아의 의도를 질문하기도 하고, '물이 먹고 싶구나'처럼 완전한 문장으로 바꿔서 다시 말해 정확한 문장을 접하도록 돕는다. '이거 이거 이거'와 같이 손짓하며 지시어를 사용하여 이야기한 경우 '점토가 필요해? 점토 놀이 하고 싶구나? 점토로 뭐 만들까?'와 같이 반응한다.
- 영아가 표현한 의미를 확대·부연하여 반응한다. 영아가 '우와~ 꽃'이라고 했다면 '진달래꽃이 폈네. 날씨가 따뜻해지니 진달래꽃이 활짝 피었네'라고 의미를 확대하고 부연하여 반응한다.
- 문장은 간결하지만 이유를 설명해 주는 것도 좋다. 영아가 밖에 나가고 싶어 할 때, '안 돼'라는 한 단어보다는 '지금 밖에는 비가 오고 바람이 많이 분단다. 추워서 못 나가'

라고 이야기한다.

- 영아의 이야기를 바로 들어주기 어려운 경우 '지금은 선생님이 ○○이 양치 도와줘야 하거든. 양치 끝나면 바로 돌아올게, 조금만 기다려 주렴'과 같이 이유를 설명하고 가능한 한 빨리 돌아와 영아의 이야기를 듣도록 한다.
- 안녕, 미안해, 고마워 등의 사회적 언어가 사용되는 상황에서 일관성 있게 사용하여 영아가 사회적 언어의 어휘 자체뿐 아니라 사용 맥락을 이해하도록 돕는다.

2) 그림책과 친해지기

구어와 마찬가지로 읽기와 쓰기의 문어 발달도 태어나면서 시작된다. 따라서 교사는 영아의 문어 발달을 돕는 놀이를 계획하고 지원하도록 한다. 문어 발달을 돕기 위한 가장 손쉬운 방법은 일상생활에서 익숙하게 경험하는 인쇄물과 그림책을 정기적으로 읽어주어 문자 언어에 관심을 가지도록 돕는 것이다. 교사는 매일의 일과에 영아와 함께 책을 읽는 시간을 포함시키도록 한다.

그림책 읽기는 영아로 하여금 당장 문자 언어를 읽을 수 있도록 돕기 위한 것이 아니다. 자칫 문자 언어를 공유하는 것을 어린 영아가 문자 자체를 빨리 읽을 수 있도록 도와야 하는 것으로 오해할 수 있다. 그러나 그림책에는 문자만 나열된 것이 아니다. 그림책은 그림과 글이 함께 이야기를 담고 있는 그릇으로, 영아로 하여금 그림책에 담긴 이야기와 의미를 접하게 해준다(서동미 외, 2017). 그림책 읽기는 책 자체에 친숙해지도록 도울 뿐 아니라 다양한 어휘와 문법적으로 완전한 문장을 접하게 해주어 구어 발달에도 도움을 준다. 또한 글자와 그 기능에 관한 지식, 말과 글자의 관계에 대한 지식을 얻도록 도우며, 책은 위에서 아래, 왼쪽에서 오른쪽, 앞에서 뒤로 읽어나가며, 책 속의 그림과 글이 의미를 전달한다는 것도 이해하도록 돕는다. 그림책 읽기를 통해 영아와 따뜻하고 다정한 상호작용의 기회를 가질 수 있어, 화가 난 영아를 달래주는 방법으로 그림책 읽기를 활용할 수도 있다(김정원·김유정·이효정, 2008).

책 보는 영아

(1) 그림책 선정

영아들은 좋아하는 이야기를 계속 반복해서 읽어주는 것을 좋아한다. 매일 새로운 책을 읽어줄 필요는 없다. 그러나 촉감책, 비닐책, 보드북, 팝업북 등 다양한 재질, 형태, 장르의 우수한 그림책을 선정하여 읽어주도록 한다.

교사에게 재미있는 책도 책을 선정하는 기준이 될 수 있다. 책에 대한 교사의 태도가 영아에게 전달될 수 있고, 교사가 재미있어야 영아에게 재미있게 여러 번 읽어줄 수 있기 때문이다. 영아를 위한 그림책은 문학적 요소, 예술적 요소, 교육적 요소를 고려하여 선정한다. 영아에게 적합한 그림책 선정기준은 다음과 같다.

- 시각적으로 아름다운 책
- 삽화의 기법·소재 등이 다양한 책
- 그림책에 있는 그림의 이름을 명명할 수 있는 책
- 반복적인 패턴의 리듬과 운율, 노래가 담긴 책
- 다양한 탐색이 가능한 책
- 친숙한 사물, 동물, 가족, 신체 부위, 일상적 행위나 생활이 표현된 책

- 애착, 배변, 안정감, 격리불안처럼 영아가 겪는 일을 간단한 형식으로 표현한 책
- 정서적 교감을 나누어 정서적 안정감과 신뢰감을 줄 수 있는 책
- 동작을 따라 할 수 있는 움직임을 담은 책
- 긍정적 자아개념을 키워주는 책
- 호기심과 상상력을 자극하는 책
- 타인과의 관계형성을 담고 있는 책
- 영아의 일상과 친숙한 주제를 소개해 주는 책
- 가치관 형성, 자조기술이나 기본생활습관 형성에 도움을 줄 수 있는 책

헝겊책

비닐책

보드북

(2) 그림책 읽기 과정

1세 미만의 영아에게는 매일 5~10분, 12~18개월 영아에게는 20분, 18개월 이후 영아에게는 매일 30분씩 그림책을 읽어주어야 한다(Albrecht & Miller, 2001). 그림책을 읽어주며 영아가 책을 소중히 다루는 태도를 배우고, 책 읽기가 즐거운 놀이임을 알게 하여 평생 읽기를 좋아하며 즐기는 성인으로 자라도록 도울 수 있다(박찬옥 외, 2009).

다음은 영아에게 그림책을 읽어주거나 스토리를 들려줄 때 고려할 사항이다(김정원·남 규·서정숙, 2011; 박찬옥 외, 2009; 조형숙 외, 2016; Dodge, Reid, & Berk, 2006).

① 그림책 읽기 전

- 표지의 제목, 그림, 책 모양을 보여주며 관련된 경험에 대해 이야기를 나누거나 그림책의 내용을 예측해 본다.
- 그림책의 글 저자와 그림 저자에 대해 이야기를 나눈다.
- 이전에 읽었던 그림책과의 관련성에 대해 이야기를 나누는 등 그림책의 내용을 이해하는 데 필요한 배경지식을 알려줄 수도 있다.

이 책은 무슨 책일까? 이게 뭐지? 아 사과구나. 이 책은 어떤 내용일까? 어떤 이야기가 들어 있을까? 이 책은 ○○○이라는 분이 글을 쓰고, □□□이라는 분이 그림을 그리셨다네. 어떤 내용일지 궁금하다. ○○이도 궁금해? 같이 읽어볼까? 선생님이 읽어줄게.

② 그림책 읽는 동안

- 그림책을 읽을 때 단어를 읽기보다 스토리를 이야기하듯 읽는다.
- 그림책으로 영아와 상호작용한다. 그림책에 나오는 주인공에 따라 목소리를 높고 낮게 조절하며 읽음으로써 영아의 흥미를 이끈다. 책의 내용에 대해 질문도 하고, 질문 후 영아가 대답할 수 있도록 충분히 기다린다. 되풀이되는 구가 있거나 음률이 있는 부분은 영아와 함께 읽을 수 있다.
- 영아의 속도에 교사가 맞춘다. 영아가 좋아하는 그림이나 책장으로 건너뛰는 것을 허용한다. 영아가 흥미를 보이지 않으면 언제든지 그림책 읽기를 멈춘다.
- 그림책을 읽는 동안 영아에게 앉아 있도록 요구하지 않는다. 그림책을 읽는 동안에도 영아가 다른 곳으로 가 놀고 싶어 하면 그렇게 하도록 한다.
- 그림책을 읽는 동안 영아가 그림을 가리키거나 소리를 내거나 얼굴 표정을 짓거나 갑자기 일어나 책에 나온 사물을 찾아오면 잠시 책 읽기를 멈추고 영아의 행동과 말에 반응한다. 영아가 몸짓과 음성언어로 자유롭게 반응하도록 한다.
- 그림 속의 사물을 명명하거나 그림에 대해 말할 수 있는 기회를 제공하고 영아가 책장을 넘기면 이를 존중한다.

③ 그림책 읽은 후

- 그림책을 통해 얻게 된 정보를 일상생활과 연계하여 확장한다. 그림책에 되풀이 되는 단어가 있다면 그 단어를 교실에서 일어나는 상황에 적용할 수 있다. 짧은 노래가 담긴 책이라면 그림책을 읽은 뒤 노래를 불러, 영아도 함께 노래를 부르도록 돕는다.
- 영아가 아는 그림책 내용을 다른 영아와 공유할 기회를 제공한다. 영아는 다른 영아나 인형에게 책을 읽어줄 수 있다. 영아는 자신이 익숙한 그림책을 수없이 되풀이해서 이야기하기도 하고, 그림을 보고 이야기를 지어내기도 한다.

영아들과 함께 책읽기

영아가 말하기 시작하면 그림책의 내용을 그대로 읽는 것으로 끝내지 말고, 그림책의 내용과 줄거리에 대해 이야기를 나누도록 한다. 그림책의 내용만 그대로 읽거나 '무슨 동물이지? 몇 마리일까? 무슨 색이지?' 등과 같이 삽화 속 사물의 이름, 수, 색을 알아보는 데 그치지 말고, 확산적 질문을 통해 영아와 다양한 상호작용을 한다. 확산적 질문의 예는 다음과 같다(남 규·이지현, 2009).

- 내용을 예측하는 질문 : (표지를 보며) 어떤 이야기가 숨어 있을까?
- 앞에 나온 내용 회상 : 비가 이렇게 많이 오는데 아빠는 무얼 할까?

- 행동의 이유에 대한 분석 : 왜 아기가 살살 걸어갔을까?
- 본문을 바탕으로 개인의 경험 회상 : 이런 비 본 적 있니? ○○이는 이렇게 비가 많이 올 때 무엇을 했어?
- 영아의 생활과 연결시켜 주는 질문 : ○○이도 해봤어?
- 책의 단어에 대한 질문과 설명 : ~라는 뜻이야.
- 영아들의 반응에 적절한 피드백 : ○○이가 재미있는 생각을 했구나.

3) 쓰기에 관심 갖기

쓰기는 인쇄된 형태의 언어적 표상으로 특별한 글자를 쓰는 기술뿐 아니라 필자의 상상과 감정, 경험을 일정한 형태의 의미 단위들로 표상하여 조직하는 고도의 사고과정이다(노명완·이차숙, 2002). 이러한 의미에서 관례적인 쓰기 이전의 끼적거리기까지 쓰기에 포함된다. 따라서 영아가 쓰기의 의미를 이해하고 초보적인 쓰기를 할 수 있도록, 주변 환경에서 글자를 볼 수 있는 기회를 제공한다. 교사가 글을 쓰는 모습을 보여주고, 영아가 말하는 것을 받아 써주거나 영아의 이름, 영아의 행동을 기록하며 기록한 내용을 '○○○, ○○이가 노래하고 있는 모습을 그렸다고 썼어'와 같이 말해준다. 또한 영아가 쓰기 도구에 관심을 가지고 끼적거려 볼 기회를 제공한다. 무독성 크레용과 종이, 벽면에 낙서 공간을 마련하여 영아가 마음껏 끼적거릴 수 있도록 돕는다(조형숙 외, 2016).

끼적거리는 영아

책과 친해지는 데 도움을 주는 그림책

- 권윤덕(2003). 시리동동 거미동동. 창비.
- 린다 콜(2007). 아기병아리랑 반대말놀이. 효리원.
- 빌 마틴 주니어 글, 에릭 칼 그림(2022). 갈색 곰아, 갈색 곰아, 무얼 바라보니?. 시공주니어.
- 샘 로이드(2007). 이 꼬리는 누구 꼬리?. 문학동네.
- 안나 클라라 티돌름(2007). 두드려 보아요. 사계절.

4. 감각·탐색 놀이

영아는 출생 시부터 감각을 활용하여 세상을 탐색한다. 신생아는 엄마의 목소리, 젖 냄새, 엄마와의 피부 접촉을 좋아하고, 움직이는 물체를 주시한다. 신생아의 감각기관은 태어날 때 이미 잘 발달되었지만, 좀 더 세련되어져 지각 능력으로 커가기 위해서는 출생 후의 오감각 경험이 중요하다.

영아는 감각 경험을 통해 세상에 대한 정보를 얻는다. 감각 경험을 통해 지각 능력뿐 아니라 눈과 손의 협응력, 소근육 조절 능력, 호기심, 탐구심 등이 발달한다. 영아는 모방과 반복적인 탐색을 통해 점차 대상영속성 개념을 획득하고, 행동에 의도성이 생기며, 사물 간의 관계를 이해하고, 원인과 결과의 인과관계를 이해하게 된다. 문제해결력을 키우며, 기초적인 수학과 과학 개념을 경험할 수 있다.

교사는 영아가 풍성한 감각 경험을 하도록 다양한 재질과 형태의 자료를 제공하고, 영아의 흥미, 관심, 탐색 방식을 관찰하고 이를 수용하여, 영아 주도의 탐색과 놀이가 이루어지도록 지원한다. 구체적인 지원 내용과 방법을 세분하여 소개하면 다음과 같다(박찬옥 외, 2010; 서동미 외, 2010; 손순복 외, 2015; 조형숙 외, 2016).

1) 감각 경험 즐기기

초점 맞추기 책과 모빌, 다양한 그림 자료, 다양한 음악과 소리, 간식과 점심의 요리, 꽃 냄새, 동물 냄새, 촉감 공, 헝겊 인형, 비닐, 비누 거품, 솜, 수세미 등 시각, 청각, 후각, 미각, 촉각의 오감각을 자극하는 자료를 제공한다. '○○아 어떤 소리가 들리니? 어떤 냄새가 나니? 무슨 맛이야?'라고 상호작용하며 영아가 자유롭게 탐색하도록 돕는다. 또한 영아가 한 가지 감각을 사용하여 탐색한다면 '입에 넣고 빨았구나. 손으로도 만져볼까? 아이 보드라워라'와 같이 상호작용하며 다른 감각도 활용하도록 돕는다.

생크림을 탐색하는 영아들(0세반)

2) 소근육 발달 돕기

소근육 발달을 돕기 위해 큰 조각 퍼즐, 구슬 꿰기, 점토 놀이, 오리고 붙이는 놀이, 롤러코스터와 같은 놀잇감을 제공하고 영아가 반복해서 조작하며 놀이하도록 돕는다. 소근육 발달은 이러한 놀이뿐 아니라 양말 벗기, 옷 입기, 단추 끼우기, 뚜껑이나 문고리 열기와 같은 일상생활 경험을 통해서도 발달된다. 특히 소근육 발달은 한두 번의 조작으로 발달하는 것이 아니라 무수히 많은 반복이 필요하므로, 영아가 흥미를 느끼는 놀이나 일상적 경험을 통해 영아가 주도적으로 반복하도록 돕는다.

막대를 끼워보는 영아(0세)

낚시 놀이 하는 영아(2세반)

모양 끼우기 놀이하는 영아(2세반)

3) 대상영속성

영아는 잠시 사라졌던 사물이 다시 나타나는 것을 경험하면서 차츰 사물이 눈앞에서 사라져도 어딘가 존재한다는 대상영속성 개념을 이해하기 시작한다. '어디 갔지? 없어졌네? 아~ 여기 있구나'라고 하며 놀잇감을 숨겼다 찾아보는 놀이, 까꿍 놀이, 숨기 놀이 등이 활용될 수 있다. 대상영속성이 생기기 전인 5~6개월의 영영아의 경우 투명한 천을 이용하거나 물체 일부분만 가려 영아가 감춰진 사물을 찾아낼 수 있도록 상호작용한다.

까꿍 놀이는 영아들이 매우 즐기는 놀이로 대상영속성을 획득했다고 끝나는 놀이가 아니다. 사진의 영아처럼 앉아서 얼굴을 가리며 까꿍 놀이를 하기도 하지만 교실 여기저기에 숨어 자신을 찾기를 기다리는 까꿍 놀이를 하기도 한다. 까꿍 놀이는 놀이의 소재나 방법이 지속적으로 변형되면서 영아기 내내 이어진다.

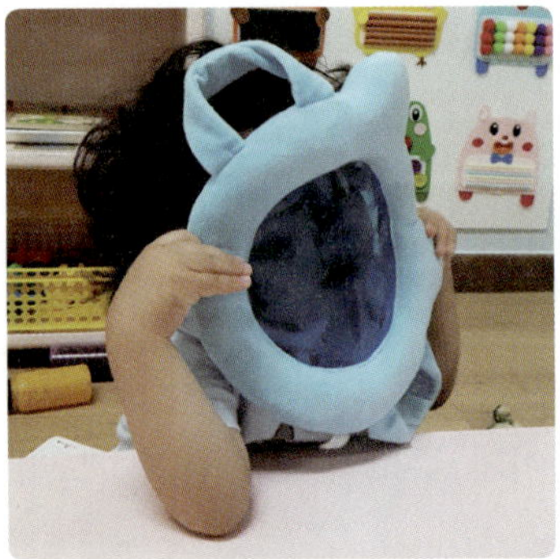
까꿍 놀이 하는 영아

4) 사물 간의 관계와 인과 관계 탐색하기

반복되는 탐색은 영아가 사물의 특성과 사물 간의 관계를 이해하는 데 도움이 된다. 예를 들어, 빈 깡통에 무엇인가를 넣어보는 놀이를 반복하던 영아는 사물의 크기와 재질에 따라 깡통에 들어갈 수 있는 수와 소리가 달라진다는 것을 알게 되고 다양한 물건을 담아보고 부어보는 행동을 반복하게 된다. 따라서 영아가 탐색을 반복할 수 있도록 돕는다.

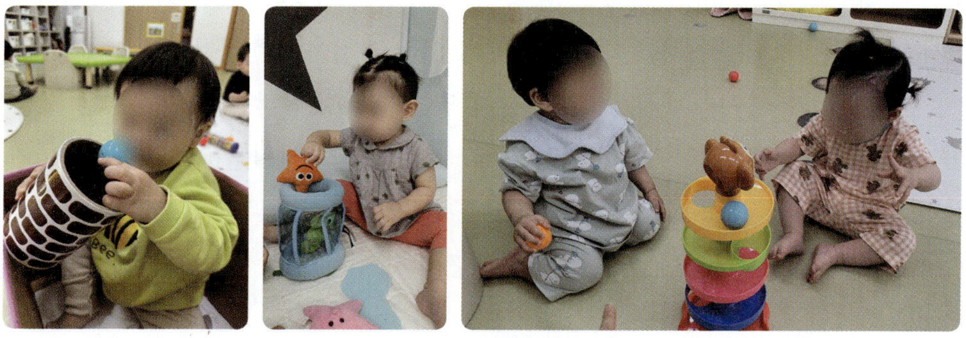

몰입하여 놀이하는 영아들(0세)

영아가 사물의 특성과 인과관계를 이해하도록 영아의 행동과 그 결과를 언어화한다. 누르면 소리가 나는 놀잇감, 불빛이 나오며 굴러가는 놀잇감 등을 사용하는 영아에게 다가가 영아의 탐색을 지켜보고 '무슨 소리가 났지? 어떤 소리지? 어떻게 하니까 소리가 났어? 왜 소리가 났을까? ○○이가 누르니까 소리가 났네. 아~ 이걸 누르면 소리가 나는구나'와 같이 상호작용한다.

5) 문제해결 시도하기

영아가 문제를 스스로 해결할 수 있도록 지원한다. 문제해결은 상황기술–문제 인식–문제해결 방법 탐색 순으로 제시할 수 있다. 예를 들어, 공이 책상 밑으로 굴러가게 되면 '어~ 공이 어디 갔지? 공이 책상 밑으로 들어갔네. 공을 가지고 놀 수 없는데 어떻게 하면 좋을까? 어떻게 하면 공을 꺼낼 수 있을까?', 퍼즐을 맞추는 상황이라면, '퍼즐이 여기에는 잘 맞지 않네? 어디에 맞춰야 할까? 어떻게 하면 좋을까?'라고 하며 영아가 상황과 문제를 인식하고 해결 방법을 생각하고 시도하도록 돕는다.

영아가 교사의 움직임을 관찰하고 따라 하며 배울 수 있도록 '이렇게 잡고 내려오면 되겠구나. 한 발, 한 발', '어떻게 하면 뚜껑을 열 수 있지? 아! 이렇게 돌리면 되는구나'와 같이 자료나 도구를 사용하거나 몸을 움직일 때 교사 자신의 행동을 말로 기술한다.

영아는 퍼즐을 맞추거나 양말을 벗는 등 어떤 목표를 달성하거나 문제를 해결하는 과정에서 많은 시행착오를 거치고 때로는 실패로 인한 좌절을 경험하기도 한다. '이 구슬이 잘 안 끼워져 화가 났구나. 속상했어?'와 같이 영아의 부정적 감정을 수용한다. 또한 '아~ 여기였구나. 돌리니까 열리네', '거기에 잘 맞지 않네. 다시 맞춰볼까?'와 같이 영아가 탐색한 방법과 결과를 말로 설명하거나, '어떻게 해봤어? 이 방향으로? 그러면 반대로 해볼까?'와 같이 새로운 방법이나 약간의 단서를 제공하여 영아가 실패에도 불구하고 반복하여 시도하도록 지원한다.

6) 수학적 경험 공유하기

영아 보육에서 수학 개념을 직접적으로 다루어야 한다는 의미도 아니고 영아가 수학 개념을 정확하게 이해해야 한다는 의미도 아니지만, 교사는 영아가 일상생활 속 경험을 통해 수학적 사고에 관심을 가지도록 지원할 수 있다. 분류, 수, 양, 공간과 도형, 비교로 나누어 살펴보면 다음과 같다.

- 보육실과 실외의 여러 사물, 그림책의 삽화 등을 여러 분류기준에 따라 분류하고 어떤 기준으로 분류했는지 인식하도록 돕는다. 범주화는 인지 발달에 중요한 기제로 '여기 토끼도 있고, 여우도 있고, 장미꽃도 있고, 국화도 있네. 여기 있는 것 중에서 동물만 찾아볼까? 그러면 장미꽃은 동물이 아니야? 왜 아니지? 왜 아니라고 생각했어?' 등으로 상호작용한다.

- 물체의 수를 세어 몇 개인지 알아보는 수 세기의 목적을 인식하고 수 세기를 경험하도록 돕는다. '토끼가 있네. 모두 몇 마리일까? 어떻게 알아보지? 세어볼까? ○○아 같이 세어보자. 하나, 둘, 셋. 모두 세 개구나. 손가락으로 세 개 보여줄래?'와 같이 상호작용한다.
- '많고/적음', '있다/없다'의 개념을 경험하도록 돕는다. '○○아 여기 책꽂이에는 책이 많이 있네. 또 책이 어디 있지? 책이 없는 곳은 어디지?', '여기 많이 피었던 꽃들이 어디 갔지? 이제는 모두 지고 하나도 없네', '어느 것이 더 많지? 어느 것이 더 적지?'와 같이 상호작용한다.
- 동그라미, 세모, 네모와 같은 모양의 이름과 모양의 특성, 위/아래, 앞/뒤/옆, 가까이/멀리 등 공간의 개념을 경험하도록 돕는다. '○○아 이건 무슨 모양이지? 동그란 모양이구나. 이거랑 똑같이 동그란 물건이 또 뭐가 있지? 동그란 공 앞에 있는 건 무슨 놀잇감이지? 너무 멀리 있어서 선생님은 못 잡겠다. ○○이가 좀 도와줄래? 고마워'와 같이 상호작용한다.
- '길다/짧다', '크다/작다', '무겁다/가볍다'와 같은 물체의 특성을 나타내는 개념을 경험하도록 돕는다. '○○아 이 종이는 너무 길어서 잘라야겠다', '이거 너무 무거워서 선생님 혼자 못 들겠어. ○○이가 도와줄래? 같이 드니 가볍네. 고마워~'와 같이 상호작용한다.

구슬을 용기에 담고 쏟으며 물체의 많고 적음, 용기의 부피를 경험하는 영아

7) 과학적 호기심 키워가기

2세경 영아들은 '왜'라는 질문을 자주 한다. 이러한 질문은 세상에 대한 호기심의 표현이라고 할 수 있다. 주현정(2009)은 여러 연구들을 토대로 영아들의 질문을 분류하였다(표 8-3 참조). 이러한 질문들이 모두 과학적 질문이라고 보기는 어렵지만, 영아들은 이러한 질문 속 호기심을 토대로 세상을 탐구하는 과학적 태도를 키울 수 있다.

〈표 8-2〉 영아들의 질문유형

질문유형		질문의 예
설명형	정보를 정확히 밝히도록 요구하는 질문	이거 뭐예요? 너희 집은 어디니?
확인형	알고 있는 사실을 명확하게 밝히거나 불확인 사실을 확인하는 질문	초콜릿 먹으면 이 썩죠? 너, 나 좋아해?
동의형	상대방의 동의를 얻기 위한 질문	이거 엄청 매운 떡볶이지? 선생님! 이거 진짜 웃기죠?
제안형	상대방에게 제안하는 질문	우리 병원놀이 할까? 점심 같이 먹을래?
허락형	상대방에게 허락을 구하는 질문	선생님! 이거 봐도 돼요? 내가 들어가도 돼?

출처 : 주현정(2009). 어린이집 2세반 영아들의 자발적 질문에 관한 연구. 중앙대학교 대학원 석사학위논문.

영아는 관심이 있는 물체와 물질(바퀴, 경사로, 얼음, 부채, 휴지, 미역, 비누거품 등), 동식물(지렁이, 개미, 나비, 금붕어, 강아지, 병아리, 나무, 풀, 나뭇잎, 꽃 등), 자연물(흙, 돌, 물 등), 자연현상(바람, 구름, 비, 눈, 그림자 등)을 탐색할 수 있다. 형식적인 과학 개념을 익히기 위한 활동이 아니라 영아가 관심을 갖는 대상에 대해 오감각을 이용하여 물체 자체의 특성, 움직임, 변화 등을 관찰하고 이를 비교할 수 있다. 교사는 영아가 관심을 보이는 물체나 현상을 파악하고 이를 자세히 관찰하고 비교하고 변화의 결과를 예측하도록 도울 수 있다.

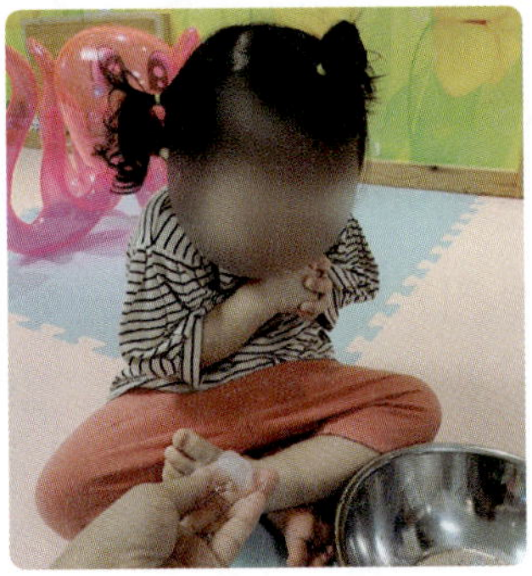

얼음을 탐색하는 영아

영아가 자동차의 바퀴를 유심히 보며 이리저리 굴려보는 모습을 관찰했다면 '○○이는 바퀴가 궁금하니? (경사면/평평한 면, 울퉁불퉁한 면/매끈한 면 등에서) 어디서 더 잘 굴러갈까? 왜 그럴까?'와 같이 상호작용할 수 있다. 휴지에 관심이 있다면 구기고, 뭉치고, 굴리고, 자르고, 물에 넣으면 어떻게 될지 예측해 보고 물에 적셔 휴지의 변화를 관찰하도록 도울 수 있다. 미역과 같은 물체를 경험한다면 냄새 맡고, 만져보고, 두드려 보고, 물에 넣으면 어떻게 될지 예측해 보고, 물에 넣어보고 변화를 관찰하도록 도울 수 있다. 산책이나 바깥놀이에서 '오늘 날씨는 참 상쾌하다. 바람이 부니까 참 시원하네. ○○이는 어때?'라고 하며 영아가 자연현상에 관심을 갖도록 상호작용할 수 있다. 나뭇잎 등에 관심을 보인다면 실외에서 자세히 관찰할 뿐 아니라 교실에 가지고 들어와 라이트테이블 위에서 관찰한다거나 책에 끼워 말려보는 놀이로 이어갈 수 있다.

개미를 관찰하는 영아들

비 오는 날 고인 물을 탐색하는 영아

이와 같은 영아의 과학 탐구를 돕기 위한 교사의 질문이나 상호작용으로 영아가 과학 개념을 정확하게 이해할 수 있거나 이해해야 하는 것은 아니다. 그러나 영아의 과학 탐구를 위한 교사의 지원은 물질, 자연 현상 등 주변의 과학 요소에 대한 영아의 관심이나 궁금증에서 출발해야 한다. 교사의 이러한 지원을 통해 영아는 자신의 궁금증을 주도적으로 탐색하고, 탐색 과정을 통해 과학적 과정(관찰, 비교, 예측, 실험 등)을 경험하며 과학적 태도의 씨앗을 키워갈 수 있다.

교사와 영아들이 산책길에 우연히 달팽이 세 마리를 발견하였다. 영아들은 모두 신기해 했고, 달팽이에 대한 이야기가 이어졌다. 달팽이에 대한 관심이 지속될 수 있도록 교실로 데리고 와 먹이를 알아보고 살피게 되었다.

감각·탐색 놀이에 도움을 주는 그림책

- 고미 타로(2014). 이럴 때 너라면?. 천개의바람.
- 로이스 엘러트(2001). 알록달록 동물원. 시공주니어.
- 브라이언 와일드스미스(2008). 숫자책. 웅진주니어.
- 안녕달(2017). 왜냐면…. 책읽는곰.
- 에릭 칼(2022). 배고픈 애벌레. 시공주니어.
- 최숙희(2000). 누구 그림자일까?. 보림.
- 피오나 와트 글, 레이첼 웰스 그림(2016). 이건 우리 강아지가 아니야. 어스본코리아.
- 한자영(2015). 비야, 안녕!. 비룡소.

5. 역할 놀이

영아들은 일상생활에서 자신이 경험했거나 자신이 본 다른 사람의 행동을 흉내 내는 것을 좋아한다. 현재 눈앞에 없는 사물이나 사건을 정신적으로 그려내는 정신적 표상, 과거에 목격한 사태를 재현하는 지연모방이 가능해지면 역할 놀이가 활발하게 일어난다. 역할 놀이는 영아의 자아개념, 사회적 관계 형성뿐 아니라 언어 발달, 인지 발달, 사회성 발달에도 중요한 역할을 한다. 영아의 가상 놀이 상징화 수준은 언어 발달 수준(성지현, 2000; 정영주, 2006), 마음이론 발달 정도와 상관이 있는 것으로 알려졌다(황복주·이종희, 2018).

영아는 물이 없는 컵을 들고 소리를 내며 마시는 척하는 단순한 가상행동에서 시작하여 사전에 계획을 하여 줄거리가 긴 가상 놀이로 발달해 간다. 고웬(Gowen, 1995)은 가상놀이 상징화 수준을 9단계로 분류하였다(표 8-4 참고). 처음에는 자신에 대한 가장행동에서 시작하여 점차 타인에 대한 가장행동으로 변한다. 예를 들면, 혼자 먹는 시늉을 하다 점차 다른 사람이나 인형과 같은 무생물에게 가장행동을 한다. 또한 초기에는 사실적인 놀잇감을 가지고 놀지만 장난감 바나나를 전화기로 생각하고 통화하는 흉내를 내는 것처럼 덜 사실적인 놀잇감을 가지고 놀이한다. 우리나라 18~30개월 영아들의 상징화 수준은 '대체(Substitution)'가 가장 빈번하게 나타나며, 최고 상징화 수준은 '줄거리 없는 연속된 가상(Sequence no story)'인 것으로 보고되었다(황복주·이종희, 2018).

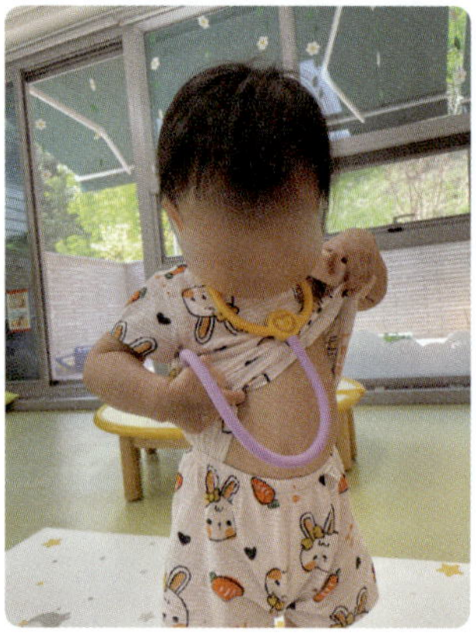

스스로 청진(자기를 향한 가상)

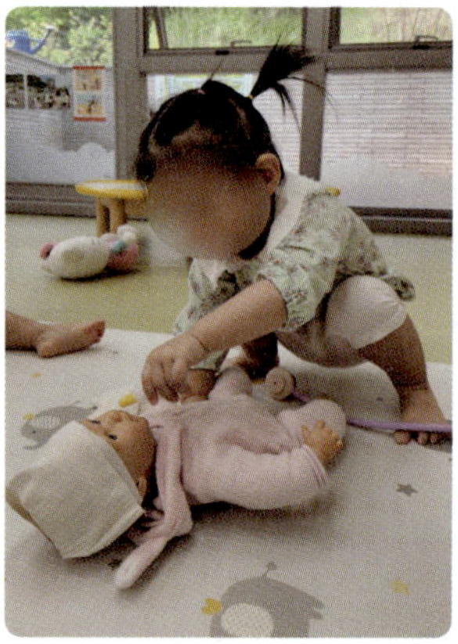

약을 먹임(타인을 향한 가상)

인형이 그림을 그리는 것으로 가상(행동대리)

〈표 8-3〉 고웬(Gowen, 1995)의 가상놀이 상징화 수준

범 주	정 의	행동의 예
전가상 (Prepretense)	가상에 근접한 놀이는 하지만 가상을 한다는 확실한 증거는 없다.	우유병을 입에 갖다 대거나 수화기를 귀에 갖다 댄다. (상대방과 대화하는 척하는 가상행동은 보이지 않는다)
자기 가상 (Pretend self)	가상행동이 자기를 향해 이루어진다.	컵을 들고 소리를 내며 마신다. (먹는 척하는 가상행동이 분명하게 보인다)
타인 가상 (Pretend other)	다른 사람을 대상으로 가상행동이 나타난다.	전화기에 대고 이야기를 하는 척하거나 아기에게 우유를 준다.
대체 (Substitution)	물체를 창의적이고 상징적인 방법으로 사용하거나 일상적 용도와는 다른 방식으로 대상물을 사용하여 가상행동을 한다.	블록을 우유병처럼 아기에게 먹이거나 밀가루 점토를 접시에 올려놓고 햄버거라고 한다. (우유병 대신 대체물인 블록 사용, 햄버거 대신 점토 사용)
상상적 사물이나 존재 (Imaginary objects or beings)	눈앞에 없는 대상물, 사람 및 동물이 있는 것으로 가상한다.	빈 커피주전자를 따르면서 "커피"라고 하거나 자동차를 탄 것처럼 소리를 낸다.
행동대리 (Active agent)	장난감 인형(장난감 동물)이 활동 대리인이 된 것처럼 살아있는 듯이 움직인다.	인형이 스스로 먹는 것처럼 인형의 손을 움직이거나 인형이 말하는 것처럼 목소리를 변형하여 말한다.
줄거리 없는 연속된 가상 (Sequence no story)	한 가지 형태의 가상행동이나 도식을 반복적으로 타인에게 적용시킨다.	컵의 물을 인형에게 주고 접시의 음식도 인형에게 준다.
줄거리가 있는 연결된 가상 (Sequence story)	두 가지 이상의 가상행동이나 도식을 반복하여 이야기를 만든다.	인형에게 우유를 먹이고 재우기 위해 인형을 업는다.
계획 (Planning)	가상 놀이에 선행하여 계획을 하는 증거가 있다.	장난감 우유병을 인형 입에 대기 전에 "나 인형에게 우유 먹일 거다"라고 미리 자신의 행동을 공표한다.

교사는 영아의 가작화가 용이하도록 실물과 유사한 자료를 준비하고, 부엌, 가게, 음식점 등의 다양한 역할놀이 공간을 마련하고, 영아의 상징화 수준을 관찰하여 영아의 현 수준보다 약간 높은 수준의 상징화의 모델을 보여주는 등 영아의 상징화 수준을 고려하여 놀이를 지원한다.

교사는 영아가 관심을 갖는 사물, 역할 놀이 참여 빈도, 놀이 형태, 놀이 주제 등을 관찰하고, 이를 토대로 영아의 개인차를 고려하여 적절한 방법으로 놀이에 참여하도록 한다. 역할 놀이 촉진을 위한 교사의 상호작용을 6가지로 분류할 수 있는데(Gowen, 1995), 비지시적인 제안이 바람직한 상호작용 방법이지만 언제나 가장 바람직한 방법이라고 볼 수 없으며, 놀이 맥락에 따라 적절한 상호작용 방법을 선택하도록 한다.

- 지지하기 : 교사가 영아의 놀이를 보며 영아가 무엇을 하고 있는지 관심을 가지고 옆에서 지켜보며 상황을 이야기로 표현해 주는 것이다. 영아가 차 소리를 내며 자동차를 밀고 있을 때 교사는 '선생님은 네 트럭이 오는 소리를 들었어'라고 말해주는 것이다.
- 모방하기 : 교사가 영아의 행동을 그대로 모방하는 것이다. 영아가 소리를 내며 자동차를 밀 때 양육자는 다른 트럭을 가져와 영아 앞에서 소리를 내며 차를 밀거나 영아가 컵의 물을 마시는 흉내를 낼 때 교사도 다른 컵을 들고 와 마시는 가장행동을 하는 것이다.
- 칭찬하기 : 교사가 영아의 상징 놀이 행동을 칭찬함으로써 상징 놀이를 강화하는 것이다. 영아가 인형에게 우유를 먹이고 있을 때, '참 맛있겠구나' 하거나 영아가 접시들을 상 위에 나열해 놓을 때, '계란찜이 맛있어 보이네. 맛있는 저녁 식사를 준비했구나'라고 칭찬할 수 있다.
- 비지시적인 제안하기 : 영아가 인형을 가지고 놀고 있을 때, '아기가 배가 고픈 것 같네. 우유병이 어디 있지?'라고 하거나, 영아가 차를 밀고 가다가 잠깐 섰을 때, '차에 기름이 떨어진 것 같아요. 주유 좀 부탁합니다'라고 하여 지시적인 제안을 피하면서도

새로운 놀이를 유도하는 것이다.

- **지시적인 제안하기** : 버터 크기의 블록을 가지고 '이것을 우리 버터라고 하자'와 같이 직접적으로 놀이 방법을 제안하는 것이다.
- **모델링** : 상징 놀이의 모델이 되는 행동을 영아에게 보여주는 경우이다. 옷을 벗은 인형을 상자에 넣고 천을 가지고 목욕시키는 가장행동을 보여줄 수 있다. 인형을 차에 태우고 인형이 말하는 것처럼 소리를 변형시켜 '나 쇼핑 갔다 올게!! 이따 봐!' 하고 말하며 또 다른 인형으로 '잘 다녀와요'라고 함으로써 가장행동의 모델을 제공한다.

영아는 손 씻기, 먹기, 잠자기와 같이 자신이 직접 경험한 익숙한 일상 행동, 요리하기, 식사하기, 신문 읽기, 청소하기와 같이 주변 사람들의 일상적 행동, 쇼핑하기, 의사와 간호사의 아픈 아기 치료하기, 비행기 놀이, 주유소 가기와 같이 자주 일어나지는 않지만 즐거웠거나 놀라워 기억나는 경험을 놀이한다. 처음에는 경험한 그대로 재현하다 점차 자신의 경험에 기초하여 일부 변형하여 놀이하며, 괴물과 같은 상상적 주제도 등장하게 된다(Westby, 2000).

캠핑 놀이

삼겹살 구워 먹는 놀이

목욕탕 놀이

찜질방 놀이

여행 놀이

영아의 놀이는 같은 놀이, 같은 역할을 여러 번 반복하는 특성이 있다. 한 가지 놀이 주제가 연속성을 가지며 길게 이어지지 않기도 한다. 그러나 놀이의 길이나 주제의 연속성이 놀이 여부의 기준은 아니다.

견학을 다녀오거나 상상의 인물이 나오는 그림책을 읽는 등의 방법으로 영아의 경험의 폭을 넓혀주고, 어디 갔었는지, 무엇을 보았는지 등에 대한 이야기를 나누어 영아의 경험이 놀이로 발현되도록 도울 수 있다. 또한 영아가 현재 관심을 갖는 사물, 놀이 주제가 무엇인지 파악하고, 이를 따라가며 놀이가 확장될 수 있도록 소품을 제공하거나 놀이 참여자로 놀이에 참여하여 놀이를 지원할 수 있다. 역할 놀이에 필요한 추가 소품은 교사가 준비해 줄 수 있지만 가능하면 교사와 영아가 함께 준비한다.

다음은 0세, 1세, 2세 학급에서 관찰된 역할 놀이 사례이다. 단순한 가상 놀이에서부터 놀이의 주제가 이어지기까지 다양한 놀이가 발견되었다. 교사는 영아의 관심사를 발견하고 이를 지원해 주었고, 이를 토대로 놀이가 이어지고 확장되고 있다. 2세의 경우, 코로나19 상황으로 인해 영아들이 가정에서 택배와 음식배달을 자주 경험하였고 이것이 흥미로운 놀이로 이어졌다.

0세 학급 영아들의 역할 놀이 사례

블록을 끼워 생일 케이크를 만들고 축하 노래를 부르기도 하고, 사운드 북에서 나오는 생일 축하 노래를 따라 부르며 박수를 치고 촛불을 끄는 행동을 하며 생일 축하 놀이가 진행되었다.

블록을 끼우고 옹알이를 하며 박수를 치는 영아

사운드 북의 소리를 들으며 생일 축하 놀이를 하는 영아

1세 학급 영아들의 역할 놀이 사례

영아들이 병원 놀이에 관심을 가져 시력검사와 진찰을 하며 놀이하였다. 교사는 병원 관련 소품을 그릴 수 있도록 지원하였고, 영아는 자신이 끼적인 주사 소품을 이용하여 주사 놓는 흉내를 내며 놀이하였다. 교실에 비치되어 있던 승용완구를 구급차로 활용하여 구급대원도 되고, 자신이 꾸민 진찰 도구를 사용하며 의사도 되어 병원 놀이를 이어갔다.

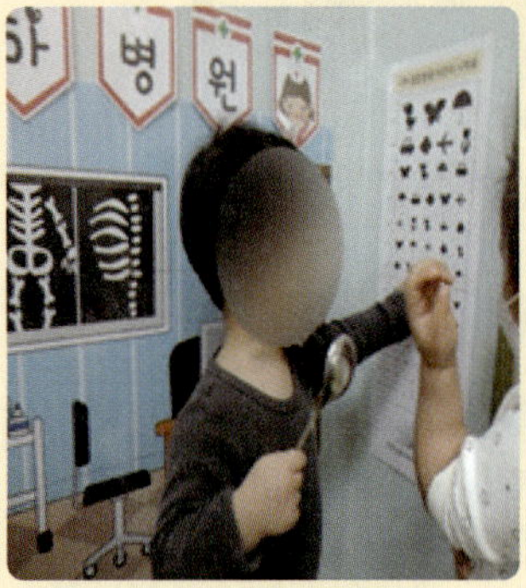

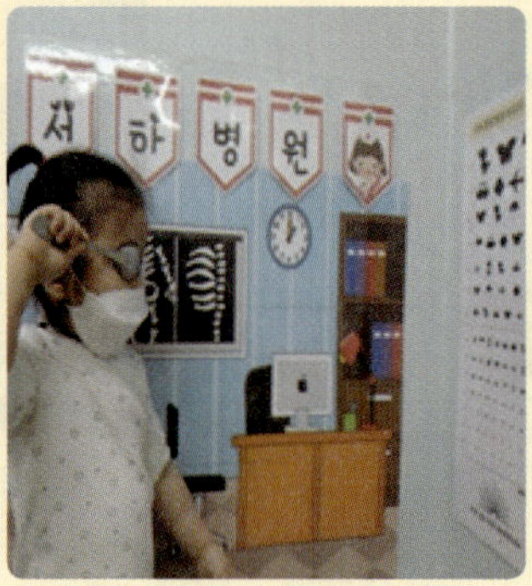

병원 놀이에 관심을 가지고 시력 검사 놀이를 하는 영아들

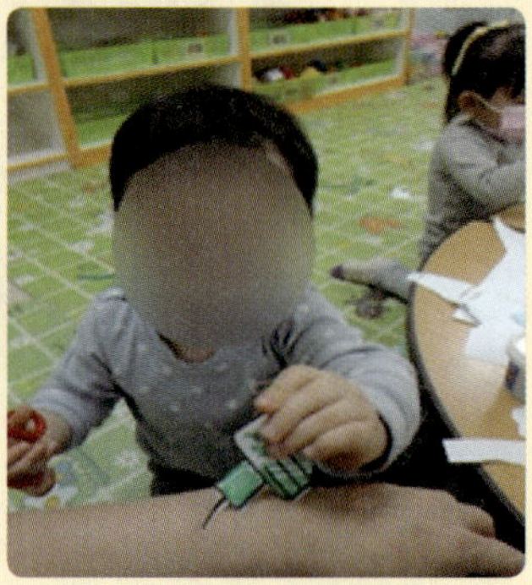

병원 관련 그림을 끼적이고 이를 이용하여 주사 놓는 흉내를 내는 영아

인형에 주사를 놓는 흉내를 내는 영아

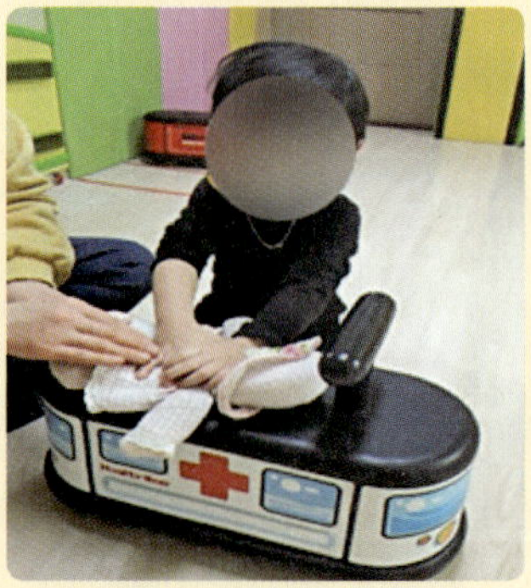

구급대원이 되어 환자 이송 놀이를 하는 영아

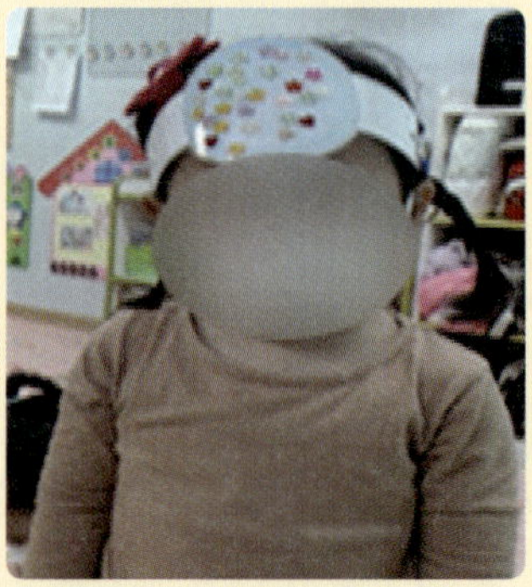

직접 꾸민 놀이소품을 사용하며 의사 역할을 하는 영아

2세 학급 영아들의 역할 놀이 사례

모양 접시에 관심을 보이던 영아가 모형 과일과 야채를 접시에 담으며 놀이하더니, 클레이로 음식을 만들어 놀이하였다. 이를 지켜보던 교사가 놀이용 돈을 준비했고, 놀이는 돈을 사용하는 시장 놀이로 이어졌다. 교사는 놀이를 확장해 주고자 바코드를 찍어 계산할 수 있는 놀이 소품을 제공하였다. 영아들의 놀이는 이제 마트 놀이로 이어졌다. 코로나19로 인해 택배와 배달음식에 대한 경험이 많다는 점을 고려하여 교사는 음식을 만드는 영아에게 '어디로 배달 가나요?'라고 상호작용하였다. 이 이야기를 듣고 영아들은 와플 블록으로 자동차를 만들었고, 자신들이 만든 자동차를 타며 배달 놀이와 마트 놀이를 이어 갔다. 교사는 모형 피자를 준비했고 배달 놀이가 더욱 활발하게 이어졌다.

모형 과일과 야채를 모양접시에 담아 놀던 영아가 클레이로 음식을 만들고 놀이함

교사가 제공한 돈을 이용하여 시장 놀이가 이어짐

바코드를 찍어 계산할 수 있는 놀이 소품을 이용하여 마트 놀이

'어디로 배달 가나요?'라는 교사의 말을 듣고, 와플 블록으로 자동차를 만들었고, 배달 놀이와 마트 놀이가 이어짐

모형 피자를 사용하며 배달 놀이가 활발히 이어짐

6. 쌓기 놀이

쌓기 놀이는 남녀 영아 모두 즐겁게 참여하는 놀이로, 역할 놀이와 함께 사회적 상호작용이 빈번히 일어나는 놀이이다. 영아들은 쌓기 놀이 속에서 자신의 생각을 자유롭게 표출하고, 또래와의 관계를 경험한다. 쌓기 놀이에서는 블록을 이용한 구성 놀이와 이를 활용한 가상 놀이가 함께 나타날 수 있으므로 역할 놀이와 통합하거나 인접하게 배치한다. 쌓기 놀이 공간은 가능한 한 넓게 마련하고, 때로는 개방된 공간으로 때로는 구조화된 공간으로 공간 배치에 변화를 주는 것도 좋다.

학기 초에는 주로 크기가 크고 가벼운 블록을 제공하며 점차 스펀지 블록, 종이 벽돌 블록, 레고 블록, 자석 블록, 끼우기 블록, 와플 블록, 우레탄 블록 등 다양한 재질의 블록을 제공한다. 놀이 맥락에 따라 소품을 추가하여 놀이가 다양하게 이루어지도록 돕는다.

영아들은 처음에는 블록을 쌓기보다는 놀잇감을 이리저리 옮기거나 서로 부딪쳐 소리를 내본다. 점차 수직으로 쌓거나 수평으로 블록을 늘어놓아 줄이나 길을 만들고, 다리나 울타리를 만들기도 한다. 대칭이나 균형을 이루는 정교한 디자인의 구조물을 쌓기 시작하며, 구성물에 이름을 붙이고 극놀이를 하는 것으로 발달한다(Johnson, 1996).

종이 벽돌 블록을 쌓거나 다리를 만든 영아

스펀지 블록을 쌓는 영아

영아들은 블록을 쌓았다가 무너뜨리는 놀이를 좋아하며, 단순한 조작의 반복 연습이 아닌 모방과 변형의 시행착오를 통해 새로운 구성물을 창출하고, 또래와 함께 다양한 놀이를 한다(김경은, 2007). 따라서 교사는 영아의 쌓기 놀이 특성을 이해하고 지지해 주고, 때로는 쌓기 놀이의 모델을 제공한다. 〈표 8-5〉에 제시된 쌓기 놀이의 발달과정을 참고로 'OO아~ 어떻게! 쌓은 거야? 무너뜨리는 것도 재미있지? 선생님은 이렇게~ 쌓았다. OO이도 해볼래?'와 같이 영아의 현재 쌓기 놀이 수준보다 약간 위 단계의 모델을 보여 줄 수 있다. 또한 블록이 필요할 경우 다른 영아가 사용하지 않는 선반에 있는 것 사용하기, 카펫 위에서 블록 쌓기, 사람 키보다 높게 쌓지 않기 등의 간단한 교실 규칙을 정하여 영아 간 갈등이 발생하지 않도록 돕는다.

〈표 8-4〉 존슨(Johnson, 1996)의 쌓기 놀이 7단계

단 계	영유아의 대표적 행동
1. 나르기	쌓기 놀잇감을 이리저리 옮기거나 서로 부딪혀 보며 탐색함
2. 쌓기	수직으로 쌓거나 수평으로 늘어놓아 줄을 만듦
3. 다리 만들기	수직으로 세운 두 개의 쌓기 놀잇감 사이에 쌓기 놀잇감을 올려놓아 다리 형태가 되게 함
4. 울타리 쌓기	폐쇄 공간을 만듦
5. 패턴과 대칭	여러 쌓기 놀잇감을 사용하여 대칭이나 균형을 이루는 정교한 디자인의 구조물을 쌓기 시작함
6. 초기 구상 표현	1~5단계 쌓기 기술을 결합하고 구성물에 이름을 붙이기 시작
7. 후기 구상 표현	쌓기 시작 전에 구성물의 이름을 말하고 소품을 활용하여 극놀이를 함

블록으로 쌓기는 쌓기로 끝나지 않고 구성한 구조물을 이용한 놀이로 이어질 수 있다. 가장 빈번히 나타나는 간단한 사례로는 블록을 나열하여 길을 만들고 그 위를 걸어 다니는 놀이를 한다. 영아들은 비구조화된 일상용품을 놀잇감으로 이용한 쌓기 놀이도 즐거워한다.

블록을 나열하고 그 위를 걸어 다니며 놀이하는 영아들

투명 플라스틱 컵으로 쌓기 놀이를 하는 영아들

공사하는 모습을 보고 벽돌 블록으로 쌓기 놀이 중인 영아들

역할 놀이와 쌓기 놀이에 도움을 주는 그림책

- 강근영(2009). 어린이집 블록 놀이. 사계절.
- 곽영미 글, 사카베 히토미 그림(2013). 내가 엄마 해야지. 느림보.

7. 미술 놀이

언어적 표현력이 부족한 영아들에게 미술은 자신을 표현할 수 있는 좋은 매체가 된다. 미술은 영아의 자아개념, 집중력, 사물에 대한 관찰력, 창의성, 정서 발달, 소근육 발달에 도움을 준다. 영아에게 미술은 상상의 놀이가 되기도 한다.

그림 표현 발달과정으로 본다면 영아는 난화기에 속한다. 난화기는 다시 무분별한 끼적거리기, 조절된 끼적거리기, 명명된 끼적거리기로 나뉜다(Lowenfeld & Brittain, 1987/1993). 처음 영아는 무엇을 그리겠다는 목적 없이 팔이 움직여지는 대로 근육 감각의 쾌감을 즐기며 끼적거린다. 움직임과 그려진 흔적이 생긴다는 것 자체를 즐기며 어설프고 불규칙적인 선을 그린다(무분별한 끼적거리기). 차츰 자신의 움직임과 흔적의 관련성을 인식하고 근육 통제가 가능해지면서 다양한 모양의 조절된 선을 긋기 시작하고 수직, 수평, 원을 자유롭게 그리게 된다(조절된 끼적거리기). 영아는 그려진 형상과 실물의 관계를 알게 되며 자신의 끼적거림에 이름을 붙이게 된다. 자신이 표현한 무언가에 이름을 붙일 수 있다는 것은 그림이 영아의 사고를 표현해 준다는 의미가 된다. 그러나 처음부터 의도나 목적을 가지고 표현하는 것은 아니며 끼적거린 후 이름을 붙인다. 시간이 지나면서 이름이 달라지기도 하여, 동그라미가 달이 되기도 하고 빵이 되기도 한다(명명된 끼적거리기).

이와 같이 영아의 그림 표현은 나무, 꽃, 집과 같은 그럴듯한 형상을 그리지는 못하지만 미술 표현 발달에 중요한 시작점이 된다. 무슨 말인지 알아들을 수 없는 옹알이가 언어적 의사 표현의 첫 과정인 것처럼 아무렇게나 그리는 것처럼 보이는 끼적거림은 미술 표현의 첫 과정이다. 사물에 대한 관찰력, 표현력, 심미감 등의 발달에 기초가 되며, 따라서 영아에게 만지고 비벼보고 문질러 보고 그려보는 다양한 미술 놀이의 기회를 제공해야 한다.

자신의 발을 대고 그리는
0세 영아

영아들이 그린 얼굴

1) 다양한 재료와 도구 경험하기

6, 7개월 영아의 경우, 연필이나 크레파스 등의 미술도구로 그리지는 못하지만 손가락으로 이유식과 같은 음식을 묻혀 상이나 방바닥에 흔적을 남긴다. 마요네즈, 밀가루 풀과 같은 재료를 쟁반이나 상 위에 손가락으로 마구 움직이게 하는 것도 좋은 미술 놀이가 될 수 있다(서울교육대학교 미술교육연구회, 1997).

영아에게 크레파스와 같은 전형적인 미술 재료뿐 아니라 다양한 재료와 도구를 제공한다. 풀 물감, 점토, 비누거품, 쉐이빙 크림, 모래, 흙, 두부, 얼음, 국수, 묵, 미역, 팝콘, 조개껍데기, 꽃, 나뭇잎 등 주변의 다양한 소재를 미술의 재료로 만날 수 있도록 준비한다. 풀, 가위, 붓과 같은 미술 도구뿐 아니라 면봉, 분무기 등의 도구도 미술에 활용될 수 있다.

두부를 탐색하는 영아

조개껍데기에 그림 그리기

1, 2세경 영아들은 모두 그리기를 좋아한다. 손에 든 것이 무엇이든 어디에나 그리고 싶어 하여 벽이나 바닥에 낙서를 하기도 한다. 따라서 책상 위에 놓인 작은 도화지에 그릴 뿐 아니라 큰 종이를 교실 바닥에 펼쳐놓고 그릴 수도 있고, 벽면에 전지와 그릴 수 있는 펜을 함께 붙여주어 영아들이 언제든지 그리고 싶을 때마다 그릴 수 있도록 한다.

벽면에 자유롭게 그리기

친구들과 함께 그림을 그리는 영아들

크레파스뿐 아니라 물감과 붓을 사용하는 경험도 제공한다. 작은 도화지뿐 아니라 모조 전지나 켄트지 전지를 준비하여 큰 붓으로 마음껏 그리도록 한다. 붓은 최소 15호 이상의 큰 붓으로 준비한다.

영아가 몸 전체로 미술을 경험할 수 있도록 손뿐 아니라 발로 찍기, 발로 그리기 등의 놀이나 바디페인팅도 시도해 볼 수 있다. 영아가 물감 등의 자료를 만나 몸 전체를 사용하며 자신의 방법으로 미술 재료를 탐색하도록 한다. 보디페인팅은 2세 전·후로 경험하는 것이 좋으며 30개월이 넘어가면 흥미가 떨어지기도 한다.

영아가 새로운 재료나 도구를 만나면 탐색을 위한 충분한 시간을 제공한다. 즉, 재료나 도구 자체를 탐색하도록 돕는다. 예를 들어, 가위로 물건을 자르기 전에 손으로 종이를 구기거나 찢거나 뭉쳐보는 경험을 하고, 가위라는 도구를 사용하는 것도 한 방법이다.

신문 찢기

종이 구겨 붙임

가위를 사용하여
밀가루 점토 자르기

분무기를 이용하여 벽화를 그리려고 할 경우, 분무기를 처음 접하는 영아라면 어떻게 반응할까? 분무기를 만지며 어떤 물건인지, 어떻게 사용하는지 살펴보고, 실제 사용해 볼 기회가 필요할 것이다. 영아들은 분무기를 허공에 뿌려보고 싶어 할 것이며, 다른 친구의 얼굴에 뿌릴 수도 있다. 분무기에 아무것도 담지 않고 탐색해 본 후 화장실이나 실외공간에서 분무기에 물을 담아 마음껏 사용해 본 후 분무기에 물감을 담아 미술 놀이를 하는 것이 바람직할 것이다. 이러한 과정이 여유 있고 충실하게 이루어진다면, 미술 놀이는 미술 놀이로만 끝나는 것이 아니라 다양한 탐색과 놀이로 확장될 수 있다.

2) 탐색과 과정 중심 미술놀이

영아 미술 놀이에서 탐색의 중요성을 간과하기 쉬운데, 풀 물감이나 점토 놀이를 예로 생각해 보자. 영아가 오랜 시간 즐겁게 만지고 문지르고 비벼보며 탐색한 후 그 결과를 말린 작품과 별다른 탐색 과정 없이 잠시 만지고 난 결과를 말린 경우, 두 작품의 결과만 본다면 별 차이가 나타나지 않을 수 있다. 이 점이 자칫 영아의 미술 놀이가 보여주기 식으로 끝나버릴 수 있는 함정이 될 수 있다. 그러나 두 영아의 경험에는 큰 차이가 있을 것이다.

밀가루 점토를 오랜 시간 탐색하는 영아

스펀지로 그림을 그리는 영아

따라서 교사는 작품 제작에 초점을 맞추기보다 재료나 도구를 보고, 만지고, 주무르고, 떼어보고, 붙여보고, 문지르고, 눌러보고, 냄새 맡으며 자유롭게 탐색하도록 지원한다. 교사는 영아의 탐색을 지켜보며 '어떤 느낌이니?, 어떤 모양이니?, 어떤 색이지?, 모두 빨간 색일까?, 무슨 소리가 나지?, 굴려볼까?, 흔들어 볼까?'와 같은 질문을 할 수 있다.

밀가루 점토를 동그랗게 말고, 뜯고, 펴고, 자르며 탐색하는 영아들

미술 놀이는 결과보다 과정이 중요하지만 손바닥 찍기, 자동차 바퀴로 찍기, 나뭇잎 찍기, 구슬그림, 종이 구겨 붙이기, 셀로판지 붙이기, 스티커 붙이기와 같이 쉽게 결과를 얻을 수 있는 놀이를 제공하여 영아가 성취감을 느끼며 미술 놀이에 참여하도록 도울 수 있다. 그러나 이와 같은 놀이라도 학급 전체 영아의 작품이 지나치게 유사하다면 제공된 자료나 진행과정에 대한 재고가 필요하다. 최근 영아보육현장에서 탐색 위주의 영아 미술 놀이의 결과물이 유아에 비해 상대적으로 완성도가 떨어지는 점을 우려하여 반 제작된 자료를 준비하거나 교사가 미술활동의 주제, 기법, 재료를 모두 정하여 제시하여 영아는 그대로 따르도록 하는 경우가 있는데, 이런 방식은 영아 미술 놀이의 바람직한 실제라고 보기 어렵다. 스티커나 반짝이와 같은 자료를 무분별하게 제공하거나 밑그림을 제공하는 것도 이런 맥락에서 바람직하지 못한 실제이다. 한마디로 이러한 과정을 거쳐 만들어진 결과는 영아의 작품이라 보기 어렵다. 영아가 미술 놀이의 주제, 기법, 재료 중 최소한 한 가지는 선택할 수 있어야 한다.

3) 미적 요소 탐색하기

영아에게 미적 요소는 이해하기 어려운 개념이지만 재료와 도구, 자연과 주변 사물, 자신이나 또래의 작품을 만날 때, 미술의 요소인 선, 색, 형, 질감, 공간에 대해 탐색하도록 상호작용하여, 영아가 미적 요소에 관심을 가지도록 도울 수 있다.

〈표 8-5〉 미적 요소를 고려한 상호작용

미적 요소	상호작용의 예
선	굵은 선은 어디 있지? 둥근 선을 찾아보자. 구불구불한 선은 어디 있지?
색	이 자동차는 무슨 색일까? 이 꽃에서 노란색을 찾아볼까?
형	이건 모슨 모양이지? 동그라미 모양을 찾아볼까?
질 감	만져보니까 느낌이 어때? 어디가 매끌매끌하지? 여기는 부드럽다. 이건 까끌까끌하네. 이건 딱딱하네.
공 간	이 그림에 꽃은 어디 있지? 호수가 넓은데. 호수 앞에 뭐가 있지?

4) 새로운 미술 놀이 초대하고 상호작용하기

새로운 재료나 도구가 제공되고 교사가 놀이에 참여하면 영아들은 자연스럽게 교사 근처로 모여 놀이에 참여하곤 한다. 교사는 영아가 미술 재료, 도구, 활동 방법(미술 기법)을 탐색하도록 도와 영아를 미술 놀이에 참여하도록 초대할 수 있다.

망설이는 영아가 있다면 '크레파스를 움직이면 어떤 모양이 나올까?', '선생님 손이 움직이면 어떻게 될 것 같아?', '우리 같이 해볼까?'와 같은 질문으로 미술 놀이 참여를 유도할 수 있다. 교사는 또한 '아~ 선생님은 이렇게 그려볼래. 어때?', '이건 이렇게 사용해 보면 어떨까?'라며 표현 방법의 모델을 보여주어 영아가 모방하도록 도울 수 있다. 또한 미술 놀이 중 영아의 노력에 대해 격려하도록 한다. '우와~ 멋지네'와 같은 막연한 칭찬보다는 '색종이를 찢어 붙이고 그림도 그렸구나', '크레파스로 동그라미를 크게 그렸구나'와 같은 구체적인 격려가 필요하다.

교사가 새로운 미술 놀이를 소개하며 영아가 참여하도록 초대하여도 미술 놀이에 참여하기 꺼리는 영아가 있을 수 있다. 이런 경우 영아의 선택을 존중한다. 한마디로, 초대하고 상호작용하고 그리고 물러서도록 한다.

5) 전 시

영아의 작품에 이름을 써 전시해 주어 영아로 하여금 자신의 작품이 소중이 다루어지고 있다고 느끼도록 한다. 특정 영아의 작품만이 아니라 모든 영아의 작품을 전시하고, 일정 기간이 지나면 교체한다. 영아의 작품에 배지를 대거나 액자와 같은 틀을 사용하여 영아의 작품이 돋보이게 한다. 배지는 작품마다 다르게 할 수 있지만 여러 영아의 작품을 함께 전시할 경우 통일성 있게 하는 것도 매력적일 수 있다. 벽면에 전시할 경우, 영아의 눈높이에 맞추고, 작품이 서로 겹치지 않도록 적당한 간격을 두고 배치하고, 대칭이나 비대칭을 활용하여 전체 작품들이 매력적으로 보이도록 전시한다. 교실의 벽면뿐 아니라 창문, 복도, 화장실, 천장 등을 이용한다.

천사점토를 이용한 영아들의 작품을 낮은 긴 의자 위에 전시

8. 음악 놀이

음악은 신체조절 능력, 인지 능력, 의사소통 능력이 부족한 영아에게 다른 사람과 상호작용할 수 있는 좋은 수단이다. 영아에게 즐거움을 주고 창의성 발달, 심미감 발달, 정서 발달에 도움을 준다. 음악 활동은 유아교육현장에서 빈번히 이루어지는 놀이지만 노래 부르기나 신체 표현에 편중되어 진행되고 음악 감상 등은 소홀한 편이다(김옥주, 2006). 영아는 다양한 소리와 음악을 듣고 노래를 부르고 소리와 악기를 탐색하며 표현의 즐거움을 경험할 수 있고 음악에 맞추어 신체를 움직이며 긴장감을 해소할 수 있다.

영아는 태어나면서부터 주변의 소리에 민감하게 반응한다. 한 연구에 따르면, 생후 1일 된 영아도 여러 종류의 음악소리를 좋아하는 것으로 보고되었다. 젖꼭지를 빠르게 빨면 음악이 나오고 느리게 빨면 소음이 나오도록 하였더니 영아는 음악이 들리도록 빨기 속도를 빠르게 조절하였다(Butterfield & Siperstein, 1972, 이화도 2009 재인용).

음악소리를 지각하는 능력은 거의 생득적인 능력으로, 12개월 이전 영아들도 소리와 음색, 음 흐름, 음높이, 음정, 리듬과 같은 음악적 개념을 지닌 것으로 알려졌다. 또한 영아는 목소리를 이용하여 소리를 실험하기도 하고, 음악에 맞춰 즉흥적으로 반응하거나 움직이기를 좋아하며 소리 나는 물건에 관심을 보이며 소리탐색을 한다. 언어를 습득하기 시작하면서 완전하지는 않지만 노래 부르기를 좋아하여 18개월경부터 자발적인 노래 부르기가 관찰되기도 한다(김혜경·이영애, 2012).

영아는 태어나면서 어느 정도 음악적 개념과 음악적 표현 능력을 지녔다고 볼 수 있다. 음악경험을 통해 영아의 음악적 개념이나 표현 능력과 같은 음악성을 키우고, 음악에 대한 긍정적 사고와 행동의 경향인 음악적 성향을 형성하도록 한다. 즉, 음악을 좋아하고 삶 속에서 음악을 향유하도록 도와야 한다.

영아에게 있어 음악은 집단으로 모여 음악을 감상하거나 이에 맞춰 몸을 움직이는 활동을 하는 방식보다는 비형식적인 일상적 환경으로 다가가는 것이 바람직하다. 영아들은 실내·외 놀이시간에 자연스럽게 자연과 주변의 소리와 음악을 듣고, 소리와 음악에 맞춰 몸을 움직이며, 악기를 탐색하고, 소리를 듣고 만들어 볼 수 있다. 대집단 형태의 수업으로 작곡자나 곡의 제목을 알려주며 음악에 대한 지식을 강조하는 음악 감상이나 장구와 같은 악기연주는 영아에게 적절하지 못하다.

음악의 개념은 음악의 구성요소로 음악교육의 내용이 된다. 영아가 음악의 개념을 모두 이해할 수는 없지만 2세 영아도 음색, 음높이, 멜로디, 화음, 셈여림, 박/박자/리듬, 빠르기의 음악 개념을 경험하도록 도울 수 있다(김옥주, 2006; 황인주, 2008). 영아를 위한 음악경험을 음악 감상, 노래 부르기, 악기 탐색과 연주, 음률로 나누어 살펴보면 다음과 같다.

1) 음악 감상

교사는 영아가 다양한 장르의 음악을 들을 수 있도록 돕는다. 등원 시 경쾌하고 밝은 음악을 들려주거나 잠자려고 할 때 조용한 음악을 들려주는 등 일상생활에서 자연스럽게 여러 종류의 음악을 들을 수 있도록 한다. 음악뿐 아니라 영아 자신·친구·가족의 목소리, 주변 환경의 여러 소리를 직접 들려주거나 녹음하여 들려주는 것도 영아의 소리에 대한 관심을 확장시킬 수 있다.

2) 노래 부르기

영아는 성인의 노래 소리를 좋아한다. 교사가 노래를 잘 못할 경우 음원을 사용할 수 있고, 간단한 손유희를 곁들일 수 있다. 영아에게 일상생활에서 친숙한 노래를 자주 들려주고, 노래에 영아의 이름을 넣어 불러주는 것도 좋다. 영아가 처음 노래 부를 때는 노래의 전체를 부르지 못하고 몇 구절만을 부르려고 한다. 교사는 영아가 소리를 내고 노래를 부르려 시도할 때 이를 격려하고, 영아의 속도에 맞춰 함께 부르도록 한다.

3) 악기 탐색과 연주

영아는 목소리와 신체 부분 이외에도 놀잇감, 주변의 물건, 단순한 리듬악기를 이용하여 빠르고 느린 소리, 크고 작은 소리를 탐색할 수 있다. 1세 이전의 영아의 경우, 소리 나는 모빌, 방울 팔찌, 딸랑이와 같이 소리를 만들어 낼 수 있는 놀잇감을 통해 자신이 몸을 움직일 때마다 소리가 난다는 것을 이해하도록 도울 수 있다. '어떤 소리가 날까?', '어떤 소리가 났어?', '딸랑딸랑 소리가 나네', '이번에는 흔들어 볼까?'와 같이 상호작용하여 영아가 다양한 방법으로 소리를 만들고 들어보도록 한다.

1세가 지나면 마라카스, 짝짝이, 리듬막대, 우드블록, 레인스틱, 방울벨, 핸드실로폰, 작은북과 같은 악기를 제공하여 영아가 누르고 두드리고 부딪치며 소리를 탐색하도록 한다. 악기의 이름을 알거나 리듬에 맞춰 악기를 연주하거나 교사의 연주를 따라 하기보다 '이 악기는 어떻게 생겼어?', '어떻게 하면 소리가 날까?', '두드리고 있구나', '또 어떻게 해 볼까?'와 같이 영아가 악기를 탐색하고 자유롭게 두드리고 흔들고 치며 소리를 내보도록 돕는다. 한꺼번에 다양한 악기를 내어주면 오히려 시끄럽기만 하고 음악적 요소를 탐색하기 어려우므로, 비슷한 계열이나 종류의 악기를 순차적으로 배치한다.

플라스틱병을 두드리며 울리는 소리에 흥겨워하는 영아(0세반)

4) 음 률

음악에 맞춰 신체를 움직이는 음률의 경우, 교사의 율동을 따라할 수도 있지만, 영아가 음악을 듣고 흥겨워 나름대로 움직이는 몸짓을 율동으로 표현하도록 돕는다. '이 음악을 들으니까 기분이 어떠니?', '어떻게 몸을 움직이고 싶어?', '팔을 움직이고 있구나', '머리는 어떻게 움직일까?'와 같이 상호작용하며 영아의 자연스러운 몸짓을 격려한다. 거울이나 활동 사진을 벽면에 붙여주고, 스카프나 끈과 같이 자유롭게 움직일 수 있는 소품을 준비하여 영아가 다양하고 창의적인 신체표현을 할 수 있도록 한다.

1세 영아의 노래 창작

S어린이집 1세 ㅇㅇ반 교사들은 영아들이 음악을 풍요롭게 경험하도록 노력하고 있다. 영아들에게 하고픈 말을 노랫말로 개사하여 부르기도 하고, 일상 속에서 다양한 음악을 들려주었다. 영아들이 접하기 쉽지 않은 뮤직 파이프, 글로켄슈필, 글라스 등의 악기도 제공하고, 악기 연주 방법을 소개하지 않고 영아가 호기심을 가지고 나름의 방식으로 탐색하도록 도왔다. 영아들이 만들어내는 소리에 귀 기울이고 예민하게 반응하려 노력하고, 교사들이 참여하는 연주회를 열기도 하였다.

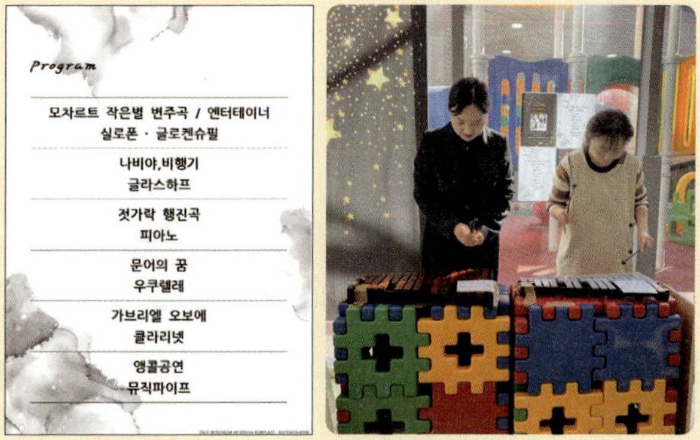

교사 연주회

어느 날, 영아들이 놀이와 일상 중 자발적으로 노래를 창작함이 발견되었다. 영아들은 놀이에 몰입하면서 흥얼거렸다. 놀이하며 하고 싶은 말, 또래와 이야기를 나누며 주고받는 말, 먹고 싶은 간식 메뉴 등을 노랫말로 하고, 여기에 가락과 리듬을 넣어 창작곡을 만들어 불렀다. 한 사례만 소개하면 다음과 같다.

2023년 가을 어느 날 오전, 영아들이 곤충을 관찰할 수 있도록 돋보기와 잠자리채를 준비하여 근처 수변공원으로 나들이를 나갔다. 영아들은 돋보기와 잠자리채를 양손에 들고 넓은 잔디밭을 걷거나 뛰며, 잔디밭과 하늘을 번갈아 보며 곤충을 찾았다. 그러다 목표가 잠자리에서 가상의 인물인 도둑으로 바뀌었다. 곤충 찾기가 경찰 놀이로 변형된 것이다. 세영이는 경찰 놀이 중 무엇인지 흥얼거렸고, 흥얼거린 멜로디에 가사를 붙였다. "경찰! 경찰! 도둑 잡으는 경찰! 경찰! 경찰! 어디 어디 숨었나! 찾아서 보니 없어서 나쁜 도둑이 나타나면은 찾아내! 찾아내! 찾! 아! 내!"라는 가사에 멜로디를 넣어 노래하였다. 창작곡의 도입부는 영아의 순수 창작이었고, 후반부는 배운 노래를 일부 변형한 스타일이었다. 경찰 놀이를 함께 하던 민서도 세영이의 창작곡을 따라 부르고, 손을 앞뒤로 흔들며 박자에 맞춰 몸을 움직였다.

교사는 영아가 노래를 창작할 때, 영아의 말과 행동에 귀 기울였다. 고개를 끄덕이고, 박자를 맞추거나 허밍으로 노래를 따라 부르기도 하였다. 영아가 노래를 창작할 때마다 동영상 촬영을 하였다. 영아의 자작곡을 'Maestro'라는 App을 활용하여 악보로 제작하였다.

'Maestro' App을 활용하여 제작한 세영의 창작곡 '경찰 놀이' 악보

교사는 영아에게 촬영한 동영상을 보여주었고, App의 악기 재생, 목소리 재생 기능을 활용하여, 피아노, 바이올린, 성인의 목소리로 창작곡을 들려주었다. 곡의 빠르기도 변주하여 들려주었다. 다양하게 변주된 창작곡을 들은 영아들은 놀이하며 자주 흥얼거렸다.

교사는 영아가 만든 창작곡 악보와 촬영된 동영상을 부모님께 전하며, 가정에서도 유사한 장면이 발견되는지 문의하였다.

알림장(○○○반)

날짜: 2023년 10월 31일

지난번 가을 나들이 때 ○○의 놀이 중 노래를 작사 작곡하는 모습을 우연히 관찰하게 되었습니다. 그 장면이 너무 인상적이어서 어머님께 공유하고 싶어서 알림장을 남깁니다~ ○○는 돋보기를 얼굴 앞에 들고 □□를 따라 뛰며 경찰놀이를 했어요. ○○는 경찰 놀이 중 하고싶은 말에 가락과 리듬을 넣어 자작곡을 만들어 노래부릅니다. 같이 경찰놀이를 하고 있던 □□도 ○○의 자작곡을 같이 따라불렀어요. ○○는 '경찰! 경찰! 도둑 잡으는 경찰! 경찰! 경찰! 어디어디 숨었나! 찾아서 보니 없어서, 나쁜 도둑이 나타나면은 찾아내! 찾아내! 찾! 아! 내!'의 노래가사에 멜로디를 넣어 노래했어요. ○○의 자작곡을 악보로 그려 사진을 올려드립니다. ○○의 자작곡은 4분의 4박자에 거의 일치한다고 볼 수 있었고 규칙적인 리듬 패턴을 보이고 있었습니다. 노래의 뒷부분은 '작은별'과 유사한 멜로디로 들리지만 ○○가 가사에 맞추어 창의적인 리듬으로 변형한 것을 알 수 있었어요. 피아노로 연주된 파일도 있는데 ○○와 함께 악보를 보여주시면서 같이 들어보셔도 좋은 경험이 될 것 같아요!! 녹음본은 알림장에 올려지지가 않아서 문자로 보내드리겠습니다!! 요즘 교실에서도 ○○의 창작곡을 간간히 볼 수 있는데~ 그것을 관찰하는 것이 저의 소소한 즐거움이랍니다~ 가정에서도 ○○의 작사 작곡하는 모습이 보이면 공유해주세요^^

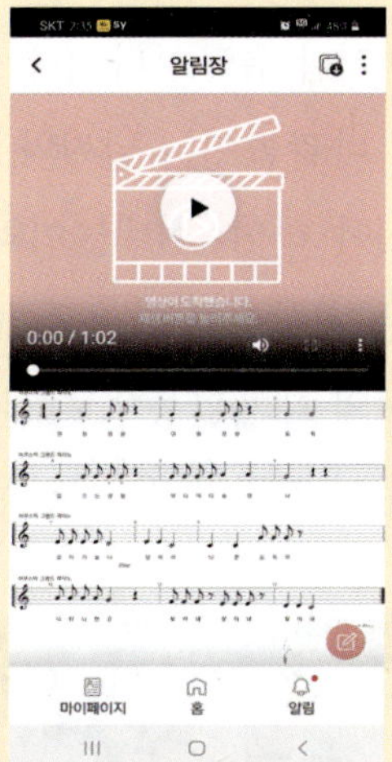

스마트 알림장_App을 활용한 영아의 노래 창작에 대한 부모와의 소통

부모에게도 그동안 무심코 지나쳤던 자녀의 행동을 주의 깊게 관찰하는 기회가 되었다.

미술 놀이와 음악 놀이에 도움을 주는 그림책

- 데보라 언더우드 글, 레나타 리우스카 그림(2016). 시끄러운 그림책. 미세기.
- 레오 리오니(2003). 파랑이와 노랑이. 물구나무.
- 샘 태플린 글, 가레스 루카스 그림(2020). 동물 오케스트라. 어스본코리아.
- 이야기상자(1995). 쿵쿵, 고릴라의 북소리. 웅진출판.
- 최숙희(2013). 곤지곤지 잼잼. 푸른숲주니어.

9. 바깥놀이와 나들이

하루 종일 보육시설에서 지내는 영아들의 일상이 단조롭고 지루하지 않도록 하기 위해, 실내뿐 아니라 햇빛, 바람, 흙이 있는 실외에서 매일 놀이할 수 있도록 도와야 한다. 넓은 공간에서 자유롭게 움직일 수 있는 바깥놀이는 신체 발달을 돕고, 신선한 공기를 접하고, 자연을 관찰하고 즐기는 기회를 제공한다. 이동 능력이 없는 영아도 외기욕을 하거나 유모차나 평상을 이용할 수 있다.

바깥놀이는 날씨와 온도의 변화, 영아들의 건강 상태를 고려하여 융통성 있게 조정되어야 하며, 실내놀이와 연계하여 균형 있게 이루어져야 한다. 황사나 미세먼지 등과 같은 기상현상에 유의해야 하며, 장마철의 경우 바깥놀이와 유사한 신체 놀이를 바깥놀이의 대체활동으로 실시할 수 있다. 겨울에도 춥다고 무조건 실내에서만 지내기보다 기온이 가장 높은 시간을 골라 바깥놀이를 하는 것이 바람직하다.

겨울에 실외에서 놀이하는 영아들

바깥놀이에서도 실내놀이에서 영아의 탐색과 놀이를 지원하는 방법은 그대로 적용된다. 이 외 바깥놀이 시 유의해야 할 점들을 정리하면 다음과 같다(손순복 외, 2015; 이명순 외, 2010).

- 영아가 신체 기능을 탐색하고 새로운 운동 능력에 도전하는 경우 칭찬해 주고, 만약 성공하지 못하는 경우 실망하지 않도록 격려해 주며 적절한 수준으로 놀이를 조정해 준다. '다리가 이만큼이나 올라가네', '몸을 공처럼 동그랗게 구부릴 수 있구나', '여기 말고 조금 아래쪽에서 뛰어내려 볼까?', '선생님이 뒤에서 잡아줄게. 같이 내려갈까?'

교사의 도움을 받고 미끄럼을 내려옴

- 실외에서는 영아의 활동 반경이 넓어지므로 '선생님이 보이는 곳에서 놀자', '여기 턱 안에서만 놀이하자'와 같이 놀이 공간에 대해 명확하게 이야기한다. 놀이 공간을 확인하기 위해 놀이 시작 전에 영아들과 함께 놀이 공간의 경계를 걸어보는 것도 좋다.
- 교사의 목소리가 들리지 않을 것을 대비하여 신호 악기와 신호 약속을 정한다.
- 놀이기구를 안전하게 사용할 수 있도록 개별적으로 상호작용한다.
- 자동차를 끌고 다닐 경우 실내와 다른 바닥면을 경험하도록 한다.
- 물·모래를 활용하여 섞거나 모래에 물을 이용하여 그림을 그리거나 모래를 쌓는 등의 다양한 놀이를 제시하고 안내한다.
- 동·식물을 관찰하고 자연을 가까이하는 경험을 가질 수 있도록 상호작용한다. 예를

들어, '오늘은 하늘에 구름이 별로 없네', '이 나뭇잎 색깔 좀 봐', '개미가 어디로 가는 걸까?'

- 바깥놀이 후 영아의 건강 상태나 요구에 따라 조용한 놀이를 지원한다.
- 바깥놀이에서 영아가 관심을 가진 자료나 놀이가 실내로 이어질 수 있도록 지원한다.

공놀이하는 영아

동물을 관찰하는 영아

텃밭에서 식물을 관찰하는 영아

돌 놀이 중인 영아들

어린이집에서 하루 종일 생활하는 영아들은 낮 시간에 부모와 외출할 기회가 적으므로 나들이와 견학을 자주 계획한다. 2~3세의 경우 성인 1명이 3~4명의 영아를 데리고

가도록 계획하고 가까운 곳에서 시작하여 점차 먼 곳까지 나가본다. 나들이 시 영아의 이름과 연락처가 적힌 이름표를 목에 걸어주고, 화장실을 꼭 들렀다가 나가도록 한다. 만약을 대비해 간단한 구급약품과 여벌옷을 준비해 간다.

유모차를 타고 교사와 함께 나들이를 나간 영아들

다음은 주로 실내에서 이루어지는 미술 놀이가 실외에서 이루어진 정경과, 텃밭에서 이루어진 진흙 놀이가 실내로 이어진 사례이다. 실내·외의 놀이가 서로 연계될 수 있도록 지원할 필요가 있다.

실외에서 빗물을 이용한 미술 놀이 중인 영아들

실외에서 큰 종이에 그림을 그리는 영아

텃밭 근처에서 물웅덩이를 발견한 영아들은 물장구를 치기도 하고, 초콜릿 공장이라며 진흙 놀이를 즐겼다. 영아들은 진흙 놀이가 즐거워 '더 놀다 가요, 더 하고 싶어요'라며 어린이집으로 돌아갈 것을 거부하였다. 교사는 어린이집에 가서 진흙 놀이를 해보자고 제안하며 떠나기 싫어하는 영아들을 데리고 어린이집으로 돌아왔다.

텃밭에서 작물에 물을 주다 우연히 물웅덩이가 생긴 것을 발견하고 첨벙첨벙 물장구치듯 놀이함

물웅덩이를 발견하고 물을 더 부어 '여기는 초콜릿 공장이야, 초콜릿 만들어'라며 진흙 놀이를 즐김

영아들의 놀고 싶은 욕망을 받아들여 교사는 다음 날 실내에 진흙 놀이를 준비했다. 처음에는 교실에서 놀았는데, 보다 편안하게 놀이할 수 있도록 화장실로 자리를 옮기기로 했다.

다음 날 교사는 화장실에 진흙 놀이를 준비했다. 자동차 주차장 놀이, 초콜릿 공장 놀이가 진행되었고, 손바닥 찍기와 발바닥 찍기 등의 놀이가 바닥뿐 아니라 벽면을 이용하여 이어졌다. 영아들은 진흙의 질감을 느끼며 '스케이트 타는 것 같아요. 미끌미끌한 머드팩이에요'라고 하였다. 이후 진흙 놀이는 여러 날 동안 이어졌다.

10. 전이 및 소집단 활동

전이시간은 실내·외 놀이와 식사와 같이 놀이와 다음 놀이나 활동으로 이어지는 사이의 시간이다. 대체로 1세 후반부터 나타난다. 실내 자유놀이 후 정리정돈이 끝나면 화장실로 가거나 실외로 나가기 전에 잠시 모여 이제 무엇을 할 것인지, 어느 장소로 이동할 것인지 이야기를 나누는 전이시간을 가질 수 있다. 유희실이나 실외와 같이 영아반 보육실 밖으로 나갈 예정이라면 교실 출입문 근처에서 모일 수 있다. 전이시간에는 노래 부르기, 손유희, 손뼉치기, 선생님 따라 움직이기, 수세기 등의 놀이를 짧게 계획하여 진행할 수 있다.

집단 활동은 여러 영아가 동일한 활동을 동일한 시간에 참여하는 활동이다. 영아의 요구는 매우 다양하여 각 영아의 요구에 민감하게 반응하려면 집단 활동보다 개별 활동이 적절할 것이다. 영아의 경우, 여러 영아가 한 장소에 모이는 것 자체가 어려운 일이며, 따라서 형식적인 형태로 전체 영아가 모이는 대집단 활동은 부적절하다.

어린이집 평가제에서는 집단활동을 바람직하지 않은 것으로 소개하고 있다. 그러나 소집단 활동까지 무조건 진행하지 말아야 한다는 의미는 아니다. 발달이 비슷하고 또래에 흥미를 보이는 영아들의 경우 3~4명이 함께 놀이할 수 있기 때문에, 놀이 도중 자연스럽게 형성되는 3~4명의 소집단 놀이나 활동은 진행될 수 있다. 영아의 탐색과 놀이를 관찰하고 이를 지원해 줄 방법으로 소집단 활동을 계획하여 진행할 수도 있다. 다만, 소집단의 놀이와 활동에 참여하지 않는 영아를 억지로 참여하도록 강요하지 않아야 한다. 영아와 함께 할 수 있는 소집단 활동에는 책 읽기, 신체 놀이, 게임, 음악이나 율동, 손인형이나 그림 이야기 등이 있다.

소집단 놀이나 활동에 참여하지 않는 영아는 아직 하던 놀이를 더 하고 싶거나 관심은 있지만 소극적이어 멀리서 지켜보고 있을 수 있다. '○○아 우리 모여서 놀이할 건데, 아직 놀이가 끝나지 않았구나. 아니면 옆에서 보고 싶어? 그럼 하던 놀이 하고, 옆에서 보다가 친구들이랑 같이 놀이하고 싶으면 언제나 이리로 와~ 준비가 되면 알려줘, 같이 놀이하게~'라고 이야기해 영아에게 놀이를 자유롭게 할 수 있고, 원하면 언제든지 참여할 수 있음을 알려준다.

소집단 음률 활동에 참여하는 영아들

소집단으로 그림책 읽기를 듣고 있는 영아들

소집단으로 신체활동에 참여하는 영아들

제9장

심리적 지원

장시간 집단으로 생활하는 영아가 건강하고 즐겁게 생활하고 놀이하며 그 속에서 배움을 만들어 가기 위해서는 그 무엇보다 심리적 안정감이 필요하다. 영아는 심리적 안정감을 토대로 어린이집이라는 공간, 또래, 놀잇감 등과 역동적인 관계를 형성할 수 있다. 첫 사회 경험을 하는 영아가 따뜻하고 긍정적인 심리적 관계를 형성함은 당장 어린이집 생활 전체에 영향을 미칠 뿐 아니라 영아의 사회·정서 발달 전반에 큰 영향을 미칠 수 있다.

교사는 영아를 안아주고, 쓰다듬는 등 신체적 접촉뿐 아니라 따뜻한 눈빛, 표정, 몸짓, 말로 영아와 애정 어린 긴밀한 관계를 형성하도록 노력해야 한다. 영아의 말뿐 아니라 시선, 소리(옹알이, 끙끙거림, 울음 등), 표정, 손짓(가리킴, 만짐 등), 몸짓(다가감, 멈춤 등) 등 비언어적 의사표현에 세심하게 주의를 기울이도록 한다. 영아가 무엇을 바라보고 느끼는지 영아의 시선을 따라가기 위해 때로는 몸을 숙이거나 낮추기도 하고, 영아의 작은 몸 움직임까지 민감하게 알아차리고, 이에 맞춰 몸과 마음으로 영아와 상호작용해야 한다. 교사는 개별 영아의 기질과 특성을 고려하여 상호작용하며 영아를 존중하고, 영아 스스로 자신을 존중하며 또래와 따뜻하고 긍정적 관계를 형성하도록 도와야 한다.

이 장에서는 영아의 행복하고 건강한 어린이집 생활과 사회·정서 발달을 돕기 위한 심리적 지원으로, 영아의 어린이집 적응, 자기 이해, 타인과의 관계 형성, 정서 이해, 거친 행동에 대한 지원 방법에 대해 알아보고자 한다.

1. 어린이집 적응 돕기
2. 자기 이해 돕기
3. 타인과의 관계 형성 돕기
4. 정서 이해 돕기
5. 거친 행동 지도하기

제9장

심리적 지원

1. 어린이집 적응 돕기

적응(adaptation, 適應)이란 일정한 조건이나 환경 따위에 맞추어 응하거나 알맞게 됨으로써, 주위 환경과 생활이 조화를 이룸을 의미한다. 적응은 인간이 새로운 상황을 만날 때마다 필요한 과정일 것이다.

영아에게 어린이집 등원은 주양육자와 헤어져 종일 익숙하지 않은 낯선 환경에서 교사뿐 아니라 여러 영아와 함께 생활해야 함을 의미한다. 영아에게는 낯설고 불안한 변화라고 할 수 있다. 따라서 영아가 어린이집을 안전하고 편안한 장소로 여기며 생활할 수 있도록 영아의 어린이집 적응을 위한 세심한 배려가 필요하다.

1) 어린이집 적응의 의미

영아의 어린이집 적응은 영아가 주양육자와 울지 않고 헤어지고, 급간식과 배변, 낮잠 등 일과와 놀이에 무리 없이 참여하는 것을 기준으로 삼을 수 있다. 그러나 적응이란 주양육자와의 헤어짐이나 일과에 대한 적응뿐 아니라 규칙과 같은 보이지 않는 요소에도 적응해야 하는 복잡한 과정이다. 따라서 영아의 적응 여부를 판단할 때 영아가 자신감을 가지고 즐겁게 생활하고, 교사 및 또래와 긍정적인 관계를 형성하며, 도움이 필요한 경우 도움을 청하고, 타인을 배려하는 친사회적 행동을 보이는지 다양한 차원에서 살펴봐야 할 것이다. 즉, 영아가 단순히 울지 않고 주양육자와 헤어짐으로 적응되었다고 단정 짓지 말고 세심한 관찰과 지원을 제공해야 한다(구수연, 2005a).

영아의 어린이집 적응은 어린이집의 물리적 환경, 교사와 또래와 같은 어린이집과 해당 학급의 인적 구성원과 같은 외적 요인뿐 아니라 영아의 연령, 성별, 기질, 애착, 사전 경험, 부모의 양육 태도와 같은 영아 내적 요인에 영향을 받기도 한다. 따라서 교사는 영아의 개인적 요인들을 다각적으로 고려하여 영아의 적응을 보살펴야 할 것이다.

영아는 적응과정에서 부적응 행동을 보일 수 있다. 부적절한 울음이 증가하거나, 오랜 시간 가만히 앉아 다른 영아들을 쳐다보며 소극적으로 행동하거나, 교실의 규칙이나 행동의 한계를 시험해 보려 하거나, 놀잇감을 독차지하려 하거나 망치고 던지는 과도한 행동을 보이기도 한다. 그러나 이러한 행동은 적응과정에서 나타나는 과정적 행동일 수 있으므로 교사는 이를 문제행동으로 단정 짓지 말고, 상황과 맥락을 고려한 현명한 판단을 내려야 한다. 영아는 적응과정에서 탐험적 행동을 하거나 환경 내에서 자신의 움직임과 허용범위를 알아가거나 스트레스 표출 행동을 하거나 또래와 동조화 행동을 할 수 있기 때문이다(박찬옥 외, 2009).

또한 초기에는 잘 적응한 것으로 보이던 영아가 5, 6월에 갑자기 자주 울음을 터트리며 어려움을 겪는 일도 있다. 초기 적응 기간에 주양육자와 잘 헤어지고 교사와 상호작용도 잘하는 영아는 시간이 지나면 놀잇감을 가지고 혼자 놀이도 잘하고 또래와 놀이도 잘하기 마련이지만, 간혹 시간이 흘러도 교사만 졸졸 따라다니거나 또래와의 놀이에 전혀 관심을 보이지 않는 경우가 있다. 이런 경우 적응이 잘 이루어졌다고 보기 어렵다.

이러한 점을 고려하여 적응을 단시간에 완성되는 것이 아니라 지속해서 이루어지는 과정의 개념으로 바라보아야 한다는 연구자도 있다(구수연, 2005a). 한 마디로 영아의 적응을 위한 교사의 지속적인 관찰과 지원이 필요하다. 어쩌면 적응은 1년 내내 이루어지는 과정일 수 있다.

적응은 영아, 교사, 부모 모두에게 쉽지 않은 과정일 수 있다. 그러나 영아의 적응이 부정적인 결과만을 초래하는 것은 아니다. 영아가 적응을 통해 겪는 갈등과 혼란은 반대로 영아의 성장에 기여하기도 한다. 우리는 평생 지속해서 새로운 상황을 만나고 그때마다 적응해야 한다. 영아의 어린이집 적응 과정은 문제를 해결해 보는 중요한 경험이 될 수 있다.

2) 영아의 어린이집 초기 적응 프로그램

어린이집마다 운영 방식과 기간에 차이는 있지만 영아의 적응을 돕기 위한 초기 적응 프로그램이 운영된다. 영아의 어린이집 적응 프로그램은 어린이집 환경 탐색과 교사 및 또래와 유대감 형성, 점진적 일과 적응을 위해 새로운 환경 둘러보기, 부모와 함께 적응하기, 부모와 헤어져 적응하기, 일과 적응하기의 과정으로 진행된다. 일주일에서 1~2달까지 여유를 두고 점진적으로 실행되며, 연령이 어릴수록 천천히 진행되곤 한다. 영아의 적응 상황을 검토하며 융통성 있게 운영되어야 하지만, 적응 프로그램의 대략적인 흐름은 〈표 9-1〉과 같이 제시될 수 있다.

〈표 9-1〉 영아 적응과정의 예

구 분	보육 시간	내 용	교 사
적응 기간 (1~2주 또는 1개월 이상)	10:00~11:00	짧게 방문하기 보호자와 함께 놀이하기	눈인사 영아 관찰
	10:00~12:00	보호자와 함께 놀이하기 오전 간식 먹기	눈인사 영아 관찰 간식 제공하기
	10:00~12:00	보호자 있는 상태에서 교사와 함께 놀이하기 오전 간식 먹기	영아와 인사 놀잇감 소개 영아와 함께 놀이하기 간식 제공하고 함께 먹기
	10:00~12:00	보호자와 잘 헤어지기 교사와 놀이하기 오전 간식 먹기	보호자와 헤어짐 지지하기 우는 영아 달래기 안아주고 이야기 나누기 간식 제공하고 함께 먹기
	10:00~13:00	보호자와 인사하고 헤어지기 놀이하기 오전 간식, 점심 먹기	보호자와 헤어짐 지지하기 잦은 만남 제공하기 영아의 감정을 언어로 표현해 주기 간식과 점심 제공하고 함께 먹기
	10:00~15:30	보호자와 잘 헤어지기 교사뿐 아니라 친구와 놀이하기 낮잠 자기	보호자와 헤어짐 지지하기 스킨십 제공하기 간식과 점심 제공하고 함께 먹기 낮잠 등 일과 적응 돕기
	9:30~17:00	일과에 적응하며 종일 지내기 친구 사귀기	일과 적응 돕기 영아의 적응 행동 칭찬하기 친구 소개하기
적응 후	9:30~17:00 이후	일과에 적응하기 친구 사귀기	지속해서 관찰하고 영아 지지하기

3) 신입 원아, 수시입소 신입 원아, 재원아를 위한 차별화된 적응 프로그램

3월에 새로 어린이집에 다니게 되는 신입 원아의 적응을 중심으로 적응 프로그램이 운영되지만, 3월 이후 연중 단독으로 적응이 필요한 수시입소 신입 원아, 전 연령 동안 해당 어린이집에서 생활하다 3월부터 새로운 학급으로 이동하게 된 재원아의 적응에 대한 배려도 필요하다.

신입 원아의 경우, 3월에 동시에 많은 영아가 함께 적응하게 되는 어려움이 존재한다. 낯선 공간에서 주양육자와 헤어져 지내는 것 자체도 어려운 일인데 많은 수의 낯선 또래와 장시간 함께 생활해야 하는 상황이기 때문에 영아의 부적응 행동이 발생할 수 있다. 따라서 가능하면 신입 원아 전체를 대상으로 동일한 시간대에 적응 프로그램을 진행하기보다는 소그룹별로 시간대를 달리하여 소수의 영아가 함께 적응 프로그램에 참여할 수 있도록 운영하는 것이 좋다.

수시입소 신입 원아의 경우, 또래들이 이미 적응을 마쳐 안정된 보육실 분위기가 유지됨에 따라 적응이 조금 수월하게 이루어질 수 있다. 그러나 학기 초 적응 프로그램의 경우 적응이 쉽지 않다는 점을 고려하여 천천히 진행되는 데 비해, 수시입소 신입 원아의 적응 프로그램은 단시간에 진행되어 뜻밖의 어려움이 발생하기도 한다. 또한 교사들에게 학기 초 적응과정에서 발생하는 영아의 부적응 행동은 당연한 행동으로 받아들여지는 데 비해 수시입소 신입 원아가 적응과정에서 보이는 부적응 행동은 새삼스러운 일종의 퇴행 행동으로 느껴질 수 있다.

재원 영아의 경우 이미 현 어린이집에 익숙하다는 장점을 지닌다. 대체로 신입 원아보다 적응과정이 쉽게 진행되기는 하지만 재원아 입장에서 보면 어린이집만 동일한 어린이집이지 교실, 교사, 또래 모두 새로운 환경이다(구수연, 2005a). 특히 영아의 연령이 높아질수록 교사당 보육 영아의 수가 많아지기 때문에 영아 입장에서는 교사의 관심과 상호작용이 소홀해졌다고 느껴질 수 있다. 또한 주양육자와 헤어지기 어려운 신입 원아의 울음소리, 이들을 달래기 위해 애쓰며 자신 곁에 존재하지 않는 교사는 재원아에게 불안정한 환경으로 작용할 수 있다. 특히 신입 원아의 적응 기간 동안 주양육자가 교실에 함께 지내는 기간이 있는데, 이때 재원아의 부모가 부재한다면 재원아에게는 더없는 부담으로 작용할 수 있다. 따라서 재원아 역시 새로운 적응이 필요함을 인식하고 신입 원아 못지않은 배려가 필요하다.

새 학기로 진입하기 전 아직 신입 원아들이 등원을 시작하기 전에 재원아들의 적응을 위해 새 담임교사가 기존의 교실로 들어와 기존의 교실에서 기존의 또래와 함께 놀이하는 시간을 갖거나 새 교실로 기존의 교사와 함께 이동하여 새로운 교실에서 새로운 선생님과 기존의 선생님과 함께 놀이하는 시간을 갖는 등 재원아를 위한 특별 적응 프로그램의 운영도 고려해 볼 수 있다.

2. 자기 이해 돕기

영아가 자신이 신체적으로 독립된 행위주체성을 지닌 존재임을 인식하고, 자신에 대해 긍정적으로 생각하며 자신을 알아가고, 건강하게 자기주장을 펼치고, 자신의 욕구를 스스로 조절하며, 친사회적 행동을 하도록 도울 수 있다.

1) 자신에 대한 이해

영아가 자신에 대해 이해하도록 돕기 위해 우선, 영아가 자유롭게 움직이며 자신과 주변 환경을 탐색할 수 있도록 편안하고 넉넉한 옷차림과 안전한 공간을 마련한다. 또한 영아가 자기 신체에 관심을 가지고, 자신이 주체적으로 움직이고 이 움직임이 자신과 타인에게 영향을 미칠 수 있음을 이해하도록 돕는다. 즉, 손바닥이나 발바닥에 스티커를 붙여주거나 양말에 방울을 달아주고, '무슨 소리지? 딸랑딸랑 방울 소리가 들리네. 어떻게 하면 방울 소리가 들릴까? 아~다리를 흔드니까 소리가 나는구나'와 같이 이야기를 나누어, 자신의 움직임으로 스티커를 보거나 방울 소리를 들을 수 있음을 인식하도록 돕는다. 또한 영아의 욕구 표현에 신속하고 민감하게 반응하여, 자신의 욕구 표현이 타인의 행동을 유도할 수 있음을 인식하도록 돕는다.

신체를 시각적으로 탐색하고 자신을 인식, 즉 자아개념을 형성하는 데는 거울과 사진도 좋은 자료가 된다. '어, 여기 누가 있지? 누구세요? 안녕하세요? 아~ 우리 영채구나'와 같이 상호작용하며 거울에 비친 영아의 모습, 움직임을 말로 표현하여, 영아가 자기 모습을 인식하도록 돕는다. 교실에 전신 거울을 준비하여 평상시 자신의 움직임을 비춰보도록 하고, 낮잠 후 세수하고 얼굴에 로션을 바를 때에도 거울에 비친 얼굴과 몸에 대해 이야기를 나눌 수 있다.

거울을 보며 얼굴에 로션을 바르는 영아

영아와 함께 찍은 사진이나 동영상을 보며 사진이나 동영상 속 등장인물과 사건을 회상하며 이야기를 나눌 수 있다. 벽면에 영아들과 함께 한 놀이 사진을 붙여두고, '이 사진은 무슨 사진이지? 여기 사진에는 누가 있지? 언제였지? 기억나니? 아~ 공원에 갔을 때 ○○이가 찍은 사진이구나~'와 같은 이야기로 영아가 자신을 인식하고, 과거를 회상하도록 도울 수 있다.

영아에게 자아개념이 생기면서 자기주장도 강해지고 소육권 주장도 강해진다. 뭐든지 자기가 하고 싶어 하는 영아의 욕구를 인정하여 시간이 오래 걸리더라도 해볼 기회를 제공하고, '열심히 하는구나', '양말을 혼자 신으려고 애쓰는구나'와 같이 영아 스스로 하는 일에 대해 긍정적으로 평가해 준다. 영아는 아직 신체 조절력이 부족하여, 좋은 의도로 시작한 영아의 행동이 나쁜 결과로 끝나는 경우도 많다. 예를 들면, 친구에게 우유를 가져다주고 싶지만, 우유를 가져가다 쏟아버릴 수 있다. 이런 상황에도 교사는 영아의 행동에 대해 '친구에게 우유를 가져다주고 싶었구나. 도와주려는 마음이 참 따뜻하네'와 같이 영아 의도와 행동의 과정을 격려하고, 자칫 속상할 수 있는 영아의 마음도 어루만져 준다.

영아가 특정 사물이나 상황을 거부할 때, 자기주장을 펼치려는 욕구라는 점을 수용하여 여러 대안을 제시하여 영아에게 선택의 기회를 제공한다. 예를 들면, 옷을 입어야 하면 '바지부터 입을까? 아니면 모자부터 쓸까?', 기저귀를 갈아야 하면 '어떻게 기저귀를 갈까? 누워서 갈까? 서서 갈까? 어떤 기저귀로 갈까? 토끼 무늬 기저귀로 할까? ○○이가 골라보자'와 같이 제안한다.

영아가 혼자 하기 어려운 일을 하겠다고 주장하면, 과제를 나누어 부분적으로 해볼 수 있도록 기회를 준다. 예를 들어, 영아가 지퍼를 올리고 싶어 할 경우, 지퍼를 올리기 쉽도록 지퍼의 시작 부분을 끼우고 지퍼의 위쪽을 잡아주어, 지퍼를 올리는 부분은 영아가 하도록 한다. 이를 통해 영아가 최대한 성공하도록 돕는다. 성공 경험은 영아의 자아존중감에도 긍정적인 영향을 미친다.

또한 공유와 양보가 어려운 영아의 특성을 고려하여, 영아의 소유권을 인정한다. 영아가 놀이하고 있는 놀잇감은 영아가 원할 때까지 그 영아의 소유로, 영아에게도 이를 알린다. 또한 영아가 내 것과 타인의 것을 구분하도록 돕는다.

2) 자기조절력

자기조절력이란 상황과 사건에 맞추어 생각, 의도, 감정, 행동을 의도적으로 조정하고 다루는 능력이다(Thopmson, 2006). 자기조절력은 오랜 시간을 걸쳐 발달하지만, 영아기부터 발달하기 시작한다. 자아개념이 생기면서 자기주장이 강해지고, 타인에 대한 이해나 사회적 기술 등이 발달하는 과정이므로 영아에게 유아기나 그 이후 수준의 자기조절을 기대할 수는 없다. 그러나 신체적·심리적 욕구가 충족되고 예상할 수 있는 평화로운 일과 속에서 건강하고 안정적으로 생활할 때, 영아도 초보적인 수준의 자기조절이 가능하다(Kostelnik, Soderman, Whiren, Rupiper, & Gregory, 2015/2018). 특히 영아는 애정관계가 형성된 타인이 기대하는 행동을 하려 노력한다.

영아가 자신의 욕구를 조절하여 사회적으로 받아들여지는 행동을 하도록 돕기 위해, 무엇보다 물리적, 심리적 환경점검이 필요하다. 공간이 너무 좁아 원하는 그림을 보기 위해 또래를 떠밀 수밖에 없는지, 놀잇감이 적어 또래와 갈등이 발생할 수밖에 없는지, 교사나 또래에게 긍정적인 정서, 즉 애정을 느끼지 못하고 있는지, 영아의 입장에서 자신의 행동을 조절하고 타인을 배려하는 긍정적인 행동을 하지 못할 만한 부분이 있는지 검토해야 한다.

교사는 영아가 부적절한 행동을 할 때를 기다려 훈육하기보다 사전에 '말로 하자', '친구를 쓰다듬어 주자', '나누어 사용하자', '기다리자'와 같이 바람직한 행동을 간략하지만 구체적으로 반복하여 안내한다. '손잡이를 빨리 잡아당기면 친구가 다칠 수 있어. 천천히 하자'와 같이 자신의 행동이 타인에게 미칠 수 있는 영향을 알려주고, 행동의 방향을 바꿔주거나 기대하는 행동을 명확하게 알려준다. '뛰지 마'보다는 '천천히 걷자'와 같은 긍정적인 언어를 사용한다.

구체적인 행동 방법을 알려줄 때, 그 행동의 본보기를 함께 보여주는 것이 효과적이다. 동물을 소중하게 다루도록 돕기 위해 '잘 봐. 병아리가 다치거나 털이 눌리지 않게 하기 위해 병아리를 아주 부드럽게 들었지. 손가락으로 어떻게 하는지, 어떻게 해야 부드럽게 만질 수 있는지 잘 봐'와 같이 언어적 설명과 본보기를 함께 보여주는 것은 기대하는 행동을 설명만 하는 경우나 본보기 행동을 보여주기만 하는 경우보다 영아가 해당 행동을 이해하고 행하는 데 도움이 된다(Kostelnik et al., 2015/2018).

영아에게 너무 많은 규칙을 한꺼번에 요구하지 않아야 한다. 적절하고 합리적 수준의 기대가 중요하다. 안전, 사람과 사물에 대한 존중, 일상적인 예절 등의 규칙을 영아의 발달에 맞추어 서서히 증가시키도록 한다. 혼자 화장실 가기, 혼자 옷 입기와 같이 영아가 해결하기 어려운 일의 경우, 영아가 성공적으로 다룰 수 있도록 나누어 제시한다. 영아가 자신의 문제를 해결하는 과정에서 단계마다 어떻게 되고 있는지 말해주며 영아 스스로 해결하도록 격려한다(Kostelnik et al., 2015/2018). 그러나 영아가 언제나 자신을 조절할 수 있을 것으로 기대하지는 말아야 한다. 영아의 생리적, 정서적 상태를 고려해야 한다.

영아가 타인의 지시에 따르거나 스스로 자신의 행동을 조절할 때마다 웃어주고 안아주는 등 신체적으로 그리고 언어적으로 격려한다. 영아가 재미있는 놀이를 그만두어야 하는 상황일 때는 미리 알린다. 이미 진행 중인 것을 그만두는 것은 하고 싶은 일을 하기 전에 기다리는 것보다 훨씬 더 어려운 일이다.

자기 이해에 도움을 주는 그림책

- 마이클 달 글, 아담 레코드 그림(2013). 깨물면 안돼!. 키즈엠.
- 사만사 버거 글, 브루스 와틀리 그림(2010). 내가 다 가질래. 크레용하우스.
- 알베르토 로트(2021). 내 꼬리 봤니?. 상수리.
- 이상교 글, 김성희 그림(2023). 나가서 놀래. 한울림어린이.
- 최숙희(2009). 괜찮아. 웅진주니어.
- 최숙희(2009). 나도나도. 웅진주니어.
- 최숙희(2013). 너는 어떤 씨앗이니?. 책읽는곰.
- 최재숙 글, 한병호 그림(2014). 간질간질. 보림.

3. 타인과의 관계 형성 돕기

1) 긍정적 관계 형성

어린 영아도 타인에게 관심을 보이며 점차 긍정적인 관계를 형성할 수 있다. 영아의 타인에 대한 관심은 교사뿐 아니라 또래에게도 깊어진다. 어린 영아도 특정 또래를 선호하고 함께 놀이하여 영아들 사이에도 행동적 수준의 우정이 나타난다.

스스로 이동하지 못하고 누워 있는 어린 영아도 타인을 관찰하며 관심을 가질 수 있도록 비스듬한 의자에 앉히거나 안고 다닌다. 또한 영아에게 혀 내밀기, 입 벌리기 등의 다양한 표정을 지어 간단한 교사의 행동을 모방하도록 돕는다.

영아가 바라보는 대상을 함께 바라본다. 영아가 바라보는 대상과 영아를 번갈아 바라보며 '○○이는 뭐 쳐다보니? 모빌 보고 있니? 친구 보고 있구나?'와 같이 상호작용하여, 타인이 자신의 시선을 공유하는 공동주의를 경험하도록 돕는다. 새로운 또래나 낯선 성인을 만날 때 영아가 편안하게 사회적 관계를 확장할 수 있도록 영아 가까이 머물러 영아를 지원한다.

영아가 자신과 타인의 욕구(바람, 소망 등), 정서(감정, 느낌), 인지(생각, 사고, 지식, 기억)와 같은 정신 상태에 관심을 갖도록 돕는다. 정신상태 용어(표 9-2)는 타인이 자신과 다른 생각과 감정을 가질 수 있다는 것을 이해하고 이를 토대로 자신이나 타인의 행동을 예측하거나 설명하는 능력인 마음이론 형성의 토대가 된다. 영아와 상호작용 중 '○○아 ~했으면 참 좋겠다. 선생님은 ~라고 생각해. ~하고 싶어. ~하게 되길 기대한단다. ~을 알게 됐어'와 같은 표현을 자주 사용하도록 한다.

〈표 9-2〉 정신상태 용어의 범주, 사용의 예

정신상태	용어의 예	사용의 예
욕구	원한다. 필요하다. 바라다. 희망하다. 요구하다. ~하고 싶다. ~하면 좋겠다. ~할래. ~해야지 등	• ○○이랑, 멍멍이랑, 엄마랑 딸기케이크를 같이 먹으려면 접시가 필요한데. • 어떻게 하지? 이 아기도 머리핀을 갖고 싶은가 봐.
정서	좋다. 나쁘다. 신난다. 지겹다. 즐겁다. 슬프다. 흥분된다. 무섭다. 창피하다. 행복하다 등	• ○○이와 여기 인형들 다 같이 소풍가면 정말 신나겠지? • 그래서 아무거나 막 해서 만들어 주었대. 좋았겠지?
인지	생각하다. 결정하다. 인지하다. 깨닫다. 예상하다. 기대하다. 이해하다. 해결하다. ~라고 하다. ~인가 보다. ~일지도 모른다 등	• 이거 달게 먹는 사탕 시럽인가 보다. • 이 붓으로 그림을 옮기면 여기 있는 그림이 떼일 것 같다. 그치?

출처 : 김희진(2014). 만 2세 영아의 어머니가 가상/역할 놀이와 책 읽기 맥락에서 사용하는 정신상태용어. 한국보육지원학회지, 10(2), 133-151.

영아가 타인과의 관계 형성에 필요한 사회적 기술을 배우도록 돕기 위해 우선, 모든 영아를 안아주고, 뽀뽀해 주고, 부드럽게 말하고, 다쳤을 때 치료해 주고, 일회용 밴드를 붙여주고, 콧물이 흐를 때 부드럽게 닦아주는 등 부드럽고 다정하게 대하며, 긍정적인 관계 자체를 경험하도록 돕는다. 영아 자신이 직접 도움을 받거나 위로 받는 경험뿐 아니라 다른 영아가 도움 받거나 위로 받는 모습을 목격하는 것도 영아가 도와주고, 나눠주고, 위로하는 행동을 배우는 데 도움이 된다.

사회적 관계 형성에 도움이 되는 표현을 자주 사용하여 영아가 이를 따라 연습하고 적절한 순간에 사용하도록 돕는다. 영아에게 도움이 될 만한 표현으로는 '도와주세요', '필요해요'와 같이 도움을 요청하는 말들, '하고 싶어', '나도', '한 번만'과 같이 욕구를 표현하는 말들, 여러 영아가 함께 놀이할 때 '너 한번, 나 한번', '기다려 줘'와 같이 차례를 지키도록 돕는 말들, '미안해', '고마워' 등의 사회적 표현 등이 있다. 또한 또래와의 놀이에 합류하는 데 도움이 되는 사회적 기술인 부탁 들어주기, 동조 반응 보이기, 양보하기, 감사 표현하기, 위로하기 등의 말과 행동을 설명하고, 본보기도 함께 보여준다.

다른 영아와 물건을 나누어 사용하거나 도움을 주어야 하는 이유를 간단히 설명하고, 영아에게 다른 영아를 도와주고, 위로하고, 나누는 친사회적 행동을 실천할 기회를 제공한다. 예를 들어, 등원 시간에 한 영아가 엄마와 헤어지기 힘들어할 경우, 주변 영아에게 '속상하지? 우리랑 같이 놀자. 그럼 금방 기분이 좋아질 거야. 라고 말하고 친구를 안아주자'라고 하며, 또래 친구를 위로해 주도록 제안할 수 있다.

영아가 적절한 행동을 했을 때마다 놓치지 말고 격려한다. '친구에게 아직 놀이가 끝나지 않았다고 이야기했구나', '친구가 ○○이 마음을 알도록 도와주었네', '참을성 있게 잘 기다려줬네'와 같은 말로 구체적으로 격려한다. 미소, 따뜻한 표정, 안기, 쓰다듬기 등의 비언어적인 표현도 필요하다. 그러나 영아가 성인의 지시에 따라 언제나 양보하거나 친구를 도와줄 것으로 기대하고 그렇게 행동하지 않을 때 잘못 행동한 것으로 치부하지 말아야 한다. 영아의 친사회적 행동은 간헐적으로 나타나다 점차 빈번해진다.

2) 갈등 중재

장시간 함께 생활하는 영아들 사이에는 긍정적인 상호작용이 많이 일어나지만, 갈등이 발생하기 마련이다. 영아 간에 발생하는 가장 흔한 갈등은 대물 다툼이다. 즉, 물건을 가지고 서로 사용하겠다고 하는 다툼이다. 영아는 소유욕이 강하고 아직 양보하기 어렵기 때문이다.

비슷한 종류의 다양한 놀잇감을 비치하는 유아 학급과 달리, 영아 학급에서는 똑같은 놀잇감을 여러 개 준비하여 대물 다툼 발생 자체를 줄여야 한다. 그러나 똑같은 자동차를 교실에 여러 개 배치해도 어떤 영아는 꼭 특정 노란 자동차만 고집하기도 한다.

다른 영아가 놀고 있는 놀잇감이나 위험한 놀잇감을 가지고 싶어 할 경우, 또 다른 놀잇감을 들고 '야~ 이게 뭐지. 진짜 재미있겠네. 선생님은 이거 가지고 놀 거다'와 같이 말하며, 영아가 다른 쪽으로 관심을 돌리도록 유도한다. 이러한 전환기법은 아주 어린 영아들에게 활용할 수 있지만, 조금만 자라도 영아의 주의를 돌리기 어려울 수 있다.

영아 간의 대물 다툼이 발생할 때 교사는 기본적으로 먼저 놀이하던 영아의 소유권을 인정하도록 한다. 아직 놀이를 다 하지 않았는데 다른 영아가 놀고 싶어 한다고 양보를 요구하지 말아야 한다. 놀이하던 영아가 안정적으로 충분히 놀이하도록 보장한다.

이러한 규칙은 지켜져야 하지만, 놀잇감을 가지고 놀지 못하는 영아의 마음은 여전히 서운할 것이다. 나중에 놀고 싶어 한 영아에게는 '○○이도 가지고 놀고 싶었구나'와 같은 말로 영아의 마음을 헤아려 주고, '친구가 가지고 있는 인형을 빼앗으면 안 돼. 기다렸다 놀자. 이 놀잇감은 □□이가 가지고 놀던 거니까 □□이가 다 놀 때까지 기다리자. 그다음에는 ○○이가 가지고 놀 수 있어'와 같이 말하며, 현재 놀이하고 있는 영아의 놀이가 끝난 다음엔 자신의 차례임을 알려준다.

또한 교사는 해당 놀잇감을 가지고 놀이함을 지켜보고 먼저 놀이하던 영아의 놀이가 끝나면 반드시 기다리고 있었던 영아에게 알려준다. 또한 앞서 놀고 있던 영아가 다 놀 때까지 어떤 놀이를 하면 좋을지 대안을 찾도록 돕는다. 영아가 호기심을 가질 만한 놀이를 함께 찾고 가능하면 함께 놀이한다.

이렇게 먼저 놀이하던 영아가 명확한 경우도 있지만 그렇지 못한 경우도 많다. 영아들은 놀잇감을 가지고 놀다가 다른 곳으로 갔다가 다시 먼저 놀이하던 놀잇감을 가지고 놀이하러 돌아오기도 한다. 이 경우 남겨진 놀잇감이 잠시 놀다가 만 놀잇감인지 아니면 아무도 놀이하고 있지 않은 놀잇감인지 명확하지 않을 수 있다. 이런 경우 영아 간의 갈등을 중재하는 일은 더 쉽지 않을 수 있다. 이처럼 영아의 갈등 중재는 앞서 제시한 방식에 따르지만 이를 기계적으로 적용하기 어려울 수 있다.

대물 다툼 이외 영아 간 갈등 상황에 대해서, 영아의 의도를 들어주고, 영아들의 마음을 달래주도록 한다. 언어 표현이 미숙한 영아의 경우 영아가 무엇을 원하는지, 왜 그런 행동을 했는지 교사가 추측하여 이야기하고 영아의 몸짓이나 표정으로 진위를 판단하며 이야기를 나누도록 한다. 영아의 의도를 들어주고 마음을 받아준 후 공평한 해결 방법을 간략하게 제안하고 실천하도록 도울 수 있다. 교사가 자신의 마음을 잘 이해하지 못한다고 느끼거나 영아가 받아들이기 어려운 해결 방법을 제시하면 문제 해결이 쉽지 않을 수 있다. 영아에게 갈등 해결 방법을 제안하도록 하는 방법은 유아와 달리 부적절할 수 있다는 점도 고려해야 한다.

타인과의 관계 형성에 도움을 주는 그림책

- 고미 타르(2015). 모두에게 배웠어. 천개의바람.
- 기무라 유이치(2024). 고마워! 말해볼까?. 웅진주니어.
- 김선영 글, 신성희 그림(2018). 인사해요, 안녕!. 키워북스.
- 도희 글, 혜마 그림(2020). 구름 놀이터. EBS BOOKS.
- 안트예 담(2015). 색깔 손님. 한울림어린이.
- 앤서니 브라운(2011). 우리 친구하자. 현북스.
- 앤서니 브라운(2018). 터널. 논장.
- 정진호(2014). 위를 봐요!. 현암주니어.
- 정호선(2019). 같이 해서 더 좋아. 길벗어린이.
- 최숙희(2014). 나랑 친구할래?. 웅진주니어.
- 최정선 글, 한병호 그림(2011). 아빠한테 찰딱. 보림.
- 톰 퍼시벌(2021). 친구 사귀기 힘들어요. 두레아이들.
- 허은미 글, 정현지 그림(2019). 달라도 친구. 웅진주니어.

4. 정서 이해 돕기

영아기에 자신과 타인의 정서를 이해하고, 적절히 표현하고, 정서를 조절함이란 어려운 과업이다. 그러나 영아가 점차 자신의 정서를 적절히 표현하고, 자신과 타인의 정서를 이해하고, 초보적이지만 정서를 조절하도록 도울 수 있다.

영아의 정서 표현을 돕기 위해, 교사는 영아에게 다양한 얼굴 표정을 보여주고, '선생님은 지금 기분이 너무 좋단다. 친구들과 사이좋게 노는 모습을 보니 마음이 뿌듯해'와 같이 교사 자신의 정서를 언어로 표현한다. 또한 영아가 감정을 표현할 때 관심을 보이며, '지금 기분이 좋구나. 선생님이 ○○이 기분 알 수 있도록 알려줘서 고마워'와 같이 타인에게 자신의 감정을 알린 것 자체를 칭찬한다.

교사는 또한 영아가 긍정적이고 편안한 정서를 경험하도록 돕는다. 영아를 쳐다보고 안아주고 토닥여 주는 등 언어뿐 아니라 신체적 접촉을 통해 영아에게 애정을 표현하여 영아가 긍정적 정서를 느끼도록 한다. 영아가 즐겁게 놀이할 자료도 제공한다. 정서를 이완시키는 놀이로 음악에 맞춰 달리기, 악기 두드리기, 점토 놀이, 물놀이 등도 제공한다.

영아가 자신의 정서를 이해하도록 돕기 위해, '지금 배가 고파서 화가 났구나', '친구를 보니까 좋아?', '안아주니까 기분이 좋아?', '○○이 속상해?'와 같이 영아가 현재 느끼고 있는 정서를 언어로 표현한다. 영아는 초보적이지만 타인의 정서도 이해할 수 있다. 영아가 타인의 감정에 관심을 가지고 이해하도록 돕기 위해, 영아가 타인의 감정 표현에 적절히 반응할 때 '○○이가 속상해하는 걸 알았어? 뭘 보니까 속상해 하는 것 같았어? 울고 있었어? 그래서 위로했구나. 친구의 마음을 알아주고 위로도 해주고 기특하네'와 같은 말로 격려한다. 영아가 타인의 감정을 이해하도록 도울 때, 타인의 입장에 대한 이해가 어려운 영아의 특성을 고려한다. 즉, 영아 자신의 입장에서 느낀 감정을 생각하도록 한 후, 타인이 자신과 같은 상황에 처했을 때 감정이 어떨지 생각해 보도록 한다. '친구가 가지고 놀던 장난감을 네가 가져가면 기분이 어때? 그럼 반대로 장난감을 뺏긴 □□는 기분이 어떨까?'보다는 '친구가 네 놀잇감을 가져가면 기분이 어때?', '속상했지?', '그럼 지금 놀잇감을 뺏긴 □□는 기분이 어떨까?'와 같이 상호작용한다.

교사는 영아의 정서 표현에 신속하고 정확하게 반응하도록 한다. 영아가 화나 격렬한 반응을 보일 때까지 내버려 두지 말아야 한다. 적절한 시점에 안아주고, 토닥여 주고, 부드럽게 말을 거는 애정 어린 반응을 보이면 속상해하는 영아를 쉽게 달랠 수 있다.

영아에게 지나친 자극이 주어지지 않도록 배려하고, 영아가 자주 좌절을 느끼지 않도록 살핀다. 또한 영아가 여유를 가지고 자극을 받아들이도록 돕는다. 예를 들어, 낯선 사람을 만날 때 영아는 과도한 자극을 받고, 두려움을 느낄 수 있다. 낯선 사람이 갑작스럽게 다가가지 않도록 하여, 영아가 낯선 사람과 거리를 두고 천천히 친숙해질 수 있도록 배려한다.

영아가 긍정적 정서를 더 많이 경험하도록 도와야 하지만 부정적 정서 자체가 나쁜 것은 아니다. 부정적 정서를 부적절하게 표현하는 것이 문제가 된다. 영아는 자신과 타인의 정서 인식 자체를 배워가는 중이니, 지나치게 부정적 정서를 억제하도록 강요하지 않아야 한다. 급진적인 감정 폭발보다는 적절하게 부정적 감정을 표현하는 것이 오히려 정서 조절로 이어지기 쉽다. 영아가 부정적 감정을 표현할 때, 일단 영아의 감정을 수용하고, 영아가 어느 정도 진정된 후 사회에서 긍정적으로 받아들여지는 정서 표현 방법을 이야기해 주어, 상황에 맞게 정서를 표현하고 조절하도록 돕는다. 교사는 자기조절과 마찬가지로 영아기에는 초보적 수준의 정서 조절이 가능하다는 점도 잊지 말아야 한다.

정서 조절하면 부정적 정서를 억제하는 것만으로 오해하기 쉽다. 그러나 정서 조절에는 즐거움, 기쁨, 뿌듯함과 같은 긍정적 정서를 유지하고 강화하는 부분도 포함된다(Shaffer, 2005/2012). 영아가 긍정적 정서를 표현할 때, 영아의 정서를 읽어주며 관심을 표현하여, 영아가 긍정적 정서를 긴 시간 동안 유지하도록 배려한다.

정서 이해에 도움을 주는 그림책

- 김동수(2008). 엄마랑 뽀뽀. 보림.
- 김별 글, 신현정 그림(2012). 자꾸자꾸 화가 나. 큰북작은북.
- 버나뎃 로제티 슈스탁 글, 캐롤라인 제인 처치 그림(2021). 사랑해 사랑해 사랑해. 보물창고.
- 앤서니 브라운(2011). 기분을 말해봐!. 웅진주니어.
- 이찬규 글, 최나미 그림(2011). 울지 말고 말하렴. 애플비.
- 잭 티클(2015). 공룡아, 놀자!. 키즈엠.
- 제즈 앨버로우(2000). 안아 줘. 웅진주니어.
- 최숙희(2011). 엄마가 화났다. 책읽는곰.
- 통 퍼시벌(2020). 자꾸자꾸 화가 나요. 두레아이들.

5. 거친 행동 지도하기

영아의 거친 행동은 대체로 타인을 해치려는 의도에서 발생하기보다 놀잇감을 가지고 놀고 싶어 가지러 가다가와 같은 제3의 목적을 위한 행동이 타인에게 피해를 주는 도구적 공격인 경우가 많다. 친구가 가지고 노는 놀잇감을 가지고 놀고 싶어 뺏거나 자신의 놀잇감을 뺏기지 않으려 몸부림치는 것이 거친 행동으로 나타나는 경우가 많다.

영아의 거친 행동으로 다른 영아가 다치게 되면, 먼저 두 영아를 분리하고 다친 영아를 살핀 후, 거친 행동을 한 영아가 왜 그런 행동을 했는지 그 마음을 읽어준다. 영아의 거친 행동에 타인을 해치려는 의도가 있다고 해석하지 말고, 거친 행동이 발생한 원인을 알아보고 영아의 감정을 수용한다. 그러나 공격적인 거친 행동은 바람직하지 못함을 명확하게 알려주어야 한다. 단호한 어조, 간단하고 명료한 언어로 '다른 사람을 다치게 하면 안 돼'와 같이 말한다. '○○이가 친구를 밀어 친구가 다쳤잖아'와 같은 말로, 영아의 거친 행동과 그것이 다른 영아에게 미치는 영향을 연결하도록 돕는다. 또한 '○○아 그만하

자. 친구를 부드럽게 만져주자. 너도 친구가 살살 만졌을 때 좋잖아', '책상 위에 올라가면 위험하니까 올라가서는 안 돼요'와 같이 앞으로 비슷한 상황에서 행할 수 있는 바람직한 행동을 알려준다.

영아의 거친 행동으로 또래가 마음을 상하거나 다친 경우, 또래에게 사과하기, 치료 도와주기, 위로하기 등의 적절한 후속 행동을 알려주고, 실천하도록 돕는다. 그러나 거친 행동이 일어난 즉시 기계적으로 실천하도록 강요하지 않아야 한다. 영아가 자신의 행동으로 또래가 입은 피해에 대해 진심으로 사과할 수 있도록 시간적 여유를 갖는다. 깨무는 행동과 떼쓰는 행동은 영아에게 자주 발생하는 대표적인 거친 행동이다.

1) 깨무는 행동

영아에게 나타나는 공격행동 중 하나인 깨무는 행동은 집단생활을 하는 어린 영아들이 자신의 욕구가 한계에 도달할 때 보이는 가장 극단적인 자기방어 수단이다. 1~2세 영아에게서 자주 나타나며 2세 이후에 점차 줄어든다. 깨무는 행동에서 교사를 가장 난감하게 하는 부분은 다른 영아들이 이를 모방할 수 있다는 점이다. 깨무는 행동의 원인, 예방법, 대처방법에 대해 살펴보면 다음과 같다.

(1) 원인

- 무엇이든 입으로 탐색하는 구강기의 영아는 물기와 빨기를 통해 정서적 만족감을 얻기도 한다. 이가 날 때 영아는 잇몸이 간지럽거나 잇몸이 붓는 등 불편함을 느끼고 이러한 불편함을 감소시키기 위해 무엇인가 빨거나 물기도 한다.
- 짜증, 분노, 스트레스를 깨무는 행동으로 표출할 수 있다. 여러 영아가 하루 종일 함께 생활하여 스트레스를 받을 수 있다. 공간이 협소하거나, 놀잇감이나 자료가 부족하여 경쟁이 심하거나, 도전과 요구가 지나치거나, 기다리는 시간이 길거나, 재미없고 지루한 경우 영아는 분노와 짜증을 느낄 수 있다. 반대로 기쁨이나 즐거움으로 심하게 흥분되었을 때 깨물기도 한다.

- 성인의 관심을 끌기 위해 깨물 수 있다. 깨물었을 때 성인의 관심이 자신에게 집중되는 것을 경험할 때 깨무는 행동이 습관이 될 수 있다.
- 언어 발달 중인 영아들은 '나 이거 갖고 싶어!', '이거 내 거야'와 같이 말로 자신의 감정이나 생각을 표현하는 데 한계가 있다. 이로 인해 자신의 의도를 깨물기로 표현할 수 있다. 깨물기로 자신이 원하는 바를 얻게 되면 영아는 깨물기를 문제 해결의 방법으로 학습할 수 있다.

(2) 예방법

- 물고 빨고 싶은 구강기 특성을 이해하고 깨물어도 해가 되지 않을 만한 치발기 등을 제공한다.
- 영아가 오래 기다려야 하거나 지루할 수 있는 상황을 만들지 않도록 한다. 영아가 좌절하거나 분노를 느껴 스트레스를 받지 않도록 배려한다.
- 흥분했을 때 마음을 가라앉힐 수 있는 방법을 찾도록 도와준다. 긴장을 풀 수 있는 변화, 조용한 음악, 조용한 신체적 접촉 등을 제공한다. 악기 두드리기, 점토 놀이, 물놀이, 음악에 맞춰 춤추기 등 정서를 이완시킬 수 있는 놀이도 제공한다.
- 평소 놀잇감이나 인형 등을 장난으로 깨무는 경우, 아프지 않거나 귀엽다며 내버려 두어 깨무는 행동을 방치하지 않도록 한다.
- 바람직한 방법으로 자신의 감정과 생각을 표현할 수 있도록 모델을 보여주어 영아가 자연스럽게 배울 수 있도록 돕는다. 영아가 자신의 생각과 감정을 표현했을 때 '○○이가 말로 이야기해 줘서 고마워. ○○이가 이야기해 주니까 선생님이 ○○이 마음을 알 수 있구나'와 같이 격려한다.

(3) 대처방법

- '깨물면 안 돼'라고 낮은 목소리로 짧고 단호하게 이야기하며 깨무는 행동을 제지한다. 깨무는 행동은 해서는 안 되는 행동임을 분명하게 알려준다. 지나치게 부정적

인 반응을 크게 보여 깨무는 행동을 강화하지 않도록 유의한다.

- 물린 영아에 관심을 보이며 토닥여 주거나 안아주며 마음을 위로하고 상처를 치료한다. 상처 부위를 시원한 물수건이나 얼음 팩으로 찜질해 준다.
- '왜 친구를 물었어? ○○이도 자동차 가지고 놀고 싶었구나', '장난감 가져가는 줄 알았구나'와 같이 깨무는 행동을 하게 된 영아의 감정이나 의도를 물어 영아의 마음을 읽어준다.
- '그런데 ○○이가 물어 □□이 지금 많이 아파'와 같이 말하며 깨문 행동의 결과를 알려준다. '○○이는 자동차 가지고 놀고 싶었지, 친구 아프게 하고 싶은 거 아니었잖아', '깨물면 친구가 아파'라고 말하며 깨무는 행동은 다른 사람을 괴롭히는 행동임을 알려주고, 깨물기로 자신이 원하는 것을 얻을 수 없다는 것을 설명한다.
- '내가 가지고 놀고 있어', '싫어', '아니야!', '나한테 줄래'와 같이 말하거나 고개를 흔들거나 손을 내밀어 자신의 감정이나 의사를 표현할 수 있는 바람직한 방법을 알려준다. '자동차 가지고 놀고 싶으면 어떻게 해야 할까? 나도 자동차 가지고 놀고 싶어라고 말해줘. 알았지?'라고 알려준다.
- 깨무는 행동이 자주 발생할 경우, 학급의 일과 시간에 적절한 휴식이 제공되는지, 적절한 시간에 급·간식이 충분하게 제공되는지 확인한다. 또한 놀잇감이 너무 적은지, 할 만한 놀이가 적은지, 너무 오래 기다리는지 등 깨무는 행동이 발생할 만한 상황이 있는지 점검한다.
- 특정 영아가 자주 깨문다면 깨무는 행동이 일어나는 위치(특정 영역), 시간, 참여자, 환경(특정 놀잇감) 등을 조사하여 깨무는 행동의 원인을 찾는다. 자주 깨무는 영아와 자주 물리는 영아를 나누어 놀이 친구를 바꾸어 주고, 갈등을 유발할 가능성이 큰 시간이나 놀이 상황을 조정한다. 또한 깨무는 행동이 발생하지 않도록 교사가 특별한 주의를 기울여 지켜보도록 한다. 교실에서 영아의 손을 잡고 다녀 깨무는 것이 통제받고 있음을 깨닫도록 돕는다.
- 영아가 깨물 때 타인을 해치려는 의도가 있다고 생각하지 않도록 주의한다. 심하게

꾸짖거나 깨무는 아이로 낙인찍지 않도록 한다. 반대로 시간이 지나면 저절로 없어질 것이라고 기대하며 깨무는 행동을 그대로 방치해서는 안 된다.

2) 떼쓰는 행동

'앙~' 하고 큰 소리로 울며 바닥을 뒹구는 영아는 어린이집뿐 아니라 공공장소에서도 가끔 만나게 된다. 이러한 영아의 떼쓰는 행동의 원인, 예방법, 대처방법을 알아보면 다음과 같다.

(1) 원인

- 영아는 자아개념이 발달하며 '내가', '싫어', '내 거야'를 외치며 제 뜻대로 무언가 해 보고 싶어 한다. 자신이 스스로 하고자 하는 요구가 관철되지 않을 때 하고 싶은 일을 참는 것이 서툴기 때문에 성인의 요구에 심하게 분노하고 저항하며 이를 떼쓰는 행동으로 표현하는 경우가 발생한다.
- 스스로 무언가를 하고 싶어 하는 데 반해 영아는 아직 신체조절력이 미숙하여 시도한 일이 성공하지 못하는 상황이 자주 발생하게 되는데, 성공하지 못했을 때 실망하고, 짜증이 나기 마련이다. 영아는 이러한 좌절감을 해소하는 방법이나 자신의 행동이 타인에게 미치는 영향을 이해하지 못하여 고집을 부리거나 떼쓰는 행동으로 표현한다. 떼쓰는 행동은 좌절이 절정에 이르거나 장애와 장벽을 만났을 때 나타내는 고통의 표현이다.
- 떼를 써 자신이 얻고자 하는 결과를 성취한 경우, 떼쓰는 행동을 문제해결의 방법으로 학습할 수 있다. 영아와 힘겨루기를 하며 권위만 내세우는 양육태도, 일관성 없는 양육태도, 떼쓸 때만 영아의 요구를 들어주는 양육태도가 떼쓰는 행동을 부추길 수 있다.

(2) 예방법

- 영아가 가능한 한 좌절을 느끼지 않도록 돕는다. 지나치게 자극이 많은 것은 아닌지, 너무 오래 참고 기다려야 하는 것은 아닌지 환경을 점검하고 조정한다.
- 영아의 정서 표현에 신속하고 정확하게 반응한다. 영아가 격하게 감정을 표현할 때까지 내버려 두지 말고, 영아가 좌절이나 분노를 느낄 만한 상황이면 서둘러 안아주고, 토닥여 주고, 부드럽게 말을 걸어주어 영아의 감정 조절을 돕는다.
- 떼쓰는 행동이 문제해결의 방법으로 학습되지 않도록 하며, '이 놀잇감이 필요하구나? 이럴 땐 나 이거 가지고 놀고 싶어. 이거 필요해라고 이야기하는 거란다'와 같이 자신이 원하는 바를 말로 표현하도록 돕는다.
- 바람직한 행동을 격려한다. 떼를 쓰지 않고 참거나 자신이 원하는 바를 이야기할 때 '지금 하고 싶은데 참고 있구나. 차례를 기다리고 있는 모습이 의젓하네'와 같이 칭찬하고 격려한다.
- 반드시 해야 할 일이라면 영아 스스로 주도권을 지녔다고 느낄 수 있도록, 화장실을 가야 한다면 '토끼처럼 갈까? 거북이처럼 갈까?', 옷을 입어야 한다면 '바지 먼저 입을까? 양말 먼저 신을까?'와 같이 두 가지 이상의 선택 상황을 제시하며 영아를 설득한다.

(3) 대처방법

- 어떤 영아는 조절력을 되찾도록 돕기 위해 붙잡아 줄 수 있지만, 어떤 경우에는 이러한 것을 구속처럼 느껴 더 화를 내기도 한다. 옆에서 차분히 앉아 이야기를 하는 것이 효과적일 수 있다.
- '너무 속상하지? 우유 가져다주려 했는데', '가지고 놀고 싶었는데 지금 너무 속상하지?'라며 영아의 속상한 마음을 위로하고, '나도 가지고 놀고 싶어 라고 이야기하고, 친구가 다 놀 때까지 기다려 주자'와 같이 자신의 욕구를 표현하는 적절한 방법을 알려준다.

- '떼쓰지 마', '바닥에서 누워 울면 안 돼'보다는 '필요한 것이 있으면 말로 이야기하는 거야'와 같이 바람직한 행동을 구체적으로 안내한다.
- 원하는 것을 얻기 위한 효과적인 방법으로서 학습된 경우도 있다. 이러한 경우나 관심을 끌기 위해 떼를 쓸 경우, 영아가 다치지 않는 한 무시하며 떼쓰는 행동에 관심을 보이지 않도록 한다.
- 화로 반응하는 것은 부적절하다. 창피를 주거나 동생 반으로 보낸다고 협박하는 것도 바람직하지 못하다.

부록

부록

1. 2024 개정 표준보육과정(0~2세)
2. 2024 개정 어린이집 평가제

부록 1
2024 개정 표준보육과정(0~2세)

표준보육과정의 성격

표준보육과정은 0~5세 영유아를 위한 국가 수준의 보육과정이며, 0~1세 보육과정, 2세 보육과정, 3~5세 보육과정(누리과정)으로 구성한다.

가. 국가 수준의 공통성과 지역, 기관 및 개인 수준의 다양성을 동시에 추구한다.
나. 영유아의 전인적 발달과 행복을 추구한다.
다. 영유아 중심과 놀이 중심을 추구한다.
라. 영유아의 자율성과 창의성 신장을 추구한다.
마. 영유아, 교사, 원장, 부모 및 지역사회가 함께 실현해 가는 것을 추구한다.

표준보육과정의 구성 방향

1. 추구하는 인간상

표준보육과정이 추구하는 인간상은 다음과 같다.

가. 건강한 사람

나. 자주적인 사람
다. 창의적인 사람
라. 감성이 풍부한 사람
마. 더불어 사는 사람

2. 목적과 목표

표준보육과정의 목적은 영유아가 놀이를 통해 심신의 건강과 조화로운 발달을 이루고 바른 인성과 민주 시민의 기초를 형성하는 데에 있다.

이를 실현하기 위한 목표는 다음과 같다.

가. 0~1세 보육과정 및 2세 보육과정 목표

1) 자신의 소중함을 알고 건강하고 안전한 환경에서 즐겁게 생활한다.
2) 자신의 일을 스스로 하고자 한다.
3) 호기심을 가지고 탐색하며 상상력을 기른다.
4) 일상에서 아름다움에 관심을 가지고 감성을 기른다.
5) 사람과 자연을 존중하고 소통하는 데 관심을 가진다.

나. 3~5세 보육과정 목표

1) 자신의 소중함을 알고 건강하고 안전한 생활 습관을 기른다.
2) 자신의 일을 스스로 해결하는 기초능력을 기른다.
3) 호기심과 탐구심을 가지고 상상력과 창의력을 기른다.
4) 일상에서 아름다움을 느끼고 문화적 감수성을 기른다.
5) 사람과 자연을 존중하고 배려하며 소통하는 태도를 기른다.

3. 구성의 중점

표준보육과정은 영유아가 개별적인 특성을 지닌 고유한 존재임을 전제로 다음 사항에 중점을 두고 구성한다.

가. 0~5세 모든 영유아에게 적용할 수 있도록 구성한다.
나. 추구하는 인간상 구현을 위한 지식, 기능, 태도 및 가치를 반영하여 구성한다.
다. 신체운동·건강, 의사소통, 사회관계, 예술경험, 자연탐구의 5개 영역을 중심으로 구성한다.
라. 0~5세 영유아가 경험해야 할 내용으로 구성한다.
마. 초등학교 교육과정과의 연계성을 고려하여 구성한다.

표준보육과정의 운영

1. 편성·운영

다음의 사항에 따라 표준보육과정을 편성·운영한다.

가. 각 기관의 운영 시간에 맞추어 편성한다.
나. 표준보육과정을 바탕으로 각 기관의 실정에 적합한 계획을 수립하여 운영한다.
다. 하루 일과에서 바깥 놀이를 포함하여 영유아의 놀이가 충분히 이루어지도록 편성하여 운영한다.
라. 성, 신체적 특성, 장애, 종교, 가족 및 문화적 배경 등에 따른 차별이 없도록 편성하여 운영한다.
마. 영유아의 발달과 장애 정도에 따라 조정하여 운영한다.
바. 가정과 지역사회와의 협력과 참여에 기반하여 운영한다.
사. 교사 연수를 통해 표준보육과정의 운영을 개선할 수 있도록 한다.

2. 교수·학습

교사는 다음 사항에 따라 영유아를 지원한다.

가. 영유아가 흥미와 관심에 따라 놀이에 자유롭게 참여하고 즐기도록 한다.
나. 영유아가 놀이를 통해 배우도록 한다.

다. 영유아가 다양한 놀이와 활동을 경험할 수 있도록 실내외 환경을 구성한다.

라. 영유아와 영유아, 영유아와 교사, 영유아와 환경 사이에 능동적인 상호작용이 이루어지도록 한다.

마. 5개 영역의 내용이 통합적으로 영유아의 경험과 연계되도록 한다.

바. 개별 영유아의 요구에 따라 휴식과 일상생활이 원활히 이루어지도록 한다.

사. 영유아의 연령, 발달, 장애, 배경 등을 고려하여 개별 특성에 적합한 방식으로 배우도록 한다.

3. 평가

평가는 다음 사항에 중점을 두고 실시한다.

가. 표준보육과정 운영의 질을 진단하고 개선하기 위해 평가를 계획하고 실시한다.

나. 영유아의 특성 및 변화 정도와 표준보육과정의 운영을 평가한다.

다. 평가의 목적에 따라 적합한 방법을 사용하여 평가한다.

라. 평가의 결과는 영유아에 대한 이해와 표준보육과정 운영 개선을 위한 자료로 활용할 수 있다.

영역별 목표 및 내용

Ⅰ. 신체운동·건강

1. 목표

실내외에서 신체활동을 즐기고, 건강하고 안전한 일상생활을 경험한다.

1) 감각 경험과 신체활동을 즐긴다.
2) 건강한 일상생활을 경험한다.
3) 안전한 일상생활을 경험한다.

2. 내용

<table>
<tr><th rowspan="2">내용범주</th><th colspan="2">내 용</th></tr>
<tr><th>0~1세</th><th>2세</th></tr>
<tr><td rowspan="5">신체활동 즐기기</td><td colspan="2">다양한 감각을 경험한다.</td></tr>
<tr><td>신체와 주변을 탐색한다.</td><td>신체를 인식하고 움직인다.</td></tr>
<tr><td colspan="2">대소근육을 조절한다.</td></tr>
<tr><td>기본 운동을 시도한다.</td><td>기본 운동을 즐긴다.</td></tr>
<tr><td colspan="2">실내외 신체활동을 즐긴다.</td></tr>
<tr><td rowspan="4">건강하게 생활하기</td><td>도움을 받아 몸을 깨끗이 한다.</td><td>자신의 몸과 주변을 깨끗이 해 본다.</td></tr>
<tr><td>음식에 관심을 가진다.</td><td>음식을 즐겁게 먹는다.</td></tr>
<tr><td>하루 일과를 편안하게 경험한다.</td><td>하루 일과를 즐겁게 경험한다.</td></tr>
<tr><td colspan="2">건강한 배변 습관을 갖는다.</td></tr>
<tr><td rowspan="3">안전하게 생활하기</td><td>안전한 상황에서 놀이하고 생활한다.</td><td>안전하게 놀이하고 생활한다.</td></tr>
<tr><td colspan="2">안전한 상황에서 교통수단을 이용해 본다.</td></tr>
<tr><td>위험하다는 말에 주의한다.</td><td>위험한 상황에 대처하는 방법을 경험한다.</td></tr>
</table>

II. 의사소통

1. 목표

일상생활에서 의사소통 능력을 기른다.

1) 일상생활에서 듣기와 말하기를 즐긴다.
2) 읽기와 쓰기에 관심을 가진다.
3) 책과 이야기에 재미를 느낀다.

2. 내용

<table>
<tr><th rowspan="2">내용범주</th><th colspan="2">내 용</th></tr>
<tr><th>0~1세</th><th>2세</th></tr>
<tr><td rowspan="3">듣기와 말하기</td><td>표정, 몸짓, 말과 주변의 소리에 주의를 기울인다.</td><td>표정, 몸짓, 말에 주의를 기울여 듣는다.</td></tr>
<tr><td>상대방의 이야기를 들으면서 말소리를 낸다.</td><td>상대방의 이야기를 듣고 말한다.</td></tr>
<tr><td>표정, 몸짓, 말소리로 의사를 표현한다.</td><td>자신의 요구와 느낌을 말한다.</td></tr>
<tr><td rowspan="2">읽기와 쓰기에 관심 가지기</td><td colspan="2">주변의 그림과 상징에 관심을 가진다.</td></tr>
<tr><td>끼적이기에 관심을 가진다.</td><td>끼적이며 표현하기를 즐긴다.</td></tr>
<tr><td rowspan="2">책과 이야기 즐기기</td><td>책에 관심을 가진다.</td><td>책에 관심을 가지고 상상한다.</td></tr>
<tr><td colspan="2">말놀이와 이야기에 재미를 느낀다.</td></tr>
</table>

Ⅲ. 사회관계

1. 목표

나를 알아가며, 더불어 생활하는 경험을 한다.

1) 나를 알고 긍정적으로 여긴다.
2) 함께 지내는 즐거움을 경험한다.

2. 내용

<table>
<tr><th rowspan="2">내용범주</th><th colspan="2">내 용</th></tr>
<tr><th>0~1세</th><th>2세</th></tr>
<tr><td rowspan="3">나를 알고
존중하기</td><td colspan="2">나의 고유함을 알아간다.</td></tr>
<tr><td colspan="2">나의 욕구와 감정을 표현한다.</td></tr>
<tr><td>나에게 친숙한 것을 안다.</td><td>내가 좋아하는 것을 해 본다.</td></tr>
<tr><td rowspan="4">더불어 생활하기</td><td>안정적인 애착을 형성한다.</td><td>가족에게 관심을 가진다.</td></tr>
<tr><td>또래에게 관심을 가진다.</td><td>또래와 함께 놀이한다.</td></tr>
<tr><td colspan="2">다른 사람의 감정과 행동에 관심을 가진다.</td></tr>
<tr><td>반에서 편안하게 지낸다.</td><td>지켜야 할 약속이 있음을 안다.</td></tr>
</table>

Ⅳ. 예술경험

1. 목표

아름다움을 느끼고 즐긴다.

1) 자연과 생활에서 아름다움을 경험한다.
2) 자유롭게 예술 표현을 한다.

2. 내용

내용범주	내 용	
	0~1세	2세
아름다움 찾아보기	자연과 생활에서 아름다움을 느낀다.	
	예술에서 아름다움을 느낀다.	
창의적으로 표현하기	소리와 리듬, 노래로 표현한다.	익숙한 노래와 리듬을 표현한다.
	움직임으로 표현한다.	움직임과 춤으로 표현한다.
	다양한 미술 재료를 경험한다.	다양한 미술 재료와 도구로 표현한다.
	모방하기를 즐긴다.	상상놀이를 한다.

V. 자연탐구

1. 목표

주변 환경과 자연을 탐색하는 과정을 즐긴다.

1) 일상에서 탐색하는 과정을 즐긴다.
2) 주변 환경에 관심을 가지고 탐색한다.
3) 생명과 자연에 관심을 가진다.

2. 내용

내용범주	내 용	
	0~1세	2세
탐구과정 즐기기	주변 환경과 자연에 대해 호기심을 가진다.	
	사물과 자연 탐색하기를 즐긴다.	
생활 속에서 탐구하기	친숙한 물체를 감각으로 탐색한다.	
	일상에서 수에 관심을 가진다.	
	공간과 모양을 탐색한다.	
	규칙성을 경험한다.	규칙성에 관심을 가진다.
		사물을 같고 다름에 따라 구분한다.
		생활 도구에 관심을 가진다.
자연과 더불어 살기	주변의 동식물에 관심을 가진다.	
	날씨의 변화를 느낀다.	날씨와 계절의 변화를 느낀다.

부록 2

2024 개정 어린이집 평가제

1. 어린이집 평가 운영체계

어린이집 평가절차는 평가대상 어린이집에 대한 평가대상 통보로 시작되며, 자체평가, 현장평가, 종합평가, 결과발표 순으로 진행된다. 어린이집 평가 운영체계는 다음과 같다.

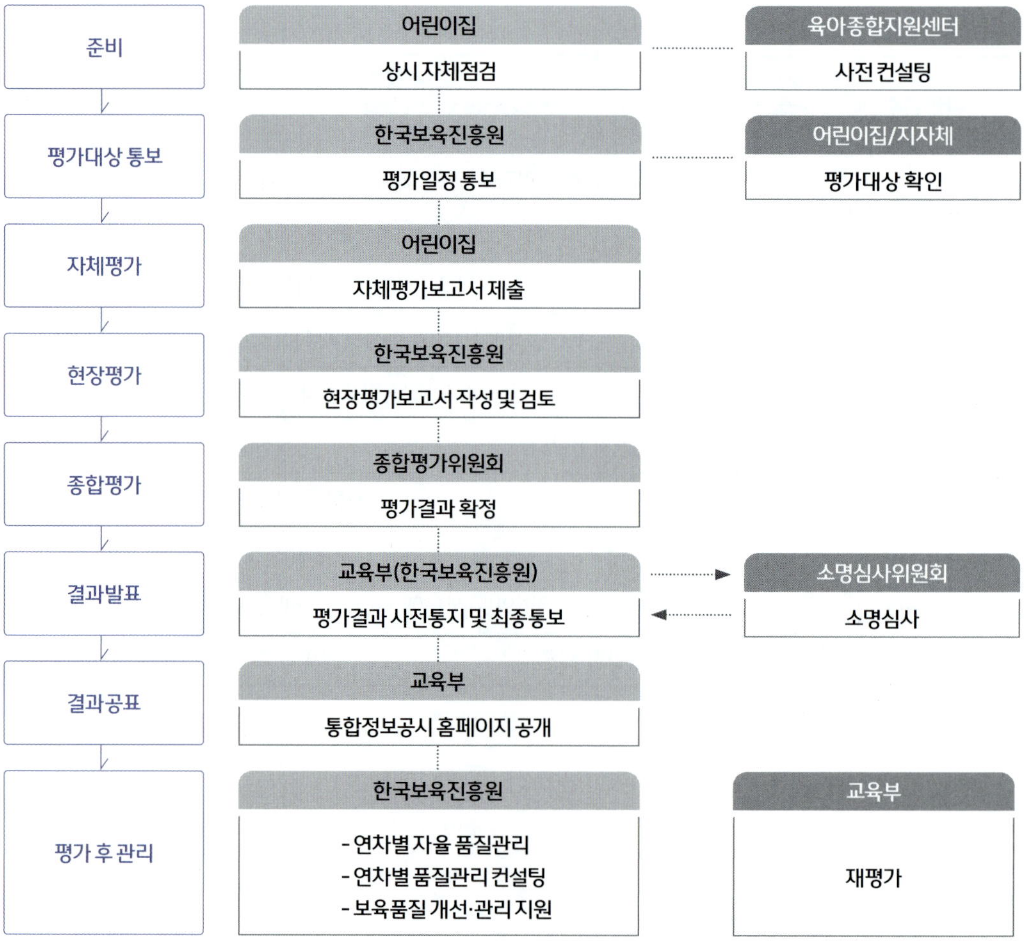

2. 평가지표의 구성체계

가) 구성 체계

평가지표는 "평가영역 → 평가항목" 순으로 구성되었다. 평가영역별 평가항목은 다음과 같다.

평가영역	평가항목
1. 영유아 중심 일과 운영	1-1. 일과의 충실한 운영
	1-2. 따뜻하고 편안한 일상생활 지원
2. 영유아가 주도하는 배움 지원	2-1. 영유아의 놀이를 위한 공간 구성 및 운영
	2-2. 배움을 위한 자료 제공
3. 영유아 존중 상호작용 지원	3-1. 교사와 영유아의 반응적 상호작용
	3-2. 영유아 또래 간 상호작용 격려
4. 보육과정 실행과 평가	4-1. 관찰 및 실행 계획
	4-2. 보육과정 평가
5. 원장의 리더십과 보육교직원 역량 강화	5-1. 보육의 질 향상을 위한 리더십
	5-2. 상호 존중하는 소통과 협력
	5-3. 보육교직원 역량 강화
6. 건강 및 안전	6-1. 실내외 공간의 청결·쾌적성
	6-2. 급·간식 운영의 적합성
	6-3. 실내외 공간, 시설·설비의 안전한 관리
	6-4. 영유아의 안전한 보호

나) 평가방법

평가지표는 관찰, 면담, 기록 확인 등의 방법으로 확인한다.

관찰

- 보육환경, 보육과정, 상호작용 등에 대한 관찰을 진행함
- 등원에서 하원까지 하루 일과 동안 진행함

면담

- 원장과 교사 등을 대상으로 면담을 진행함
- 평가지표의 실행 여부 및 관련 내용을 확인함

기록

- 평가지표의 실행 여부 및 내용 확인을 위해 요구되는 관련 기록을 확인함

3. 평가 영역별 세부 내용

영역 1. 영유아 중심 일과 운영

1-1. 일과의 충실한 운영

하루 일과에서 영유아의 놀이가 충분히 이루어지고, 영유아의 관심사와 놀이 특성, 신체 리듬, 날씨 등의 상황을 고려하여 일과를 융통성 있게 운영한다. 교사는 영유아의 비언어적·언어적 의사표현을 존중하여 하루 일과를 운영한다.

부적절한 수준	적절한 수준
| 관찰 | ◦ 하루 일과에서 영유아의 실내외 놀이시간이 충분하지 않다.	| 관찰, 면담 | ◦ 하루 일과에서 영유아의 놀이가 충분히 이루어진다.
| 관찰 | ◦ 하루 일과 운영 시간이 언제나 동일하여 융통성 있게 운영되지 않는다.	| 관찰, 면담 | ◦ 영유아의 관심사와 놀이 특성, 신체 리듬, 날씨 등의 상황을 고려하여 하루 일과를 융통성 있게 운영한다.
| 관찰 | ◦ 영유아의 비언어적·언어적 의사표현을 파악하지 못하고, 교사가 임의로 하루 일과를 운영한다.	| 관찰 | ◦ 개별 영유아의 비언어적·언어적 의사표현을 존중하여 하루 일과를 운영한다.

1-2. 따뜻하고 편안한 일상생활 지원

교사는 개별 영유아의 요구와 신체 리듬에 맞추어 일상생활을 지원한다. 등원 시 영유아를 반갑게 맞이하고, 식사와 간식 시간에 영유아가 서두르지 않고 편안하고 즐겁게 먹을 수 있도록 지원한다. 영유아의 배변 경험이 편안하게 이루어지도록 지원하고, 영유아의 개별 특성에 맞추어 편안하게 자거나 휴식하도록 지원하며, 따뜻한 분위기에서 귀가하도록 한다. 일상생활 전반에서 필수적으로 요구되는 최소한의 약속과 규칙을 공유 하고, 영유아가 지키도록 격려한다.

부적절한 수준	적절한 수준
| 관찰 | ◦ 영유아가 등원하였는지 관심이 없거나 영유아의 상태에 주의를 기울이지 않는다. 하원 시에는 영유아의 하원 준비를 재촉한다.	| 관찰 | ◦ 등원 시 영유아를 반갑게 맞이하고, 하원 시에는 안정되고 따뜻한 분위기에서 영유아가 귀가하도록 한다.
| 관찰 | ◦ 식사와 간식 시간에 음식을 강요하거나, 남기지 않게 하거나, 지나치게 조용히 먹게 하거나, 식사 예절을 강요하거나, 움직이지 못하게 하거나, 시간에 맞추어 먹도록 재촉하고 위협한다.	| 관찰 | ◦ 식사와 간식 시간에 영유아가 서두르지 않고 편안하고 즐겁게 먹을 수 있도록 지원한다.
| 관찰 | ◦ 개별 영유아의 요구에 따라 화장실 가는 것을 허용하지 않고, 화장실 가는 시간을 정하여 화장실을 가도록 강요한다. 또는 배변 처리 시 영유아에게 불쾌함을 표현하거나 부정적인 반응을 한다.	| 관찰 | ◦ 영유아의 연령(월령)과 준비 정도, 개인차를 고려하여 배변 경험이 편안하게 이루어지도록 지원한다.
| 관찰 | ◦ 정해진 시간을 지켜서 휴식(낮잠)하기, 개별 영유아의 요구와 상관없이 휴식(낮잠)을 강제하기 등 강압적인 분위기 속에서 영유아의 휴식(낮잠)시간을 운영한다.	| 관찰 | ◦ 영유아가 개별 특성에 맞게 편안하게 자거나 휴식할 수 있는 환경과 분위기를 마련한다.
| 관찰 | ◦ 영유아에게 적용되는 약속과 규칙을 교사가 임의로 결정하거나, 일관되지 않게 적용한다.	| 관찰 | ◦ 영유아의 일상생활 전반에서 최소한의 약속과 규칙을 공유하고, 영유아가 지키도록 격려한다.

영역 2. 영유아가 주도하는 배움 지원

2-1. 영유아의 놀이를 위한 공간 구성 및 운영

영유아의 놀이 중심으로 공간을 구성하고, 놀이가 방해받지 않을 정도의 크기로 제공한다. 영유아가 실내외에서 자연 및 계절, 날씨의 변화를 경험할 수 있도록 지원하고, 편안하게 휴식할 수 있는 공간과 분위기를 마련한다. 영유아의 놀이와 활동에 대한 기록을 활용하여 보육실이나 복도, 실외 공간 등을 구성한다.

장애아전문 어린이집의 경우, 장애영유아의 장애 유형과 특성에 적절한 공간 및 시설, 적합한 보조기구 등이 마련되어 있고, 장애영유아가 일과에 참여할 수 있도록 이동, 활동 참여, 의사소통 등을 다양한 형태로 지원한다.

부적절한 수준	적절한 수준
| 관찰 | ◦ 정해진 영역의 성격에 맞게 놀이하도록 강요한다.	| 관찰, 면담 | ◦ 영유아의 놀이를 중심으로 공간을 구성 및 재구성한다.
| 관찰 | ◦ 서로의 놀이에 방해를 받아 영유아 간에 갈등 상황이 발생하고 있으나, 이를 무시하고 공간을 재배치하지 않는다.	| 관찰 | ◦ 영유아가 실내외에서 자연 및 계절, 날씨의 변화를 경험할 수 있도록 지원한다.
| 관찰 | ◦ 편안하게 휴식할 수 있는 공간이 마련되어 있지 않다.	| 관찰 | ◦ 영유아가 휴식할 수 있는 공간이 있고, 편안하게 휴식할 수 있는 분위기가 조성되어 있다.
	| 관찰, 면담 | ◦ 영유아의 놀이 혹은 활동에 대한 기록을 활용하여 실내외 공간을 구성한다.
| 관찰, 면담 | ◦ 장애영유아의 장애 유형과 특성, 발달수준에 적절한 시설, 보조기구 등이 마련되어 있지 않다.*	| 관찰, 면담 | ◦ 장애영유아의 장애 유형과 특성, 발달수준에 적절한 시설, 보조기구 등이 마련되어 있다.*

* 장애아전문 어린이집에 한하여 평정

2-2. 배움을 위한 자료 제공

영유아의 배움을 지원하는 풍부하고 매력적인 자료, 영유아의 놀이와 연계한 자료, 영유아의 성, 신체적 특성, 장애, 종교, 가족 및 문화적 배경의 다름을 존중하는 놀이 및 활동 자료를 제공한다. 놀이 및 활동 자료를 영유아가 자유롭게 사용할 수 있도록 지원한다.

부적절한 수준	적절한 수준
| 관찰 | ◦ 영유아가 놀이 및 활동 자료에 자유롭게 접근하거나 쉽게 꺼내어 사용하기 어렵다.	| 관찰 | ◦ 영유아의 배움을 지원하는 풍부하고 매력적인 놀이 및 활동 자료를 제공한다.
	| 관찰, 면담 | ◦ 영유아의 놀이 및 활동과 연계하여 자료를 제공한다.
| 관찰, 면담 | ◦ 영유아의 성, 신체적 특성, 장애, 종교, 가족 및 문화적 배경 등을 차별하는 내용이 담긴 놀이 및 활동 자료가 있다.	| 관찰, 면담 | ◦ 영유아의 성, 신체적 특성, 장애, 종교, 가족 및 문화적 배경 등의 다름을 존중하는 놀이 및 활동 자료를 제공한다.
	| 관찰 | ◦ 영유아가 놀이 및 활동 자료를 자유롭게 사용할 수 있도록 지원한다.

영역 3. 영유아 존중 상호작용 지원

3-1. 교사와 영유아의 반응적 상호작용

교사는 영유아의 비언어적·언어적 표현을 경청하고, 있는 그대로 존중하여 반응하며 영유아와 소통이 이루어지고 있는지를 확인한다. 영유아의 놀이를 기다리고 지켜보며 영유아와 함께 놀이하면서 경험이나 배움을 지원하는 상호작용을 한다. 영유아의 성, 신체적 특성, 장애, 종교, 가족 및 문화적 배경 등을 존중한다.

부적절한 수준	적절한 수준
| 관찰 | ◦ 영유아가 비언어적·언어적 표현을 하지 못하도록 억누르거나, 부정적으로 반응한다.	| 관찰 | ◦ 영유아의 비언어적·언어적 표현을 경청하고, 있는 그대로 존중한다.
	| 관찰, 면담 | ◦ 영유아와 소통이 이루어지고 있는지를 확인한다.
| 관찰 | ◦ 영유아의 놀이를 강제로 멈추거나 놀잇감을 치운다.	| 관찰 | ◦ 영유아의 놀이를 기다리고 지켜보며 지원한다.
| 관찰 | ◦ 전체 교실의 영유아를 살피지 않거나 혹은 무관심하게 바라만 보고 있다.	| 관찰, 면담 | ◦ 영유아와 함께 놀이하며 경험이나 배움을 지원하는 상호작용을 한다.
| 관찰 | ◦ 영유아의 성, 신체적 특성, 장애, 종교, 가족 및 문화적 배경 등을 부정적으로 평가하거나, 무시한다.	| 관찰 | ◦ 영유아의 성, 신체적 특성, 장애, 종교, 가족 및 문화적 배경 등을 존중한다.

3-2. 영유아 또래 간 상호작용 격려

교사는 영유아들이 서로의 관점을 존중할 수 있도록 하고, 영유아 또래 간에 소통을 통한 경험 또는 배움을 공유할 수 있도록 격려한다. 다툼이나 문제가 발생하면 영유아가 긍정적으로 해결할 수 있도록 지원한다.

부적절한 수준	적절한 수준
| 관찰 | ∘ 영유아의 자유로운 대화가 허락되지 않는 엄격한 분위기 속에서 활동이 이루어진다.	| 관찰 | ∘ 영유아들이 서로의 관점을 있는 그대로 존중할 수 있도록 격려한다.
	| 관찰 | ∘ 영유아 또래 간에 경험 또는 배움을 공유할 수 있도록 격려한다.
| 관찰 | ∘ 영유아 간 다툼이나 문제가 발생해도 주의를 기울이지 않는다.	| 관찰, 면담 | ∘ 영유아 간 다툼이나 문제가 발생하면 긍정적으로 해결할 수 있도록 지원한다.

영역 4. 보육과정 실행과 평가

4-1. 관찰 및 실행 계획

영유아의 놀이와 활동, 일상생활에 대한 관찰을 토대로 영유아의 경험이나 배움을 기록하며, 이를 지원하기 위해 계획을 수립하여 실행한다.

5세 유아의 경우, 유아의 초등학교 전이를 지원하기 위한 놀이 혹은 활동을 계획하고 실행한다.

장애영유아를 보육하는 경우, 다양한 교육 진단을 통해 발달에 적합한 개별화교육계획을 수립하고 장애 유형과 장애 특성, 발달수준을 고려하여 놀이, 일상생활, 활동의 참여를 촉진할 수 있도록 관찰하여 기록한다.

부적절한 수준	적절한 수준
| 기록 | ◦ 영유아의 놀이와 활동, 일상생활 지원 계획을 수립하지 않거나, 실행기록을 작성하지 않는다.	| 관찰, 기록 | ◦ 영유아의 놀이와 활동, 일상생활에 대한 관찰을 토대로 영유아의 경험이나 배움을 기록한다.
	| 관찰, 기록, 면담 | ◦ 영유아의 놀이와 활동, 일상생활을 지원하기 위한 계획을 수립하여 실행하고, 기록한다.
| 관찰, 면담 | ◦ (5세 유아) 유아의 초등학교 전이를 지원하기 위한 놀이 혹은 활동이 전혀 계획되어 있지 않고, 운영되지 않는다.	| 관찰, 기록, 면담 | ◦ (5세 유아) 유아의 초등학교 전이를 지원하기 위한 놀이 혹은 활동을 계획하고 실행한다.
| 기록 | ◦ 개별화교육계획을 수립하지 않는다.* | 관찰, 기록, 면담 | ◦ 개별화교육계획이 포함된 보육과정을 운영하지 않고 장애 유형 및 특성, 발달수준을 고려하여 실행하지 않는다.*	| 관찰, 기록, 면담 | ◦ 다양한 교육 진단을 통해 발달에 적합한 개별화교육계획을 수립하고, 장애 유형 및 특성, 발달수준을 고려하여 실행한다.*

* 특수교사나 장애영유아를 위한 보육교사가 배치되어 있는 경우에 한하여 평정

4-2. 보육과정 평가

표준보육과정의 영유아 중심·놀이 중심 보육과정으로 운영되고 있는지를 평가하고, 영유아의 특성과 변화 정도에 관한 개별 평가는 관찰 기록 등을 누적 수집하여 연 2회 이상 시행한다. 보육과정 운영 평가와 영유아 평가 결과는 보육과정 운영 개선, 실행 계획 수립, 영유아 이해, 부모 면담 등에 활용한다.

장애영유아를 보육하는 경우, 장애영유아의 특성과 변화 정도에 대한 평가는 연 2회 이상 다양한 교육 진단과 일상적인 놀이 관찰 기록 등을 수집하여 실시한다. 평가 결과는 다음 단계 목표 수립, 지원 방법, 부모 면담 등에 활용할 수 있다.

부적절한 수준	적절한 수준
| 기록, 면담 | ∘보육과정 운영 평가를 하지 않으며, 계획되어 있지 않다.	| 기록, 면담 | ∘영유아 중심·놀이 중심 보육과정으로 운영되고 있는지를 평가한다.
| 관찰, 기록 | ∘영유아의 특성과 변화 정도를 평가하지 않는다.	| 관찰, 기록 | ∘관찰 기록 등을 활용하여 연 2회 이상 영유아의 특성과 변화 정도를 평가한다.
	| 관찰, 기록 | - 장애영유아에 대한 다양한 교육 진단과 일상적인 놀이 관찰 기록 등을 수집하여 연 2회 이상 영유아의 특성과 변화 정도를 평가한다.*
| 면담 | ∘보육과정 운영 평가와 영유아 평가 결과를 활용하지 않는다.	| 면담 | ∘보육과정 운영 평가와 영유아 평가 결과는 보육과정 운영 개선, 실행 계획 수립, 영유아 이해, 부모 면담 등에 활용한다.
	| 면담 | - 장애영유아 평가 결과는 다음 학기 개별화교육계획 수립, 장애영유아 지원 방법 및 부모 면담 등에 활용한다.*

* 특수교사나 장애영유아를 위한 보육교사가 배치되어 있는 경우에 한하여 평정

4-1. 관찰 및 실행 계획/4-2. 보육과정 평가

바람직한 수준
| 관찰, 기록, 면담 | ∘교사는 놀이와 활동, 일상생활 등에서 영유아의 경험이나 배움을 기록하고, 계획-실행-평가가 순환되도록 보육과정을 실행하며 영유아의 성장을 지원한다.

검 토 문 서

- **보육일지(놀이기록 포함) (검토기간: 현장평가월 기준 1개월 전 기록부터 확인)**
- **월간 또는 주간 또는 일일 보육계획 (검토기간: 현장평가월 기준 1개월 전 기록부터 확인)**
- **영유아 평가 기록(연 2회) (검토기간: 현장평가월 기준 1년 이내 기록)**
- **장애영유아 개별화교육계획(검토기간: 현장평가월 기준 1개월 전 기록부터 확인)**

영역 5. 원장의 리더십과 보육교직원 역량 강화

5-1. 보육의 질 향상을 위한 리더십

부적절한 수준	적절한 수준
| 면담 | ● 원장은 어린이집 운영에 대한 철학과 신념을 가지고 있지 않거나 불명확하다.	| 면담 | ● 원장은 어린이집 운영에 대한 철학과 신념을 가지고 보육의 질 향상을 위해 노력한다.
| 기록, 면담 | ● 원장은 운영계획에 표준보육과정, 어린이집 운영철학, 학부모 만족도 조사 결과 등을 반영하지 않는다.	| 기록, 면담 | ● 원장은 표준보육과정과 운영철학, 영유아의 특성, 학부모 만족도 조사 결과 등을 반영하여 운영계획을 수립하고 운영한다.
| 관찰 | ● 보육교직원 시설·설비(교사실, 휴게 공간, 업무 지원설비, 성인용 화장실)가 미비하다.	| 관찰 | ● 원장은 보육교직원을 배려한 근무환경을 조성한다.

5-2. 상호 존중하는 소통과 협력

부적절한 수준	적절한 수준
| 관찰, 면담 | ● 원장은 보육교직원에게 반말을 사용하고, 일방적으로 지시하거나 보육교직원의 의견을 무시하는 태도를 보인다.	| 관찰, 면담 | ● 보육교직원은 상호 존중한다.
| 면담 | ● 보육교직원의 의사결정 과정은 민주적이지 않고 원장의 결정이 우선시된다.	| 면담 | ● 보육교직원의 의사결정 과정은 민주적이고 합리적으로 이루어진다.
| 기록, 면담 | ● 가정과의 소통 방법이 일방적이고 획일적이다.	| 기록, 면담 | ● 어린이집은 가정과 원활하게 소통한다.

5-3. 보육교직원 역량 강화

부적절한 수준	적절한 수준
| 기록, 면담 | ● 원장은 보육교직원의 경력 및 직무별로 필요한 교육을 제공하지 않는다.	| 기록, 면담 | ● 원장은 보육교직원의 역량 증진을 위해 다양한 유형의 교육 기회를 제공한다.
| 기록, 면담 | ● 원장은 교사의 상호작용에 대한 관찰과 지원을 하지 않는다.	| 기록, 면담 | ● 원장은 교사의 상호작용 등에 대해 관찰하고 지원한다.

5-1. 보육의 질 향상을 위한 리더십 / 5-2. 상호 존중하는 소통과 협력 / 5-3. 보육교직원 역량 강화

바람직한 수준

| 기록, 면담 | ∘ 원장은 모든 보육교직원이 역량 계발을 위한 다양한 교육에 참여할 수 있는 환경을 조성하고, 상호작용 관찰을 기반으로 체계적인 지원을 위해 노력한다.

검토문서

- 어린이집 운영계획 (검토기간: 당해 연도)
- 연간 보육계획안 (검토기간: 당해 연도)
- 부모 개별 면담 기록(연 2회) (검토기간: 현장평가월 기준 1년 이내 기록)
- 교육 관련 기록
  - 보육교직원(원장, 담임교사) 역량 계발 교육 관련 기록(이수증, 수료증 등) (검토기간: 현장평가월 기준 1년 이내 기록)
  - 보육교직원(원장, 담임교사, 연장보육 전담교사) 직무교육 이수증
- 담임교사 상호작용 관찰 및 지원 기록(연 1회) (검토기간: 현장평가월 기준 1년 이내 기록)

영역 6. 건강 및 안전

6-1. 실내외 공간의 청결·쾌적성

적절한 수준

| 관찰 | ∘ **1. 보육실 공간을 청결하고 쾌적하게 관리한다.**
① 보육실을 청결하고 환기가 이루어지도록 관리한다.
② 보육실 내의 놀잇감, 개별 침구 등을 청결하게 관리한다.

| 관찰 | ∘ **2. 실내외 공간을 청결하고 쾌적하게 관리한다.**
① 보육실을 제외한 실내외 공간을 청결하게 관리한다.
② 실내외 공간의 놀이기구, 놀잇감 등을 청결하게 관리한다.
③ 화장실(이동식 변기, 기저귀 가는 공간 포함)을 청결하고 쾌적하게 관리한다.

6-2. 급·간식 운영의 적합성

적절한 수준

| 관찰 | **1. 신선한 식자재 구매, 보관이 이루어지도록 관리한다.**
① 식자재 보관 장소를 청결하게 유지·관리한다.
② 신선한 식자재 구매 및 보관 과정에서 유통기한(소비기한)을 준수하고 이를 위생적으로 보관한다.

| 관찰 | **2. 조리실의 공간을 청결하고 위생적으로 관리한다.**
① 조리실 공간 및 조리실 내 시설·설비를 청결하게 유지·관리한다.
② 조리실 비품과 식기류를 사용 후 세척, 소독하여 위생적으로 관리한다.
③ 도마와 칼은 교차오염 방지를 위해 최소한 육류용, 어패류용, 기타 채소류 등으로 구분하여 사용한다.

| 관찰 | **3. 조리 및 배식 과정을 청결하고 위생적으로 관리한다.**
① 조리를 하는 보육교직원은 조리 시 청결하고 위생적인 복장을 갖추고 있다.
② 조리 과정이 청결하고 위생적으로 이루어진다.
③ 배식 과정이 청결하고 위생적으로 이루어진다.

6-3. 실내외 공간, 시설·설비의 안전한 관리

적절한 수준

| 관찰 | **1. 보육실과 실내외 공간 및 시설·설비를 안전하게 관리한다.**
① 어린이집 대문과 현관문에는 개폐 장치를 설치하여 관리한다.
② 2층 이상의 창문에는 창문 보호대가 설치되어 있다.
③ 가구 및 설비는 파손된 곳이 없고, 모서리가 날카로운 경우 보호대가 설치되어 있다.
④ 사고 유발 위험이 있는 설비, 적재물은 영유아 활동 공간과 분리하여 안전하게 보관되어 있다.
⑤ 영유아가 성인이 주로 사용하는 실내외 공간에 출입하지 않도록 관리한다.

| 관찰 | **2. 놀잇감, 놀이기구, 위험한 물건을 안전하게 관리한다.**
① 영유아의 놀잇감의 형태와 크기, 재질 등이 안전하다.
② 영유아의 놀이기구(고정식 놀이기구, 볼풀장 등)는 안전하게 설치되어 있으며, 파손된 곳이 없다.
③ 위험한 물건은 안전하게 보관되어 있다.

| 관찰, 면담 | **3. 비상사태용 시설·설비를 상시 사용할 수 있도록 관리한다.**
① 경보시설·소화시설·대피시설 등의 비상시설·설비가 항상 제대로 작동되도록 관리하고 있다.
② 모든 보육교직원은 비상시설·설비의 위치와 실제 사용법을 알고 있다.

6-4. 영유아의 안전한 보호

적절한 수준

| 관찰, 면담 | ∘ **1. 일과 중 영유아를 안전하게 보호한다.**

① 영유아 인계 과정에 대한 어린이집 지침에 따라 출석과 귀가 지도가 이루어지고 있다.
② 교사는 영유아의 안전을 위해 항상 전체 상황을 주시하고, 장소가 바뀔 때마다 전체 영유아를 확인한다.
③ 교사는 영유아가 안전하게 놀이하고 생활하도록 안내하고 교육한다.
④ 교사는 영유아 학대 예방 지침을 준수한다.

| 관찰, 면담 | ∘ **2. 비상시 신속하게 대처할 수 있도록 관리한다.**

① 아프거나 다친 영유아를 위한 지침을 숙지하고 실행한다.
② 보육교직원은 비상시 지침에 따른 자신의 역할과 업무를 숙지하고 실행한다.
③ 모든 영유아에게는 비상시 피난 대피를 도울 보육교직원이 지정되어 있다.

| 관찰 | ∘ **3. 등·하원 차량을 운행할 경우 안전요건을 갖추어 관리한다.**

① 운전자 외에 책임 있는 성인(원장, 교사 등)이 동승한다.
② 차량에 동승한 성인(교사 등)과 모든 영유아가 개별 안전띠(또는 영아용 보호장구)를 착용한 후 차량을 출발시킨다.
③ 운전자와 차량에 함께 탄 성인(교사 등)은 마지막에 모든 영유아가 차에서 내렸는지 전 좌석을 확인한 후, 어린이 하차확인장치의 확인 버튼을 누르고 하차한다.

출처 : 교육부·한국보육진흥원(2024). 2024 개정 어린이집 평가 매뉴얼. 한국보육진흥원.

참/고/문/헌

강명재(1991). 언어습득 이론에 근거한 어린 아이 언어 발달 연구–생후20개월까지. 홍익대학교 대학원 박사학위논문.

강현석(2006). 내러티브를 통한 교육과정 개발자로서의 교사 전문성의 재개념화. **교육과정연구**, 24(1), 153–160.

곽금주·성현란·장유경·심희옥·이지연·김수정·배기조(2005). **한국영아발달연구**. 학지사.

교육부(2025a). **2024 개정 표준보육과정(0~2세) 0–1세 실행자료**. 교육부.

______(2025b). **2024 개정 표준보육과정(0~2세) 2세 실행자료**. 교육부.

______(2025c). **2024 개정 표준보육과정(0~2세) 해설서**. 교육부.

교육부·한국보육진흥원(2024). **2024 개정 어린이집 평가 매뉴얼**. 한국보육진흥원.

구수연(2005a). 영아의 어린이집 적응 과정에 관한 연구. 중앙대학교 대학원 박사학위논문.

______(2005b). 적응적 측면을 고려한 1~2세 영아 프로그램 방향에 관한 연구. **유아교육학논집**, 9(2), 191–210.

권동택(2002). 카오스이론에 의한 아동관의 새로운 패러다임. **초등교육학연구**, 9(2), 99–115.

김경은(2007). 영아들의 쌓기 놀이 의미 탐색. 숙명여자대학교 교육대학원 석사학위논문.

김근영(2008). 사회적 파트너의 지식이 유아의 정서반응에 주는 영향 : 사회적 참조능력을 통해 관찰 가능한 유아의 사회인지 능력. 한국발달심리학회 추계심포지엄 인생초기의 사회적 삶 : 영유아기를 중심으로, pp. 71–97.

김상아(2021). Deleuze의 반복 철학으로 본 영아의 놀이 속 '반복'의 의미. 숙명여자대학교 교육대학원 석사학위논문.

김연수·정윤경·곽금주(2009). 영아기 공동주의와 아동 초기 마음이해 능력 간의 관계. **한국심리학회지 : 발달**, 22(4), 125–139.

김은심(1998). **유아동작교육**. 정민사.

김은영·송현주(2011). 만 14개월 한국 영아들의 합리적 모방 능력. **한국심리학회지 : 발달**, 24(2), 123–

136.
김은영·최효미·최지은·장미경(2016). 영유아 사교육 실태와 개선 방안 Ⅱ-2세와 5세를 중심으로. 육아정책연구소.
김의향(2006). 7~24개월 영아의 의사소통적 몸짓과 어휘 습득간의 관계. 연세대학교 대학원 박사학위논문.
김재춘·배지현(2016). 들뢰즈와 교육-차이생성의 배움론. 학이시습.
김정원·김유정·이효정(2013). 영유아를 위한 교수학습방법(개정판). 공동체.
김정원·남 규·서정숙(2011). 영아문학교육 프로그램. 창지사.
김혜경·김홍은·문혁준·박은혜·유애열·임혜영·장영희·조혜진(2002). 효과적인 영아 보육을 위한 지침서. 다음세대.
김혜경·이영애(2012). 영아의 자발적 노래 부르기 탐색. 열린유아교육연구, 17(5), 209-244.
김희진(2014). 만 2세 영아의 어머니가 가상/역할 놀이와 책 읽기 맥락에서 사용하는 정신상태용어. 한국보육지원학회지, 10(2), 133-151.
남 규·이지현(2009). 교사의 그림책 읽기 상호작용 유형에 따른 영아의 언어발달 비교. 아동학회지, 30(4), 257-276.
노명완·이차숙(2002). 유아언어교육. 동문사.
박성연(2006). 아동발달. 교문사.
박승렬(2008). 교사변인과 교육과정실행 간의 관계분석. 한국교원대학교 대학원 박사학위논문.
박찬옥·구수연·이옥임(2010). 영아-교사 상호작용의 이론과 실제. 정민사.
보건복지부(2013). 영아보육프로그램 운영의 이해. 보건복지부.
__________(2020). 제4차 어린이집 표준보육과정 해설서. 보건복지부.
보건복지부·대한소아과학회(2011). 어린이집 건강관리 매뉴얼. 보건복지부.
보건복지부·한국보육진흥원(2020). 2021 어린이집 평가 매뉴얼. 한국보육진흥원.
삼성복지재단(1997). 삼성어린이집 영아프로그램. 교육과학사.
서동미·엄은나·박성희·이혜경(2017). 영유아언어교육. 정민사.
서동미·이옥임·박지선·조재은(2010). 영아교육 프로그램 개발 및 평가. 정민사.
서울교육대학교 미술교육연구회(1997). 유아미술교육학. 학문사.
성지현(2000). 1세 영아-어머니의 언어와 놀이. 연세대학교 대학원 석사학위논문.
손순복·정진화·박진옥(2015). 영유아교수방법론. 학지사.
신지연·신혜원·서원경·박원순(2016). 영유아교수방법론. 파워북.
심귀연(2024). 이 책은 신유물론이다. 태학사.

안혜준·송승민·조형숙·권희경(2016). 놀이지도. 파워북.

양연숙·김선아·송진영(2017). 영유아교수학습방법. 양서원.

여성가족부(2008). 2세 보육프로그램. 여성가족부.

염지숙·오채선(2016). 영아반 교사의 놀이 중심 교육과정 만들어가기. 열린유아교육연구, 21(4), 121–153.

오채선(2024). 영아는 어떻게 배우나: 영아의 배움과 교육과정 회절하기. 2024년 한국아동중심실천학회 추계학술대회 자료집. 영아의 배움, 배움의 존재로서의 영아 다시보기, pp. 2–22.

우민정·박성희·안지영·김민정(2008). 교사를 위한 영유아 보육의 실제. 정민사.

유혜령(2020). 놀이와 배움의 관계. 한국유아교육학회 2020년 춘계정기학술대회 자료집, 31–50.

유효순·원혜경·김정희(2013). 영아발달. 창지사.

이기숙·장영희·정미라·배소연·박희숙(1996). 유아를 위한 안전교육. 양서원.

이명순·곽승주·전영희(2010). 영아보육과정. 정민사.

이부미(2021). 놀이기록, 국가수준 교육과정과의 얽힘 되짚기 : 공동육아 이야기. 2021년도 한국어린이교육문화비평학회 제1차 현장연구세미나 자료집, 놀이기록을 다시보다, pp. 5–11.

이승환(2018). 가르침과 배움이 있는 수업. 한국영유아교원교육학회 2018년 추계학술대회 발표자료집. 영유아교실수업의 혁신 : 가르침과 배움의 본질, pp. 17–26.

이영자·이종숙(1996). 영아의 문해 행동 발달과 영아·부모의 상호작용 유형의 변화. 유아교육연구, 16(1), 23–48.

이인섭(1986). 아동의 언어 발달. 개문사.

이주혜(1981). 유아의 낯가림 및 격리불안과 어머니의 양육태도와의 관계. 성균관대학교 대학원 석사학위논문.

이지현·마송희·김수영·정정희(2020). 영유아를 위한 언어교육(제4판). 공동체.

이진희·강진주·허정민·권미정(2020). '함께-하는' 유아평가 : 경계를 넘나들며 대화 이어가기. 창지사.

이화도(2009). 유아 인지 발달. 창지사.

______(2014). 포스트모던 인문학적 사유와 유아교육. 창지사.

이화여자대학교 이화어린이연구원 편(2016). 영유아교육기관에서 좋은 사진 찍기. 파란마음.

임부연·곽승주·권혜진·김성숙·서보순·손은실·신은미·연희정·염지숙·오채선·윤민아·이경화·이연선·이현진·장혜진·정선아(2020). 유아·놀이중심 유아교육과정. 공동체.

임부연·손연주(2019). 유아교육과정의 맥락 속에서 살펴본 '놀이~배움'의 의미. 학습자중심교과교육연구, 19(3), 265–287.

임성우(2005). 대화에 나타나는 신체언어의 의사소통적 역할. 독일어문화, 34, 315–334.

장유경(2004). 한국 영아의 초기 어휘 발달 : 18~36개월. 한국심리학회지 : 발달, 17(4), 91–106.

장유경·최윤영·김소연(2005). 한국영아의 초기 의사소통 : 몸짓의 발달. **아동학회지, 26**(1), 155–167.

정대현·이현정(2020). '힘의 마주침'을 통해 드러난 유아의 존재 의미. **문화예술교육연구, 15**(2), 113–134.

정미라·배소연·이영미(2007). **영유아를 위한 건강 및 영양교육**. 양서원.

정선아(2004). 교사들이 구성하는 아동중심교육의 의미. **유아교육연구, 24**(4), 305–330.

______(2016). '어린이는 놀이로 세상을 배운다'에 대한 비판적 성찰: '세계–내–존재'와 '세계–의–존재' 관점에서. **영유아교육과정연구, 6**(1), 5–21.

정영주(2006). 영아의 어휘 및 상징놀이 발달과 어머니의 언어적 상호작용 및 놀이참여수준 간의 관계. 계명대학교 교육대학원 석사학위논문.

정옥분(2012). **영아발달**. 학지사.

정윤경·곽금주(2005). 영아기 공동 주의 발달에 대한 단기 종단연구. **한국심리학회지 : 발달, 18**(1), 137–154.

조경자·이현숙(2010). **유아건강교육**. 학지사.

조명한(1982). **한국아동의 언어획득연구 : 책략모형**. 서울대학교출판부.

조상식(2019). 빌둥(Bildiung) 개념으로 이해하는 교육 생태학의 미학. **미래학교를 위한 놀이와 교육 1**, 99–133. 교육과학사.

조정숙·김은심(2003). **유아언어교육**. 정민사.

조형숙·한종화·박은주·이수민(2016). **영아발달**. 학지사.

주영희(2001). **유아언어발달과 교육**. 교문사.

주현정(2009). 어린이집 2세반 영아들의 자발적 질문에 관한 연구. 중앙대학교 대학원 석사학위논문.

중앙육아종합지원센터(2020). **(0–2세 보육과정) 놀면서 자란다**. 중앙육아종합지원센터.

하유미(1998). 아동의 성, 초기 기질 및 어머니의 양육행동에 따른 아동의 정서 표현 : 자부심과 수치심을 중심으로. 이화여자대학교 대학원 석사학위논문.

한솔어린이보육재단·오문자(2018). **기록작업을 통해 다시 만난 어린이**. 어가.

한유미·김혜선·권희경·양연숙·백은정(2013). **영유아 언어교육의 이해**(제3판). 학지사.

한종화(2024). 2024 한국아동중심실천학회 추계학술대회 종합토론. 2024년 한국아동중심실천학회 추계학술대회 자료집. 영아의 배움, 배움의 존재로서의 영아 다시보기, pp. 69–74.

황복주·이종희(2018). 영아기 가상놀이의 상징화 수준과 언어 및 마음이론 발달 간의 관계 연구. **미래유아교육학회지, 25**(1), 105–131.

황인주(2008). 만 2세 영아반에 적절한 음악경험이 음악적성 및 태도에 미치는 영향. 이화여자대학교 대학원 박사학위논문.

Ahadi, S. A., & Rothbart, M. K.(1994). Temperament, development, and the big five. In C. F. Halverson, Jr., G. A. Kohnstamm, & R. P. Martin(Eds.), *The developing structure of temperament and personality from infancy to adulthood*(pp. 189–207). Erlbaum.

Ainsworth, M. D. S.(1983). Patterns of infant–mother attachment as related to maternal care : Their early history and their contribution to continuity. In D. Magnusson & V. L. Allen (Eds.), *Human development*(pp. 26–45). Academic Press.

Albrecht, K., & Miller, L. G.(2001). *Infant & Toddler Child Development Guide*. Gryphon house Inc.

Aoki, T.(1993). Legitimating lived curriculum : Toward a curricular landscape of multiplicity. *Journal of Curriculum and Supervision, 8*(3), 255–268.

Aslin, R. N., Pisoni, D. B., & Jusczyk, P. W.(1983). Auditory development and speech perception in infancy. In M. M. Haith & J. J. Campos(Eds.), *Handbook of child psychology*(Vol. 2). Wiley.

Baillargeon, R.(1987). Object permanence in 3½–and 4½–month–old infants. *Developmental psychology, 23*(5), 655–664.

Barad, K.(2007). *Meeting the universe halfway : quantum physics and the entanglement of matter and meaning*. Duke University Press.

Bauer, P. J., & Mandler, J. M.(1992). Putting the horse before the cart : The use of temporal order in recall of events by one–year–old children. *Developmental Psychology, 28*(3), 441–452.

Berk, L. E.(2001). *Infants and children : prenatal through middle childhood*. Boston : Allyn and Bacon.

__________(2005). *Infant, children, and adolescents*(5th ed.). Allyn & Bacon.

Borke, J., Lamm, B., Eickhorst, A., & Keller, H.(2007). Father–infant interaction, paternal ideas about early child care, and their consequences for the development of children's self–recognition. *The Journal of Genetic Psychology, 168*, 365–379.

Bowlby, J.(1969). *Attachment and Loss, Vol. 1 : attachment*. Basic Books.

Boysson–Barkies, B.(2005). 영아 언어의 이해. [Comment la Parole vient aux enfants] (강옥경·김명순 공역). 학지사. (원본발간일 1996년)

Bretherton, I., & Beeghly, M.(1982). Talking about internal states : The acquisition of an explicit theory of mind. *Developmental Psychology, 18*, 906–921.

Brooks–Guun, J., & Lewis, M.(1981). Attention and Intelligence. *Intelligence, 5*(3), 231–238.

Butterfield, E. C., & Siperstein, G. N.(1974). Influence of contingent auditory stimulation upon non–nutritional suckle. In *Proceedings of Third Symposium on Oral Sensation and Perception : The mouth of the infant*. Carles C. Thomas.

Campos, J. J., Bertenthal, B. I., & Kermoian, R.(1992). Early experience and emotional development : The emergence of wariness of heights. *Psychological Science, 3*, 61–64.

Caplan, M., Vespo, J., Pederson, J., & Hay, D. F.(1991). Conflict and its resolution in small group of one– and two–year–olds. *Child Development, 62*, 1513–1524.

Carpenter, M., Nagell, K., Tomasello, M., Butterworth, G., & Moore, C.(1998). Social cognition, joint attention, and communicative competence from 9 to 15 months of age. *Monographs of the society for research in child development, 63*(4).

Chaman, T., Baron–Cohen, S., Swettenham, J., Barid, G., Cox, A., & Drew, A.(2000). Testing joint attention, imitation, and play as infancy precursors to language and theory of mind. *Cognitive Development, 15*(4), 481–498.

Clandinin, D. J., & Connelly, F. M.(1992). Teacher as curriculum maker. In P. W. Jackson(Ed.), *Handbook of Research on Curriculum*(pp. 363–401). Macmillan.

Clarke–Stewart, K. A., Friedam, S., & Koch, J.(1985). *Child development*. John Wiley & Sons.

Courage, M. L., & Howe, M. L.(2004). Advances in early memory development research : Insights about the dark side of the mon. *Development Review, 24*, 6–32.

Courage, M., L., Edison, S. C., & Howe, M. L.(2004). Variability in the early development of visual self–recognition. *Infant Behavior & Development, 27*, 509–532.

Dahlberg, G., Moss, P., & Pence, A.(2016). **포스트모던 유아교육 : 새로운 이해와 실천을 열어가기**. [Beyound quality in early childhood education and care–languages of evaluation] (김희연·신옥순·염지숙·유혜령·정선아 공역). 창지사. (원본발간일 2013년)

Davies, B.(2017). **어린이에게 귀 기울이기 : '이기'와 '되기'**. [Listening to children : being and becoming] (변윤희·유혜령·윤은주·이경화·이연선·임부연 공역). 창지사. (원본발간일 2014년)

DeCasper, A. J., & Spence, M. J.(1986). Prenatal maternal speech influences newborns' perception of speech sounds. *Infant Behavior & Development, 9*, 133–150.

DeLoache, J. S.(2004). Becoming symbol–minded. *Trends in Cognitive Sciences, 8*(2), 66–70.

DeLoache, J. S., Pierroutsakos, S. L., Uttal, D. H., Rosengren, K. S., & Gottlieb, A.(1998). Grasping the nature of pictures. *Psychological Science, 9*, 205–210.

Dewey, J.(2002). **아동과 교육과정 경험과 교육**. [The child and the curriculum : Experience and education] (박철홍 역). 문음사. (원본발간일 1938년)

________(2007). **민주주의와 교육**. [Democracy and education] (이용우 역). 교육과학사. (원본발간일 1916년)

Dodge, D. T., Reid, S., & Berke, K, L.(2006). *The creative curriculum for infants, toddlers & twos*(2nd ed). Teaching Strategies Inc.

Dunn, J., Bretherton, I., & Munn, P.(1987). Conversations about feeling states between mothers and their young children. *Developmental Psychology, 23*(1), 132–139.

Eckerman, C. O., Whatley, J. L., & Kutz, S. L.(1975). Growth of social play with peers during the second year of life. *Developmental Psychology, 11*(1), 42–29.

Eimas, P. D.(1975). Speech perception of early infancy. In L. B. Cohen & Salapatek(Eds.), *Infant perception : From sensation to cognition*. Academic Press.

Elizabeth, J., & Nimmo, J.(1994). *Emergent curriculum*. NAEYC.

Ellsworth, C. P., Muir, D. W., & Hains, S. M. J.(1993). Social competence and person–object differentiation : An analysis of the still–face effect. *Developmental Psychology, 29,* 63–73.

Fagan Ⅲ, J. F.(1973). Infants' delayed recognition memory and forgetting. *Journal of Experimental Child Psychology, 16*(3), 424–450.

Family and Work Institute(2001). **유아의 두뇌발달**. (곽노의·김유미 공역). 양서원. (원본발간일 2000년)

Feinman, T., Roberts, D., Hsieh, K. F., Sawyer, D., & Swanson, D.(1992). A critical review of social referencing in infancy. In S. Feinman(Ed.), *Social referencing and the social construction of reality in infancy*(pp. 15–54). Plenum.

Fernald, A.(1985). Four month–old infants prefer to listen to "motherese". *Infant Behavior and Development, 8,* 181–195.

Fields, M. V., Meritt, P. A. & Fields, D. M.(2019). **구성주의 유아생활지도 및 훈육** [Constructive guidance and discipline : birth to age eight]. (이희영 역). 21세기사. (원본발간일 2018년)

Gallup, G. G.(1977). Self–recognition in primates : A comparative approach to the bidirectional properties of consciousness. *American Psychologist, 32*, 329–338.

Ganea, P. A., Allen, M. L., Butler, L., Carey, S., & DeLoache, J. S.(2009). Toddlers' referential understanding of pictures. *Journal of Experimental Child Psychology, 104*, 283–295.

Gibson, E. J.(1969). *The principles of perceptual learning and development.* Appleton–Century–Crofts.

Gibson, E. J., & Walker, R. D.(1960). The 'visual cliff'. *Scientific American, 202*, 64–71.

Gowen, J. W.(1995). The early development of symbolic play. *Young Children, 50*, 75–84.

Grolnick, W. S., Bridges, L. J., & Connell, J. P.(1996). Emotion regulation in two–year–olds : Strategies and emotional expression in four contexts. *Child Development, 67*, 928–941.

Gross, D.(2008). *Infancy : Development from birth to age 3*. Pearson Education Inc.

Hamlin, J. K., Wynn, K., Bloom, P., & Mahajan, N.(2011). How infants and toddlers react to antisocial others. *Proceeding of the national academy of sciences of the united, 108*, 19931–19936.

Hanna, E., & Meltzoff, A. N.(1993). Peer imitation by toddlers in laboratory, home, and day–care contexts : Implications for social learning and memory. *Developmental Psychology, 29*(4), 701–710.

Harter, S.(1998). The development of self–preservations. In W. Damon, & N. Eisenberg(Eds.), *Handbook of Child Psychology*(5th ed., Vol. 3.)(pp. 553–618). John Wiley & Sons, Inc.

Hill, S. D., & Tomlin, C.(1981). Self–recognition in retarded children. *Child Development, 52*, 145–150.

Hinde, R. A., Titmus, G., Easton, D., & Tamplin, A.(1985). Incidence of 'friendship' and behavior toward strong associates versus nonassociates in preschoolers. *Child Development, 56*(1), 234–235.

Horner, T. M.(1980). Two methods of studying stranger reactivity in infants : A review. *Journal of Child Psychology and Psychiatry, 21*, 203–219.

Howes, C.(1983). Patterns of friendship. *Child Development, 54,* 1041–1053.

________(2000). Social development, family, and attachment relationships. In D. Cryer & T. Harms(Eds.), *Infants and toddlers in out-of-home care*. Baltimore : P. H. Bookes.

Hutt, C.(1971). Exploration and play in children. In R. E. Herron & B. Stton–Smith(Eds.), *Child Play*(pp. 231–251). John Wiley & Sons.

Johnson, H. M.(1996). The art of block building. In E. S. Hirsh(Ed.), *The Block Book*(3rd ed., pp. 9–26). Washington D. C. : NAEYC.

Jusczyk, P. W.(1985). On characterizing the development of speech perception. In J. Mehler, & R. Fox(Eds.), *Neonate cognition : Beyond the blooming buzzing confusion*. Lawrence Erlbaum Associates.

Kagan, J., Reznick, J. S., Snidman, N., Gibbons, J., & Johnson, M.(1988). Childhood derivatives of inhibition and lack of inhibition to the unfamiliar. *Child Development, 59*, 1580–1589.

Kajiura, H., Cowart, B. J., & Beauchamp, G. K.(1992). Early developmental change in bitter taste responses in human infants. Developmental Psychobiology : *The Journal of the International Society for Developmental Psychobiology, 25*(5), 375–386.

Kaler, S. R., & Kopp, C. B.(1990). Compliance and comprehension in very young toddlers. *Child Development, 61*, 1997–2003.

Karzon, R. G.(1985). Discrimination of Polysyllabic Sequences by One–to Four–Month–Old Infants. *Journal of Experimental Child Psychology, 39*, 326–342.

Keller, H., Yovsi, R., Borke, J., Kartner, J., Jesen, H., & Papaligoura, Z.(2004). Developmental consequences of early parenting experiences : Self–recognition and self–regulation in three cultural communities. *Child Development, 75*, 1745–1760.

Kochanska, G., Murray, K. T., & Harlan, E. T.(2000). Effortful control in early childhood : continuity and change antecedents and implications for social development. *Developmental Psychology, 36*, 220–232.

Kopp, C. B.(1989). Regulation of distress and negative emotions : A developmental view. *Developmental psychology, 25*(3), 343–354.

Kostelnik, M. J., Soderman, A. K., Whiren, A. P., Rupiper, M. L., & Gregory K. M.(2018). **영유아의 사회정서발달과 교육** [Guiding children's social development & learning, 8th ed.] (박경자·김송이·신나리·권연희·김지현 공역). 교문사. (원본발간일 2015년)

Kostelnik, M. J., Whiren, A. P., Soderman, A. K., Stein, L. C., & Gregory, K.(2005). **유아를 위한 사회정서지도**. (박경자·김송이·권연희 공역). 교문사. (원본발간일 2002년)

Kuhl, P. K.(1987). Perception of speech and sound in early infancy. In P. Salapatek & L. Cohen (Eds.), *Handbook of Infant Perception : Vol. 2. : From Perception to Cognition*(pp. 275–382). Academic Press.

Lavelli, M., & Fogel, A.(2005). Developmental changes in the relationship between the infant's attention and emotion during early face–to–face communication : The 2–month transition. *Developmental Psychology, 41*, 265–280.

Leavitt, R. L.(2014). **어린이집에서의 권력과 정서**. [Power and emotion in infant–toddler day care]. (양옥승·신은미 공역). 학지사. (원본발간일 1994년)

Lenz Taguchi, H.(2018). **들뢰즈와 내부작용 유아교육–이론과 실제 구분 넘어서기**. [Going beyond the theory/practice divide in early childhood education : introducing and intra–active pedagogy]. (신은미·안효진·유혜령·윤은주·이진희·임부연·전가일·한선아·변윤희 공역). 창지사. (원본발간일 2010년)

Lewis, M.(2007). Early emotional development. In A. Slater & M. Lewis(Eds.), *Introduction to Infant Development*(pp. 216–232). Oxford University Press.

Lewis, M., & Brooks–Gunn, J.(1979). *Social cognition and the acquisition self*. Plenum Press.

Lewis, M., & Ramsay, D.(2004). Development of self–recognition, personal pronoun use, and pretend play during the 2nd year. *Child Development, 75*, 1821–1831.

Lowenfeld, V., & Brittain, W. L.(1993). **인간을 위한 미술교육**. [Creative and Mental Growth]. (서울교육대학교 미술교육연구회 역). 미진사. (원본발간일 1987년)

Mehler, J., Jusczyk, P. W., Lambertz, G., Halsted, N., Bertoncini, J., & Amiel–Tison, C.(1988). A precursor of language acquisition in young infants. *Cognition, 29*, 143–178.

Meltzoff, A. N.(1988). Infant imitation and memory : Nine–month–olds in immediate and deferred tests. *Child development, 59*(1), 217–225.

Meltzoff, A. N., & Borton, R. W.(1979). Intermodal matching by human neonates. *Nature, 282*(5737), 403–404.

Meltzoff, A. N., & Brooks, M.(2007). Eyes wide shut : The importance of in infant gaze–follwoing and understanding other mind. In R. Flom, K. Lee, & D. Nuir(Eds.), *Gaze following : Its development and significance*(pp. 217–241). Erlbaum.

Mennella, J., & Beauchamp, G. K.(1996). The human infants' response to vanilla flavors in mother's milk and formula. *Infant Behavior and Development, 19,* 13–19.

Murris, K.(2021). **포스트휴먼 어린이** [The posthuman child]. (이연선·변윤희·손유진·신은미·이경화·한선화 공역). 살림터. (원본발간일 2016년)

__________(2024). **학문을 횡단하는 연구자를 위한 글로서리 : 후기질적연구, 신물질론, 비판적 포스트휴머니즘의 얽힘** [A glossary for doing postqualitative, new materialist and critical posthumanist research across disciplines by Karin Murris]. (이진희·곽승주·김미진·김성민·김유미·민행난 ...... 황윤세 공역). 양서원. (원본발간일 2022년)

Murris, K., & Bozalek, V.(2024). **캐런 바라드와의 대화** [In conversation with Karen Barad]. (전방욱 역). 이상북스. (원본발간일 2023년)

Nelson, C. A., & Dolgin, K.(1985). The generalized discrimination of facial expressions by seven–month–old infants. *Child Development, 56,* 57–61.

Olsson, L. M.(2017). **들뢰즈와 가타리를 통해 유아교육 읽기 : 운동과 실험.** [Movement and experimentation in young children's learning]. (이연선·이경화·손유진·김영연 공역). 살림터. (원본발간일 2009년)

Owens, R.(2001). *Language Development-An introduction.* Ally & Bacon.

Pascalis, O., de Haan, M., Nelson, C. A., & de Schonen, S.(1998). Long–term recognition memory for faces assessed by visual paired comparison in 3–and 6–month–old infants. *Journal of Experimental Psychology : Learning, Memory, and Cognition, 24*(1), 249–260.

Pica, R.(1995). *Experiences in Movement with Music, Activities and Theory.* Delmar Publisher.

_______(2010). **유아를 위한 동작·음악교육.** (김은심 역). 정민사.

Pipp, S., Easterbrooks, M. A., & Harmon, R. J.(1992). The relation between attachment and knowledge of self and mother in one–year–old infants to three–year–old infants. *Child Development, 63,* 738–750.

Pipp, S., Fisher, K., & Jennings, S.(1987). Acquisition of self and mother knowledge in infancy. *Developmental Psychology, 23,* 86–96.

Priel, B., & de Schonen, S.(1986). Self–recognition : A study of a population without mirrors. *Journal of Experimental Child Psychology, 41*, 237–250.

Reich, P. A.(1986). *Language development*. Prentice–Hall, Inc.

Rinalid, C.(2006). *In Dialogue with Reggio Emilia : Listening, researching and learning*. Routledge.

Rothbart, M. K., & Bates, J. E.(1998). Temperament. In N. Eisenberg(Ed.), *Handbook of child psychology : Vol. 3. Social, emotional, and personality development*(5th ed., pp. 105–176). Wiley.

Rovee–Coller, C.(1999). The development of infant memory. *Current Directions in Psychological Science, 8*, 80–85.

Rubin, K., Bukowsky, W., & Parker, J.(2006). Peer interaction and social competence. In W. Damon & R. M. Lerner(Eds.), *Handbook of child psychology*(6th ed., Vol. 3). New York : Wiley.

Schwartz, S. L., & Robinson, H. F.(1982). *Designing curriculum for early childhood*. Allyn & Bacon, Inc.

Schwier, C., van Maanen, C., Carpenter, M., & Tomasello, M.(2006). Rational imitation in 12–month–old infants. *Infancy, 10*, 303–311.

Sellers, M.(2018). **어린이의 교육과정 되기–들뢰즈, 테 파리키와 교육과정에 대한 이해**. [Young children becoming curriculum : Deleuze, Te Whariki and curricular understandings]. (손유진·안효진·유혜령·윤은주·이경화·이연선·이진희·임부연·전가일·한선아 공역). 창지사. (원본발간일 2013년)

Shaffer, D. R.(2012). **사회성격발달(제5판)**. [Social and personality development, 5th ed.]. (송길연·이지연 공역) Cengage Learning Korea. (원본발간일 2005년)

Snyder, J., Bolin, F., & Zumwalt, K.(1992). Curriculum implementation. In P. Jackson(Ed.), *Handbook of research on curriculum*(pp. 402–435). McMillan.

Sroufe, L. A.(1997). *Emotional development : The organization of emotional life in the early years*. Cambridge University Press.

Sroufe, L. A., Egeland, B., Carlson, E., & Collins, W. A.(2005). Placing early attachment experiences in developmental context. In K. E. Grossmann, K. Grossmann, & E. Waters(Eds.), *The power of longitudinal attachment research : From infancy and childhood to adulthood*(pp. 48–70). Gilford Publications.

Stacey, S.(2015). **발현적 교육과정–이론에서 실제로의 적용**. [Emergent curriculum in early childhood settings]. (정선아·윤은주 공역). 창지사. (원본발간일 2009년)

Starkey, P., & Cooper, R. G.(1980). Perception of numbers by human infants. *Science, 210*(4473), 1033–1035.

Steiner, J. E., Galser, D., Hawilo, M. E., & Berridge, K. C.(2001). Comparative expression of hedonic impact : Affective reactions to taste by human infants and other primates. *Neuroscien*

& *Biobehavioral Review, 25*(1), 53–74.

Stenberg, G.(2003). Effects of maternal inattentiveness on infant social referencing. *Infant and Child Development, 12*(5), 399–419.

Stipek, D. J., Gralinski, J. H., & Kopp, C. B.(1990). Self–concept development in the toddler years. *Developmental Psychology, 26*, 972–977.

Super, C., & Harkness, S.(1982). The infant's niche in rural Kenya and metropolitan America. In L. L. Adler(Ed.), *Cross-cultural research at issue*(pp. 247–255). New York : Academic Press.

Thomas, A., & Chess, S.(1977). Temperament and Development. Brunner/Mazel.

Thompson, R. A.(1998). Early sociopersonality development. In W. Damon & N. Eisenberg (Eds.), *Handbook of Child Psychology, Vol. 3 : Social, Emotional, and Personality Development* (5th ed., pp. 25–104). John Wiley & Sons.

____________(2006). The development of the person: social understanding, relationships, conscience, self. In N. Eisenberg, W. Damon, & R. M. Lerner(Eds.), *Handbook of child psychology*(pp. 24–98). Wiley.

Thompson, R. A., Lamb, M., & Estes, D.(1982). Stability of infant–mother attachment and its relationship to changing life circumstances in an unselected middle–class sample. *Child Development, 53*, 144–148.

Van Hecke, A. V., Mundy, P. C., Acra, C. F., Block, J. J., Delgado, C. C. F., Parlade, M., Meyer, J. A., Neal, A. R., & Pomares, Y. B.(2008). Infant joint attention, temperament, and social competence in preschool children. *Child Development, 78*(1), 53–69.

Von Hofsten, C.(1982). Eye–hand coordination in the newborn. *Developmental psychology, 18*(3), 450–461.

Werker, J. F., & Tees, R. C.(2005). Speech perception as a window for understanding plasticity and commitment in language systems of the brain. *Developmental Psychology, 46*(3), 233–251.

Whaley, K., & Rubenstein, T.(1994). How toddlers "do" friendship : A descriptive analysis of naturally occurring friendships in a group child care setting. *Journal of Social and Personal Relationships, 11*, 383–400.

Wolff, P. H.(1987). *The development of behavioral states and the expression of emotions in early infancy.* University of Chicago Press.

Zahn–Waxler, C., Radke–Yarrow, R., & King, R. A.(1979). Child rearing and children's prosocial initiations toward victims of distress. *Child Development, 50*(2), 319–330.

저/자/약/력

한종화

중앙대학교 유아교육학과에서 학사, 석사, 박사과정을 공부했다. 서울 잠원유치원과 서울 자인유치원 교사로, (사)한국어린이육영회(현 새세대육영회) 연구실 연구원으로 근무했고, 중앙대학교, 세종대학교 교육대학원, 아주대학교 교육대학원, 숭의여자대학교 등에서 시간 강의를 하였다.

2005년부터 강릉원주대학교 유아교육과 교수로 재직 중으로, 한국영유아교원교육학회 편집위원장, 한국어린이문학교육학회 부회장, 한국영유아교육과정학회 홍보·출판 연구이사, 공동육아와 공동체교육의 연구위원으로 활동 중이며, University of Illinois at Urbana-Champaign, Curriculum and Instruction 교환교수, 강릉원주대학교부설유치원 원장, 한국어린이문학교육학회 편집위원장을 역임하였다.

〈주요 연구물〉

2세 영아의 자발적 노래 창작 경험에 관한 연구 (공동연구)
영아와 교사가 함께 만들어가는 영아반 교육과정 실행의 교육적 의미 (공동연구)
예비교사를 위한 영아 관련 수업의 효과 탐색
은유분석을 통해 본 영아교사에 대한 예비유아교사들의 인식
고경력 영아교사가 느끼는 보람과 어려움 (공동연구)
영아발달 (공저)
영아를 위한 창의적 교육활동-0~12개월 (공저)

제2판

2024 개정 표준보육과정(0~2세) 실행을 위한

일상과 놀이에 기반한 영아중심의 발현적 보육과정

| **저자** | 한종화

| **1판 1쇄** | 발행 2022년 2월 25일
| **2판 1쇄** | 발행 2025년 2월 28일

| **발행인** | 김동훈
| **펴낸곳** | 공동체

| **주소** | 경기도 고양시 일산동구 호수로 358-39, 동문타워 1차 905호(백석동)
| **전화** | 031)814-3000(대표)
| **팩스** | 031)814-3100
| **홈페이지** | http://www.compub.co.kr
| **전자우편** | compub@naver.com
| **출판등록** | 2005년 10월 6일
| **등록번호** | 제396-2005-36호

| **ISBN** | 979-11-6725-902-8
정가 25,000원